ein Ullstein Buch

In seinen Memoiren spannt Paul Hörbiger einen Bogen, der von der glücklichen Kindheit in Budapest und Wien, den ersten Theatererfahrungen als Claqueur und Komparse, über Schauspielschule, Engagements in der Provinz bis hin zum Burgtheater in Wien, der Zusammenarbeit mit Max Reinhardt in Berlin und zu seinen vielen erfolgreichen Filmen reicht.

Doch Paul Hörbiger berichtet nicht nur über seine Rollen und die berühmten Kollegen und Regisseure, mit denen er gearbeitet hat, sondern auch über Privates, Intimes. Und Anekdoten erzählt kaum einer so amüsant wie er. So ersteht neben dem Porträt eines großen und vielseitigen Schauspielers auch das Bild eines warmherzigen, liebenswerten Menschen.

Paul Hörbiger

Ich hab für euch gespielt

Erinnerungen

Mit zahlreichen Abbildungen

ein Ullstein Buch

ein Ullstein Buch
Nr. 20988
im Verlag Ullstein GmbH,
Frankfurt/M – Berlin

Ungekürzte Ausgabe

Umschlagentwurf:
Hansbernd Lindemann
Foto: Hipp-Foto
Alle Rechte vorbehalten
Copyright © 1979 by
F. A. Herbig Verlagsbuchhandlung,
München
Printed in Germany 1988
Druck und Verarbeitung:
Ebner Ulm
ISBN 3 548 20988 2

Januar 1989

CIP-Titelaufnahme
der Deutschen Bibliothek

Hörbiger, Paul:
Ich hab für euch gespielt: Erinnerungen /
Paul Hörbiger. – Frankfurt/M; Berlin:
Ullstein, 1989
   (Ullstein-Buch; Nr. 20988)
   ISBN 3-548-20988-2
NE: GT

Meinen Eltern gewidmet. Ohne Mutters »Privatarchiv«, das sie für ihre Söhne angelegt hat, hätte dieses Buch nicht erscheinen können. Sie sammelte alles: von meinem ersten Brief ans Christkind über Feldpostkarten, Theaterzettel, Zeitungsmeldungen bis zu den Filmprogrammen und Photos. Als ob sie schon vor achtzig Jahren geahnt hätte, daß ich einmal meine Memoiren schreiben würde.

Inhalt

»Sind Sie auch sicher, daß es ein Mädchen ist?«
Budapest, Wien, Margarethen am Moos

Das Publikum hat sich vermutlich schiefgelacht. Am 29. April 1894 gab man am Wiener Burgtheater die mittlerweile in Vergessenheit geratene Komödie in fünf Akten *Ein Lustspiel* von Roderich Benedix. Keine Angst, ich habe nicht mitgespielt. An diesem Tag bin ich, zweihundertfünfzig Kilometer weiter östlich, in Budapest zur Welt gekommen. Ehrlich gesagt, ich kann mich an dieses, für mich doch recht denkwürdige Ereignis überhaupt nicht erinnern. In meiner Schreibtischlade habe ich aber kürzlich einen Brief gefunden, den meine Mutter vor einigen Jahren an meine Tochter Monica geschrieben hat. Und darin erzählt Mama von meiner Geburt und meiner Kindheit. Ich beginne also mit den Worten meiner Mutter (was den gewaltigen Vorteil hat, daß ich hier nicht selbst sagen muß, was für ein nettes, herziges und kluges Kind ich war – mir selbst wäre das außerordentlich peinlich):

Also geboren ist Dein Papi am letzten Sonntag im April. Als ich fühlte, daß es Zeit ist, rief Großpapa nach Juliska, unserem Dienstmädchen, das die Hebamme holen sollte. Diese war bald da, und es war auch schon höchste Zeit. Da kam Pauli, ›salutierend‹, ein Händchen zum Kopf erhoben und zweimal die Nabelschnur um den Hals, zum Vorschein. Er war ganz blau und leblos. Die Hebamme ist aber gar nicht erschrocken und gab ihm zu meinem Schrecken ein paar Pracker auf den Popo, worauf er zu schreien anfing. Ich stillte alle Buben ein ganzes Jahr, damit sie gut singen können. Erst mit 14 Monaten ist Paul gelaufen. Wir haben in einem Haus gewohnt, mit großem Hof. Noch nicht sieben Jahre alt, hat sich Pauli einen Teil des Hofes eingezäunt und darin einen eigenen Garten angelegt, den alle Parteien im Haus bewundert haben.

Dann kam die Übersiedlung nach Wien. Pauli hat in einigen Wochen herrlich Wienerisch gesprochen und in Kürze hat er die Frau ›Sopherl‹ vom Naschmarkt perfekt nachgemacht. Alle Frauen waren entzückt von ihm. Eines Tages wollte ich Pauli Freude bereiten und schenkte ihm einen Photoapparat. Großpapa hatte mich gewarnt: ›Er wird photographieren und in der Schule durchfallen.‹ Er hat den Photoapparat bekommen, hatte eine Riesenfreude und ist – in der Schule durchgefallen.

Als meine Mutter, in gestochen scharfer Schrift, diesen Brief an Monica verfaßte, war sie 98 Jahre alt, mit hundert ist sie gestorben.

Daß ich's nicht vergesse. Abgesehen davon, daß ich das Licht der Welt erblickte, ist im Jahre 1894 noch etwas Bedeutsames für die Filmgeschichte passiert. Die Brüder Lumière haben in Frankreich den Kinemathographen entwickelt, den ersten Apparat zur Aufnahme und Wiedergabe bewegter Bilder – geradeso als hätten die beiden Herren geahnt, daß die Welt jetzt, nach meiner Geburt, dieses Gerät unbedingt benötigte.

Ein anderer war von meiner Mission offenbar weniger überzeugt. Karl Freiherr von Hasenauer, der Erbauer des Wiener Burgtheaters, hat in meinem Geburtsjahr das Zeitliche gesegnet.

Wenn sich Mama auch bemühte, aus mir durch intensives Stillen einen großen Sänger zu machen – es dürfte ihr wohl nicht recht gelungen sein, zumindest wurde ich bisher nicht als solcher entdeckt. Meine Parodien der Frau Sopherl waren da schon eher richtungweisend.

Ich bin das, was man in der alten Monarchie eine echte »Kaisermischung« genannt hat. Aus allen möglichen Teilen des großen Reiches ist ein Stück in mir: In Budapest geboren, in Wien aufgewachsen, meine Mutter eine echte Böhmin, mein Vater gebürtiger Niederösterreicher, dessen Vorfahren aus Tirol kamen.

In Budapest wohnten wir im Burgviertel, in der Várfok utca, die steil hinauf zur Matthiaskirche führt. Ganz in unserer Nähe war der Széna-téra, der Heumarkt, und wenn mich meine Mutter zum Einkaufen mitnahm, raste ich schnurstracks zu den Blumenständen, wo sie mich nach Besorgung von Fleisch, Brot und Gemüse abholte. Nur einmal bin ich verlorengegangen. Aufgeregt ist Mama zum nächsten Polizeirevier gelaufen und hat einen Inspektor gefragt, ob nicht ein Bub gefunden worden sei.

»Nein, Buben haben wir keinen. Aber ein Mädchen.«

»Sind Sie auch sicher, daß es ein Mädchen ist?«

»Absolut, aber bitte, gnädige Frau, überzeugen Sie sich selbst.«

Dann wurde Mama in das Nebenzimmer geführt, wo ich mich in voller Lebensgröße, ein Stück Schokolade zwischen den Zähnen, befand. Mein Kleidchen, wie es damals auch Kinder männlichen Geschlechts tragen mußten und das offenbar auch zu dem »Justizirrtum« geführt hatte, war vollgepatzt.

In bester Erinnerung sind mir jene Tage, an denen Kaiser Franz Joseph – der ja auch König von Ungarn war – nach Budapest kam. Mit dem Fiaker ist er direkt an unserem Haus vorbeigefahren. Attila und ich hingen jedesmal an den Fenstern der im zweiten Stock liegenden Wohnung und schrien lauthals: »Éljen a király!« (Es lebe der König.) Einmal hat er hinaufgeschaut und uns zugewunken. Da waren wir wochenlang die seligsten Buben von Budapest.

Der nächste Schritt, der mich zur echten Kaisermischung machte, war ein vorerst unangenehmer. Als ich acht Jahre alt war, ist mein Vater aus beruflichen Gründen mit uns nach Wien übersiedelt. Während sich meine älteren Brüder Hans und Alfred hier bald recht gut zurechtfanden, waren Attila und ich verzweifelt, denn wir konnten kaum ein Wort Deutsch. Man kann sich von meinen damaligen Sprachkenntnissen ein Bild machen, denn meine Mutter hat auch mein erstes in Wien verfaßtes Brieferl ans Christkind aufgehoben.

»Liebes Christkindel
Ich wünsche
Ungarische Bücher
Hörbiger Pál«

In der »k. u. k. Haupt- und Residenzstadt« wohnten wir zunächst in der Schönbrunner Straße 249, vierter Stock, natürlich ohne Aufzug. Beim ersten Rundgang ist mir der Einspännerstandplatz neben unserem Wohnhaus ins Auge gesprungen. Das war etwas Besonderes, ich bin mit Attila gleich hingerannt. Und wie groß war erst die Freude, als wir den »Wasserer« – der für die Tränke der Pferde verantwortlich war – in reinstem Ungarisch rufen hörten: »Józska gyere ide!«, was auf gut wienerisch »Pepi, kumm her« bedeutet. Józska war der Sohn des Wasserers und somit unser erster Freund.

Er schenkte mir einige Hefte des Fortsetzungsromans *Rózsa Sándor*, eine dem österreichischen Räuberhauptmann Grasel oder dem deutschen Schinderhannes ähnliche Figur. Diese sogenannten Sechs-Kreuzer-Romane waren die Ursprünge meiner literarischen Bildung (die übrigens bis zum heutigen Tag keine wesentliche Bereicherung erfahren hat).

Solche Sechs-Kreuzer-Heftl in deutscher Sprache habe ich später auch Attila zum Geburtstag geschenkt. Eine Folge war zwar ziemlich billig, doch auf längere Sicht ist die Sache ins Geld gegangen. Nach wildesten Verwicklungen stand nämlich am Schluß so eines Heftes: »Er schaute seinem Gegner tief ins Auge, griff zum Gewehr, drückte ab und – Fortsetzung folgt.« Die Spannung hatte zu diesem Zeitpunkt den Unerträglichkeitsgrad bei weitem überschritten, und daher war es klar, daß auch die nächste Folge vom spärlichen Taschengeld gekauft werden mußte. Umso weniger Zuckerln konnten wir beim Greißler Reigl, unserm Gemischtwarenhändler, kaufen.

Schon im ersten Jahr unseres Wien-Aufenthalts machte sich mein Interesse für Kultur bemerkbar, wenn das Wort »Kultur« auch reichlich übertrieben ist. Meine erste Bühnenbegegnung hieß »Pimperltheater«, und dieses war in einem ehemaligen Kohlenkeller in der Meidlinger Füchselhofgasse untergebracht. Das Marionettenprogramm hieß »Kasperl als Telephonist«, und wir waren begeistert. Vor allem versetzte uns ein Satz in Entzücken. Der Kasperl versuchte ein Telephongespräch zustandezubringen, als dies stets mißlang, hat er gesungen: »Vielleicht ist d' Leitung g'stört, denn jede Antwort ist verkehrt«, bald brüllten wir den Refrain im Chor mit, und auch zu Hause waren wir kaum zu beruhigen.

Vor wenigen Monaten, als ich Attila zu seinem 83. Geburtstag telegraphierte, habe ich die Worte geschrieben: »Vielleicht ist d'Leitung g'stört...« Ein paar Tage später traf ich ihn bei einer Feier im Burgtheater und fragte, ob er meine Worte verstanden habe, da antwortete er: »Na hörst, erinnerst du dich noch, wie wir damals geschrien haben: ›Nachspiel, Nachspiel!‹« Ja, tatsächlich, mit diesen Worten hatten wir stets eine Draufgabe bewirkt. Man sieht, für uns Kinder war das »Pimperltheater« ein wirklich unvergeßliches Erlebnis.

Auch in Wien gehörte es zu unseren Lieblingsbeschäftigungen, den Kaiser dabei zu beobachten, wenn er vom Schloß Schönbrunn in die Hofburg kutschiert wurde. Es war immer in ganz Wien bekannt, wann Seine Majestät in die Stadt fuhr. Wie viele Wiener standen wir an solchen Tagen in ehrfürchtiger Haltung auf der Mariahilfer Straße, die der Konvoi passierte.

Oberhalb von Schönbrunn, aber noch im Bereich des Schloßparks, steht die Gloriette, und gleich daneben sind Teiche angelegt, in denen Goldfische gehalten werden. Das war auch zu Kaisers Zeiten so; der Angelsport hat auf mich schon in der Kindheit eine ungeheure Faszination ausgeübt, jedoch war da eine Schwierigkeit. Den Schloßpark durften Kinder nur in Begleitung Erwachsener betreten, doch da unser Vorhaben mit einer Lausbüberei in Verbindung stand, waren diese unerwünscht. So haben Freund Erich Pollak, Attila und ich uns immer irgend jemanden angelacht, der uns an den Burggendarmen vorbei in den Park führte, und dort pflegten wir uns dann selbständig zu machen. An einer umgebogenen Stricknadel befestigten wir einen Zwirnfaden und daran ein Stück Semmel, und die Zierfische bissen mit Begeisterung an. Unnötig zu sagen, daß diese Form von angelsportlicher Betätigung streng verboten war. Als einmal ein Riesenfisch angebissen hat, sind wir, bleich vor Schreck, davongerannt.

Erich Pollak war übrigens jener jüdische Freund, der seinen Vater gefragt hat: »Papa, haben die Katholiken auch einen Christbaum?«

Vis-à-vis des Kaiserlichen Schlosses Schönbrunn war »Weigel's Dreherpark«, ein großes Vergnügungsetablissement mit Restaurant und Tanzgarten. In den angeschlossenen Theresiensälen waren wir im Winter eislaufen, im Sommer aber traten hier die Volkslieblinge der Wiener auf. Unter anderem der berühmte Gesangskomiker Turl Wiener, der mich mit seinem Couplet »Weil ich a Tramwayschienenritzenputzer bin« jedesmal aufs neue begeistern konnte.

Auch da war natürlich immer der um zwei Jahre jüngere Attila dabei und die von meiner Mutter sozusagen als »Aufpasserin« delegierte, etwas ältere Cousine Lina, die neben dem Eintrittsgeld noch sechs Kreuzer für die Konsumation mitbekam. Da Mama sehr sparsam war, mußten wir uns zu dritt ein Kracherl – wie man in Wien die Limonade nennt – bestellen.

Zu unseren Sonntagsvergnügungen zählte eine Rundfahrt mit der damals eben eröffneten dampfbetriebenen Stadtbahn. Mit der Gürtellinie nach Heiligenstadt, umsteigen in die Wientallinie und dann wieder nach Hause. Bei so einer Reise verließen wir auf dem Mariahilfer Gürtel die Stadtbahn und unternahmen einen Spaziergang. Dabei entdeckten wir ein Zelt, in dem das sogenannte »Jeni-Lichtspieltheater« untergebracht war. Vor dem Eingang stand Herr Rohrer im Gehrock, besoffen, spitzbärtig. Durch Werkelmusik unterstützt, warb er eindringlich für den Besuch im Kino. Wir blieben zunächst fasziniert stehen. Der Attila fragte: »Was ist denn das?«, worauf unser Freund Holub, ein Schulkollege Alfreds und mein Deutsch-Nachhilfelehrer, lakonisch zur Antwort gab: »Sicher wieder irgend so ein Schwindel.« Dann sind wir weitergegangen.

Aber die Sache hat mir keine Ruhe gelassen. Nach ein paar Tagen landeten wir wieder, scheinbar zufällig, in dieser Gegend. Jetzt wollte ich hinein. Doch da gab es ein neues Problem. Das Eintrittsgeld betrug zehn Kreuzer. Auf einem handgemalten Schild stand in kleinen Lettern: »Kinder unter zehn Jahren zahlen die Hälfte.« Nun war ich zwölf, Attila auch schon über zehn. Zehn Kreuzer pro Nase konnten wir nicht aufbringen.

Da kam mir ein rettender Gedanke. Der Franzl Braunegger war der Sohn unseres Hausmeisters. Zwar auch schon elf, aber ein richtiger Knirps, er hat wie sieben ausgesehen. Schnell wurde Franzl geholt, er besorgte uns die Karten – jetzt zu erschwinglichen fünf Kreuzer das Stück –, und wir konnten ungehindert ins Zelt eintreten.

Der erste Film, den uns der dampfbetriebene Projektor vermittelte, hieß *Die Rache des Sizilianers*. Wir sahen uns, immer mit Hilfe des kartenbesorgenden Hausmeistersohnes, die Vorstellung mehrmals an. Einmal haben wir uns nach dem dramatischen Ende unter den Kinosesseln versteckt, um fürs gleiche (halbe) Geld auch die nächste Vorführung in vollen Zügen genießen zu können. Nach ein paar Tagen schleppten wir auch unseren Vater zum rachsüchtigen *Sizilianer*. Papa hat sich, im Gegensatz zu uns Buben, furchtbar aufgeregt. Denn gegen Ende des Films wurden über die Köpfe von zwei Verbrechern Säcke gestülpt und in dieser Adjustierung die

Banditen dann auf dem Galgen hingerichtet. Alles sah dermaßen echt aus, daß unser Vater sich empörte: »Wie kann man in einem Film zeigen, daß einer aufgehängt wird?« Auf die Idee, daß es sich bei dieser »Hinrichtung« zweier Schauspieler um eine Täuschung des Publikums handelte, kam damals niemand.

Ich möchte aber nicht sagen, daß das Publikum im Laufe der vielen Jahrzehnte, die seither ins Land gezogen sind, viel von seiner diesbezüglichen Naivität verloren hat. Ich erinnere mich, daß ich in den dreißiger Jahren in dem Film *Kinderarzt Dr. Engel* die Titelrolle gespielt habe. Eines Tages bekam ich den Brief einer verzweifelten Mutter, die mir mitteilte, daß ihre kleine Tochter an Lähmungserscheinungen leide. Das Kind wolle nur vom Kinderarzt Dr. Engel behandelt werden. Ich habe zurückgeschrieben, es täte mir leid, aber ich sei doch kein wirklicher Arzt, nur Schauspieler.

Viele Jahre später hat mir dann der Berliner Mediziner Dr. Härtl gesagt, ich hätte trotzdem hingehen sollen. Manchmal haben solche Krankheiten seelische Ursachen, und da hätte der »Kinderarzt Dr. Engel« vielleicht wirklich helfen können.

Und erst jetzt, vor wenigen Jahren, als ich in der Fernsehserie von Fritz Eckhardt den »Alten Richter« gespielt habe, erhielt ich Briefe, die an den »Sehr geehrten Herrn Oberlandesgerichtsrat Paul Hörbiger« gerichtet waren. Die Leute haben mich um meinen juristischen Rat in Erbschafts-, Scheidungs- und anderen verwickelten Angelegenheiten gefragt.

Das Publikum hat also sicherlich einen Teil seiner Naivität behalten, ohne die das Kino wahrscheinlich gar nicht existieren könnte. Ich gebe zu, daß auch ich zur Kategorie der Naiven zähle. Wenn ich mir heute im Fernsehen einen alten Film anschaue, in dem ich selbst mitgespielt habe, kann es vorkommen, daß mir die Tränen herunterrinnen. Meine Tochter Christl fragt mich bei aufregenden Szenen automatisch: »Na, weinst du schon?«, und ich muß meistens bejahen. Dabei weiß ich ja besser als alle anderen Zuschauer, daß ich die Hauptdarstellerin am Ende des Films auf jeden Fall kriege. Aber es hilft nichts, die Tränen kommen. Zurück zu Jeni's Zelt-Lichtspielen. Obwohl mich das Ganze sehr beeindruckt hat, glaube ich nicht, daß ich damals schon den Wunsch hatte, selbst einmal auf so einer Leinwand herumzuhüpfen. Der Schauspieler, insbesondere der Filmschauspieler, gehörte in diesen Tagen noch einer verpönten Zunft an. Die berühmten Worte »Hängt's die Wäsch weg, die Schauspieler kommen«, habe ich selbst noch gehört.

Emil Jannings war einer der ersten namhaften Schauspieler des deutschsprachigen Raums, die es gewagt haben, für den Film zu agieren. Sein Freund Werner Krauß war darüber derart entsetzt, daß er ihn anfauchte: »Bist du verrückt, willst du deine Karriere ruinieren?«

Jannings hat, fast entschuldigend, geantwortet: »Ich krieg doch für den Bledsinn fünfzig Mark im Tag. Mach's auch!«

»Nie im Leben. Der Reinhardt wäre schockiert.«

»Pick dir einen Bart auf, dann wird er dich nicht erkennen.«

So hat der Werner Krauß dann auch tatsächlich seinen ersten Film gedreht.

Onkel Josef, der Stiefbruder meiner Mutter, war Stallmeister beim Fürsten Montenuovo, einem der engsten Vertrauten von Kaiser Franz Joseph. Der Fürst hatte seine Besitzungen im niederösterreichischen Margarethen am Moos. Damit wir unseren Onkel Josef wenigstens einmal im Jahr sehen konnten, wurden die großen Ferien in Margarethen verbracht. Mein Vater hatte dort alljährlich eine kleine Sommerwohnung gemietet.

1903 fuhren wir das erste Mal dorthin. Das war eine Reise! Kochgeschirr, Bett- und Leibwäsche mußten für den Sechs-Personen-Haushalt mitgeschleppt werden. Eine Bahnfahrt wäre infolge der zahlreichen Gepäckstücke unmöglich gewesen, daher wurde beim Transportunternehmer Holub ein Pferdegespann gemietet. Chef dieses Instituts war der Vater unseres Freundes, so beliefen sich die Unkosten in freundschaftlicher Höhe.

Der beschwerliche Weg führte von Schönbrunn über die gepflasterte Simmeringer Hauptstraße bis Fischamend und Schwadorf. Nach der ganztägigen Tour erreichten wir abends völlig erschöpft Margarethen am Moos.

Es nannte sich Sommerfrische, ist aber eigentlich nichts anderes als ein winziges Dorf, das von einer staubigen Straße durchzogen war. Noch bevor wir in Margarethen »eingeritten« waren, hatte Holub von den Bäumen links und rechts der Straße die Kirschen mit der Peitsche heruntergeknallt. Das war für uns immer die erste Sensation der großen Ferien.

Eine Attraktion von Margarethen war der Fürstliche Oberförster Schnurpfeil, ein Mann, wie er sonst nur in Bilderbüchern zu finden ist. Hünenhaft, rothaarig, mit vollem Rauschebart. Er hatte vier Kinder, die bald unsere treuen Spielgefährten wurden, vor allem aber zwei Jagdhunde, einer davon hieß Silva.

Sonntags wurde ein bei einem Margarethener Bauern erstandenes Huhn serviert. Kurz bevor Mama die köstliche Mahlzeit auf den Mittagstisch stellen wollte, stürzte Herrn Schnurpfeils Silva mit einem Riesensatz durchs geöffnete Fenster der Küche, schnappte das Brathendl und verschwand ebenso schnell, wie sie gekommen war.

Im Theater gibt es keine rechte oder linke Seite, denn das

würde zu Mißverständnissen führen, man wüßte nie, ob rechts beziehungsweise links vom Zuschauerraum oder von der Bühne aus gemeint ist. Vor allem bei Anweisungen vom Regisseur könnte das zu peinlichen Szenen führen. Das gilt natürlich auch für das Burgtheater, da haben wir eine »Landtmann-Seite«, benannt nach dem berühmten Kaffeehaus neben der Burg und eine »Volksgarten-Seite«, die in die Richtung des großen Parks zeigt. Neben dem Bühnenmeister gibt es zwei Seitenmeister. Vor ein paar Jahren hörte ich, daß der Seitenmeister der Landtmann-Seite Schnurpfeil heißt. Da das beileibe kein alltäglicher Name ist, habe ich ihn gleich gefragt, ob er mit dem früheren Oberförster von Margarethen am Moos verwandt sei. Der hat gelacht, denn er wollte auch schon lange von mir wissen, ob ich vielleicht als Kind meine Sommerferien dort verbracht hätte. Unser Landtmann-Seitenmeister ist der Enkel vom Oberförster Schnurpfeil. So klein ist die Welt.

Vom Burgtheater zu einer Bühne ganz anderer Art. In Margarethen sind Attila und ich das erste Mal in unserem Leben öffentlich aufgetreten. Neben dem Gasthof Böheim – in dem wir übrigens zu Mittag gegessen haben, nachdem uns Silva das Brathendl geraubt hatte – wurden in einer Scheune für die Sommergäste Theateraufführungen gegeben. Ehrensache, daß wir als dilettierende Akteure dabei waren. Wenn Bretter irgend jemandem die Welt bedeuten, diese können es nicht gewesen sein, denn sie haben fürchterlich gekracht, als Attila und ich darauf agierten.

Attila hatte in Margarethen auch ein äußerst unerfreuliches Erlebnis. Oft und gerne gingen wir mit den Gästen des Fürsten Montenuovo auf Rebhuhnjagd, um uns als Treiberbuben zu betätigen. Einmal nahm uns der Wiener Zahnarzt Dr. Endlicher mit. Da passierte ein Malheur: der Dentist traf Attila mit 27 Schrotkörnern, ein anderer Bub verlor durch diesen Fehlschuß ein Auge. Dr. Endlicher fuhr mit den beiden Kindern sofort nach Wien und kam für die Spitalskosten auf. Dann reiste er mit seinen Opfern zur Grazer Messe und erfüllte ihnen dort jeden Wunsch. Für Attila waren die Verletzungen zwar schmerzhaft, doch ohne bleibende Schäden.

Einmal im Jahr organisierte Oberförster Schnurpfeil auch eine Jagd für die Honoratioren von Margarethen. Der junge Fürst war Gastgeber, und selbst mein Onkel Josef – an sich ein passionierter Nicht-Jäger – hat sich an dem Halali beteiligt. Man soll nicht auf die Jagd gehen, wenn man nichts davon versteht. Denn die Jäger haben teuflische Ideen. Plötzlich schreit Prinz Montenuovo meinen Onkel an: »Herr Kovacs, da oben im Baum sitzt ein Hase. Schießen Sie schnell!«

»Zu Befehl, Durchlaucht«, der Onkel legt an, feuert einen Schuß ab, der sitzt. Und im nächsten Moment fällt auch schon zum Gaudium aller Anwesenden der ausgestopfte Hase vom Baum.

In Margarethen gab es den Poldl, einen halbseitig gelähmten Mann auf Krücken, der davon lebte, den Sommerfrischlern das bei Schnurpfeil erworbene Holz zu zerkleinern.

Attila und ich spielten im Haus, als uns der gerade holzhackende Poldl lautstark in den Garten rief: »Pauli, Attila, schnö, kumm's auße, a Amarabü is da!«

»Was?«

»Ein Amarabü.«

Ohne zu ahnen, was auf uns zukam, stürzten wir aus dem Haus. Tatsächlich ratterte vor unseren Augen ein bis dahin nie dagewesenes sensationelles, aber äußerst eigentümliches Objekt über die Staubstraße. Die Sache war so neu, daß Poldl den Ausdruck Automobil noch nicht zu artikulieren verstand. Für uns Buben hieß der Kraftwagen dann auch lange

Zeit Amarabü. Übrigens hat Prinz Montenuovo das Benzin noch beim Greißler gekauft.

Im großen und ganzen denke ich heute gerne an die Sommerferien in Margarethen am Moos zurück. Abgesehen von Attilas Jagdunfall sind sie allerdings mit einer weiteren unschönen Erinnerung verbunden. Der Oberlehrer von Margarethen hat Jölli geheißen. Sein Sohn war einer unserer Spielgefährten. Viele Jahre später sollte ich ihn als äußerst unangenehmen Zeitgenossen wiedertreffen.

»Der Doktor Lueger hat mir nicht die Hand gereicht.«
Meine Familie

Meine Mutter kam aus ganz einfachen Verhältnissen. Ihr Vater war Flickschuster und Dorftrommler im böhmischen Bechin, und bis sie ihren späteren Mann kennenlernte, arbeitete sie in einem Handschuhgeschäft als Weißnäherin. Ihre ärmliche Jugendzeit hat sie fürs ganze Leben geprägt. Selbst als sie mit meinem Vater, einem damals schon wohlhabenden Mann, verheiratet war, reiste sie mit Attila und mir am Arm in der Staatseisenbahn per dritter Klasse nach Böhmen, um ihre Verwandten zu besuchen. In Tabor, eine Station vor Bechin, sind wir aus der dritten Klasse ausgestiegen. Da löste sie dann für die kurze Weiterfahrt drei Karten erster Klasse. Und so konnten wir in Bechin, wenn die Angehörigen am Perron warteten, aus dem Nobelwaggon steigen. Einmal, erinnere ich mich, war sie ganz enttäuscht, weil uns niemand vom Bahnhof abgeholt hat. »Den Aufschlag für die erste Klasse hätten wir uns heute aber sparen können«, sagte sie zu uns.
Dienstag und Freitag waren die traditionell fleischlosen Tage unserer Küche. Da gab es Spinat mit Ei oder ähnliche Gerichte, an denen Kinder wenig Gefallen finden. Angenehme Ausnahme war es, wenn der Waschtag auf einen dieser Tage fiel, denn die tüchtige Wäscherin hatte sich neben ihrem Stundenlohn eine weitere Vergünstigung ausgehandelt. Zu Mittag gab's an Waschtagen Wiener Schnitzel.
Dieser Waschtag fand – nachdem man von der Hausbesorgerin dazu eingeteilt worden war – zweimal im Monat statt.

Und die Lieblingsspeise wurde natürlich nicht nur für die Wäscherin, sondern auch für uns Kinder zubereitet.

Der hungrigste von allen war der Attila. Wenn er noch etwas essen wollte, hat er sein angeborenes schauspielerisches Talent benutzt, um mit den traurigsten Augen der Welt bekanntzugeben: »Ich bin der jüngste, ich muß noch wachsen.« Krapfen waren seine Leibspeise, da konnte er einfach nicht genug bekommen. Wenn er einmal, unter Erweckung stärkster Mitleidsgefühle, mehr Krapfen erwischt hatte, als er verschlingen konnte, steckte das »Nesthäkchen« den Rest in den für Schmutzwäsche vorgesehenen Korb. Einmal hat er die Krapfen daselbst vergessen, und der Mama fielen am nächsten Waschtag die völlig vertrockneten Mehlspeisen in die Hände. Über solcherlei Verschwendung war die sparsame Mutter natürlich nicht erfreut.

So zufällig ich in Budapest zur Welt gekommen bin, so zufällig erblickte mein Vater im Jahre 1860 das Licht der Welt in Atzgersdorf bei Wien. Seine Vorfahren waren allesamt Tiroler. Sie stammten aus der Wildschönau, wo es heute noch eine dreihundertfünfzig Jahre alte Jausenstation gibt, die »Hörbig« – zu deutsch: Herberge – heißt und unserer Familie den Namen gab. Wie übrigens auch dem verstorbenen deutschen Fußballtrainer Sepp Herberger, dessen Ahnen, wie er mir erzählt hat, ebenfalls aus der Wildschönau stammen.

Mein Vater war, das ist damals noch ein Drama gewesen, ein lediges Kind. Auch er hatte eine schwere Jugend, mußte mit ansehen, wie seine brave Mutter Amalia Hörbiger für den gemeinsamen Lebensunterhalt zu sorgen hatte und dabei nicht selten von den Leuten belächelt wurde. Von einem Ereignis, das in der Geschichte außerehelich Geborener wahrlich einmalig dasteht, erzählte mir meine Mutter erst nach dem Tod Papas – bis dahin war dieses Thema nämlich tabu gewesen.

Sein Großvater, also mein Urgroßvater, war der seinerzeit berühmte Orgelbauer Alois Hörbiger. Als er in der Kirche von Alt-Lerchenfeld in Wien so ein Musikinstrument anfertigte, war dort auch ein Tiroler Elfenbein- und Holzschnitzer namens Leeb beschäftigt. Er sollte jene Orgel mit Ornamenten verzieren. Doch vermutlich durch die Schnitzereien nicht voll ausgelastet, verliebte sich Herr Leeb in meine Großmutter, und nach der Geburt eines gemeinsamen Sohnes – meines späteren Vaters eben – zog er es vor, nach Frankreich zu übersiedeln.

Das war alles, was mein Vater von seinem Vater gewußt hat. Im Alter von achtzehn Jahren machte sich Hanns Hörbiger von Österreich zu Fuß auf den Weg nach Paris. Dort fragte er sich so lange durch, bis er herausgefunden hatte, in welchem Kaffeehaus ein Orgelschnitzer namens Monsieur Leeb sein Frühstück einzunehmen pflegte. In dieses Lokal ging er am nächsten Morgen, fragte den Kellner nach der bewußten Person, schritt auf den Tisch zu und sagte zu seinem leiblichen Vater: »Pardon, Monsieur, ist an Ihrem Tisch noch ein Platz frei?«

Papa Leeb antwortete »Oui, Monsieur«, sein Sohn setzte sich. Dann las Leeb in seiner Zeitung weiter. Mein Vater beobachtete seinen Vater, nahm unterdessen eine Portion Kaffee zu sich und verabschiedete sich nach einer Viertelstunde. Dann ging's wieder zu Fuß zurück nach Österreich.

Bis auf die Frage nach der freien Sitzgelegenheit hat er kein Wort mit seinem Vater gewechselt, Herr Leeb hat nie davon erfahren, daß er mit seinem Sohn an einem Tisch gesessen ist.

In seinen Kindheits- und Jugendjahren führte mein Vater ein regelrechtes Zigeunerleben. Selten hat er in ein- und derselben Wohnung länger als zwei oder drei Jahre gelebt. Gemeinsam mit seiner Mutter begleitete er nämlich den Großvater, der immer so lange in einer Ortschaft wohnte, bis die Orgel für die jeweilige Dorfkirche fertiggestellt war. Als sie gerade im Kärntnerischen Dellach weilten, wurde Hanns Hörbiger von einem Innsbrucker Professor als überaus intelligentes Kind entdeckt. Der gelehrte Mann verschaffte ihm dann auch einen Platz an der Klagenfurter Realschule.

In dieser Zeit hat meine Großmutter geheiratet. Als Hanns die Realschule absolviert hatte, erzählte der neue Stiefvater von einem Onkel in Wien, der ihm das Studium an der Technischen Hochschule finanzieren könne. Mein Vater, von dieser Idee begeistert, wanderte – nach dem erwähnten Umweg über Paris – sofort nach Wien. Die Enttäuschung war groß. Den angeblich reichen Onkel traf er nämlich ausgerechnet im Armenhaus »Zum Blauen Herrgott« an. Der Gute hatte sein Vermögen verspielt.

Aber ein Hörbiger läßt sich so leicht nicht unterkriegen. Schon einmal in der Hauptstadt, war er zu stolz dazu, ganz ohne Titel zur Mutter zurückzukehren. Er schlug sich als Hilfsarbeiter bei einem Herdschlosser durch, erlernte den Beruf eines Hufschmieds, zog als Zitherspieler über die Lande und gab Nachhilfeunterricht in allen möglichen Fächern. Endlich hatte er genug erspart, um das Studium an der Bau- und Maschinengewerbeschule beginnen zu können. Bald erhielt er ein Staatsstipendium und einen Freitisch im Theresianum, was einer Gratisverköstigung gleichkam. Trotzdem gab er während des Studiums weiterhin Nachhilfestunden, musizierte auch, gründete ein Gesangsquartett und war sogar einmal nahe dran, das Studium an den Nagel zu hängen und Berufsmusiker zu werden. Doch er beendete die Schule und wurde Ingenieur.

Als fahrender Musikant
verdiente sich mein Vater
das Geld fürs Studium.

Nach der Militärzeit trat er zunächst als schlechtbezahlter Techniker in den Dienst der »Ersten Brünner Maschinenfabrik« und verliebte sich in Lepoldine Janak, meine Mutter, als er beim Handschuhkauf von ihr bedient wurde. Sie zu heiraten, war für den Vierundzwanzigjährigen gar nicht so einfach. Er überlegte lange, wie er bei einem Monatsgehalt von vierzig Gulden eine Familie ernähren sollte. Doch dann hielt er um ihre Hand an, denn er hatte – wie er in seiner Biographie schreibt – »in Temesvár einen Eisenbahnbeamten kennengelernt, der als Verheirateter sogar mit nur dreißig Gulden auszukommen wußte, allerdings noch Zitherunterricht nebenbei erteilte«.

Von seiner Firma war er für die Konstruktion von Dampfmaschinen angestellt worden. Doch bald erhielt mein Vater ein

27

wesentlich lukrativeres Angebot, und zwar von der Tuchfabrik Adolf Löw & Sohn, für die er eine neue Niederlassung im ungarischen Sillein erbauen sollte.

Er nahm den Auftrag an. Im August 1890 wurde der noch nicht fertiggestellte Bau durch ein schweres Gewitter zerstört. Mein Vater machte sich furchtbare Gewissensbisse, denn er glaubte, daß er die Betonsäulen des Fabrikgebäudes zu schwach berechnet hatte – was übrigens von Sachverständigen widerlegt wurde. Mit schweren Depressionen zog er sich zurück und verließ die Firma Löw.

Nach einjähriger Ehe war Hans, mein ältester Bruder, in Wien zur Welt gekommen. Als meine Mutter das nächste Mal schwanger war, deckte sie sich, in Erwartung eines Mädchens, mit rosa Babywäsche ein. Doch in Sillein kam Alfred, der Zweitgeborene, dazu. Meine Familie übersiedelte nach Budapest, wo mein Vater einen Posten als Erster Konstrukteur der Maschinenfabrik Lang angenommen hatte. Hier entstand unter anderem seine Konstruktion für die Stromerzeugung der Budapester U-Bahn. Ein Kollege borgte ihm ein Fernrohr, und damit stand Papa stundenlang am Fenster, um seiner alten Leidenschaft, der Beobachtung der Planeten, nachzugehen.

1894 war für meinen Vater ein dreifach bedeutsames Jahr. Er erfand das nach ihm benannte Ventil, das ihm Wohlstand brachte. Er entdeckte die »Welteislehre«, die ihm Berühmtheit brachte. Und er bekam mich als Sohn. Was ihm Sorgen brachte. »Schon wieder ein Bub«, sollen meine Eltern gestöhnt haben.

Das »Hörbiger-Ventil« entstand, als mein Vater für das staatliche Eisenwerk Vajdahunyad ein großes Hochofengebläse bauen sollte. Mit den Ventilen gab es Probleme, denn die bis dahin gängigen Lederklappen waren nicht funktionstüchtig.

So entwickelte er das »reibungsfrei geführte, massearme und selbsttätige Ventil für Gebläse und Kompressoren«, das kurz vor meiner Geburt in allen Industriestaaten der Welt ein Patent erhielt.

Das neue Patent, bald Hörbiger-Ventil genannt, wurde in Fachkreisen als bahnbrechende Neuerung aufgenommen. Es ist bis zum heutigen Tag ein bedeutender Exportartikel Österreichs geblieben. Gemeinsam mit einem jungen Amerikaner gründete mein Vater nun das Konstruktionsbüro »Hörbiger & Rogler«, das bald zu einem florierenden Unternehmen wurde.

Es kam nicht selten vor, daß sich Herr Rogler über seinen Kompagnon Hörbiger beschwerte, denn mein Vater saß oft tagelang, anstatt sich um seine Konstruktionen zu kümmern, über astronomischen Problemen. Seine »Welteislehre« besagt, daß unser Planetensystem durch die Kollision eines glühenden mit einem aus Eis bestehenden Himmelskörper entstanden ist. Dieser Zusammenprall von Heiß und Kalt bewirkte eine Explosion, die zunächst zur Bildung der Sonne führte. Die nach der Explosion nicht so weit ins All fliegenden Teile bildeten die um die Sonne kreisenden Planeten, wobei die in der inneren Bahn aus Gestein, die in der äußeren hauptsächlich aus Eis bestehen. Im Laufe vieler Millionen Jahre zogen die jeweils schwereren Planeten die leichteren an. Drei Monde stürzten dadurch auf die Erde und bewirkten Katastrophen, die neue Erdzeitalter hervorriefen. Unser heutiger Mond ist der vierte, und ihm wird, nach den Theorien meines Vaters, eines Tages das gleiche Schicksal zuteil.

Nachdem diese »Welteislehre« lange Zeit von der Wissenschaft nicht anerkannt wurde, wird sie gerade in den letzten Jahren von internationalen Forschern zumindest zum Teil bestätigt. Prominentester Fürsprecher, der wie mein Vater das Vorhandensein von Eisschichten auf dem Mond vermutete, war Wernher von Braun. Der bekannte Raumfahrtexperte Dr. Herbert J. Pichler schreibt in seinem Buch *Die Mondlandung* zu dem Thema das folgende: »Als erster erzählte mir Wernher von Braun von diesem Phänomen: ›Viele Wissenschaftler glauben jetzt, daß es auf dem Mond Permafrost gibt. Unter einer Oberflächenschicht von zehn oder zwanzig Meter also könnte ewiges Eis zu finden sein. Das würde das Vorhandensein von Wasser bedeuten – und dafür liegen sehr starke Argumente vor. Die Kameras unserer Orbiter-Sonden haben zahlreiche ausgetrocknete Flußläufe festgestellt, die eindeutig darauf hinzuweisen scheinen, daß sich Flüssigkeiten auf der Mondoberfläche bewegt haben‹.« Wenn diese Theorie auch bisher nicht voll bestätigt werden konnte, so vermuten Wissenschaftler doch, daß bei weiteren Mondlandungen von den Astronauten Permafrost entdeckt werden wird.

Anerkennung fand mein Vater auch durch die Internationale Astronomische Gesellschaft in Bern, die ihm zu Ehren einen Mondkrater »Hörbiger« nannte. Auf der Mondkarte der NASA, der Raumfahrtbehörde der Vereinigten Staaten, ist dieser Krater eingezeichnet.

Fast auf den Tag genau zwei Jahre nach meiner Geburt kam Attila als letzter, ebenfalls in Budapest, zur Welt. Die rosafarbenen Kinderhöschen konnten nun endgültig verschenkt werden.

Drei Wochen später meldete mein Vater unter der »Patent-Nr. 100398« beim deutschen Kaiserlichen Patentamt eine weitere Erfindung an. Eine »Flugmaschine, bei welcher der Rumpf und die großen, zur Quer- und Längsachse derselben angenähert parallelen Tragsegel ein starres Ganzes bilden«, ein Flugzeug also.

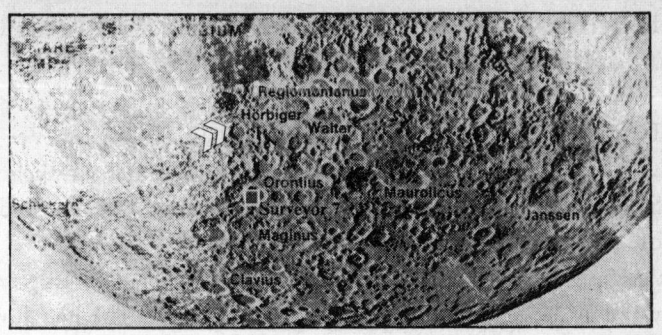

Auf der Mondkarte ist der nach meinem Vater benannte
Krater »Hörbiger« zu sehen.

Die Idee wurde belächelt, man sagte meinem Vater, daß ein
Flugzeug keine Zukunft habe, »höchstens wie man heute
rodelt, wird man einmal von Hügeln im Gleitflug herab-
schweben«. Mein Vater war von der Idee besessen, schloß
eine Lebensversicherung »für Weib und Kinder ab, denn daß
wir zunächst ein paar dutzendmal abstürzen würden, schien
mir sicher«. Die Probeflüge sollten über dem Neusiedler See
abgehalten werden. Doch – glücklicherweise – fand mein Vater keinen Geldgeber für sein Flugzeug, und so verstaubten
die Pläne im Kaiserlichen Patentamt.
Da Papas Konstruktionsbüro trotz seiner Leidenschaften
immer mehr Aufträge bekam – und zwar vornehmlich aus der
Haupt- und Residenzstadt – übersiedelte die gesamte Familie
1903 nach Wien.
Daß er seine Flugzeugkonstruktion nie verwirklichen konnte, hat ihn sehr gekränkt. Alle diesbezüglichen Entwicklun-
gen verfolgte er genau. Als den amerikanischen Brüdern Or-
ville und Wilbur Wright mit einem Doppeldecker die ersten
Motorflüge gelangen, ist er mit uns in ein Kino in der März-
straße gegangen, wo diese Attraktion vorgeführt wurde.

Für großes Aufsehen haben zwei Brüder in Wien gesorgt: Anatol und Alexander Renner, genannt »Die Rennerbuben«, Söhne eines Zirkusartisten, hatten ein zeppelinähnliches Luftschiff konstruiert. Auch ihre zunächst erfolgreichen Versuche hat mein Vater genau beobachtet und immer sämtliche Söhne in die Praterauen mitgeschleppt. Doch eines Tages sind die Rennerbuben im Donautal abgestürzt.

Auch das Wiener Büro der Ingenieure Hörbiger & Rogler war sehr erfolgreich, unter anderem hat mein Vater hier für die Firma Siemens und Halske die erste Rohrpost konstruiert. Aus dem Büro entstand schließlich die heutige Ventilfabrik Hörbiger.

Nach dem Zweiten Weltkrieg wurde der Name Hanns Hörbiger mitunter kritisch betrachtet, weil Hitler ein Anhänger seiner »Welteislehre« war, er wollte ihm sogar ein Denkmal in Linz errichten lassen. Doch gegen meinen Vater konnte man aus dieser Tatsache wohl keinen Vorwurf erheben, denn er ist im Jahre 1931 verstorben, ihm war die Machtergreifung des »Führers« erspart geblieben. Als die Autoren des Buches *Aufbruch ins dritte Jahrtausend* vor einigen Jahren Hanns Hörbiger mit den Nationalsozialisten in Verbindung brachten, mußten sie laut Gerichtsurteil diese Stelle nicht nur von der zweiten Auflage an weglassen, sondern auch eine Ehrenerklärung abgeben.

Mein Vater war eine imponierende Erscheinung und ein von Grund auf gütiger Mensch. Wenn einer von uns Buben etwas angestellt hatte – was nicht allzu selten der Fall war – und es darum ging, den Schuldigen zu bestrafen, hat er immer gesagt: »Mach du das, Mama.«

Meine Mutter überlebte ihren Mann um dreißig Jahre. An ihrem achtzigsten Geburtstag hat sie alles für ihren Tod vorbereitet, um ihren Kindern »nachher nicht zuviel Mühe zu bereiten«. Ein Totenkleid, Schuhe und weiße Seidenstrümpfe lagen für den Fall der Fälle im Kasten. Die Seidenstrümpfe hat ihr Attila in steter Regelmäßigkeit weggenommen, weil er sie immer für irgendwelche Auftritte benötigte. Und jedesmal schimpfte sie lachend: »Der Attila hat schon wieder meine Totenstrümpfe.« Dann wurden neue gekauft.

Als sie 1961, kurz vor ihrem hundertsten Geburtstag, starb, waren die berühmten Seidenstrümpfe natürlich nicht da.

Der Pfarrer war vor ihrem Tod gekommen und hatte sie gefragt, ob sie noch einmal das Heilige Sakrament der Beichte empfangen wolle. Darauf meinte sie: »Hochwürden, wenn Ihnen was einfällt, das man mit neunundneunzig anstellen könnte, dann beichte ich gerne.«

Am Sterbebett hat sie mich gefragt: »Kannst du noch Ziehharmonika spielen, Pauli?«

»Ja, natürlich, Mama.«

»Dann bring sie morgen mit und spiel mir was vor.«

Ich bin am nächsten Tag ohne das Instrument gekommen, weil ich mich mit dem Gedanken nicht recht anfreunden konnte, meiner Mutter kurz vor ihrem Tod etwas mit der Ziehharmonika vorzuspielen. Aber sie hat mich gleich wieder gefragt: »Na, wo ist deine Ziehharmonika?«

Da ist mein Sohn Thommy zu mir nach Hause gefahren und hat sie geholt, ich habe Mama tschechische und ungarische Lieder vorgespielt. Das war die letzte Freude, die ich meiner Mutter bereiten konnte. Am nächsten Tag ist sie gestorben.

Aus Mamas Verwandtschaft erinnere ich mich noch an ihre Stiefschwester Marie und deren fünf Kinder. Ihr Mann war Direktor des St. Marxer Schlachthofs gewesen und sehr früh verstorben, so daß sie ganz plötzlich völlig mittellos dastand. Ihre Kinder haben manchmal bei uns gewohnt, zeitweise waren sie auch im Städtischen Waisenhaus des dritten Bezirks. Einmal war dort eine Weihnachtsfeier, zu der mich die Buben eingeladen hatten. Cousin Rudi sagte ein Gedicht auf und war natürlich sehr aufgeregt.

Der Grund dafür war die Anwesenheit des berühmten Wiener Bürgermeisters Dr. Karl Lueger. Hans Moser hat später ein beliebtes Lied gesungen: »Der Doktor Lueger hat mir die Hand gereicht.« Da der Bürgermeister im Waisenhaus grußlos an mir vorbeigegangen ist, kann ich die Zeile nur abwandeln: »Mir hat er sie nicht gereicht.«

Noch ein paar Worte zu meinen Vorfahren väterlicherseits. Mein Urgroßvater Alois Hörbiger – der Vater des Orgelbauers – war wie alle seine fünf Brüder ein Mitkämpfer Andreas Hofers im Tiroler Freiheitskampf gewesen. Der Name Hörbiger taucht in der Wildschönau ab dem fünfzehnten Jahrhundert immer wieder auf. Aber der Stammbaum läßt sich nur bis zur zweiten Hälfte des achtzehnten Jahrhunderts zurückverfolgen, weil die Kirche, in der sich die Urkunden befanden, im Jahre 1719 abgebrannt ist.

Doch darüber, verehrte Leser, wäre ich an Ihrer Stelle gar nicht so ungehalten. Sie ersparen sich auf diese Weise, daß ich Ihnen noch etliche Seiten lang von weiteren Heldentaten meiner Ahnen erzähle.

Caruso verzichtet auf meine Mitarbeit
Statist und Claqueur

Als ich vierzehn war, bezogen meine Eltern eine neue
Wohnung in der Hietzinger Einwanggasse. Und wie nach
jeder Übersiedlung wurde auch hier der hauseigene Garten
sofort und ohne jede weitere Diskussion zu meinem absoluten und persönlichen Hoheitsgebiet erklärt. Ich habe alles
aufgegraben, neue Beete angelegt, Blumen gezüchtet,
Salate und Radieschen angebaut. Mit der neuen Kamera –
deren unrühmliche Folgen für meinen weiteren Schulfortschritt bereits geschildert wurden – habe ich dann die Familie vor all der Blütenpracht photographiert. Es war
mein fester Entschluß, einmal Gartenarchitekt zu werden,
und jeder, der mir eine Karriere als Schauspieler prophezeit hätte, wäre von mir glattweg ausgelacht worden. Obwohl ich in dieser Zeit ziemlich oft ins Theater gegangen
bin. Und zwar meist nicht als »gewöhnlicher Besucher«,
sondern in abwechselnder Reihenfolge als Statist und
Claqueur.
Meine besten Freunde hießen Salomon Unterberg und Fritz
Löwenstein. Sie waren Cousins und haben in der Sechshauser
Straße gewohnt – im gleichen Haus waren übrigens die Käfige
der Hunde untergebracht, die in einer Nummer des Zirkus
Ronacher auftraten. Löwenstein senior war Eierhändler, und
Salomons Vater erzeugte die dazugehörigen Holzkisten für
den Eierversand. Auch als sich die Löwenstein-Unter-
berg'schen Eltern aus geschäftlichen Gründen zerkracht hat-

ten, blieben Salomon und Fritz über alle verwandtschaftlichen Bande hinaus eng befreundet.

Ihre Verbindung war durch eine gemeinsame Leidenschaft gefestigt: beide waren Theaternarren. Zu ihren Hauptproblemen gehörte die Sorge, wie man möglichst an einem Abend Oper, Burg und die restlichen Theater Wiens besuchen könnte, ohne eine einzige Vorstellung zu versäumen. Dieses Problem haben sie bei der damaligen Vielfalt der Bühnen natürlich nicht lösen können, aber sie gaben ihr Bestes und rasten von einer künstlerischen Darbietung zur anderen.

Infolge ihrer Theaterleidenschaft haben sie den Claquechef des Burgtheaters kennengelernt, und bald zählten sie zum ständigen Ensemble der halbprofessionellen Beifallsspender. Eines Tages nahmen sie mich mit, und von da an war auch ich Claqueur.

Die Sache war ungeheuer gut organisiert. Wir saßen auf der Galerie, vor uns im Parterre hat der Claquechef (als gewöhnlicher Zuschauer getarnt) mit einem strahlend weißen Programmheft in der linken Hand residiert. Wenn er den rechten Zeitpunkt für einen Szenenapplaus kommen sah, hat er das Programmheft unauffällig, aber für alle Claqueure sofort erkennbar, in die Höhe gehoben, worauf unser stürmischer Beifall einsetzte. Ich habe vor lauter Angst, den »Einsatz« zu versäumen, mehr auf das Programmheft des Claquechefs als auf die Bühne geschaut. Daß da der Theatergigant Josef Kainz spielte, habe ich kaum registriert, es hätte mich damals auch nicht sonderlich beeindruckt. Kainz sah ich in Goethes *Egmont* und Schnitzlers *Zwischenspiel* und einmal, als er im Raimundtheater als Zwirn gastierte. In dieser Nestroy-Rolle, die gar nicht zu ihm paßte, hat er übrigens nicht nur mir nicht gefallen, er hat auch schlechte Kritiken bekommen.

Die Claque war am Burgtheater eine »geduldete Institution«, heute gibt es sie längst nicht mehr. Wir haben für unsere wertvollen Dienste damals keine Bezahlung bekommen, sondern nur für Freikarten geklatscht. In kleineren Theatern wurden die Claqueure von den applaushungrigen Schauspielern bezahlt, was ich mir dann später, zu Beginn meiner Karriere, auch geleistet habe.

Im Gegensatz zu der hervorragend organisierten Claque des Burgtheaters gab es auch minderbegabte Berufsklatscher. Im Theater an der Wien erlebte ich Claqueure, die schon vor dem Erscheinen Hans Mosers im dritten Akt für Auftrittsapplaus sorgten.

Neben meiner Tätigkeit als Claqueur fand ich dank Unterberg und Löwenstein auch bald Beschäftigung als Statist. Einmal war ich der dritte Baum von links an der Burg, dann der zweite von rechts am Volkstheater.

Und im Theater an der Wien fand Alexander Girardi trotz der ungeheuren Konkurrenz durch den neben ihm stehenden Komparsen Paul Hörbiger die Gunst des Publikums. Dabei habe ich es ihm gar nicht so leicht gemacht. Während Girardi den Zsupan im *Zigeunerbaron* sang, wanderte ein Geldsack von einem Statisten zum anderen. Ich bin der letzte Zigeuner gewesen, habe das Requisit mit einer komischen Bewegung aufgefangen – und das Publikum lachte. Über mich! Mein Gott, war ich an diesem Abend stolz.

Später hat man mich oft mit dem Volksschauspieler verglichen, Kritiker nannten mich den »Girardi des Films«, in einer wissenschaftlichen Abhandlung heißt es gar »Girardi und Hörbiger – das ist die Inkarnation des Wieners« (er war Grazer, ich bin aus Budapest), aber mir war der Vergleich – so ehrenvoll er auch gemeint ist – nie sonderlich recht, denn jeder Schauspieler will er selbst sein und nicht die Kopie eines anderen.

Girardi hatte im Wiener Kulturleben eine einmalige Stellung. Das Publikum kam fast ausschließlich nur seinetwegen ins Theater, und daher konnte er praktisch jeden Vertrag haben, den er sich wünschte. So gab es im Theater an der Wien für Girardi einen Paragraphen, der die Eigentümerin und Direktorin – die er nicht leiden konnte – sogar in ihren Hausrechten beschnitt: »Wenn Herr Girardi in einer Probe die Bühne betritt, hat Fräulein von Schönerer dieselbe augenblicklich zu verlassen.«

Eine ganze Modeindustrie – voran der berühmte Girardihut – richtete sich nach ihm. Jedoch privat machte er die Hölle durch. Seine erste Frau, Helene Odilon, wollte ihn – um sich ihrem Verehrer, Baron Rothschild, ungestört hingeben zu können – sogar ins Irrenhaus sperren lassen. Ein ärztliches Attest hatte sie bereits in Händen, nur Katharina Schratt gelang es durch ihre guten Beziehungen zum Kaiser, die Einweisung zu verhindern. Vor einigen Jahren hat man mir angeboten, in der Verfilmung seines Lebens die Girardi-Rolle zu spielen. Ich habe es abgelehnt, weil man sein Dasein idealisieren wollte und die schlimmen Jahre einfach vergessen hat. Ein anderes Mal habe ich Girardi gespielt, im Willi-Forst-Film *Operette*.

Aber noch bin ich ja Komparse. Eine ungeheure Auszeichnung war es, im k. u. k. Hofoperntheater zu statieren. Keine Frage, daß es Salomon Unterberg und Fritz Löwenstein dorthin drängte – immer mit mir als Anhängsel. Wer engagiert werden wollte, mußte sich in einer langen Reihe anstellen, dann ist der Statistenchef prüfenden Blicks herumgegangen und hat ungeheuer gnadenvoll den Finger ausgestreckt: »Du!« Wer drankam, war selig.

Einmal, bei *Carmen*, fiel die Wahl auf mich, und mein »Partner« war kein Geringerer als der in Wien gastierende Enrico

Caruso persönlich. Nicht nur ein großer Sänger, sondern auch ein humorvoller Mensch. Um zu testen, ob ihn die Leute erkennen, hat er sich an die Opernkasse gesetzt und Karten verkauft.

Aber als ich – wie mehrfach erwähnt – infolge meiner Photographierleidenschaft die fünfte Klasse wiederholen mußte, nahmen mich meine Eltern aus dem Meidlinger Carl-Ludwig-Gymnasium, und ich übersiedelte ins Kärntner Internat, zu den Benediktinern nach St. Paul im Lavanttal. Caruso, Girardi & Co. mußten fortan auf meine Mitarbeit verzichten.

»Ich hab nie soviel Sau wie der Attila!«
Stiftsgymnasium St. Paul in Kärnten

Meine Partner hießen zwar nicht mehr Caruso und Girardi, aber auch in St. Paul stand ich oft auf der Bühne. Und nicht mehr als Statist, sondern in richtigen Rollen. Nestroys *Lumpazivagabundus* hat man im Festsaal als Schülervorstellung gegeben. Klosterschulen wurden damals sehr streng geführt, so daß unser Abt alle Frauenrollen aus dem Stück streichen ließ. Nestroy dürfte sich damals im Grab umgedreht haben, denn sein *Lumpazi* wurde aus klerikalen Gründen total umgeschrieben.

Die beste Rolle ist die des Schusters Knieriem. Adolf Haas war in einer höheren Klasse als ich und hatte schon aus diesem Grund das Privileg der Rollenwahl. Er entschied,

Ich war im Stiftsgymnasium von St. Paul nicht nur der Knieriem (mit Flasche), sondern auch für die Anfertigung der Einladungskarten zuständig.

daß er den Knieriem und ich den Schneider Zwirn spielen sollte.

Ich bin die Sache beinahe professionell angegangen und habe meinen Zwirn böhmakeln lassen. Als Haas nun während der Probenzeit sah, daß ich die meisten Lacher auf meiner Seite hatte, nahm er mir die Rolle kommentarlos weg. »Du spielst jetzt doch den Knieriem«, befahl er, »das paßt uns besser ins Konzept.«

Mir war das natürlich nur recht, und ich hatte mit dieser Schülervorstellung meinen ersten Bühnenerfolg.

Ein anderes Stück in unserem Repertoire war die *Fünffache Mordsgeschichte des Rinaldo Rinaldini*. In diesem Fall ist es mir gelungen, gegen die sonstigen Gepflogenheiten unseres Klosters auch eine Frauenrolle durchzusetzen, weil ich dies aus dramaturgischen Gründen für notwendig hielt. Aber keiner der Mitschüler wollte sich »in Weiberkleider schmeißen«, was aber zur Darstellung der Rinaldini-Tochter Laura unabdingbar war. Da sagte der Abt zu mir: »Wenn du schon die Frauenrolle im Stück haben willst, dann mußt du die Krot schlucken.« So ist die Laura an mir hängengeblieben.

Unser Zeichenprofessor war der heute berühmte Kärntner Maler Suitbert Lobisser, und er hat mich im Kostüm der Laura für alle Zeiten festgehalten.

Lobisser war Benediktinermönch, doch die Schüler in St. Paul munkelten, daß er nicht nur eine Geliebte, sondern mit ihr auch ein außereheliches Kind habe. So etwas spricht sich in einem Konvikt mit sensationslüsternen Zöglingen natürlich schnell herum. Des Nachts hat sich der ehrwürdige Vater immer aus dem Kloster gestohlen, um nach Weib und Kind zu sehen. Später ist er dann aus dem Orden ausgetreten und hat seine Freundin mit päpstlicher Erlaubnis geheiratet. In der Zwischenkriegszeit bot mir seine Frau das

In einer Schülervorstellung mußte ich mich für die Rolle der Rinaldo-Rinaldini-Tochter »in Weiberkleider schmeißen«. Unser Zeichenlehrer, der heute berühmte Maler Suitbert Lobisser, hat mich im Kostüm der Laura festgehalten.

obenstehende Bild zum Kauf an, und so ist es heute in meinem Besitz.

Suitbert Lobisser war bei uns Studenten überaus beliebt. Mit ihm unternahmen wir im Lavanttal ausgedehnte Wanderungen; lange Zeit waren wir auf der Suche nach dem sogenannten »Bauernschreck«. Das war ein Wolf, der durch das Zentralalpengebiet gestreift ist, viele Kälber und Schafe getötet hat. Die Presse hat viel über ihn berichtet. Wir Buben hatten uns natürlich vorgenommen, das Biest zu finden und zu erlegen. Was ich gemacht hätte, wenn wir dem Wolf tatsächlich gegenübergestanden wären, weiß ich bis heute nicht. Einige Zeit später wurde der Bauernschreck dann bei Wolfsberg aufgespürt und erschossen. Nicht von mir.

Während einer Wanderung auf der Koralpe kehrten wir Buben in Begleitung von Professor Lobisser in einem Bauernhaus ein. Die Stube konnte durch Kienspan, ein stark mit Harz durchtränktes Kiefernholz, erleuchtet werden. Auf Grund des langen Marsches waren wir äußerst hungrig, und die freundliche, schon etwas ältere Bäuerin führte uns in ihre »Rauchkuchl«, in der Zwetschkenröster (Pflaumenmus) und Bauernbrot serviert wurden. Die zweite Portion Zwetschkenröster war total verschimmelt, und unser Lehrer meinte, daß wir Buben dies auf keinen Fall essen dürften, worauf die Bäuerin widersprach: »Tuat's den Schimmel weg, dann könnt's es essen. Und der Schimmel ist guat für an g'schwürigen Finger, den legt ma auf, wenn ma an Fingerwurm hat.«

Gleich nach der Rückkehr ging ich in die Stiftsbibliothek, weil mich die Sache interessierte. Meine »Forschungsarbeit« begann im Meyer's Konversationslexikon, und da fand ich unter dem Stichwort Schimmelpilz die lateinische Übersetzung dafür: »Penicillium glaucum.« Die alte Bäuerin wußte also schon von einem bewährten Hausmittel, das Alexander Flemming etliche Jahre später wissenschaftlich auswertete, wofür er später den Nobelpreis bekam. Penicillin als Antibioticum.

Ich war jedenfalls von diesem Tag an oft in der Stiftsbibliothek anzutreffen. Besonders die chemischen Zusammenhänge begeisterten mich. Dieses Erlebnis hat dann vielleicht auch dazu geführt, daß ich mich drei Jahre nach der Matura, während der Kriegszeit, als Chemiestudent inskribierte.

Aber noch ist ja von der Matura keine Rede. Ich war auch in St. Paul ein Schüler mit eher mäßigen Erfolgen. Ganz im Gegensatz zu Hans Blumenthal, dem Primus unserer Klasse. Er ist auch ein guter Kamerad gewesen und hat sein umfassendes Wissen in sämtlichen Fächern den Mitschülern bereitwilligst zur Verfügung gestellt. Und zwar als hervorragender Einsager bei Prüfungen. Für diese Prüfungen hatte er – als echten Freundschaftsdienst – ein eigenes System entwickelt.

Pater Odilon, der Religionsprofessor – den wir ob seiner etwas eigenartigen Gangart »Wackel« nannten –, hatte die Angewohnheit, sämtliche Schüler immer in der gleichen Reihenfolge zu prüfen. Da er, wie Blumenthal herausgefunden hatte, jedes Jahr die gleichen Fragen und auch diese in einer festgesetzten Reihenfolge stellte, brauchte man als Prüfling nur eine Antwort zu büffeln. Religion war natürlich ein Hauptgegenstand in St. Paul, und Blumenthals System hat sich dank seiner Organisation großartig bewährt. Doch eines Tages änderte »Wackel« sein Prüfungssystem völlig überraschend. Statt der Gruppe Dietel-Hörbiger-Wininger-Zawadil-Zdarsky (letzterer ein Neffe des berühmten Skipioniers) wurden die Angehörigen einer anderen Prüfungsgruppe unserer Klasse zur Tafel gerufen, wodurch Blumenthals gesamte Administrationstätigkeit zunichte gemacht und der Schüler Hörbiger verzweifelt war.

Doch jetzt konnte sich Blumenthals Organisationstalent erst so richtig entfalten. Er zischte uns an: »Ihr geht's in der alten Reihenfolge hinaus.« Da stand Dietel vor Pater Odilon, und der zerstreute Professor schaute den Schüler mit großen Augen an. »Ich hab dich doch gar nicht gerufen.« Worauf Hans Blumenthal lakonisch meinte: »Aber ja, Herr Professor, es stimmt schon so« – und als Musterschüler war er natürlich absolut glaubwürdig.

Da er auf Grund seiner ebenso meisterhaft entwickelten Einsagetechnik auch diesbezügliche Eignung bewiesen hatte, wurde Blumenthal bei unseren Theateraufführungen als Souffleur eingesetzt. Man konnte ihm nicht nur als Vorzugsschüler, sondern auch als Souffleur nur Gutes nachsagen.

Im Wiener Apollotheater hatte ich einen Sketch der Gebrü-
der Schwarz gesehen, der sich *Sein Spiegelbild* nannte. Ich
habe diese Nummer kaltblütig gestohlen und sie in St. Paul
zum besten gegeben. Es handelt sich um eine Pantomime folgenden Inhalts: ein Offiziersdiener zerbricht während der
amourösen Verfolgung des Stubenmädchens, soweit eben in
einem Kloster darstellbar, den Spiegel seines Vorgesetzten.
Dann betritt der Oberleutnant in angeheitertem Zustand sein
Zimmer. Vor dem Spiegel zieht er sich in alter Gewohnheit
den Uniformrock aus, betrachtet seine edlen Gesichtszüge,
reißt Mund und Augen auf – und der schuldbewußte
Offiziersdiener steht anstatt des Spiegels im Rahmen und äfft
die Grimassen nach. Ich habe den Oberleutnant gespielt und
hatte damit einen der größten Theatererfolge meiner Gymna-
sialzeit zu verbuchen.
Papa und mein Bruder Alfred saßen in der Vorstellung, und
wie mein Vater am Tag danach erzählt hat, war diese das Tagesgespräch im ganzen Ort, ja, selbst der Friseur von St. Paul
im Lavanttal hat ihn während des bei meinem Vater äußerst
komplizierten Rasurvorgangs auf einen »sehr begabten jungen Mann, der im Internat drinnen Theater spielt« aufmerksam gemacht. Gemeint war ich.
Meine Erfolge in St. Paul blieben weiterhin dem künstlerischen Bereich vorbehalten. Abgesehen von Botanik und einigen Nebengegenständen hielt sich der Schulfortschritt in
überschaubaren Grenzen, die Sehnsucht nach Hause war
groß, was auch meiner Korrespondenz zu entnehmen ist:

6. III. 1912. Liebste Mama! Die Zeit vergeht sehr rasch, es
sind nur mehr 24 Tage (bis Ostern). Jetzt wäre ich auch
sehr gerne in Wien, aber ich habe nie soviel Sau wie der Attila. Pa, Mama, in 24 Tagen auf Wiedersehen. Páli.

23. III. 1912. Liebste Mama! Bitte schicken Sie mir die Erlaubnis, daß ich zu Ostern fahren kann, bald, damit sie nicht zu spät kommt. Das wäre furchtbar, schrecklich, haarsträubend. Pa, Páli, Grüße etc.

1. XII. 1912, 23 Tage vor Weihnachten. Liebster Papa! Bitte einen Wunsch hätte ich noch für Weihnachten. Bitte kaufen Sie mir bei Herder, Wollzeile 33, das Werkchen »Blumenbüchlein für Waldspaziergänger« 2 K. 60 H. (wenn es etwas wert ist!) Wenn mir Mama die Hose und Kleiderhaken schickt, soll sie mir mehr »Reelles« mitsenden. Bekomme ich eine Nikolosendung? Mit herzlichen Grüßen an alle, Ihr Páli.

Es klingt vielleicht verwunderlich, daß ich Mama und Papa per Sie angesprochen habe. Das ist ein Restbestand unserer ungarischen Erziehung. Nur Hansi, der Älteste, durfte zu den Eltern du sagen. Die Mutter sprachen wir immer »Édes Mama« an, »Meine süße Mama«, denn Ungarisch ist eine sehr höfliche Sprache.
In St. Paul habe ich auch die allererste Theaterkritik meines Lebens erhalten. In Ferdinand Raimunds *Der Alpenkönig und der Menschenfeind* spielte ich einen der drei Söhne des reichen Gutsbesitzers Rappelkopf. So konnte man im *Kärntner Tagblatt* vom 23. Februar 1913 lesen:

Gerade bei Paul Hörbiger kam in der Mimik jenes gewisse Etwas zum Vorschein, das auf ein reicheres Innenleben und eine unverkennbare Künstlernatur schließen läßt.

Na bitte.
Abgesehen vom Theaterspielen habe ich im Kärntner Internat noch etwas gelernt. Das Musizieren. Klavier unterrichtete

Religionslehrer Odilon, für die Blasinstrumente war Professor A. Puckl zuständig, er brachte mir in erster Linie die Beherrschung des Baßflügelhorns bei. Jeden Morgen um sechs Uhr war zu unserer nicht allzugroßen Freude ein Gottesdienst angesetzt und der einzige Grund, warum wir dieser Frühmesse halbwegs amüsiert entgegensahen, lag in der Tatsache, daß ich stets mitten ins Oratoriumsspiel ein paar Takte der beliebtesten Operettenschlager hineingeschmuggelt habe. Die Padres waren dermaßen in ihr Gebet vertieft, daß sie diese Eskapaden gar nicht mitbekamen. Die Register der Orgel hat mein Freund Rupert Freudenreich gezogen, der ein ungewöhnlich musikalischer Bub war.

Freudenreich hatte eines Tages die Idee, in St. Paul ein Schrammelquartett zu gründen, worauf ich meinen Vater brieflich ersuchte, er möge mir eine Ziehharmonika kaufen und zuschicken. Ich habe dieses Instrument dann auch erlernt.

Mein Leben lang war ich Freudenreich für seine Schrammelidee dankbar, denn das Ziehharmonikaspielen hat mir in meinem Beruf viel geholfen. Und es ist mir heute noch ein liebes Hobby.

»Von jetzt an wird gesiegt.«
Der Erste Weltkrieg

Drei Sommerurlaube verbrachten Attila, Alfred und ich in der steirischen Berggemeinde Tragöß-Oberort. Bis Bruck an der Mur ging es per Bahn, von dort weiter mit der Postkutsche. Für ein Trinkgeld von einer Krone blies der Kutscher einmal extra ins Posthorn. Das war ein Vergnügen!

Wir waren leidenschaftliche Bergsteiger. Auf der Meßnerin haben wir Kohlröserln gesehen, wunderbar riechende violette Orchideen, die unter strengem Naturschutz stehen. Als Blumennarr hat mich das natürlich brennend interessiert.

Im Sommer 1913 trafen wir bei einem Spaziergang zwei Wanderburschen aus Deutschland, die uns sagten, sie wollten ihre Heimat verlassen, weil sie einen Krieg befürchteten. Wir haben sie noch belächelt.

Aber während unseres nächsten Tragöß-Urlaubs war es dann soweit. Am 28. Juni 1914 werden Österreichs Thronfolger Erzherzog Franz Ferdinand und seine Gattin Sophie durch Revolverschüsse des bosnischen Studenten Gavrilo Princip in Sarajewo getötet. Auf den Tag genau einen Monat später erfolgt die Kriegserklärung Österreich-Ungarns an Serbien. Der Erste Weltkrieg bricht aus. Ein Telegramm, gerichtet an Alfred, Paul und Attila Hörbiger erreicht uns: »Sofort heimkehren, freiwilligen Kriegsdienst antreten, Euer Papa.« Mit Stempel der Zensurstelle im Gendarmeriekommando Mauer. Wir sind zwei Tage und zwei Nächte nach Wien unterwegs, es herrscht ein unbeschreiblicher Rummel, steirische Soldaten werden in Richtung Osten transferiert. Alles schreit: »Hoch Österreich, nieder mit Serbien!« Ein Besoffener: »Hoch Serbien, nieder mit Österreich!«, worauf er von seinen Kameraden fast gelyncht wird.

Unser ältester Bruder Hans war bereits eingezogen worden. Wir drei, kaum in Wien angekommen, meldeten uns gleich in »Weigel's Dreherpark«, wo ich seinerzeit den Volksliedern Turl Wieners gelauscht habe. Aber jetzt ging's hier weniger volkstümlich zu. Stellungskommission für Freiwillige.

»Hörbiger Alfred – tauglich.«

»Hörbiger Paul – untauglich.«

»Hörbiger Attila – untauglich.«

Eine Welt brach für mich zusammen. Wir waren Patrioten, wollten für Kaiser und Vaterland alles geben. Aber man ließ uns nicht. Attila war vermutlich zu jung, ich eher schwächlich gebaut.

In dieser verzweifelten Situation lernten wir zwei junge Männer kennen, denen das gleiche Schicksal widerfahren war: der Sohn des Terrassencafébesitzers auf dem Margarethenplatz und ein Kunstmaler waren wie Attila und ich untauglich. Sie verrieten uns: »Im dritten Bezirk gibt's eine Akademische Legion. Geht's dorthin, die nehmen alles!«

Mein jüngerer Bruder und ich sind natürlich sofort hinmarschiert. Und prompt hieß es dort: »Hörbiger Attila, Hörbiger Paul – tauglich.«

Diese Akademische Legion hieß korrekt Wiener Bürger-Scharfschützenkorps und war genauso organisiert wie die Tiroler Standschützen Andreas Hofers. Attila und ich traten sozusagen die legitime Nachfolge unseres Urgroßpapas an. Aber davon hatten wir zu diesem Zeitpunkt natürlich keine Ahnung gehabt.

Die Unteroffiziere unserer freiwilligen Formation waren

uralt, alles pensionierte Berufssoldaten. Entsprechend verstaubt waren auch ihre Methoden, aus uns stramme Helden zu machen. Wenn einer zum Beispiel nicht richtig salutierte, mußte er in der Kaserne bis zum zweiten Stock hinauf auf jede einzelne Stufe Streichhölzer legen und sie dann von oben nach unten wieder einsammeln. Völlig sinnlose Schikanen also.

Eine unserer Aufgaben bestand darin, im Gerichtsgebäude am Hernalser Gürtel die ersten österreichischen Kriegsgefangenen zu bewachen. Das waren meist hohe englische und französische Offiziere, die bei Kriegsausbruch zufällig in Gastein, Marienbad oder Karlsbad zur Kur waren. Dort wurden sie festgenommen und nach Hernals überstellt. Sie benahmen sich aber gar nicht wie böse Feinde, sondern waren sehr nett und haben uns, ihren Bewachern, beim täglichen Spaziergang im Hof Zigaretten zugeworfen. Der Krieg hat für mich also recht gemütlich begonnen.

Nach dem ersten Gefangenenaustausch verließen uns die ausländischen Offiziere, und ich wurde in die Militärstrafanstalt Möllersdorf, südlich von Wien, versetzt. Dort hatten wir unter anderem den berüchtigten Giftmörder Adolf Hofrichter zu bewachen. Der »Fall Hofrichter« hatte seit Jahren die Gemüter der Österreicher bewegt: Im November des Jahres 1909 bekam ein gutes Dutzend Offiziere des Generalstabs per Post je eine Packung Potenzmittel gratis ins Haus gesandt. Als Absender war der Name Charles Francis angegeben, und in einem Schreiben wurde empfohlen, die Pillen »unmittelbar vor Verkehr« einzunehmen. Der Hauptmann d. G. Richard Mader erwartete just an diesem Tag Damenbesuch und schluckte das Medikament, zumal es im Beipacktext als »unfehlbares Mittel zur Stärkung der Manneskraft« bezeichnet wurde.

Noch bevor Maders Angebetete ins Haus kam, war der

Offizier tot. Vergiftet durch Zyankali, wie sich später bei der polizeilichen Untersuchung herausstellen sollte. Die anderen Empfänger des tödlichen »Potenzmittels« konnten noch rechtzeitig gewarnt werden, so daß Mader das einzige Opfer geblieben war.

Bei den Ermittlungen stieß man nach einiger Zeit auf den Oberleutnant Adolf Hofrichter, der beim letzten Avancement übergangen worden war. Seinem sehnsüchtigsten Wunsch, in die militärische Eliteeinheit aufgenommen zu werden, war vom Generalstab nicht entsprochen worden. Also beschloß er, jene »aus dem Weg zu räumen«, die für seine Beförderung hinderlich waren. Sobald diese Herren eliminiert seien, könne er problemlos in den Generalstab aufrücken, dachte Hofrichter.

Die weiteren Untersuchungen wurden der Polizei entzogen und von den Militärbehörden allein durchgeführt. Eines Tages legte Hofrichter ein umfassendes Geständnis ab, und damit schien seine Verurteilung zum Tod sicher. Doch kurze Zeit später meldete die *Kronen Zeitung* in großer Aufmachung: »Hofrichter hat Geständnis widerrufen.« Jetzt konnte, laut Militärgerichtsbarkeit, das Urteil nicht vollstreckt werden, und der ehemalige Offizier wurde schließlich zu einer zwanzigjährigen Kerkerstrafe verdonnert.

Zur Verbüßung ausgerechnet in der Militärstrafanstalt Möllersdorf, in der ich als Wiener Scharfschütze meinen Dienst versah. Wo ich doch in den Krieg ziehen wollte! Einige Aufseher hatten Attila und mich – mit dem ich Hofrichter abwechselnd bewachte – gewarnt: »Kein Wort mit ihm reden, er ist bösartig.«

In den Zeitungen tauchten fast täglich die abenteuerlichsten Meldungen über unseren Gefangenen auf. Einmal hieß es, er werde in Möllersdorf »zu brutal« behandelt, ein anderes Mal wurde uns vorgeworfen, der Giftmörder werde gegenüber den anderen Häftlingen »bevorzugt«, ja er dürfe sogar Bürodienst versehen.

In Wirklichkeit war es so, daß »Charles Francis« im Gefängnis einen Ofen gebaut hat. Die Zellentüre war geöffnet, so daß er vom Gang Mörtel und Ziegel holen konnte. Er hat mich immer gefragt: »Wie steht der Krieg?«, war an allem sehr interessiert, aber ich hatte ja strikte Anweisung, nicht zu antworten.

In der Militärstrafanstalt Möllersdorf mußte ich den Giftmörder Hofrichter bewachen. Die Originalzeichnung aus der »Kronen Zeitung« zeigt ihn bei einem Verhör durch die Militärkommission.

Vor meiner Dienstzeit in Möllersdorf hatte ihm nämlich ein bosnischer Soldat und Gefängniswärter widerrechtlich Papier und Bleistift gegeben, worauf Hofrichter den gutmütigen Kerl sofort angezeigt hat. Es gab daraufhin wilde Spekulationen, daß der Giftmörder seiner Frau schreiben wollte, damit sie ihm zur Flucht verhelfe. Jedenfalls hat sich seine Gattin, während er im Gefängnis saß, von ihm scheiden lassen. Ihr Bruder, ein bekannter Architekt, war infolge der großen Aufregungen in der sonst so angesehenen Familie plötzlich verstorben.

Die in den Zeitungen auftauchenden Gerüchte über Hofrichters Gesundheitszustand reichten nun von einer Tuberkuloseerkrankung bis zu schweren Depressionen. Ein Militärpsychiater erklärte ihn jedoch für absolut normal. Ich war ehrlich gesagt – nicht ganz dieser Meinung. Aber ich bin ja nur ein ganz kleiner Bewacher gewesen.

An noch einen Gefangenen, dessen Fall seinerzeit Aufsehen erregt hat, kann mich mich erinnern. In der Wiener Stiftskaserne hatte ein Offiziersdiener im Auftrag der Frau Major den Herrn Major erschossen – vermutlich als Folge einer heftigen Liebesbeziehung zwischen der Dame und dem »Pfeifendekkel«, so nannte man die Offiziersdiener damals. Doch auch nach dem Tod des Mannes konnten die beiden zueinander nicht kommen, denn ich habe den Mörder ja so streng bewacht.

Ein Teil der Möllerdorfer Häftlinge stellte im Auftrag einer Abortdeckelfabrik Klosettbrillen her. Der im Gefängnis unter Alkoholmangel leidende Anstreicher dieser »Sitzgelegenheiten« hat eines Tages gesiebten Politurlack getrunken und war sofort tot. Der Leichnam wurde in einer kleinen Kapelle innerhalb der Strafanstalt aufgebahrt und seine rechte Hand – einer alten Tradition folgend – über eine Schnur mit der Kapellenglocke verbunden. So hätte sich der Betreffende durch Klingelzeichen im Falle eines Scheintods melden können.

In der folgenden Nacht hatte ich mit einem Kameraden Nachtwache. Plötzlich wird laut geklingelt. Was ist los? Ist der »Tote« aufgewacht oder eine Revolte im Gange?

Junge Burschen, die wir waren, haben wir sofort ein paar Warnschüsse in die Luft gefeuert, und dann sind wir zur Kapelle gelaufen. Aber der Tote ruhte nach wie vor friedlich, und von der Einwirkung des Politurlacks gezeichnet. Neben der Leiche lagen einige Steine. Irgend jemand muß sie gegen die Klingelschnur geschleudert haben, so daß die Glocken geläutet haben.

Die Unterkünfte in der Möllersdorfer Kaserne waren furchtbar »verwanzt«, die Wanzen krochen des Nachts in unsere Betten, und ein intensiver Schlaf war infolgedessen kaum möglich. Da habe ich eines Tages – Wanzentinktur war keine aufzutreiben – die Füße meines Eisenbetts in petroleumgefüllte Blechschachteln gestellt. Die Wirkung war verblüffend, keine einzige Wanze war in der Lage, die Petroleumgrenze zu passieren, und ich konnte erstmals wieder nach nächtelanger Plage beruhigt einschlafen. Nach kurzer Zeit wachte ich allerdings auf – mein Bett voller Wanzen. Was war passiert? Die Viecher waren die Wände hochgeklettert und hatten sich vom Plafond auf mein Bett herunterfallen lassen. So gescheit waren die!

Bei Kriegsbeginn war ich erst Absolvent der siebenten Gymnasialklasse. Im Oktober fuhr ich nach St. Paul, um dort die sogenannte Kriegsmatura abzulegen. Ich kam in der Uniform der Scharfschützen hin, und die Padres waren stolz auf mich, da ich freiwillig in den Krieg ziehen wollte. Nach erfolgreicher Ablegung meiner Maturaprüfungen sagte ich zu einem Mitschüler: »Der Abt muß augenkrank sein vor lauter Augenzudrücken, und die Beisitzer sind überhaupt vollkommen erblindet.« Ich hatte nämlich außer in meinem Lieblingsfach Botanik von all dem Unterrichtsstoff keine Ahnung mehr, war ja bereits ganz »Soldat«.

Wieder in Wien, jetzt bereits stolzer Maturant, erhielt ich die reguläre Einberufung. Ein Scharfschützenoffizier überreichte mir einen Dienstzettel und sagte: »Wenn du das der Stellungskommission zeigst, brauchst du nicht an die Front und kannst bei uns bleiben.«

Aber ich wollte endlich Hofrichter und die anderen Mörder loswerden und für meinen Kaiser in die Schlacht ziehen. Deshalb schmiß ich den Dienstzettel weg, zog meine Schützenuniform aus und wurde nie mehr bei der Akademischen Legion gesehen.

Die Söhne wohlhabender Eltern konnten sich, wenn der Papa genügend Geld für eine entsprechende Apanage geben wollte, das Regiment aussuchen. Ich wollte immer zu den Berittenen, und so wurde ich zu den Elferdragonern nach Marburg an der Drau in Slowenien assentiert. Aber auch dort war ich mir nicht Soldat genug.

Zuerst die Einkleidung. Die Uniform war um drei Nummern zu groß. Ich habe in den Spiegel geschaut, da stand kein Soldat für den Kaiser, sondern einer fürs Kabarett. Da langte ein Telegramm meines Bruders Alfred ein, der seinen Dienst beim Gebirgsartillerieregiment Nr. 8 in Brixen/Südtirol angetreten hatte: »Paul, komm zu uns. Gruß Fredi.«

Ich legte meine riesenhafte Uniform ab und verließ das schöne Marburg an der Drau, um mit der Bahn nach Brixen zu fahren. Vielleicht ließ man mich dort endlich an die Waffen, damit ich's dem Feind zeigen konnte. Daß ich zweimal desertiert bin – einmal von den Schützen und einmal von den Elferdragonern –, wurde mir überhaupt nicht bewußt. Ich dachte, die Soldatenuniform kann man genauso an- und ausziehen wie eine Badehose.

Alfred, mittlerweile ein geschulter Einjährigfreiwilliger, hat mich gleich gewarnt, als ich in Brixen ankam. »Paul, du darfst auf keinen Fall sagen, daß du schon eingerückt warst, man kann doch da nicht einfach davonrennen. Geh morgen zum Hauptmann Högler und melde dich.«

Am nächsten Tag stand ein junger heldenhafter Krieger vor Hauptmann Högler. »Herr Hauptmann, Paul Hörbiger bittet gehorsamst, freiwilligen Kriegsdienst antreten zu dürfen.«

»Ja, ich weiß schon, Sie sind doch der Bruder vom Alfred Hörbiger.«

»Jawohl, Herr Hauptmann.«

»Na, dann gehn S' halt zum Regimentsarzt, vielleicht san S' tauglich.«

»Jawohl, Herr Hauptmann.« Stramm, schneidig, Radetzky kann nicht besser gewesen sein als ich. Meine Ausbildung bei den Scharfschützen war mir hier bereits zugute gekommen.

»Hörbiger, Paul – tauglich«, jetzt bereits zum zweitenmal. Nach vierwöchiger Grundausbildung – und Papa hatte mir genügend Geld geschickt – mietete ich mir ein Zimmer im weltberühmten Brixener Hotel Elefant und habe fortan des Nachts auf den Kasernenton verzichtet. Hier war auch die Offiziersmesse, und mit mir speiste unter anderen Graf Wolkenstein, der Kommandant eines Bataillons der Tiroler Kaiserjäger.

Vom ersten Tag an hatten wir ein Kompaniekabarett, ich war im Parodieren die Nummer eins. Für einen unserer geselligen Abende bereitete ich den Sketch *Prüfung des Kanoniers Denk* vor. Zu diesem Behufe wurde auf unserer kleinen improvisierten Bühne eine »Einjährigfreiwilligen-Prüfung« veranstaltet. Als Jux natürlich.

Wir hatten einen Kameraden Denk, der ein echter Streber war und sich auf alle Prüfungen dermaßen gründlich vorbereitet hat, daß er samtliche nur irgend möglichen Fragen samt dazugehörigen Antworten auswendig lernte. Dies zu parodieren, setzte ich mir zum Ziel. Um es möglichst drastisch zu zeigen, paukte ich die Antwort auf die Prüfungsfrage »Inhalt der Richtmitteltasche«. Zum Gaudium meiner Zuhörer ließ ich den Text auf der Bühne im Eilzugstempo herunterprasseln. Die Einjährigen-Mitschüler haben sich, wie man bei uns sagt, zerwutzelt.

Ein Jahr später hatte ich ein weniger gutes Gefühl, was meine Erfolge betraf, denn nun war ich selbst mit der Prüfung dran, und ich war alles andere als der Typ, der sich – wie Denk – durch Auswendiglernen auf solche Examen vorbereitete.

Die Fragen wurden in einer Offizierskappe gesammelt. Ich habe hineingegriffen, einen Zettel gezogen und diesen einem Oberst, dem Vorsitzenden der Prüfungskommission, überreicht. Und welche Frage bekam ich? »Inhalt der Richtmitteltasche.« Die Kameraden taten ihr bestes, ein lautes Auflachen zu vermeiden, ich habe meine Antwort genauso heruntergeradelt wie bei der Kabarettvorstellung und bestand die Prüfung. Der Oberst sagte nur: »Ich stelle keine weiteren Fragen, Sie sind gut vorbereitet.«

Und nun kam's zur Praxis. Auch hier kam mir mein schauspielerisches Talent zugute. Denn ein hoher Anteil meiner kabarettistischen Erfolge lag in der Tatsache, daß ich unsere Vorgesetzten perfekt zu imitieren verstand.

Nun habe ich, wenn ich auf der kleinen Bühne gestanden bin, nicht einfach gegrüßt wie jeder Anfänger, sondern wie der dienstführende Unteroffizier Horetzky daselbst. Sagten die anderen Jungsoldaten ein schlichtes »Hab acht«, so habe ich ein »Hbtcht« geschmettert, wie Horetzky eben. Und dann folgte eine Parodie des Horetzky'schen »Reeeeeeeeeeeechts u-«.

Nicht nur mein Kabarettpublikum, sondern auch die Prüfungskommission zeigte sich beeindruckt, und so erhielt ich in der praktischen Prüfung ebenfalls einen Einser. Als bester meines Jahrgangs – der ich eher dank parodistischen, denn militärischen Talents war – wurde ich über Steyr nach Kramsach-Achenrain zur Offiziersausbildung abkommandiert.

Am 14. Juli 1915 sandte ich an meinen Vater die folgende Karte:

Sehr geehrter Herr Ingenieur! Mit Befremden erhielt ich eine Drucksorte mit Brief von Herrn Ingenieur, die ich gar nicht annehmen wollte. Dann ließ ich mich doch dazu herbei. Die Ursache zu dieser, fast wollte ich sagen, Entrüstung war die, daß die Anschrift lautete: ›Herrn Einjährigfreiwilligen Korporal Paul Hörbiger‹. Ich fühlte mich sehr gekränkt, da ich mir meinen dritten Stern und das Börtl nicht nehmen lasse durch einen anderen. Ich habe unter zwölf Offiziersprüflingen die beste Prüfung gemacht, wobei meine praktische Eignung besonders betont wurde und bin als einziger zum Feuerwerker befördert worden. Meine Ansprache lautet daher (und bei nochmaliger Hinzusetzung meiner Charge, wäre ich gezwungen, Herrn Ingenieur meine Vertreter zu senden): ›Herr Einj. Freiw. tit. Feuerwerker Kadett-Aspirant. Indem ich Sie höflich aber bestimmt ersuche, mich in meinem militärischen Ansehen nicht zu verletzen, verbleibe ich Ihr Sohn.‹

Nachdem ich noch auf den alten Bronzegeschützen ohne Rücklauf instruiert worden war, wurde ich jetzt auf moderne Kanonen umgeschult. Obwohl noch Kadett-Aspirant, wurden mir in Kramsach-Achenrain bereits Aufgaben erteilt, die eigentlich Offizieren vorbehalten sind.

In den Kriegstagen herrschte ein arger Mangel an Pferden, daher wurden in Kramsach Kreuzungsversuche zwischen Eseln, Haflingern und Huzulenpferdchen unternommen, die ich als neuer Kommandant des Hengstendepots zu überwachen hatte. Meine Bewährungsprobe bestand ich als Leiter eines Transports von hundertzwanzig Pferden nach Serbien.

Bei meinen Vorgesetzten war ich äußerst beliebt, weil ich als leidenschaftlicher Angler zusammen mit meinem polnischen Offiziersdiener die herrlichsten Hechte ins Kasino geschleppt habe.

Nobler Krieger der ich war, übernachtete ich auch in Kramsach außerhalb der Kaserne, und zwar im Hotel Geiger. Die Abende wurden hier beim Tiroler Kartenspiel »Kritisch Watten« verbracht. Das Spiel ist nicht schwer zu erlernen, es gibt nur eine Grundregel. Man muß mogeln können. Dem Partner mit der linken Schulter zuwackeln bedeutet Herz ausspielen, wenn man ein As hat, greift man sich auf die Nase.

Im ganzen Hotel gab's nur eine Person, die ohne zu schwindeln spielte, das war die alte, fast achtzigjährige Frau Geiger, die Besitzerin des Hauses. Als sie bemerkte, daß ihr Sohn, der der Tierarzt meines Hengstendepots im Hauptmannsrang war, seinem Mitspieler ein Schulterzeichen gab, stand sie auf und verpaßte ihm vor allen Anwesenden eine schallende Ohrfeige. Sie verwandelte das »Kritisch Watten« in ein »Kritisch Watschen«. Daraufhin sagte der mindestens fünfzigjährige Herr Doktor, jetzt mit feuerroter Backe: »Entschuldige, Mama«, und ab sofort gab es nur mehr Schulterzeichen, wenn die alte Dame gerade wegschaute.

Kaiser Franz Joseph soll zu seiner Tochter Maria Josepha gesagt haben: »Bevor ich den Italienern Südtirol schenk, lege ich mich mit meinen vierundachtzig Jahren selber in den Schützengraben.« Er hat sich nicht in den Schützengraben gelegt, aber in dieser Frage ist er hart geblieben, und so erklärte uns auch Italien den Krieg – und mein Regiment wurde Ende 1915 an die italienische Front geschickt. Neben uns waren die Tiroler Kaiserjäger.

Noch war Stellungskrieg, und da war es den Kaiserjägern einigermaßen fad, weil sie den ganzen Tag nichts zu tun hatten. Als sie am Silvesterabend schon leicht angeheitert waren, starteten sie einen »unbewaffneten Sturmangriff« auf die Italiener. Der »Feind« war natürlich nicht darauf vorbereitet und lief mitten in der Neujahrsfeier davon. Was wiederum den Kaiserjägern äußerst peinlich war, denn die wollten ja nur ihre Hetz haben. So hinterließen sie den Italienern ein Brieferl mit den folgenden Worten: »Es tut uns leid. Prosit 1915, die Kaiserjäger.« Als die Helden den Rückzug antraten, haben sie einen einsamen Spitzhund entdeckt, der von den Italienern zurückgelassen worden war. Den haben sie mitgenommen, und Wurschtl, so nannten wir den Spitz, wurde der Liebling der Kompanie. Unser Kommandant Baravalle Edler von Brackenburg hat Wurschtl unter seinen persönlichen Schutz gestellt. Später, in Rußland, bekam Wurschtl infolge eines Verhältnisses mit einem »feindlichen« Hund dreizehn Junge, von denen für mich dann eine russisch-italienische Mischkulanz namens Lucki übrigblieb. Lucki war viele Jahre, dann auch noch in Friedenszeiten, mein treuer Begleiter.

Von Papa erhielt ich einen Brief, in dem stand, daß mein ältester Bruder Hans bei einer der Isonzoschlachten schwer verwundet wurde. Ein Schuß hatte ihn unterhalb des rechten Auges getroffen, ein weiterer die Halsschlagader beinahe durchtrennt, und eine Kugel war zwischen zwei Knochen der Wirbelsäule steckengeblieben. Ich schrieb sofort nach Hause, ich wolle um Fronturlaub bitten, um Hansi im Spital zu besuchen. Der nächste Brief meines Vaters erhielt aber die Schrekkensmeldung: »Lieber Paul! Hansi darf von niemandem besucht werden, es geht dem Ende zu.«

Doch entgegen allen ärztlichen Prophezeiungen hat mein Bruder überlebt. Der berühmte Chirurg Professor Julius von Hochenegg rettete sein Leben – weil er ihn nicht operiert hat. Auch für mich gab es in Italien sehr gefährliche Situationen. Der Feind hatte eine Gebirgsstraße bei Chiesa gesprengt. Unsere Pioniere mußten unter großen Verlusten einen Steg über ein sich tief in den Berg schneidendes Tal bauen. Und dann lief einer nach dem anderen über die wackelige Brücke. Die Italiener lauerten im Tal und schossen. Ein Kamerad kam heil herüber, der nächste wurde angeschossen, stürzte tot ins Tal. Dann wieder einer. Ein anderer schaffte es. Mein Vordermann überlebte nicht. Nun kam ich. Einmal tief durchatmen und drüber, so schnell mich die Beine trugen. Da, ein Schuß, daneben, Gott sei Dank, noch einer, fast hätte es mich erwischt. Aber ich hab's geschafft. Der Kamerad hinter mir wurde erschossen.

Im Gegensatz zu meinem Bruder, der schwerverwundet im Krankenhaus lag, waren meine Arztkonsultationen eher kurioser Natur. Ich bekam an der Brust einen Ausschlag mit starkem Juckreiz, meldete mich also bei unserem Abschnittsarzt Dr. Weis. Der schaute sich das an und sagte in freundschaftlichem Tonfall: »Sag, Kamerad, wann hast du zum letzten Mal mit einer Frau, na du weißt schon...?«

Kurzes Nachdenken meinerseits. »Wir sind im Krieg, das ist mindestens ein halbes Jahr her.«

Er wieder, verständnisvoll lächelnd. »Du mußt mir die Wahrheit sagen, Kamerad, sonst kann ich dich nicht gesund kriegen.«

»Ich schwöre, ein halbes Jahr, mindestens.«

»Das gibt's nicht, völlig unmöglich, schau dir diesen Ausschlag an, eine eindeutige Sache.«

»Aber ich war doch die ganze Zeit an der Front.« »Naja, das wollt ich nur wissen. Jetzt kann ich dir ja auch die Wahrheit sagen. Weißt du, was du hast?« – und nach einer langen Pause gab er mir seine Diagnose bekannt. »Läuse hast du!« So bin auch ich einmal auf das schauspielerische Talent eines anderen hereingefallen. Und der Dr. Weis war sichtlich froh, einmal einen in der Sanitätsstation zu haben, der nur über einen läppischen Ausschlag zu klagen wußte. Die anderen Fälle waren da schon schwerer.

Bei der Frühjahrsoffensive des Jahres 1916 unterzeichnete die k. u. k. Armee einen Teilerfolg. Ich war als Beobachtungsoffizier dabei, als der mehr als zweitausend Meter hohe Monte Altissimo di Nago in der Nähe des Gardasees gestürmt wurde. In dem riesigen Kriegslager, das wir erbeutet hatten, waren ein paar transportable Kompressoren dabei. Damit ist eine amüsante Geschichte verbunden.

Mein Vater war vom Kriegsministerium beauftragt worden, einen transportablen Kompressor für Sprengungen zu konstruieren. Die Geräte, »Patent Fa. Hörbiger & Rogler«, wurden in Deutschland für unsere Armee erzeugt. Deutschland hatte aber mehr solcher Kompressoren hergestellt als benötigt, und so wurden die restlichen Geräte im neutralen Schweden gegen Stahl eingetauscht. Und das neutrale Schweden verkaufte die eingehandelten Kompressoren an Italien weiter. Also hatte mein Vater, der größte aller Patrioten, dem Feind, ohne es zu wissen, einen Dienst erwiesen.

Wie patriotisch mein Vater war, kann man auch daran erkennen, daß er für die Konstruktion nur den Materialaufwand verrechnet, aber kein Honorar angenommen hatte. Als ihn der Referent im Kriegsministerium fragte: »Und was verlangen Sie, Herr Ingenieur?«, antwortete er: »Ich habe vier Söhne an der Front. Ich schenke meine Konstruktion dem Kaiser.«

Auf hohe Berge – wie den Altissimo di Nago oder den Monte Garda – waren wir geradezu spezialisiert. Denn im Falle einer Gipfelbesteigung war eine sogenannte »Höhenzubuße« vorgesehen, die pro Mann und Tag aus einem Viertel Rotwein und einem Stück Speck bestand. Unser Motto lautete daher: »Je höher desto besser.« Auf meinen Vorschlag verzehrten wir die Höhenzubuße nicht täglich, sondern veranstalteten an jedem Samstag in luftiger Höh ein Mulatság. Da wurden die Zulagen einer Woche restlos verbraucht.

Als besondere Stimmungskanone erwies sich an solchen Zubuß-Samstagen František Wimmer, mein Offiziersdiener und unser Batteriefriseur. Er hatte seine noble Ausbildung bei Hoblé, dem Kaiserlichen Hoffriseur von Wilhelm II. in Berlin erfahren. Bei entsprechend guter Laune wurde Wimmer befragt: »František, wie war das damals mit Seiner Majestät?«

»Ich hab müssen jeden Tag in der Früh Seine Majestät einseifen, und da hat Er mir gegeben eine Zigarre.«

»Und was hast du bekommen vom Meister?«

»Vom Meister hab ich bekommen eine Maulschelle, dafür, daß ich die Zigarre nicht hab hergegeben.«

František Wimmer – gebürtig aus Domažlice, der deutschen Sprachinsel Taus in Böhmen – war ein Pechvogel, da der Erste Weltkrieg ausgerechnet am Ende seiner dreijährigen Militärdienstzeit ausgebrochen ist. So blieb er sieben Jahre in der Armee. Aber den Humor hat er nie verloren. Sein Wahlspruch hatte seine Richtigkeit: »Ich bin František Wimmer, lustig immer.« Er ist um drei Jahre älter als ich, und zum Geburtstag schreiben wir uns heute noch.

Erzherzog Karl, der spätere Kaiser, führte die Frühjahrsoffensive an. Unser Abteilungskommandant war Erzherzog
Eugen. Für neun Uhr früh war die Inspektion unserer Batterie vorgesehen, wir mußten aber schon ab acht Uhr stramm-
stehen. Nach einiger Zeit waren die schwer bepackten Pferde,
die wir am Riemen hielten, so müde, daß sie sich just beim
Eintreffen des Erzherzogs hinlegten. Die Kanoniere standen
hilflos in Habtachtstellung daneben.

Als der Erzherzog ausgerechnet auf mich zutrat, hatte ich vor
lauter Aufregung das, was ich später auf der Bühne einen Ver-
sprecher genannt hätte. Mein – zugegebenermaßen zungen-
brecherischer – Satz sollte lauten: »Exzellenz, Einjährigfreiwilliger Kadett-Offizierstellvertreter Paul Hörbiger stellt
sich gehorsamst vor.« Ich aber brachte nur heraus: »Exzellenz, Einjähriger Kadett-Offizierstellvertreter Paul Hörbiger
stellt sich freiwillig vor.«

Ich wurde nicht gleich standrechtlich erschossen, sondern der
Erzherzog hat nur milde gebrummt: »'s macht ja nix.« Und
zu Oberleutnant Baravalle: »Seit wann steht die Mannschaft
da?«

»Melde gehorsamst, Exzellenz, seit acht Uhr.«

Darauf der Erzherzog, mit vorwurfsvollem Blick: »Naja!«

Unser Regiment war Heeresreserve, wir hatten keinen fixen
Frontplatz, sondern wurden immer dorthin geschickt, wo gerade Not am Manne war. Und Not am Manne ist immer dort,
wo die Gefahr am größten. Daß ich diesen Krieg heil überstanden habe, ist ein Wunder. Meinen Jahrgang hat man den
»blutigen Jahrgang« genannt, so groß waren die Verluste. Mit
dem nächsten Einsatzbefehl wurden wir nach Rußland geschickt. Die berühmte Brussilowoffensive. Bei der Abreise
haben wir jedoch nie erfahren, wohin wir kamen.

Trotzdem stand ich mit meinen Eltern, die nun in Mauer bei

Meine Mutter Leopoldine Hörbiger im Alter von neunzig Jahren. Sie ist im hundertsten Lebensjahr gestorben... *(Foto: Privat)*

...dreißig Jahre früher starb mein Vater Hanns Hörbiger *(Foto: Michael Horowitz, Wien).*

Die Familie Hörbiger: Mutter und Vater sitzen, dahinter von links Hansi, Attila, ich in der Schuluniform von St. Paul in Kärnten und Alfred *(Foto: Privat).*

Wien lebten, während des ganzen Krieges in Verbindung. Von überall her habe ich die »Feldpostkarten« geschickt. Da unser Standort aus strategischen Gründen immer geheimgehalten werden mußte, gab ich meinen Eltern jeweils die betreffende Feldpostnummer an, über die mich die Post erreichte. Daß wir unseren Standort nicht angaben, dafür hatte die Zensurstelle gesorgt, die alle Feldpostkarten überprüfen mußte.

Mehr aus Spaß versuchte ich immer wieder, meinen Eltern verschlüsselt mitzuteilen, wo ich gerade eingesetzt war. Einmal hatte ich bei bestimmten Buchstaben etwas stärker aufgedrückt, da konnte man herauslesen »Albanien«. Als wir im »Vallarsa« (zu deutsch: Brennendes Tal) waren, meldete ich nach Hause: »Gestern habe ich Leutnant Brandtaler getroffen.« Und aus Magyaros: »So ein Zufall, der Magyar-Oskar ist auch da!«

Dem Kriegsministerium blieben solche verräterischen Schreiben vieler Soldaten nicht verborgen, und so gab es bei besonders geheimzuhaltenden Einsätzen vorgedruckte Feldpostkarten, die so ausgeschaut haben:

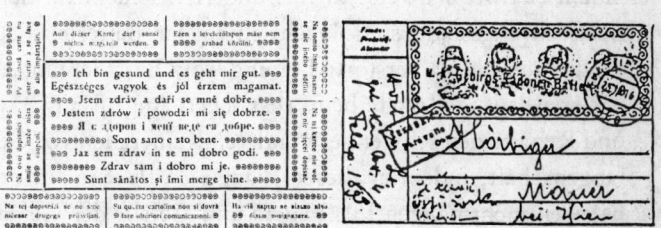

Brussilowoffensive, Juni 1916, die Russen sind einfach nicht aufzuhalten, wir haben wieder furchtbare Verluste. Leutnant Mayr und ich hatten über Nacht Beobachtungsdienst. Um sechs Uhr früh löst uns Kadett Ernst Böhm mit einem zweiten ab. Kurz nach der Ablöse, wir sind noch in unmittelbarer Nähe, werden die beiden Kameraden durch Schüsse der Russen getroffen. Mayr und ich laufen hin, der eine ist schon tot, Böhm durch einen Lungenschuß schwer verletzt. Aus Zeltstoff bauen wir eine Tragbahre und schleppen ihn zu unserer Batterie. Sterbend vertraut uns Ernst Böhm seinen letzten Wunsch an: »Ich will nur eins, auf einem jüdischen Friedhof begraben werden.« Böhm starb etwas später im Krankenhaus.

Meinem Kameraden Dr. Bloch, einem jungen Rechtsanwalt, habe ich den Wunsch seines Glaubensgenossen mitgeteilt, und er hat dann das Begräbnis auf dem jüdischen Friedhof eines naheliegenden Dorfes veranlaßt. Die ganze Batterie war bei der schlichten Beisetzung anwesend.

In einem anschließenden Belohnungsantrag für den »k. u. k. Kadett Paul Hörbiger« vom 26. Juli 1916 heißt es:

Zeichnet sich in seiner Stellung jederzeit durch große Umsicht und Tapferkeit aus, so bei den Angriffen auf den Paß Buole bei Rovereto in den Tagen vom 24. V. bis 4. VI. 1916, indem er trotz schwerstem Inf. und Art. Feuers auf dem Beobachtungsstand stets Nachrichten der Batterie übersandte und die oft zerstörte Leitung trotz Beschießung reparieren half. – Rettete beim russischen Angriff auf Bzyl und Ryza seinen schwer verwundeten Kameraden vor Gefangenschaft, indem er diesen – am 21. VII. 1916 – trotz heftigen mehrmaligen Inf. Feuers und Gefahr der Gefangennahme mit Einsetzung seiner Kräfte über eine Stunde zu Tal trug.

Vorgeschlagen wurde von Oberleutnant Baravalle die Silberne Tapferkeitsmedaille I. Klasse, bekommen habe ich aber nur die II. Klasse.

u. k. Gebirgs-Kanonen Batterie 4

Zu Nr. _____

568805 **Belohnungsantrag**

1	Charge	
2	Vor- und Zuname	
3	Standeskörper	
4	Diensteinteilung	
5	Personaldaten	
6	Anlaß (Waffentat, Dienstleistung usw.) bei Angabe von Ort und Zeit	
7	Seit wann im Felde (von - bis)	
8	Verwundet, gestorben, vermißt oder kriegsgefangen	
9	Etwa unerledigter Antrag	
10	Bereit bereits in knedische Prämien und Armeebelohnungen	
11	Antrag des Verfassers	
12	Datum und Unterschrift des Verfassers	
13	Brigadiers	
14	Divisionärs	
15	Korps-Kommandanten	
16	Armee-Kommandanten	
17	Für eventuelle Bemerkungen und Anträge sonstiger Kommandanten und Dienststellen	

Am 1. August 1916 wurde ich zum Leutnant der Reserve ernannt:

Mit einigen Kameraden bin ich per Eisenbahn unterwegs nach Wien. Fronturlaub. In einer Station ruft man uns zu: »Der Kaiser ist tot!« Eine Extraausgabe der *Wiener Zeitung* meldet: »Seine k. u. k. Apostolische Majestät Franz Joseph I. sind

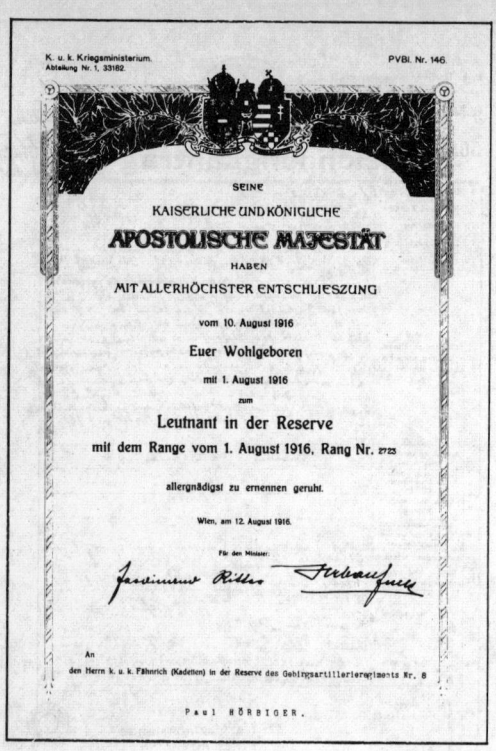

heute 21. November 1916 um neun Uhr abends im Schlosse
zu Schönbrunn sanft in dem Herrn entschlafen.«

Die Offiziere in meinem Abteil sind furchtbar deprimiert.
Ein älterer Major: »Der Kaiser war das Bindeglied zwischen
den Völkern der Monarchie, jetzt ist die Armee am Ende.«
Ein anderer formuliert es noch deutlicher: »Damit haben wir
den Krieg verloren.«

Er war wirklich eine überragende Erscheinung, der alte Kaiser Franz Joseph. Noch vor Kriegsausbruch hatte Amerikas
späterer Präsident Roosevelt anläßlich einer Europareise er-

klärt, ihm habe außer Franz Joseph kein anderes europäisches Staatsoberhaupt imponiert. Und Österreichs erster republikanischer Regierungschef, der Sozialist Karl Renner, sagte nach dem Umsturz: »Also, wenn der alte Kaiser noch gelebt hätte, hätten wir uns das nicht getraut.«

Am 30. November wurde der Leichnam des Kaisers in der Kapuzinergruft beigesetzt. Ich war bereits in Wien. Da meine Offiziersuniform von den vorhergehenden Einsätzen komplett zerfetzt war, wurde mir nicht erlaubt, dem Trauerzug zu folgen. Mit einer schwarzen Armbinde bin ich in der Nähe der Universität gestanden und habe aus einiger Entfernung den pferdebespannten Leichenwagen über die Ringstraße fahren sehen.

Erzherzog Karl trat sein schweres Erbe an.

Einem politischen Witz der damaligen Zeit zufolge habe sich der neue Kaiser unmittelbar nach der Thronbesteigung den Kriegsminister kommen lassen.

»Exzellenz«, sprach Kaiser Karl, »teilen Sie Ihren Generälen mit, daß die Schlampereien ab sofort aufzuhören haben. Von jetzt an wird gesiegt.«

Während meines Fronturlaubs inskribierte ich mich an der Technischen Hochschule Wien, ich wollte Chemie studieren. Ich war, glaube ich, ganze drei oder vier Mal dort, die Hörsäle sind furchtbar überfüllt gewesen, und das ganze Studium konnte unter diesen schlechten Voraussetzungen keine Freude bereiten.

Mein Bruder Attila, der mir damals sehr ähnlich sah, war kurze Zeit vor mir auf Fronturlaub in Wien gewesen. Wie ich mit der Straßenbahn nach Mauer fahre, spricht mich eine fesche Schaffnerin an: »Na, Herr Leutnant, wo war ma denn am vorigen Sonntag?«

»Vorigen Sonntag, warten Sie...«

»Kane Ausreden, Herr Leutnant.«

»Wieso Ausreden?«

»Na, wir haben doch a Rendezvous g'habt.«

Da wußte ich, daß es sich nur um eine amouröse Verpflichtung Attilas handeln konnte, die dieser nicht eingehalten hatte. Vertraulich teilte ich der Schaffnerin mit: »Ich bitte vielmals um Entschuldigung, ich war in einer dringenden Kriegssache unterwegs.«

Das war ich leider bald wirklich wieder. Unsere Verluste an der rumänischen Front waren so hoch, daß uns zu Weihnachten 1916 ein Teil des bayerischen Alpenkorps zu Hilfe kommen mußte. Mit Stiefeln ausgerüstet, nannten sie unser Halbschuh-Regiment spöttisch »Kamerad Schnürschuh«. Aber bald waren sie unsere Freunde. Völlig erschöpft kamen sie bei uns an. Da haben wir ihnen in den eiskalten Nächten unsere Unterstände überlassen. Sie vergaßen uns das nie. Mit dem bayerischen Offizier Ernst Roßkopf – und auch meinem Kompaniekameraden Fritz Kaunitzky – verband mich eine noch viele Jahre anhaltende Freundschaft, bis beide, fast gleichzeitig, im Vorjahr verstarben.

Mit Hilfe der Bayern gelang die Rückeroberung des Magyaros. Wie immer hatte ich meine Knöpferlharmonika mit, und während des Stellungskriegs bauten unsere Telephonisten rasch einen Trichter aus Pappendeckel und den dazugehörigen Verstärker. Diese Apparatur wurde an unsere Telephonleitung angeschlossen. Und die Soldaten der Umgebung hingen an den Telephonen und hörten zu, wie ich ihnen ungarische, tschechische, deutsche und österreichische Volkslieder vorspielte.

Auf einmal schrie mir Telephonist Fischer zu: »Herr Leutnant, sofort auflegen, der Herr Divisionär hört zu.« Ich erschrak furchtbar, doch da meldete sich schon der Divisionär, Generalmajor Kraus. »Aber lieber Kamerad, warum spielst denn nicht weiter, war doch sehr lustig.«

Nach dem Waffenstillstand von Brest-Litowsk gab es keine »Höhenzubußen« mehr. Die Ernährungslage war katastrophal, wir hungerten. Von einem Ausritt im Alutatal brachte ich aus lauter Verzweiflung zwei Dutzend Frösche mit und bereitete sie zu. Kam Unteroffizier Bierdümpfl, ein Egerländer, und fragte mich: »Was haben S' denn da?«

»Frösche.«

»Kann man das essen?«

»Kosten S' einmal.«

»Mmmmhhhmmm, sehr gut«, und im gleichen Moment pfiff er seine ganze Mannschaft herbei und gab den Auftrag: »Geht S' hinunter ins Tal. Frosch fangen!«

Während im Alutatal der Frühling schon eingezogen war, war es oben auf dem Trgol Okna, wo wir untergebracht waren, eiskalt. Nach einer Stunde kamen die Soldaten mit einem Sack voller Frösche an, die Tiere wurden freigelassen, sprangen ein wenig herum – und froren nach wenigen Minuten ein.

Da der Großteil unserer Mannschaft aus Pilsen, Marienbad, Eger oder Karlsbad kam und die Bewohner dieser Gegenden in kulinarischer Hinsicht besonders verwöhnt sind, war die Situation umso schlimmer. Irgend jemand hat einen Kessel aufgetrieben. Da höre ich aus einiger Entfernung. »Gib her, noch a bißl Pfeffer. Und a Zwiebel. Jetzt a Salz. So, jetzt is genug.«

Ich glaube meinen Ohren nicht zu trauen, das hört sich ja wie zu schönsten Friedenszeiten in der Küche des Hotel Sacher an, ich gehe näher und sehe tatsächlich kochende Soldaten. Überdies verbreitet die Sache einen phantastischen Geruch.

»Was macht's denn da?« frage ich lechzend.

»A Gulasch. Wollen S' kosten, Herr Leutnant?«

Ich schlage sofort zu. Es schmeckt herrlich.

»Darf's noch a bißl sein, Herr Leitnant?«

»Hm, ja, das ist ein Gedicht.«

»Gellen S', Herr Leitnant.«

»Sagen S', was is denn das für ein Gulasch?«

»Bernhardinergulasch, Herr Leitnant.« In der Not hatten sie den Sanitätshund geschlachtet. Woran ich als Tierfreund natürlich keine Freude hatte. Aber so groß war die Not.

Viele unserer Kanoniere waren gelernte Handwerker, und beim Stellungskrieg bauten sie mit dem Holz der nahen Wälder immer die Möbel für unsere primitiven Unterkünfte. Die hat man dann mit der Farbe angestrichen, die aus gepreßten Preiselbeeren gewonnen wurde.

Gegen Kriegsende waren wir wieder an der italienischen Front, und zwar im Raum des Monte Grappa. Dort gab es erneut furchtbare Verluste und herzerschütternde Szenen, die ich mein Leben lang nicht vergessen werde. Der Regimentsarzt mußte am laufenden Band Amputationen vornehmen.

Ein älterer Reservist wurde von einem Granatsplitter getroffen, er muß furchtbare Schmerzen gehabt haben, denn er schrie unaufhörlich: »Daschiaßt S' mi, i halt's nimma aus!« Ein Sanitätsunteroffizier hat ihm dann eine Spritze gegeben, und der Mann ist ruhig eingeschlafen. Bei dieser Szene habe ich einen Nervenzusammenbruch erlitten, man wollte mich daraufhin ins Hinterland schicken, was ich aber abgelehnt habe.

In den letzten Kriegstagen ließ mich Baravalle Edler von Brackenburg rufen. »Ich hab da zwei Meldungen wegen Fahnenflucht. Einmal von den Scharfschützen und einmal von den Elferdragonern.«

Ja richtig, die Sache hatte ich längst vergessen, das war immerhin schon vier Jahre her. Ich trat von einem Bein aufs andere und brachte nur heraus: »Das, das muß ein Irrtum sein, eine Namensverwechslung, dort war ich nie.«

»Ist in Ordnung«, sagte mein Vorgesetzter und schloß den Akt. Und dann vertraulich. »No, jetzt sag mir, wie war's wirklich?«

»Genauso, wie's da drinsteht.«

Baravalle lachte, und die Angelegenheit war erledigt. Nach dem großen italienischen Sieg von Vittorio Veneto erhielten wir auf dem Monte Grappa das Telegramm: »Feuer einstellen, Waffenstillstandsverhandlungen eingeleitet.« Vor lauter Freude schossen wir gleich aus unseren Waffen in die Luft und veranstalteten sofort einen Umtrunk. Ich war als Kommandant für die Rückzugsdeckung verantwortlich und ging mit einem wehenden weißen Taschentuch als Friedenszeichen auf die Italiener zu. Ich wollte sie umarmen, aber sie – nahmen mich fest und entwaffneten mich!

Erst nach längeren Erkundigungen wurde ich wieder freigelassen. Die Italiener waren von den Friedensverhandlungen erst vierundzwanzig Stunden nach uns verständigt worden, daher meine vorübergehende Festnahme. Aber dann haben wir gemeinsam gefeiert, die Italiener freuten sich genauso wie wir, und sie waren für den Friedensfall bestens gerüstet: Sie hatten Korbflaschen mit chininhältigem Chianti herangeschleppt. In dem italienischen Regiment befand sich auch ein Opernsänger, der unser gemeinsames Fest durch den Vortrag von Arien zu einem kulturellen Höhepunkt werden ließ. Mir hat's sehr leidgetan, daß ich meine Ziehharmonika nicht mithatte.

Mein Künstlername: Paul di Pauli
In der Schauspielschule

Am 3. November wurde der Waffenstillstand zwischen Österreich-Ungarn und der Entente unterzeichnet. Zwei Tage vorher war ich noch zum Oberleutnant befördert worden. Doch der Rückzug aus Italien war so schwierig, daß ich erst Ende des Monats in Wien ankam. Meiner Mannschaft teilte ich mit: »Wenn ihr bei mir bleibt's, kommen wir alle heil nach Hause.«

Bis Lienz in Osttirol waren wir zu Fuß unterwegs. In dieser Gegend standen Hunderte herrenlose Pferde herum, die von Rückzüglern samt Feldkanonen »vergessen« worden waren. Ich bin zum nächsten Bürgermeister gegangen und habe gefragt, ob wir einige Tiere kaufen können. Der war natürlich froh, daß die Pferde versorgt waren und hat sie uns für ein paar Kreuzer überlassen. Außerdem bekamen wir noch Säcke mit Konserven und Mehl dazu. Jeder von uns, der ein bißchen Geld hatte, nahm Pferde und Verpflegung, ich selbst kaufte zwei Tiere.

Bis Wels in Oberösterreich habe ich die komplette Mannschaft geführt, dort trennten wir uns. Meine Kameraden fuhren nach Pilsen, Marienbad, Eger oder Karlsbad, der kleine Rest nach Wien. Da war ich dabei.

In Penzing hat uns schon die Rote Garde empfangen, die unter der Leitung von Egon Erwin Kisch stand. Persönlich lernte ich den »Rasenden Reporter« erst einige Jahre später in Prag kennen. Die Kommunisten wollten mir alles wegnehmen. Da schlug ich vor: »Ihr laßt's mir die Konserven und meinen Luki, und ich gebe euch dafür die Pferde.« Das akzeptierten die Rotgardisten.

Der Hausmeister meines Vaters, den ich telephonisch verständigt hatte, holte mich mit einem Handwagerl in Penzing ab, und so konnte ich den müden Weltkriegsteilnehmer Luki und die Verpflegung mühelos nach Hause transportieren. In Wels hatte ich von Kameraden erfahren, daß meine Brüder Fredi und Attila wohlauf waren, und mit dieser frohen Kunde begab ich mich zu den Eltern nach Mauer. Das war ein Empfang!

Bald waren auch Fredi und Attila da, und nun war die gesamte Familie beisammen. Alle lebten, das war das wichtigste nach diesem furchtbaren Krieg. Aber wovon sollten wir leben? Unser Vater hatte als braver Patriot sein gesamtes Vermögen, an die fünfhunderttausend Goldkronen, in Kriegsanleihen gezeichnet. Das war verloren. Er hat uns alle, einen nach dem anderen, in unseren etwas heruntergekommenen Uniformen angeschaut und gesagt: »Da sitzt sie nun, die arme, geschlagene Armee.« Wir wußten nicht, ob wir lachen oder weinen sollten.

Ja, wovon sollen wir jetzt leben?

Fredi, der eigentlich Maschinenbau studiert hatte, ergriff das Wort: »Ich werde Maler.«

Hans hatte sich zwar mittlerweile von seinen schweren Verletzungen einigermaßen erholt, aber seine rechte Hand war teilweise gelähmt geblieben. »Ich geh zum Papa in die Firma«, entschied er für sich.

Und Attila sagte zielstrebig: »Ich besuche die Molkereifachschule und bau mir dann irgendwo eine kleine Landwirtschaft auf.«

Jeder hatte seinen Plan, nur ich nicht. Alle haben mich angeschaut, irgend etwas mußte ich sagen. »Tja, ich weiß selber nicht, was ich machen soll.«

Fredi, der mich in St. Paul auf der Bühne gesehen hatte, riet mir: »Weißt was, werd Schauspieler.«

»Wie macht man das?«

»Keine Ahnung.«

Ich war verzweifelt.

Österreichs Kaiser Karl hatte am 11. November in Schloß Schönbrunn seine Abdankung unterschrieben. »Ich verzichte auf jeden Anteil an den Staatsgeschäften. Gleichzeitig enthebe ich die österreichische Regierung ihres Amtes.« Unter dem Vorsitz von Dr. Karl Renner wurde ein neues Kabinett gebildet. Aus unserer riesigen Monarchie war eine winzige Republik geworden. Und die konnte mit dem k. u. k. Oberleutnant Paul Hörbiger natürlich nichts anfangen.

Ich hatte nicht einmal einen guten Anzug, so bin ich in einer umgeänderten Uniform ins Offizierskasino auf dem Wiener Schwarzenbergplatz gegangen, um einerseits die Regiments-kasse, die ich noch bei mir hatte, abzugeben und andererseits als aktiver Offizier abzurüsten. Mit dieser Karriere war's somit vorbei.

In Wien hat man sich damals über die k. u. k. Offiziere a. D. lustig gemacht und gesungen:

>»Die nobligen Herr'n
>Mit die goldenen Stern,
>Die wer'n jetzt die Straß'n kehr'n.«

So einer war ich. Als Abrüster bekam ich allerdings im Offizierskasino eine recht ansehnliche Abfindungssumme. Mit dem Geld in der Tasche bin ich ohne bestimmtes Ziel aus dem Kasino gegangen. An einem Haustor, nur wenige hundert Meter entfernt, Ecke Operngasse/Ringstraße, entdeckte ich ein Schild: »Theaterschule Otto«.

Was hat der Fredi gesagt? »Werd Schauspieler!«

Die da drinnen müßten ja eigentlich wissen, wie man so etwas wird. Ich bin also hinaufgegangen, wurde vom Direktor Gutmayr empfangen. Er schaute genauso aus, wie man sich einen Tragöden vorstellt. Langes, schwarzes, gewelltes Haar. Eleganter Stock mit riesigem Knauf.

Überschwenglich begrüßte er mich. »Mein lieber junger Freund, sprechen Sie mir etwas vor, wenn Sie Schauspieler werden wollen.«

»Ich kann nix.«

»Irgend etwas aus der Schulzeit. Schillers ›Glocke‹ zum Beispiel.«

Es war mir äußerst peinlich, aber ich mußte es zugeben: »Das hab ich schon alles vergessen.«

Dies wiederum war Gutmayr unangenehm, denn gleich nach dem Krieg war es gar nicht so leicht, Verrückte zu finden, die sich in einer Schauspielschule einschreiben lassen wollten. Da schaute er mir tief in die Augen und sprach bedächtig die Worte: »Wissen Sie, ich habe auf diesem Gebiet sehr viel Erfahrung. Ich sehe Ihnen an, daß Sie ein Talent sind.«

Er war froh, einen Schüler gewonnen zu haben. Und ich ließ mich sofort für den Abendkurs einschreiben. Von der Abfindungssumme zahlte ich im voraus den gesamten Unterricht. Gutmayr war selig.

Ich war, wenn ich mich recht erinnere, siebenmal in der Theaterschule Otto. Und auch nicht gerade deshalb, weil ich den ungeheuren Drang verspürte, auf einer Bühne zu stehen. Sondern weil da eine Elevin war, die mein größtes Interesse geweckt hatte.

Einen geraden Satz sprechen zu können schien uns weniger

bedeutsam als die Frage »Was nimmst du für einen Künstlernamen?« Das war unser Thema Nummer eins, darüber konnten wir stundenlang diskutieren. Ein gewöhnlicher Herr Stangl wurde zum Ferry Waldner, ein Vlček erhoffte seine Karriere gar als Arnim Edler von Fürstenfeld. Meine »Elevin« wiederum hieß Jolanthe Liewehr, nannte sich aber alternierend Forstenegg und Romai. Auch ich war zutiefst unzufrieden und wollte mich fortan als Paul di Pauli auf der Bühne sehen.

Auf ganz andere Weise ist mein Bruder Attila kurzfristig zu einem »Künstlernamen« gekommen. Er trat einmal in Wiener Neustadt auf und hat sich dort in eine Soubrette namens Frl. Weingart verliebt. Als diese nach Berlin geholt wurde, ließ er sich dorthin »mitengagieren«. Weil es in jenen Tagen aber unschicklich gewesen wäre, mit der Geliebten an ein- und demselben Theater tätig zu sein, gab er sich als ihr Bruder aus. So trat Attila in Berlin eine Zeitlang als Felix Weingart auf.

Nach etwa sieben Schauspielstunden bei »Otto« kam die Abschlußprüfung, die als öffentliche Vorstellung im Theatersaal des Wiener Kaufmännischen Vereins abgehalten wurde. Nach Schnitzlers *Abschiedssouper* gab ich einen Monolog aus Mosenthals *Deborah* und einen aus Anzengrubers *Meineidbauer* zum besten und bestand. Die Aufführung war überhaupt ein Triumph für die Theaterschule. Doch war der Erfolg nicht ausschließlich auf meine künstlerischen Darbietungen zurückzuführen, sondern vielmehr auf das Organisationstalent des Herrn Direktor Gutmayr. Jeder Schüler mußte nämlich für seine Angehörigen Karten kaufen, was er mit Begeisterung tat, weil er auf diese Weise alle Verwandten von seinem grandiosen Talent überzeugen konnte. Ich hatte die gesamte Familie hingeschleppt. Fredi wunderte sich nach der Vorstellung: »Paul, du spielst ja wie ein wirklicher Schauspieler.«

Nach den hohen Einnahmen der ersten Abschlußvorstellung wurde noch eine zweite veranstaltet. Ich glänzte in der Titelrolle von Schnitzlers *Anatol*. Applaus, Applaus, ich sah mich bereits am Burgtheater. Das sollte allerdings zu meiner allergrößten Verwunderung noch ein paar Jahrzehnte auf sich warten lassen.

In der zweiten Abschlußvorstellung der »Theaterschule Otto« spielte ich den Anatol.

Zunächst tat sich wochenlang überhaupt nichts. Ich hatte meine beiden Abschlußprüfungen vor allem zu meiner eigenen Begeisterung fulminant bestanden, aber kein Mensch schien von meinem brachliegenden Talent Notiz zu nehmen.

Ich wandelte also durch Wien und ging – verhinderter Schauspieler, der ich war – ins Theater. Leider nur als Zuschauer. In der Leopoldstadt stand das Budapester Orpheum des Heinrich Eisenbach. Hier sah ich damals zum erstenmal einen kleinen Herrn namens Jean Juliet, der sich Hans Moser nannte. Neben den vielen jüdischen Mitgliedern dieses Ensembles fiel ihm auf Grund seiner Statur die einzige nichtjüdische Rolle zu: die des Hausmeisters.

Und genau hier, in Eisenbachs Budapester Orpheum, gelang Moser der Durchbruch zu allgemeiner Anerkennung. Sein Biograph Oskar Maurus Fontana schreibt über diese Moser-Station: »Hier lernte er mit einem Blick oder einer Bewegung das zu sagen, was er durch die Tücke der Umstände als der Schwächere verschweigen mußte.«

Etwas später habe ich Moser auch noch in seiner ersten Solonummer als Dienstmann bewundert. Er hatte die Idee gehabt, den Dienstmann nicht nur auf der Bühne zu spielen, sondern schon vor dem eigentlichen Auftritt als solcher im Publikum zu erscheinen und den Eindruck zu erwecken, er wäre ein echter.

Moser setzte sich an einen Tisch und nuschelte laut: »Gehn S', hallo, jo, Herr Ober, was is denn, können S' ma ka Bier bringen? I sitz do im Trockenen.«

Aber sein Versuch, die Bühne in den Zuschauerraum zu verlegen, schlug fehl. Die Leute beschwerten sich laut: »Hinaus mit dem besoffenen Dienstmann, der stört doch die Vorstellung«, oder auch: »Schleich dich, du Trottel, sonst hau i dir ane eine.«

Das war der unrühmliche Beginn seines späterhin so berühmten Dienstmannes, einer Szene, die uns mehr als dreißig Jahre nach diesem Auftritt in dem Film *Hallo Dienstmann* gemeinsam soviel Erfolg bringen sollte.

Verzweifelt saß ich im Budapester Orpheum. Da war dieser herrliche Moser, aber mich ließ keiner spielen. Wo ich doch so überzeugt war von mir.

Ich bin nach Hause gegangen und fand einen Brief vor, Absender: Wilhelm Kaiser, Theateragent. »Ich habe Sie vor vier Wochen bei einer Abschlußprüfung der Theaterschule Otto gesehen, bitte melden Sie sich möglichst bald.«

»Möglichst bald« hieß bei mir, daß ich eine halbe Stunde später in seinem Büro nahe dem Theater an der Wien am Naschmarkt anklopfte.

In dieser Zeit war es praktisch unmöglich, von einem Theater direkt engagiert zu werden, ein Agent oder Impresario übernahm die Vermittlung. Da gab es viele legendäre Typen, ein Agent hieß Lippa und hatte ein für seinen Beruf äußerst hinderliches Leiden. Er war blind. Um trotzdem »gut im Geschäft zu bleiben«, hat er dies stets zu verheimlichen versucht. Wenn eine Sängerin zu Herrn Lippa kam, hat er sich zuerst ihre lieblichen Weisen angehört. Und dann hat er ihr auf den Busen gegriffen, um so in Erfahrung zu bringen, ob es sich um ein jüngeres oder älteres Soubrettensemester handelt.

Einmal hat Lippa den wichtigen Griff zur Brust verabsäumt. Das war ausgerechnet der Fall, als der sechzehnjährige Willi Forst ihm vorgesungen hatte. Der Impresario hat die junge lyrische Stimme dann dem Direktor des Stadttheaters zu Teschen als »erfolgversprechende Sängerin« vermittelt. Man kann sich das Gesicht des Direktors vorstellen, als ein paar Tage später Willi Forst bei der Tür hereinspaziert ist. Er hat übrigens trotz männlichen Geschlechts einen Vertrag bekommen, und zwar als jugendlicher Held mit Chorverpflichtung. Teschen war das erste Engagement Willi Forsts.

Und einer der Wiener Agenten war eben Wilhelm Kaiser – er wurde nur Kaiser Wilhelm genannt. Als ich sein Büro betrat, saß gerade Frau Direktor Krug vom Stadttheater Reichenberg neben ihm. »Gut, daß Sie so schnell gekommen sind«, begrüßte mich Kaiser Wilhelm, »Frau Direktor sucht einen jugendlichen Liebhaber.«

Nun war ich mit dem Jargon aus der Bühnenwelt noch nicht so vertraut. Diese alte Schachtel sucht einen jugendlichen Liebhaber? dachte ich. Nicht mit mir!

Aber dann bin ich draufgekommen, daß es sich doch eher um ein Rollenfach handeln dürfte.

Auch das paßte mir nicht.

Ich – geradeso, als könnte ich mich vor Angeboten nicht retten – habe gesagt: »Nein, das möchte ich nicht. Ich will alles spielen und nicht nur einen bestimmten Typ. Erst wenn ich alles verkörpert habe, werde ich mich entscheiden, was mir liegt.«

So, das ist gesessen. Daß ich eigentlich Komiker werden wollte, wagte ich nicht auszusprechen. Frau Direktor Krug und Kaiser Wilhelm verließen wortlos den Raum. Nach ein paar Minuten kam der Agent wieder bei der Tür herein. »Wie kann man nur so ungeschickt sein. Als Liebhaber hätten Sie eine wesentlich höhere Gage bekommen. Jetzt sind Sie Chargenspieler.«

Nun muß man wissen, daß die Fächer damals viel genauer eingeteilt waren als heute. Es gab den »jugendlichen Held und Liebhaber«, den »hinausgeschmissenen Liebhaber« und den »Bonvivant«. Ich hatte mich ausgerechnet für die unterste Stufe der Schauspielerhierarchie entschieden. »Grande utilité«, für alles einzusetzen, vornehmlich in kleinen Rollen.

Meine bescheidene Gage in Reichenberg betrug vierhundert
Kronen pro Monat.
Paul di Pauli schien mir in diesem Fall doch etwas zu hochtra
bend, und so blieb ich ein für allemal bei Hörbiger.

Verband österreichischer Theaterdirektoren.

VERTRAG

welcher zwischen *W. Krug u. F. Sommer* Direktor des

Stadt — Theaters in *Reichenberg*

einerseits und Herrn ~~Frau~~ ~~Fräulein~~ *Paul Hörbiger*

andererseits abgeschlossen worden ist:

A. Besondere Vertragsbestimmungen.

§ 1.

Das Mitglied ist für die Kunstgattung als

Schauspieler

~~Sänger~~

~~Regisseur~~

an (den) obgenannten Theater(n) engagiert, und zwar auf
Grund der als Teil dieses Vertrages geltenden allgemeinen (B) und folgender besonderer (A) Bestimmungen.

§ 2.

Das Engagement des Mitgliedes beginnt mit dem

*29. Mai u. 1. Februar 1919 ...
... 1. Februar 1919 ...
8. September 1919, ...
... am 28. September ... bis Oktober
... für die Winter
... und am 1. Oktober
1919 bis Fastenberg 1920
... bis ... April 1920*

Das vorgenannte Mitglied verpflichtet sich, alljährlich *vier* Tage vor Beginn der Saison
im Engagement einzutreffen und die Proben mit-
zumachen. Für jeden Tag Vorprobe wird die Hälfte
der vereinbarten Tagesgage (in 30' Tagesquoten um-
gerechnet) bezahlt, wobei jedoch das garantierte Spielhonorar in die Gage nicht einberechnet wird. Die Ent-
schädigung für einen Tag Vorprobe darf jedoch 10 (zehn)
Kronen nicht übersteigen und bildet dieser Betrag, selbst
wenn die Berechnung eine höhere Summe ergibt, die
Grenze.

§ 3.

Für die Erfüllung der hiermit eingegangenen Verpflichtungen wird dem Mitgliede von der Bühnenleitung
gesichert: a) eine Gage von

monatlich ~~jährlich~~ *400 Kronen*

Mein erster Vertrag als Schauspieler.

»*Das Stück hat ka Garderober g'schrieben.*«
Reichenberg

Nach einer Woche Reichenberg wollte ich meinen neuen Beruf schon wieder an den Nagel hängen. Ich hatte von der Profession des Schauspielers ganz andere Vorstellungen gehabt. Wenn man gesehen hat, wie sich ein Kainz, ein Girardi in ihren Erfolgen sonnten, dann fühlte man sich am Stadttheater von Reichenberg als armer Schlucker. Gespielt wurde alles – Oper, Operette, Klassiker, Lustspiele, aber wir vom festen Ensemble waren zu winzigen Rollen verdammt. Solche habe ich in *Rigoletto* und *Maskenball* gegeben. Die dankbaren Aufgaben fielen den Gaststars zu.

Das lag daran, daß Reichenberg jede Woche eine neue Premiere hatte. Wir konnten also schon aus zeitlichen Gründen nur Kleinstrollen lernen. Unsere Bühnenhelden kamen aus Prag, Berlin oder Wien, und selbst berühmte Darsteller gastierten gerne in dem kleinen Reichenberger Stadttheater, denn im Gegensatz zu der katastrophalen Wirtschaftssituation in Deutschland und Österreich war die Inflationsrate von ungefähr zehn Prozent in der Tschechoslowakei relativ gering. Theatergötter wie Alexander Moissi, Max Pallenberg, Dr. Rudolf Tyrolt – damals mein großes Vorbild – oder Paul Morgan traten in Reichenberg auf.

Unsereins hatte im allgemeinen nur die Chance, mit einem besseren »Die Pferde sind gesattelt« Eindruck zu schinden. Das zweite Problem war ein finanzielles. Meine vierhundert Kronen waren ein Bettel, aber der Oberregisseur Oskar Radetzky, der in der Hierarchie ganz oben war, hat auch nur sechshundert Kronen verdient. Das ist doch kein Beruf fürs Leben, habe ich mir gedacht. Reichenberg war ja mein ganzer Theaterhorizont.

Erst eine schlechte Kritik hat die Sache für mich interessant gemacht. Da habe ich mich angestrengt und auch meine kleinen Rollen zu veredeln versucht.

Inszenierungen im heutigen Sinn waren undenkbar. Der schnellste Regisseur war in den Augen der Direktion auch der beste. Eine relativ ausführliche Regieanweisung lautete: »Sie kommen von links und Sie von rechts.«

Die große Chance für einen Jungmimen wie mich kam dann, wenn ein Gast plötzlich aus gesundheitlichen Gründen – oder weil er gerade übergeschnappt war, was ja bei Stars auch nicht selten vorkommt – ausfiel. Dann durfte selbst der kleine Chargenspieler einspringen. Die Nacht vor der Premiere wurde in solchen Fällen schlaflos zugebracht, denn da mußte man, wachgehalten durch zwei Liter Kaffee, die Hauptrolle lernen. Aber der Einsatz hat sich gelohnt. Nach ein paar »Einspringern« war ich beim Reichenberger Publikum recht beliebt und durfte auch Rollen spielen, die meinen vertraglich fixierten Platz im Ensemble bei weitem übertrafen. Am 25. September 1919, kurz vor der Premiere von *Faust*, habe ich meinem Vater nach Wien geschrieben:

Liebster Papa! Ich habe eine sehr schöne Rolle, die ich auch sehr gut spielen werde, nämlich den Valentin, den Bruder Gretchens. Unsere komische Alte war schon bei der Probe sehr ergriffen. Das Gretchen ist fabelhaft, Mephisto ist auch sehr gut, nur leider sehr klein. Dafür ist Faust um einen halben Kopf größer als ich und noch dazu nicht ganz textsicher.

Wir waren ein nettes Team, und hinter der Bühne wurde mindestens so viel gelacht wie im Zuschauerraum. Als uns der drastische Komiker – auch dieses Fach hat es gegeben – Franz Köchel vor einer Aufführung der *Csardasfürstin* aufforderte: »Kinder, spielt's heut a bißl g'schwinder, ich hab nachher ein Rendezvous mit der Soubrette aus Gablonz«, wurde der Wunsch erfüllt.

Doch als die Kollegenschaft in seiner Garderobe die feine Ausgehkleidung für das G'spusi mit der Dame aus der ewigen Theaterkonkurrenzstadt sah, wurde sofort ein gar fürchterlicher Plan ausgeheckt. Wir nähten Ärmel und Hosenbeine des Köchel'schen Smokings zu, schnitten sämtliche Knöpfe ab und nagelten zu guter Letzt seine Lackschuhe am Fußboden fest.

»Ihr Banditen, Räuberbande, Verbrecher«, hat Köchel geschimpft, aber dann hat er mitgelacht.

In der Reichenberger Theaterhierarchie gab es auch die Bezeichnung »Chor und kleine Rollen«, die von uns in »Chlor und keine Rollen« umbenannt wurde. Ein Angehöriger dieses gedemütigten Fachs war Freddy May, ein Kollege, der ob seines ungeheuerlichen, aber erfolglosen Ehrgeizes von allen ununterbrochen »gepflanzt« wurde, wann immer sich Gelegenheit bot. Und das war ziemlich oft der Fall.

Da ich schon nach ein paar Monaten zu den arrivierteren Schauspielern zählte, glaubte Freddy May, mit dem ich mich persönlich sehr gut verstand, in mir einen Förderer seines – leider nicht vorhandenen – Talents gefunden zu haben. Vor jeder Premiere kam er zu mir: »Herr Hörbiger, ich möchte eine Rolle darstellen.«

Nun war ich ja nicht gerade für die Vergabe der Parts zuständig und riet ihm: »Gehen S' doch zum Kraus.« Max Kraus war der Chorleiter unseres Theaters und gleichzeitig Tempelsänger in Reichenberg. Leider hatte er Krampfadern, und daher achtete er bei seinen eigenen Auftritten darauf, möglichst wenig Bein zu zeigen. Das Trikot hat er stets über die Hose gezogen, und sein Standardsatz lautete: »A Oper, wo man sich muß ausziehen den Überzieher, is ka Oper für einen Kraus.«

Zu jenem Kraus habe ich also Kollegen May geschickt, und zwar vor der Premiere des *Fliegenden Holländers*. Nicht ohne mich mit dem Chorleiter vorher abzusprechen.

»Ja, Herr May«, sagte Maxl Kraus, »es ist ja wirklich eine Ungerechtigkeit, daß Sie immer nur die kleinen Rollen bekommen. Man stelle sich vor, was unserem Theater da alles entgeht!«

»Wie recht Sie haben, Herr Kraus, ich habe mir das auch schon oft gedacht.«

»Eben. Daher habe ich für Sie im *Fliegenden Holländer* eine ganz wichtige Aufgabe.«

»O, diese Ehre, Herr Kraus, was werd ich denn darstellen?«

»Sie werden spähen.«

»Was werde ich?«

»Spähen. Kennen Sie nicht die Rolle des Spähers im *Fliegenden Holländer*?«

»Nein, ich ... also eigentlich nicht.« May konnte die Rolle des Spähers gar nicht kennen, denn es gibt sie überhaupt nicht.

Nichtsdestoweniger wurde der gute Freddy sowohl zum Theaterfriseur als auch zum Garderobier geschickt. Beide waren in unseren Plan eingeweiht. Von diesen Instanzen wurden ihm eine schwere Ritterrüstung und ein grüner Vollbart, der May bis zum Bauch reichte, angepaßt.

Erster Akt, zweite Szene. Auf See. Ein Geisterschiff soll anlegen. Statt dessen bewegt sich Freddy in voller Montur auf den weltbedeutenden Brettern. May schaut prächtig aus, wie er – die Wellen des Meeres aus Papiermaché umspülen seine Knie – nach dem gespenstischen Schinakel Ausschau hält.

»Um Gottes willen«, habe ich Maxl Kraus zugerufen, »der May späht wirklich.« Von uns war die Sache nur als Scherz gedacht, der vor der Vorstellung hätte aufgeklärt werden sollen. Aber darauf haben wir im Premierenfieber vollkommen vergessen. So stand Freddy May nun in seiner Rüstung auf der Bühne, die linke Hand als Sonnenschutz über den Augen, in der rechten die Lanze, und spähte. Regisseur Josef Duffek schreit aus den Kulissen heraus: »May, Sie Trottel, was machen Sie da draußen?«

Das bot dem Kleinstdarsteller Anlaß für ein Extempore. »Herr Duffek, ich muß spähen.« Nach diesem gewaltigen Satz wurde der Vorhang unter dem großen Gelächter des Publikums gesenkt. Und aus dem »Fliegenden Holländer« wäre beinahe ein »Fliegender Hörbiger« geworden. Aber dann kam ich als Urheber des Reichenberger Theaterskandals mit einer Strafe von hundert Kronen davon.

Der Garderobier, der Freddy May zu seiner Rüstung verholfen hatte, hieß Novak und war ein weiteres Original unseres Theaters. Vor der Premiere der *Jungfrau von Orleans* war alles furchtbar aufgeregt, auf eine Generalprobe wurde wie so oft aus Zeitersparnisgründen verzichtet. Und jeder rannte nervös zum nicht minder nervösen Garderobier Novak.

»Novak, ich brauche Ritterstiefel!«

»Novak, ich brauche ein Schwert!«

»Novak, ich brauche einen Panzer!«

Novak rannte jedesmal in den Fundus, und nach der schätzungsweise dreißigsten Erledigung stöhnte er erschöpft: »Also, des Stück hat ka Garderober g'schrieben.«

Ebenfalls von keinem Garderober geschrieben wurde bekanntermaßen ein anderes Stück aus unserem Reichenberger Repertoire. *Jedermann*, das »Spiel vom Sterben des reichen Mannes«. Und wieder wurde Freddy May ein Opfer seines unermüdlichen Ehrgeizes. Während der spätere Burgschauspieler Wilhelm Heim in einer Leseprobe die Titelrolle des Hofmannsthal-Werkes rezitierte, wurde unser Freund von irgendeinem hinterhältigen Ensemblemitglied – ich fürchte, es hat Paul Hörbiger geheißen – auf dem oberhalb der Bühne befindlichen Schnürboden postiert und mit einem Megaphon ausgerüstet. Freddy May wurde von uns mitgeteilt, er habe »die Stimme des Herrn« darzustellen.

Mit großer Begeisterung kletterte der Vielgeplagte in den Schnürboden, um seines diffizilen Amtes zu walten. Wilhelm Heim schleuderte markerschütternd in den Zuschauerraum:

»Nein, nein! In fürchterlicher Weis

Und laut und mächtiglich, nit leis.

So: Jedermann! und Jedermann!

Doch...«

»Die Axt im Haus erspart den Zimmermann«, dröhnte es da, vom Himmel her kommend. Worauf der Titelheld »Ruhe, da oben« zurückschrie. Mitten im nächsten Monolog wurde Heim durch zwei weitere *Wilhelm Tell*-Zitate unterbrochen: »Die Urner sind's, die uns am längsten säumen«, und dann: »Durch diese hohle Gasse muß er kommen«.

Heim war erbost: »Was ist denn da oben los?« Und nun war wieder Freddy May an der Reihe: »Bitte, Herr Heim, ich stelle die Stimme des Herrn dar.«

Er war eben ein Dar-Steller, und er ist jedesmal auf uns hereingefallen. Heim meldete sich wissend zu Wort: »So was kann nur vom Hörbiger kommen.« Übrigens ist dieser Zwischenfall für mich straffrei ausgegangen, weil er sich ja lediglich während einer Probe abgespielt hat.

Ich gestehe es ganz offen. Für mich waren die Klassiker nur durch solcherlei Eskapaden erträglich, denn ich mag keine Klassiker (wobei der *Jedermann* damals, 1920, noch gar kein »Klassiker« gewesen ist). An dieser, meiner zugegebenermaßen banausenhaften Einstellung hat sich bis zum heutigen Tag nicht viel geändert, was mir das hochgebildete Publikum verzeihen möge, aber die gebundene Sprache finde ich einfach schrecklich, unnatürlich. Besonders von der Warte des Schauspielers betrachtet. Denn läßt man nur ein einziges Wort, ein winziges Wörterl, aus, bleibt man mit dem restlichen Text schon hängen. Und das ist ja der Alptraum jedes Schauspielers. Daher hatte ich es weniger meinen dramatischen Auftritten im Stadttheater zu verdanken, daß ich Reichenbergs Geheimtip wurde, sondern der Tatsache, daß ich mich eine Stunde nach Ende der Vorstellung als Stimmungskanone im »Kabarett Kuchl« produzierte – so benannt, weil es in der Küche des Hotel Post dargeboten wurde. Wir spielten Sketches und sangen Lieder. Gage gab es dafür keine, der Wirt im Kuchl-Kabarett hat sich aber mit Speis und Trank für unsere künstlerischen Darbietungen revanchiert. Wir ließen uns sozusagen freihalten, aber das Ganze war eine Riesenhetz. In dieser Atmosphäre entstand eine Nummer, die ich mein ganzes Leben lang immer wieder gespielt habe und bei meinen Auftritten auch heute noch verwende:

Ich habe das Wienerlied gesungen: »Drah ma um und drah ma auf, was liegt scho dran, weil man's Geld auf dera Welt net fressen kann.« In Anspielung auf den regen Alkoholkonsum dieses Abends meinte Kollege Franz Köchel: »Mich würde interessieren, wie der Paul das in einer Stunde singt.«

Damit war die Geburtsstunde meiner Solonummer »Dasselbe Lied eine Stunde später« gekommen. Man beginnt das Lied in nüchternem Zustand zu singen, und der Sketch endet mit einer Darbietung desselben im Vollrausch. Dazwischen liegt eine Palette, die einem Komödianten alle Möglichkeiten, sich zu produzieren, bietet.

Aber es wäre eine falsche Darstellung meiner eineinhalb Reichenberger Jahre, wenn ich nur das Schmähführen erwähne. Ich habe hier sehr viel gelernt, sozusagen die Grundbegriffe der Schauspielkunst erfahren.

Einer der Stars, die während meiner Zeit in Reichenberg gastierten, war Hermine Medelsky vom Prager Deutschen Theater. Sie hat mich ihrem Direktor Leopold Kramer empfohlen, und so landete ich – wieder über Vermittlung meines Agenten Wilhelm Kaiser – in Prag.

Der Kritiker Emil Katz, der den Abschiedsartikel in der Reichenberger Theater-Revue verfaßte, sprach mir aus der Seele: »Paul Hörbiger! Einer, der lange nicht erkannt wurde, der aber zu unseren Besten zählte!«

Bald nach meiner Abreise wurde Attila vom Wiener Raimundtheater weg nach Reichenberg engagiert. Jetzt folgte meine unbewußte Rache für die Schaffnerin, die mich einmal während des Fronturlaubs in Wien nach »meinem« Rendezvoustermin mit ihr befragt hatte. Die Sache soll sich – Attilas Worte – so abgespielt haben:

Eines Tages erschien eine recht resolute, ältere und etwas beleibte Dame bei Attila in Reichenberg. »Also, Herr Heerbinger – was is eigentlich mit da Mitzl? Haben S' jetzt ernste Absichten oder net?«

»Pardon, gnädige Frau, ich kenne keine Mitzl.«

»Das wagen Sie ihrer Mutter ins Gesicht zu sagen? Jetzt wollen Sie alles leugnen? Sie glauben, Sie können das Mädel zuerst narrisch machen und kompromittieren, und jetzt auf einmal wollen S' von nix was wissen…«

Es sei ihm nur mit allergrößter Mühe gelungen, die Dame zu

verabschieden, und er meinte: »Es war eine der schwierigsten Szenen, die ich jemals zu spielen hatte.«

Heute kann ich nur vermuten, daß Mitzl ein Mitglied des Reichenberger Theaterballetts war, bei welcher Institution ich mich größter Beliebtheit erfreute.

»Verzeihen Sie, Herr Shakespeare!«
Prag

Während ich in Reichenberg – und nicht nur im Ballett – bereits meine Anhänger gehabt hatte, mußte ich als Neuling in Prag von vorn anfangen. Ich spielte wieder kleinere Rollen. In Georg Kaisers *Kolportage,* in Ludwig Winders *Dr. Guillotin* und am Sonntagnachmittag im *Rotkäppchen.* Die Kinder waren hier meine ersten Fans, denn vor dem eigentlichen Auftritt in diesem Märchen setzte ich mich mit der Harmonika auf die Bühne und warf den kleinen Pragerinnen und Pragern während meines Vortrags Zuckerln zu.

Auch am Deutschen Theater zu Prag waren die Gagen nicht als fürstlich zu bezeichnen. Sie konnten allerdings durch zusätzliche Spielhonorare aufgefettet werden. Pro Rolle erhielt man – je nach Bedeutung derselben – zwischen fünfzig und hundert Kronen extra. Da ich mich in chronischer Geldnot befand, konnte ich gar nicht genügend Rollen an mich raffen. Was da passieren kann, möchte ich anhand einer Episode erzählen, die sich in Shakespeares *Richard III.* abspielte. In diesem Edelklassiker hatte ich – natürlich jeweils in anderer Maske – von vornherein zwei kleine Rollen zu verkörpern.

Durch einen Regiefehler kam noch eine dritte dazu. *Richard III.* sollte zweimal hintereinander gespielt werden. Nachmittags für die Abonnenten des Arbeiterbildungsvereins und abends als reguläre Vorstellung. Da Shakespeare sich bekanntlich durch Überlängen auszeichnet, errechnete Direktor Kramer, daß die Nachmittagsvorstellung gekürzt werden müsse, damit der Umbau für den Abend klappte.

Kollege Willi Bauer, der den königlichen Leibarzt darstellen sollte, wurde fortgeschickt, da seine Szene der Streichung zum Opfer fiel. Kurz vor Beginn der ersten Vorstellung disponierte Oberregisseur Max Liebl um und teilte uns mit: »Kinder, ihr werdet die Rollen schneller sprechen als sonst.« Damit war die Szene des Leibarztes gerettet. Willi Bauer saß aber bereits im entlegenen Café Continental und konnte nicht mehr verständigt werden. Daher entschied der Spielleiter kurzerhand: »Hörbiger spielt auch den Leibarzt.«

Das war mir einerseits – es gab ja wieder ein außertourliches Spielhonorar – sehr recht, andererseits kannte ich die Rolle überhaupt nicht. Ich wurde also in die leibärztliche Kluft gesteckt und auf die Bühne gedrängt.

Richard III. fragt mich rollengemäß: »Sag an, wie geht es Ihrer Majestät, der Königin?«

»Danke der Nachfrage, es geht ihr recht gut.« Dann verließ ich, erhobenen Hauptes, die Szene. In der Kulisse flüsterte mir Inspizient Hans Kluson zu: »Du Idiot, die ist doch tot.«

Daraufhin setzte ich zu einer prompten Kehrtwendung an, eilte zurück zu Richard III. und teilte ihm mit todernstem Gesichtsausdruck mit: »Mein König! Soeben mußte ich erfahren, daß Ihre Majestät selig entschlafen ist.«

Richard benahm sich ganz und gar nicht so, wie es der Situation des tieftrauernden Hinterbliebenen im Augenblick der Todesmeldung geziemt. Er wand sich auf offener Bühne in Lachkrämpfen.

Inspizient Kluson schickte uns immer mit folgenden Worten auf die Bühne: »Achtung, Hosentürl zu? Auftritt!« Nach einem prüfenden Blick konnte man dann die Bretter betreten. Es gibt tatsächlich kaum einen peinlicheren Augenblick im

Leben eines Schauspielers als jenen, wenn einem die Partnerin mitten in der Szene zuflüstert: »Du hast einen Toilettefehler.«

War ich vor einigen Jahren am Wiener Burgtheater noch als Claqueur tätig, sollte ich diesen Berufsstand jetzt von der anderen Seite kennenlernen. Einen meiner ersten Erfolge in Prag konnte ich als Sonkin in Semon Juschkewitschs *Sonkin und der Haupttreffer* verbuchen. Vor der Premiere klopft es an meiner Wohnungstür.

»Gestatten, Herr Hörbiger, mein Name ist Tausig. Max Tausig, ich bin der Claquechef. Gestern war ich in der Hauptprobe – no, im zweiten Akt seh ich einen Szenenapplaus für Ihnen.«

»Sie glauben?«

»Absolut. Das ist natürlich eine Frage des Geldes. Es kommt ganz darauf an, was Sie ausgeben wollen, Herr Hörbiger.«

»Sind Sie mit zehn Kronen einverstanden?«

»Zwanzig wären mir lieber.«

»Gut.« Für diesen Betrag hat man damals zwei Mittagessen bekommen. Der Szenenapplaus war mir eine kleine Diät wert. Die Claque ist für den Jungschauspieler sehr wichtig, denn wenn einmal einer in die Hände klatscht, machen es ihm die anderen nach. Und das wirkt!

Alfred Huttig ist immer nach seinem Auftritt am Stadttheater von Aussig von der Bühne in eine Loge gerannt und hat geschrien: »Hoch Huttig, hoch Huttig!«

Ich habe mich aber für Max Tausig entschieden. Er war nicht nur Claquechef, sondern auch Altkleiderhandler, verhalf also seinen Schauspielern neben Beifallsstürmen auch zu Bühnenkostümen. Bei der Zahlungsmoral der Theaterleute ist er weder in der einen noch in der anderen Profession reich geworden. Im Gegensatz zu einem anderen Prager, der zufällig ebenfalls Max Tausig hieß, mit ersterem aber weder identisch noch verwandt war. Dieser Max Tausig war ein äußerst wohlhabender Hopfenhändler und geradezu theaterbesessen. Es gereichte ihm zur ungeheuren Ehre, einen berühmten Künstler in ein teures Restaurant zu führen, und viele haben das zu würdigen gewußt. So durfte auch ich mich später einmal einer großzügigen Einladung Tausigs erfreuen.

Als die Opernsängerin Selma Kurz in Prag gastierte, war es nur recht und billig, daß ihr vorher Leo Slezak brieflich mitteilte: »Wende Dich an Max Tausig, der zahlt alles!«

Kaum am Prager Hauptbahnhof dem Zug entstiegen, eilte die gefeierte Diva zum öffentlichen Fernsprecher, schaute im Telefonbuch nach und rief Max Tausig an. Leider den falschen. Max Tausig, den ärmlichen Claquechef und Altkleiderhändler. Max kam, führte die Kurz ins teure Restaurant Chmel und dachte, es handle sich um ein Geschäftsessen zur Regelung der abendlichen Beifallskundgebung. Nach dem Essen wartete jeder der beiden vergeblich darauf, daß der andere zahlt. Im Streit ging man auseinander.

Selma Kurz erhielt an diesem Abend keinen Sonderapplaus.

Auch in Prag gab es Gastspiele berühmter Künstler. Elisabeth Bergner als Viola, Richard Mayr als Ochs von Lerchenau, und ich trat mit Fritzi Massary und Paul Morgan auf; der später gefeierte Siegfried Arno war von Leopold Kramer entdeckt worden und gehörte zum Ensemble unseres Hauses. Und der Burgschauspieler Hans Marr gastierte in der Titelrolle von Gerhart Hauptmanns *Fuhrmann Henschel*, ich spielte den Kellner Georg.

Gegen Ende einer anstrengenden Probe waren wir schon alle recht müde, als Direktor Kramers Stimme aus einer Loge donnerte: »Szene noch einmal, das sitzt ja überhaupt nicht!«

Den Ersten Weltkrieg verbrachte ich unter anderem in Südtirol
und an der russischen Front. Im
Jahre 1916 wurde ich zum Leutnant der Reserve (Foto), kurz
vor Kriegsende zum Oberleutnant ernannt. Auf meine Auszeichnung war ich natürlich sehr
stolz *(Foto: Privat)*.

Ein paar schneidige Soldaten der k.u.k. Armee. Ich bin der mit der
Ziehharmonika. Die habe ich überallhin mitgeschleppt, und durch
sie war so manch trister Abend an der Front leichter zu ertragen
(Foto: Privat).

Ein Hochzeitsbild von uns gibt es ja nicht, weil wir äußerst unfotogen im Krankenhaus geheiratet haben. Das hier ist daher das erste Bild der jungen Familie Hörbiger: meine Frau Pippa, unser erstes Töchterl Christl und ich *(Foto: Gerhard Bartl, Wien).*

»Jawolll, Herr Direktor«, knirschte Regisseur Roman Reinhardt – mit dem berühmten Max hatte er nichts zu tun – devot.

Ich trat noch einmal auf, begann irgendeinen endlosen Satz von vorne, und wieder unterbrach Kramers Stimme aus einer Loge: »Szene noch einmal, das sitzt ja überhaupt nicht!«

»Jawolll, Herr Direktor.«

Müde Bewegungen auf der Bühne, ach hätte der Hauptmann diesen *Fuhrmann Henschel* nie geschrieben. Und wieder Kramers krächzende Stimme: »Szene noch einmal, das sitzt ja überhaupt nicht!«

»Jawolll, Herr Direktor.«

Plötzlich stand Kramer neben mir. »Gefällt mir sehr gut, wie Sie das machen, Herr Hörbiger.«

Auf einmal?

Nachher hat sich dann alles aufgeklärt: Kramers Stimme aus der Loge kam nicht von Kramer, sondern von dem jugendlichen Komiker Leopold Gabel, der den Direktor vortrefflich zu parodieren verstand.

Meine Rollen wurden größer. Der Gilbert in Schnitzlers *Literatur,* der Topas in Werfels *Schweiger,* der schüchterne Freund in Walter Ellis' *Jonnys Busenfreund,* und in Ralph Benatzkys *Apachen* war ich, laut Kritik, »wirklich ein Original Pariser Apache, Arrondissement Hernals«.

Das Lustspiel *Im weißen Rößl* – damals noch ohne Musik – wurde in Prag aufgeführt. Pepi Glöckner, die Frau des Direktors, war unsere Rößl-Wirtin, ich der Leopold. Kramer kam zu mir. »Herr Hörbiger, wie hat Ihnen Girardi gefallen?«

»Wunderbar. Bitte, vielleicht wäre seine Art zu spielen für heutige Begriffe schon ein bißl verstaubt, aber alles in allem: Großartig!«

»Wollen Sie nicht so was wie ein zweiter Girardi werden?«

»Ich bitte Sie, Herr Direktor, machen S' keine Witze.«

»Nein, nein, ich meine das ganz ernst. Ich habe den Girardi in der gleichen Rolle gesehen, die Sie jetzt spielen.«

»Als Leopold?«

»Ja. Und wissen Sie, was sein Erfolgsgeheimnis in diesem Stück war?«

»Keine Ahnung.«

»Er hat diese Tasche«, und dabei zeigte Kramer auf ein Bühnenrequisit, »diese Tasche da hat er mit dem kleinen Finger der linken Hand hochgehoben.«

»Das ist alles?«

»Ja, damit hat er einen Bombenerfolg gehabt, die Leute haben getobt vor Begeisterung.«

»Getobt?«

»Ja, getobt, ich war selbst dabei.«

»Na gut, wenn das so etwas Besonderes sein soll, werde ich es auch so machen.«

Zwei Stunden später, das feine Prager Premierenpublikum hatte sich mittlerweile im Parkett niedergelassen, kam die Stelle mit der Tasche. Ich wickelte die Schlaufe, ganz wie Girardi das gemacht haben muß, spielerisch-elegant um den kleinen Finger meiner linken Hand und – wollte sie hochheben. Hätte ich mir doch gleich denken können, daß es ein Jux war. Kramer hatte ein schweres Gegengewicht des Bühnenvorhangs in die Tasche gesteckt. Ich unterdrückte ein schmerzhaftes »Ojweh«, riskierte einen Bruch des kleinen Fingers und hob die Tasche, ohne mir etwas anmerken zu lassen, in die Höh.

Diesmal war ich der Hereingelegte.

Nach der erfolgreichen Premiere ist man natürlich auch in Prag noch lange nicht nach Hause gegangen, sondern mit den Kollegen von einem Beisel ins andere. Der Wirt Novy lud meine Freunde Rudi Stadler, Adi Fischer und mich in seinen »Kreuzelkeller« ein. Ein Schrammelquartett spielte den Robert-Stolz-Schlager »Hallo, du süße Klingelfee«, und das ganze Lokal hat mitgesungen.

Bester Laune verließen Rudi und ich, immer noch die »Klingelfee« trällernd, den Kreuzelkeller. Zugegebenermaßen nicht allzu leise. Vor der Tür warteten wir auf Adi, der noch einen dringenden Weg im Lokal zu erledigen hatte.

»Hallo, du süße Klingelfee, hallo –...« Ausgerechnet jetzt kam ein Polizeiwachmann daher.

»Wer hat hier gesungen?« schnauzte er mich an.

»Ich weiß nicht, Herr Inspektor«, stellte ich mich scheinheilig.

»Hallo, du süße Klingelfee«, brüllte in diesem Moment Adi, aus dem Kreuzelkeller kommend, in die Nacht hinaus.

»Ah, da haben wir ihn ja. Macht zehn Kronen wegen nächtlicher Ruhestörung.«

»Aber gehen S', Herr Inspektor, wegen dem bißl Singen.«

»Vorschrift is Vorschrift. Zehn Kronen.«

Da ich der einzige war, der noch Geld bei sich hatte, öffnete ich mein Portemonnaie. Ich schaute hinein, hatte aber nur eine Zwanzig-Kronen-Note bei mir. »Äh, Herr Inspektor, können Sie diesen Schein vielleicht wechseln?«

»Kann ich nicht!«

»Dann singen wir halt unser Lied noch einmal, ich geb Ihnen die zwanzig Kronen, und wir sind quitt.«

»No gut.«

Wir brüllten noch einmal los: »Hallo, du süße Klingelfee...«, ich überreichte dem Wachmann die Zwanzig-Kronen-Note, da lächelte sogar das Auge des Gesetzes, Adi, Rudi und ich verließen johlend den Schauplatz und zogen in das nächste Lokal.

Das war am Wenzelsplatz, bei den Nachtschwärmern äußerst beliebt und immer überfüllt, berühmt vor allem wegen der Topinky, der köstlichen Knoblauchbrote. Hier wurde alles, aber auch wirklich alles, mit Knoblauch angerichtet. Wenn die einen Apfelstrudel gehabt hätten – auch der wäre hier mit Knoblauch serviert worden. Es war wunderbar, hier wurde ich zum Knoblauchnarren. In den Sommermonaten mußte unsere »Knofelburg« leider immer auf polizeiliche Anordnung geschlossen werden, weil der ganze Wenzelsplatz nach diesem Gewürz gestunken hat – was für den Fremdenverkehr nicht gerade förderlich gewesen wäre.

Meine Knoblauchleidenschaft muß viele Jahre später meinem Freund Peter Alexander zu Ohren gekommen sein. Ich war bei ihm und seiner Hilde in der Wiener Wohnung zum Abendessen eingeladen und roch schon aus größter Entfernung – herrlichen Knoblauch! In meiner gewohnt taktlosen Art zu scherzen sagte ich gleich am Eingang: »Oje, in diesem Haus stinkt's ja fürchterlich nach Knoblauch.«

Frau Alexander hat das ernst genommen, und es war ihr sehr peinlich, so peinlich, daß sie gleich durchs ganze Haus fegte und alle Fenster öffnete. Der anschließende Knoblauchbraten war jedenfalls großartig.

Einige Tage später hatten wir eine gemeinsame Fernsehaufzeichnung. Ich überreichte Peters Garderobier ein in Packpapier gewickeltes Körberl voll Knoblauch zur Weiterleitung.

Hilde fragte: »Von wem ist das?«

Der Garderobier (auftragsgemäß): »Das hat ein unbekannter Verehrer für Herrn Alexander abgegeben.«

Nun war in dieser Zeit die Baader-Meinhof-Gruppe in aller Munde, und so mußte der Garderobier das Packerl in gesicherter Entfernung von Hilde und Peter öffnen. Dann kam mein Knofel zum Vorschein, und die Alexanders wußten natürlich gleich, von wem so ein Blödsinn stammte.

Nach dieser Abschweifung ins Fernsehzeitalter zurück ins Prag der Zwanzigerjahre! Als eine unserer nächsten Premieren war Roda Rodas *Feldherrnhügel* gedacht, ich spielte den Korporal Koruga. Roda Roda kam persönlich ins Theater und meldete dem Portier Podlesny: »Ich möchte zu Herrn Direktor Kramer.«

»Ich darf leider nicht stören, Herr Direktor ist auf einer Probe von *Der Widerspenstigen Zähmung*.«

»Gehen Sie hin und sagen Sie ihm, der Autor ist da.«

»Ah so, verzeihen Sie, Herr Shakespeare!«

Die Kritiker warfen Kramer vor, er spiele zu wenig Modernes. Als wieder einmal so eine Kampagne der deutschsprachigen Zeitungen *Prager Tagblatt* und *Bohemia* lief, entschloß sich der Direktor zu einem Experiment. Er rief mich in sein Büro.

»Herr Hörbiger, wir müssen etwas Modernes spielen, mir wurde da ein Stück angeboten, bei dem ich allerdings ein bißchen Bauchweh habe, so supermodern ist es. Spielen Sie doch die Hauptrolle, Ihnen ist das Publikum doch so gut gesinnt, vielleicht schaffen Sie's, daß es ein Erfolg wird.«

»Was ist das für ein Stück?«

» Es heißt *Der Mensch im Käfig* und ist von Siegfried von Vegesack.«

»Und was für eine Rolle soll ich da spielen?«

»Einen Affen.«*

Naja, warum nicht. Ich bin tagelang im Zoo herumspaziert, um die Bewegungen von Schimpansen, Gorillas und Orang-Utans zu studieren. Dann ließ ich mir aus der Prager

---

* Die Rolle hieß »Der Büchsenboxer«.

Konditorei Berger in der Wassergasse Kerzen aus Marzipan und ein Trinkglas aus Zuckerguß anfertigen, um diese Gegenstände auf der Bühne im Affenkostüm wirkungsvoll auffressen zu können. Die Maske war wirklich perfekt, das Bühnenbild ein stilisierter Urwald, und ich schwang mich von einer Liane zur anderen.

Es war – entgegen ersten Erwartungen – ein toller Erfolg. Der Rezensent der *Bohemia* schrieb: »Ich kann es nicht glauben (obwohl Hörbiger auf dem Theaterzettel steht), daß ein Mensch in dieser ganz und gar tierisch sich bewegenden, tierisch glucksenden, springenden, die Zeitung annagenden und auf die Bibliothek kletternden Figur steckt... Nicht Hörbiger spielt den Affen, sondern ein Affe spielt den Hörbiger, anders ist dieses Virtuosenstück nicht zu erklären.«

Sogar Tschechen, die nur wenig Deutsch verstanden, drängten sich um Karten, weil sie den »Affen« sehen wollten.

Zur Premiere reisten Vater und Mutter aus Wien an. Sie waren entsetzt.

Mama: »Paul, ist denn das notwendig?«

Papa: »Wie kann man sich nur so degradieren, einen Affen zu spielen?«

Meine Eltern waren in dieser Zeit viel unterwegs. Attilas Auftritte mußten sie in Reichenberg oder Brünn, meine in Prag verfolgen. Sie hatten immer ganz bestimmte Rollenwünsche für ihre Söhne. Die Mutter wollte, daß ich ausschließlich wunderschöne, edle Prinzen spiele, und Vater hat gemeint: »Der Paul soll den Franz Moor spielen, der Attila den Karl Moor.«

Aber ein Affe, das war verwerflich.

Ein Prager Original war Pater Chrisostomos, seines Zeichens Krankenpfleger bei den Barmherzigen Brüdern. Seine Hauptbeschäftigung bestand darin, die Damen des horizontalen Gewerbes der tschechischen Metropole auf berufsbedingte Krankheiten zu untersuchen. Eines Tages hatte er genug davon, zwischen Mönchs- und Dirnenleben hin- und hergerissen zu werden. Er trat aus dem katholischen Orden aus und heiratete eine reiche jüdische Kohlenhändlerin.

Wenn er mit seiner Frau abends über den Graben spazierte, riefen ihm die käuflichen Pragerinnen aus den Hauseingängen zu: »Hallo, Chrisostomos, wie geht's dir? Hast a fesche Frau.«

Durch Pater Chrisostomos lernte ich den »Rasenden Reporter« Egon Erwin Kisch kennen, in dessen Stück *Die gestohlene Stadt* ich dann auch mitspielte. Während Kisch stets im Café Central anzutreffen war, pflegte ich im Cafe Elektra zu verkehren. Apropos Elektra: Die eine Bühnenfront des Deutschen Theaters hieß infolge der Kaffeehausnähe »Elektraseite«, die andere, weil dort der gleichnamige Bahnhof lag, »Wilsonseite«.

Da ich mich mit Kisch trotz fundamentaler Unterschiede in weltanschaulichen Fragen auf Anhieb blendend verstand, wir uns aber nicht einigen konnten, ob wir uns in »seinem« Central oder in »meinem« Elektra treffen sollten, wählten wir einen dritten Weg. Der gebürtige Prager schleppte mich von einem Lokal ins andere, bis ich die gesamte Szene der Prager Ober- und Unterwelt kannte.

Im Prag des vorigen Jahrhunderts war von Künstlern die »Schlaraffia«, eine unpolitische »Vereinigung zur Pflege von Geselligkeit, Kunst und Humor«, gegründet worden. Drei Eigenschaften, die mir sehr am Herzen liegen. Ich wurde Mitglied, zuerst ist man Knappe, dann Junker, und der schönste Tag des »Schlaraffen« ist jener, an dem er zum Ritter geschlagen wird. Es gibt nichts, was nicht ins Lächerliche gezogen würde. Jeder Ritter erhält einen originellen, zu ihm passenden Schlaraffen-Namen.

Bei meiner Ernennung zum Ritter hielt zuerst der Oberschlaraffe eine Rede. Er hieß bürgerlich Lechner, sein Rittername war »Devast vom Böhmerwalde«, da er als reicher Holzhändler den Böhmerwald schlägern ließ. Er offerierte mir: »Junker Hörbiger, wählet einen Ritternamen. Ich lege Euch zur Auswahl vor: ›Dr. Amarum, der Welteissohn‹ und ›Ziehar, der beste Monikaner‹.« Beide Namen zeugten von sprudelndem Einfallsreichtum. Der erste setzte sich aus meinem schon erwähnten Vortrag »Drah ma um und drah ma auf, was liegt scho dran...« und der bekannten Betätigung meines Vaters zusammen, der zweite kam von meiner Leidenschaft fürs Ziehharmonikaspielen.

Ich entschied – weil ja bald jemand Akkordeonspielen kann, nur ich aber einen welteislehrenden Vater hatte: »Ich will heißen Dr. Amarum, der Welteissohn.«

Da kannte ich die Schlaraffen schlecht. Weil hier nichts ernst genommen wird, sagte Devast vom Böhmerwalde: »Euer Wille geschehe, von heute an sollt Ihr heißen Ziehar, der beste Monikaner.« Diesen Namen trage ich heute noch in der Schlaraffia.

Hier nenne ich noch drei Schlaraffen-Namen aus Prag, an die ich mich erinnern kann. Ein mit einer Opernsängerin verheirateter Facharzt für Haut- und Geschlechtskrankheiten hieß »Ritter Hilf vom Liebesleid mit der Stimm zu Haus«, der Prokurist der Živnostenska Banka erhielt den Ritternamen »All Rasch-Hin« (in Anlehnung an den tschechischen Finanzminister Rašin), und ein getaufter jüdischer Richter wurde »Judex, der Gewesene« genannt.

Unser Wahlspruch lautet »In Arte Voluptas« – »Freude an der Kunst«. Als ich noch aktiver Ritter in Prag war, gab es in der Schlaraffia großes Aufsehen. Dafür hatte der damalige Papst Pius XI. gesorgt, als er plötzlich katholischen Geistlichen untersagte, Mitglied unserer Gemeinschaft zu werden. Wer glaubt, daß wir uns das gefallen ließen, irrt.

Unter der Führung Devasts vom Böhmerwalde reiste eine Schlaraffengruppe in den Vatikan und wurde daselbst vom Heiligen Vater empfangen. Die Ritter klärten den Papst darüber auf, daß die Schlaraffia eine humorvolle und völlig harmlose Gemeinschaft sei. Ich glaube, die haben das so gut gemacht, daß nicht viel gefehlt hätte und Seine Heiligkeit wäre selbst noch Schlaraffe geworden. Jedenfalls hat er das Verbot zurückgenommen.

Den jüdischen Holzhändler Devast vom Böhmerwalde fragte er beim Abschied: »Darf ich Ihnen noch meinen Päpstlichen Segen erteilen?«

»Naja, Heiligkeit, schaden kann es nicht!« Und er nahm ihn huldvoll entgegen.

Als ich später die Gründungsstadt und Allmutter Prag verließ, mußte ich meine aktive Ritterschaft aus Gründen der Terminnot zurücklegen und wurde »Fahrender Ritter«. Bis zum Krieg waren die Schlaraffen noch über die ganze Welt verbreitet, die Nazis haben sie dann – auch das spricht für die Schlaraffen – verboten. Heute sind sehr viele Städte »uhunfinster«, das heißt schlaraffenlos. Ich bin Mitglied der Wiener Vereinigung »Vindobona«.

In einer Prager *Hamlet*-Aufführung spielte Josepha Gettke die Ophelia, ich konnte mich wieder einmal durch mehrere kleine Rollen finanziell sanieren. Knapp bevor der Vorhang in die Höhe ging, habe ich noch auf der Bühne mit Ophelia heftig geflirtet. Da schrie mir Inspizient Kluson zu: »Hörbiger, schnell Auftritt.« Ich habe meine Lanze zwischen die

Beine gesteckt und bin regelrecht auf die andere Bühnenseite geritten – zur Freude des Publikums, denn der Vorhang war mittlerweile in die Höhe gegangen, was ich leider übersehen hatte.

Doch aus dem Bühnenflirt mit Ophelia wurde eine ernste Angelegenheit, ich habe mich über beide Ohren in die bildhübsche Josepha, die wir alle Pippa nannten, verliebt. Sie war in Wuppertal geboren, wo ihr Vater Theaterintendant war, im zarten Alter von sechs Wochen übersiedelte sie nach Wien, da Gettke senior hier die Leitung des Raimundtheaters übernahm. Und nach ihrem ersten Engagement am Wiener Volkstheater spielte Pippa jetzt am Deutschen Theater von Prag.

Unsere Hochzeit war für Herbst geplant, doch vorher sollte ich Pippa noch in Wisowitz besuchen, wo sie mit ihrer Schwester die Theaterferien für einen kurzen Urlaub nutzte.

»*Auf mich können Sie schießen.*«
Mordanschlag, Letzte Ölung, Hochzeit, das erste Kind

Das folgende Kapitel ist eine ideale Vorlage für ein kitschiges Filmdrehbuch. Wenn wir das je verfilmt hätten – es wäre eine richtige Edelschnulze geworden. Da gibt es ein verliebtes Paar, einen eifersüchtigen Revolverhelden, einen Mordanschlag und schließlich dann ein Happy-End. Doch zunächst war die Sache für mich gar nicht so lustig. Ich sollte nämlich in diesem nie verfilmten Einakter ausgerechnet das Opfer sein und hätte die »Inszenierung« beinahe nicht überlebt. Aber schön der Reihe nach.

Pippa nützte die Theaterferien, um mit ihrer Stiefschwester Erna – sie war die Sekretärin von Direktor Kramer – in den kleinen mährischen Kurort Wisowitz zu fahren. Ich kam nach einem vierzehntägigen Gastspiel in Marienbad per Bahn nach. Es ist der 4. August 1921, spätabends, ich sitze mit Pippa im Extrazimmer eines kleinen Wirtshauses, wir schauen uns verliebt in die Augen.

Wie im Film eben.

Plötzlich wird die Türe aufgerissen, Pippas früherer Verlobter Rudolf Dietz stürzt ins Gastzimmer. Sie erschrickt. »Um Gottes willen, der Rudi!«

Pippa hatte die Verlobung mit dem Schauspieler Dietz langst gelöst, doch er ist nach wie vor unsterblich in sie verliebt. Das Bedenkliche an der jetzigen Situation ist, daß der jugendliche Bonvivant einen Revolver in der Hand hält und diesen genau auf uns richtet.

Ich, ein geschulter Bühnenheld, hebe meine Arme schützend über die neben mir sitzende Frau und schmettere ihm die folgenden Worte dermaßen ergreifend an den Kopf, daß jeder Filmregisseur an mir seine Freude hätte: »Auf mich können Sie schießen, aber der Pippa darf nichts geschehen!«

Mag sein, daß Hitchcock fasziniert gewesen wäre, unser mörderischer Freund läßt sich jedoch durch meinen glänzend vorgetragenen Monolog nicht aus der Fassung bringen. Wortlos schießt er zuerst auf Pippa, dann auf mich und zu guter Letzt auf sich selbst. Dazwischen habe ich noch versucht, ihm die Waffe aus der Hand zu schlagen, aber es ist nicht gelungen. Der Wirt ergreift, aus verständlichen Gründen, die Flucht und verkündet lauthals im Nebenraum: »Da drinnen liegen drei Tote!«

Pippa ist gottlob unverletzt, die Kugel knapp an ihr vorbeigegangen. Auch ich fühle mich zunächst relativ fit, mache noch ein paar Schritte, falle dann aber ohnmächtig zu Boden.

Es war ein glatter Lungendurchschuß, auch eine Rippe wurde durchbohrt. Später sagten mir die Ärzte, daß ich die ganze Geschichte nur überlebt hätte, weil ich meine Hände kurz vor dem Schuß – filmreif – gen Himmel erhoben hätte, um Pippa zu schützen, beziehungsweise den Attentäter zu entwaffnen. Sonst wäre das Herz getroffen worden. Heute noch sieht man die Einschußstelle an meiner Brust und die Ausschußstelle am Rücken. Und daneben die Narbe einer später durchgeführten Operation. Wenn ich mich röntgen lasse, ist ein kreisrundes Loch in der vor dem Herzen liegenden Rippe festzustellen.

Ich lag also ohnmächtig da, wachte aber nach wenigen Minuten auf. Man legte mich auf eine alte schäbige Sitzbank, deren Knöpfe sich tief in das Leder bohrten. Um den Tatort bildete sich schnell eine große Menschenmenge, ich schaute mich um und sah viel Blut.

Zufällig ist im Nebenraum auch ein Arzt gewesen. »Gehen Sie bitte auf die Seite«, rief Dr. Vilimek den Schaulustigen zu, »damit der Herr da ruhig sterben kann.«

»Nein, ich werde nicht sterben.«

»Herr, ich versteh das besser, ich bin Arzt. Das ist ein Herzschuß. Sind Sie katholisch, wollen Sie einen Priester haben?«

»Zuerst einen Verband.« Der wurde angelegt.

»Sollen wir Ihre Eltern verständigen?«

»Ja, aber vorher noch einen Kognak.«

Der Wirt hatte inzwischen wieder den Raum betreten und schwirrte herum. »Oje, es ist leider kein Kognak mehr da.«

»Dann einen Sliwowitz.« Ich bemühte mich, ruhig dazuliegen, aus meiner Soldatenzeit wußte ich, daß sich Schwerverwundete so wenig wie möglich bewegen sollen. Daher spuckte mir Pippa den Sliwowitz in den Mund.

Der Arzt und die Schaulustigen gingen weg, die gute Pippa blieb neben mir. Ich sagte ihr, sie dürfe mich auf keinen Fall einschlafen lassen, sonst hörte ich zu atmen auf. Jedesmal wenn ich die Augen schloß, tätschelte sie mich wach.

Um fünf Uhr früh war Dr. Vilimek wieder da. »No, lebt er noch?«

»Ja, ich lebe noch«, antwortete ich zu seinem allergrößten Erstaunen. Auf einer Tragbahre wurde ich jetzt entlang der Hauptstraße von Wisowitz transportiert. Am Straßenrand haben sich die Leute niedergekniet und bekreuzigt. Auch das wäre wieder eine herrliche Filmszene gewesen. Aber ich habe in diesem Augenblick garantiert nicht an Hollywood gedacht. Man hat mich ins Irrenhaus von Wisowitz getragen. Nicht etwa, weil dieser Ort meinem geistigen Zustand entsprochen hätte, sondern weil es in der näheren Umgebung kein Spital gab. Doktor Vilimek war übrigens Direktor der Anstalt.

Nach ein paar Tagen kam Attila auf Besuch. »Da liegt er, der Klane, auf der Krepierbank.« Mit diesen Worten wollte er mich aufheitern, und wir haben tatsächlich beide gelacht. Aber nach einigen Scherzen habe ich sagen müssen: »Bitte, Attila, hör auf, das Lachen tut so weh.«

Dann kam Fredi. Er war so schockiert, daß er kaum ein Wort herausbrachte. Meinen Eltern hatte man – wie ich später erst erfuhr – die ganze Sache vorerst verschwiegen, weil sie sich natürlich fürchterlich aufgeregt hätten. Am Tag, als die Meldung in den Wiener Blättern zu lesen war, soll sich Papa geärgert haben, da die gewohnten Zeitungen nicht im Haus waren. Die Brüder hatten sie ihm unterschlagen. Das *Neue Wiener Journal* brachte die folgende Meldung*:

Die treulose Naive.
Liebesdrama zwischen Schauspielern.
(Privattelegramm des Neuen Wiener Journals.)

Prag, 9. August.

Der jugendliche Schauspieler Rudolf Dieß, Sohn eines bekannten Fabrikanten, war mit der Naiven des Prager Deutschen Landestheaters Pippa Gettke verlobt, die er bei einem gemeinsamen Engagement am Wiener Volkstheater kennen gelernt hatte. In wenigen Wochen hätte die Hochzeit stattfinden sollen. Dieß benützte die Ferien zu einer Reise ins mährische Mittelgebirge, wo er dieser Tage in dem kleinen Städtchen Wisowitz übernachten wollte. Als er das Fremdenbuch des Hotels nachsah, fand er darin den jugendlichen Bonvivant des Prager Deutschen Landestheaters Hörbiger eingetragen und ging in dessen Zimmer, um den Kollegen zu begrüßen. Er überraschte ihn mit Pippa Gettke, welche die Abwesenheit des Bräutigams zu einem kleinen Ausflug benützt hatte. Dieß zog seinen Revolver und feuerte zweimal auf Hörbiger, der schwer verwundet zusammenbrach. Einen dritten Schuß gab er gegen die eigene Brust ab. Sowohl Hörbiger wie Dieß sind schwer verletzt.

Ich, gewohnt unter »Kulturelles« aufzuscheinen, stand erstmals im Chronik-Teil. Zwar hatte der Herr Redakteur einige szenische Veränderungen vorgenommen – das Drama spielte

---

* Originalkopie: Wiener Nationalbibliothek

sich nicht in meinem Zimmer ab, auch wollte mich Herr Dietz gar nicht »begrüßen«, wir kannten uns gar nicht – aber immerhin war mein Name jetzt auch außerhalb von Prag und Reichenberg genannt worden.

Kaum transportfähig, wurde ich in das Wiener Privatsanatorium Hera gebracht. Der berühmte Professor Albrecht kam zu mir ins Krankenzimmer.

»Ich werde jetzt aus Ihrem Brustraum Blut entnehmen«, kündigte er an, »und am Abend, wenn ich das Ergebnis habe, werde ich Ihnen mitteilen, ob wir operieren müssen oder nicht.« Gegen die starken Schmerzen bekam ich zwei Injektionen täglich.

Einige Stunden später kam ein junger Hera-Arzt bei der Türe herein und verkündigte mit freudiger Miene: »Herr Horbiger, beste Grüße von Professor Albrecht, eine Operation ist nicht notwendig.« Dann beugte sich der Mediziner über mein Bett und sagte in leiserem Tonfall, ganz vertraulich: »Sein S' froh, die Operation hätten S' eh net überstanden.« Er hat dann noch ganz genau erklärt, was bei der geplanten Rippenresektion alles schiefgegangen und an welchen Komplikationen ich gestorben wäre.

Ich war zufrieden und schlief beruhigt ein.

Am nächsten Morgen, kurz nach neun, war der Professor wieder in meinem Zimmer. »So, heute werden wir operieren, in vierzehn Tagen sind Sie wieder gesund.« Man hat mich also tags zuvor falsch informiert.

Dann wurde ich in den Operationssaal geführt. Der Eingriff dauerte über eine Stunde, ich war bei vollem Bewußtsein, stand nur unter Lokalanästhesie. Während der ganzen Prozedur habe ich unaufhörlich geschimpft.

»Das ist doch wirklich eine Schweinerei, wie man hier die Patienten beunruhigt... auweh... gestern sagt man, keine Operation, und heut werd ich operiert... aua... wie kommt man denn dazu...?«

Professor Albrecht ließ sich nicht stören und hat in aller Ruhe operiert. Anwesend waren auch sein Assistent Dr. Rizzi und ein Herr, der genau wie alle anderen in einem weißen Mantel steckte und durch Mundschutz nicht zu erkennen war.

Nach dem Eingriff wurde ich in mein Zimmer gefahren, und da gab sich dann der »fremde Herr« zu erkennen. Es war mein Vater – der erst wenige Tage zuvor von meiner Verletzung erfahren hatte. Er wandte sich jetzt an Albrecht: »Sie müssen verzeihen, Herr Professor, daß mein Sohn vorhin so geschimpft hat, aber Sie verstehen, die Aufregungen der letzten Tage...«

»Gehn S', Herr Ingenieur, ich war doch froh, daß er soviel geredet hat, da hab ich wenigstens sehen können, daß es ihm gutgeht.«

Also, sonderlich wohlgefühlt habe ich mich nicht, aber wie man vielleicht erahnen wird, habe ich die Operation überlebt. Nachdem ich mich schon etwas erholt hatte, kam wieder ein Rückfall, weil ich eine ganze Nacht lang unter schwerstem Schluckauf litt. Zu Pippa habe ich gesagt: »Bevor ich sterbe, will ich dich heiraten.«

Spätestens jetzt folgt wieder eine Szene, die sich zur Verfilmung glänzend eignen würde. Attila kommt als einer der Trauzeugen zu mir ins Krankenzimmer, meine schwarzen Lackschuhe in der rechten Hand, hinter ihm der Rest der erschütterten Familie. Die Lackschuhe hätte ich zur Feier des Tages anziehen sollen, aber ich konnte ja leider nicht aufstehen, und so blieb das elegante Schuhwerk am Bettende liegen.

Dann tritt der Priester ein, verabreicht mir zuerst die Letzte

Ölung, und dann werden Josepha Gettke, stehend, und Paul Hörbiger, liegend, getraut.

Jetzt erst kommt das Happy-End. Noch vor der Zeremonie hatte mir meine Mutter eine Rosenknospe überreicht, die »Madame Druschky« hieß. Ich bedankte mich und sprach mit letzter Kraft – heute stelle ich mir das alles in Cinemascope vor – die Worte: »Wenn die Rose aufblüht, werde ich gesund.«

Das ganze Spital schien daraufhin überhaupt keine anderen Sorgen mehr als die Pflege dieser Knospe zu haben. »Madame Druschky« wurde gehegt und wie ein schwerkranker Patient behandelt. Ärzte, Schwestern und Pflegepersonal gossen und spritzten, und eines Tages ist die Rose dann tatsächlich aufgegangen. Für mich war das wirklich ein sehr wichtiges psychologisches Moment.

Zu einem Prozeß ist es in der Sache nie gekommen, weil mich der Bruder des Attentäters noch an meinem Krankenbett darum gebeten hatte, bei der Polizei für Rudolf Dietz auszusagen. Ich habe auf Zureden meines Vaters ein Schriftstück unterzeichnet, demzufolge ich durch einen Streifschuß nur leicht verletzt worden sei. Dietz landete – er selbst war nicht so schwer verletzt – später in einer Nervenheilanstalt und ist dort nach etlichen Jahren verstorben.

Soviel über meinen Mordanschlag. Jetzt weiß ich auch, warum das nie verfilmt wurde. Es ist einfach zu kitschig.

Als es mir schon etwas besser ging, sind viele Kollegen aus Prag gekommen, um mich im Spital zu besuchen. Auch Direktor Kramer war da. Dabei hatte ich vor dem Attentat noch eine größere Auseinandersetzung mit ihm gehabt.

Der Theaterdirektor hatte die schlechte Angewohnheit, am Tag der Premiere noch alles neu machen zu wollen. Diese Handbewegung sei falsch, ich solle doch nicht von rechts nach links, sondern von links nach rechts abgehen und ähnliche sinnlose Änderungen. Wir probten Franz Molnárs *Liliom* mit mir in der Titelrolle. Als er bei der Generalprobe wieder – wie immer – alles umstellen ließ, platzte mir der Kragen. »Das geht nicht, Herr Direktor, das hätten Sie sich bitte früher überlegen müssen.« Es kam zu einer wortgewaltigen Schreierei, aus der Kramer zunächst als Sieger hervorging.

Zu Oberregisseur Liebl – der wie ich Schlaraffe war – hat der Direktor gesagt: »Der Hörbiger wird mir zu übermütig. Ich habe es bisher vermieden, daß Max Pallenberg bei uns als Liliom gastiert, aber jetzt hole ich ihn, da wird der Hörbiger schön schauen.«

Wirklich, ich habe schön geschaut. Am nächsten Tag ist Pallenberg als Stargast aus Berlin angereist und hat meinen Liliom übernommen. Ich saß im Zuschauerraum und ärgerte mich grün und blau. »Warum hab ich meine Gosch'n nicht halten können?«

Aber in der Pause sind die Leute schon auf mich zugekommen, um mir zu gratulieren. Und nach Erscheinen der Morgenzeitungen war der Ärger gänzlich verflogen. Da las ich nämlich in der Kritik von Max Brod – er war der Freund und Förderer Kafkas – den folgenden Satz: »Max Pallenberg mußte nach Prag kommen, um zu zeigen, wie gut Paul Hörbiger als Liliom ist.«

Ich hatte meine Satisfaktion und reiste zufrieden in Richtung Wisowitz und Mordanschlag. Jetzt stand Direktor Kramer mit langem Gesicht an meinem Krankenbett. Nach außen konnte ich mich kaum bewegen, aber innerlich bebte ich vor Freude. »Hörbiger«, hat er gesagt, »wenn Sie nach Prag kommen, ist Ihre erste Rolle wieder der Liliom. Das verspreche ich Ihnen.«

So war es dann auch. Publikum und Presse haben mich im

Jänner 1922, ein halbes Jahr nach dem Attentat, mit großer Begeisterung empfangen.

Mit Hermine Medelsky als Julie unternahm ich von Prag aus etliche Liliom-Gastspiele. Ich erinnere mich an mein altes Reichenberg, an das Wiener Raimundtheater, an Brünn und an Aussig.

In Aussig, vielleicht war ich noch von der langen Erkrankung geschwächt, passierte mir das folgende. In meiner Sterbeszene blieb ich plötzlich im Text »hängen«. Obwohl ich den

Liliom so oft gespielt hatte, wollte mir ein bestimmter Satz nicht einfallen. Ich legte mich hilfesuchend neben den Souffleurkasten. Und was raunte mir die Souffleuse unter Tränen zu: »Schön spielen Sie den Liliom, Herr Hörbiger, wirklich, wunderschön!«

Knapp vor der Geburt unserer ersten Tochter reiste Pippa von Prag nach Wien. Hier sollte – das schien für die Eintragung in den Papieren nobler – das Kind zur Welt kommen. Ich konnte wegen Probenterminen nicht mitfahren. Christl erblickte das Licht der Welt um fünf Uhr früh im Haus meiner Eltern. Mein Vater eilte schnurstracks zum Postamt Mauer, um mich von der freudigen Kunde telegraphisch zu verständigen. Vorerst mußte er zwei Stunden lang auf der Straße warten, denn das Postamt öffnete erst um sieben Uhr. Gegen Mittag brachte der Theaterdiener das Telegramm in die Probe.

Ich habe es in die Hand genommen, bin nervös herumgesprungen und wagte es nicht, den Umschlag zu öffnen. Aus mir heute unverständlichen Gründen hatte ich eine panische Angst, daß irgend etwas passiert sei.

Pepi Glöckner führte Regie und fragte mich, warum ich denn wie ein Wahnsinniger durch die Gegend laufe. Wortlos zeigte ich auf das Telegramm.

»Was is denn das?«

»Eine Depesche.«

»Machen Sie 's doch auf.«

»Ich trau mich nicht.«

»Also, dann geben S' her.« Ruhig öffnete sie das Schriftstück und las laut vor. »Gesundes Mädchen angekommen stop Mutter und Kind wohlauf.« Dann brach im Theater ein Freudentaumel aus, alle haben gratuliert, die Männer gelacht, die

Frauen geweint. Und Pepi Glöckner verkündete: »Die Probe ist abgebrochen, Herr Hörbiger muß sofort nach Wien fahren.« Ich setzte mich in den Zug und schloß bald darauf meine Frau und meine Tochter Christl in die Arme.

Die ersten Jahre lebten wir drei in äußerst bescheidenen Verhältnissen. Es kam ja nicht alle Tage vor, daß man in einem Stück mehrere Rollen verkörpern durfte, die Gage war immer noch nicht allzu hoch, und Pippa hatte gleich nach der Hochzeit zu spielen aufgehört. Wir wohnten als Untermieter der Bierbrauerswitwe Sommer in einem möblierten Schlafzimmer mit Küchenbenützung. Die Einrichtung war alles andere als luxuriös. Ein Marmorwaschtisch, Lavoir, Wasserkanne. Über dem Ehebett hing ein riesiges Hochzeitsbild, allerdings nicht etwa unseres – ich wurde ja äußerst unphotogen als Spitalspatient getraut –, sondern das des verblichenen Bierbrauers und seiner Frau.

Nach einigen Jahren wurde mir dann vom Deutschen Theater eine sehr schöne Wohnung zur Verfügung gestellt.

Max Reinhardt
Das erste Zusammentreffen

Nach einer Vorstellung im Deutschen Theater drückte mir Portier Podlesny einen Zettel in die Hand. »Bitte kommen Sie morgen ins Hotel Restaurant Šroubek zum Frühstück. Beste Grüße, Kommissionsrat Frankfurter.« Dieser Herr war damals einer der bekanntesten Theateragenten Deutschlands.

Nun gibt es den Titel Kommissionsrat auf der ganzen Welt nicht, und es hat ihn auch nie gegeben. Aber mit irgendeinem Titel wollte sich dieser Herr Frankfurter schmücken, und so hat er einen solchen erfunden. Kommissionsrat eben.

Am nächsten Tag traf ich ihn dann in dem hochnoblen Restaurant am Wenzelsplatz, und er teilte mir gleich, bevor noch der Kaffee serviert wurde, mit: »Herr Hörbiger, ich war gestern in der Vorstellung. Ich hätte ein Engagement für Sie.«

»Wohin denn?«

»Nach Frankfurt am Main.«

»Herr Kommissionsrat«, sagte ich, denn ich wollte nicht unhöflich sein, »Herr Kommissionsrat, ich danke für ihr Angebot. Aber warum soll ich nach Frankfurt gehen? Ich spiele in Prag das Fach der guten Rollen. Wenn ich von hier weggehen sollte«, und jetzt hob ich meine Stimme an und sprach bedeutsam, »dann gibt es für mich nur zwei Möglichkeiten. Entweder zu Reinhardt nach Berlin oder ans Burgtheater nach Wien.«

»Aufgewachsen bei Burgtheater«, ächzte der Kommissionsrat und schien etwas indigniert. Ich ließ mir das Frühstück trotzdem schmecken und verabschiedete mich dann.

Kaum hatte Frankfurter Prag verlassen, wurde mir vom Theaterportier auch schon ein Telegramm überreicht. Franz Herterich, der Direktor des Wiener Burgtheaters, teilte mir aus Berlin mit, daß er nach Prag komme und mich sprechen wolle. Die letzten Worte der Depesche lauteten: »Besorget Schlafwagenkarte Prag–Wien.« Diese war für seine Weiterfahrt vorgesehen.

»Aufgewachsen bei Burgtheater.« Sollte der Kommissionsrat richtig getippt haben?

Ich bin also zum Bahnhof gegangen und habe für Direktor Herterich eine Schlafwagenkarte erster Klasse gekauft. Am nächsten Tag traf ich ihn dann im Café Elektra, und zuallererst überreichte ich ihm das Ticket. »O je, Herr Hörbiger, das muß ich aus eigener Tasche zahlen, vom Ministerium werden nämlich für Dienstreisen nur Schlafwagen zweiter Klasse vergütet.«

Das war also schon kein ungeheuer positiver Beginn. Aber der Aufpreis schien Herterich nicht allzu nervös zu machen. »Herr Hörbiger, ich würde mich freuen, wenn Sie ans Burgtheater kämen. Was haben Sie sich als Gage vorgestellt?«

Ich nannte irgendeine Summe, die ich mittlerweile vergessen habe. Doch der Burgtheaterdirektor war damals weder in Bahnkarten noch in Gagenfragen autonom. »Ich werde die Sache dem Ministerium vortragen«, versprach er, »bitte bleiben Sie mir zehn Tage im Wort, Herr Hörbiger.«

Ich blieb. Zehn Tage vergingen, elf Tage vergingen, vom Burgtheater hörte ich nichts mehr. Doch am zwölften Tag kam ein Telegramm. Allerdings aus Berlin und von einem ganz anderen. »Erbitte Ihren Besuch. Max Reinhardt.« Zuerst setzte ich mich nieder. *ER* selbst. Hat mir ein Telegramm geschickt. Ich zeigte es meiner Frau. Die war genauso ergriffen wie ich. Ich schwebte ins Theater. In der Garderobe erzählte ich das Neueste sofort und voller Stolz meinem Kollegen Karl Padlesak. Daß er auch mein Freund war, ersieht man daran, daß die erste Puppe, die ich meiner Tochter Christl geschnitzt habe, von mir »Padlesak« benannt wurde.

Ansonsten mußte die Nachricht aber streng geheim bleiben. Ich war in einer schwierigen Situation, denn wir standen mitten in den Proben zu František Langers Lustspiel *Ein Kamel geht durchs Nadelöhr*. Ich konnte ja nicht zu Kramer gehen und sagen, daß ich nach Berlin fahren wollte, um mit Reinhardt zu verhandeln. Aber irgend etwas mußte unternommen werden.

Gerade als ich mutig zur Direktionskanzlei schritt, kam mir Kramer, gefolgt von seinem mit Koffern vollbepackten Garderobier Kohoutek, entgegen. Er war unterwegs zum Wilsonbahnhof, um eine Gastspielreise anzutreten.

Gott sei Dank, mit seinem Stellvertreter Dr. Weinert ließ sich's auch leichter verhandeln. Ihm teilte ich dann mit, daß ich »in einer dringenden Familienangelegenheit« nach Berlin reisen müsse. Ein kleiner Schwindel.

»Herr Hörbiger, wie stellen Sie sich das vor, Sie spielen doch im *Kamel* eine Hauptrolle.«

»Ja, aber es ist doch eine stumme Hauptrolle, ich hab doch fast keinen Text.«

Da Max Liebl, der das Stück inszenierte, zufällig gerade in Weinerts Büro saß, fragte der Stellvertretende Direktor den Oberregisseur: »Brauchen Sie den Hörbiger noch?«

»Naja, wenn er glaubt, daß er die Premiere auch so schafft, dann soll er halt in Gottes Namen nach Berlin fahren.«

Ich fuhr. In der europäischen Theatermetropole angekommen, mietete ich mich in einem billigen Hotel in der Bärenstraße ein. Des Nachts herrschte erheblicher Verkehr, jedoch nicht vor, sondern in dem Etablissement. Ich war, ohne es gewußt zu haben, in einem Stundenhotel gelandet. Die ganze Nacht wurden die Türen auf- und zugeschlagen.

Infolge der Türenknallerei bin ich also ziemlich früh aufgestanden und zum Bahnhof Zoo marschiert, wo es ausländische Zeitungen gab. Ich habe mir unter anderem das *Prager Tagblatt*, auf das ich abonniert war, gekauft und – wie immer – zuerst einmal die Kulturseite aufgeschlagen. Was mußte ich lesen?

»Paul Hörbiger verhandelt mit Max Reinhardt in Berlin« lautete die fette Überschrift.

Und ich bin offiziell »zur Regelung einer Familiensache« da. Wo doch der Reinhardt mit mir überhaupt nicht verwandt ist!

Lange habe ich hin- und herüberlegt, woher die Zeitung den eigentlichen Grund meiner Berlin-Reise erfahren hatte. Bis man mir später einmal erzählte, was ich bis dahin nicht gewußt habe. Jedes bessere Blatt leistete sich an den großen Bühnen einen Schauspieler, der gegen entsprechendes Honorar für die Meldungen sorgte, die unter dem Titel »Kulissentratsch« erschienen. Für das *Prager Tagblatt* war im Deutschen Theater ausgerechnet mein Freund Padlesak tätig. Und der hatte seine Information ja tatsächlich aus erster Hand. Padlesak erhielt für diese Nachricht fünfzig Kronen.

Ach Gott, war mir das peinlich!

Ich werde also zu Reinhardt gehen, dachte ich mir, der wird mich nicht nehmen, und die in Prag werden sich zerkugeln über meine »Familiensache«.

Zuerst schlenderte ich zu dem mir namentlich bekannten Theateragenten Goldstein, um ihm das Telegramm zu zeigen. Er rief daraufhin im Büro Reinhardts an, sagte: »Also, der

Herr Hörbiger ist jetzt in Berlin«, und fixierte einen Termin für den nächsten Tag. Als er das Gespräch beendet hatte, ließ er mich wissen, daß er bezüglich des Engagements sehr skeptisch sei. »Ich fürchte, der Reinhardt wird Sie nicht nehmen. Gehen Sie lieber zu Barnowsky, da haben Sie bessere Chancen.«

Victor Barnowsky war neben Reinhardt einer der großen Theaterdirektoren Berlins. Goldstein griff zum Telephon – und Barnowsky zeigte sich interessiert. Ich solle gleich zu ihm in die Königgrätzer Straße kommen.

Er machte mir ein finanziell verlockendes Angebot. Doch dann meinte der Theaterchef: »Wenn Sie bei mir spielen wollen, müssen Sie Ihren Namen ändern.«

»Warum?«

»Hörbiger – das merkt sich doch keiner.«

»Man wird es sich eben merken müssen.« Dann verabschiedete ich mich und verließ das Büro. Ein Dickschädel war ich immer schon, die Zeiten, da ich von einer Karriere als Paul di Pauli geträumt hatte, waren endgültig vorbei, ich war auf meinen Namen stolz geworden.

Aber was sollte ich jetzt machen? Mit Barnowsky hatte sich nichts ergeben, na, und die Sache mit dem Reinhardt würde auch nicht klappen. Da hatte ich eine Idee: Ich werde von Reinhardt eine derart exorbitant hohe Gage verlangen, daß ich, nachdem er mich abgelehnt haben wird, in Prag sagen kann: »Ich bin sogar einem Reinhardt zu teuer!« Das klingt immer noch besser als: »Meine Nase hat ihm nicht gefallen.«

Am nächsten Morgen mache ich mich zu Fuß auf den Weg in die Schumannstraße, wo Reinhardt residiert. Zuerst laufe ich die zehn Stufen der Rampe hinauf, die zu den Kammerspielen führt, dann in den ersten Stock. Da ist sie, die Direktionskanzlei Max Reinhardts. Die Sekretärin geleitet mich in sein Arbeitszimmer. Ich trete ein.

Reinhardt kommt mir entgegen, ein nicht sehr großer, gut-aussehender Mann, dessen Charakterkopf sofort besticht. Er begrüßt mich sehr freundlich, gar nicht so, wie große Direktoren einen kleinen Schauspieler aus der Provinz zu begrüßen pflegen.

»Also, Herr Hörbiger, nehmen Sie doch bitte Platz.«

Dauernd läutet das Telephon. Da habe ich ein paar Minuten Zeit, mich umzusehen. Reinhardt, bekannt für seine Antiquitätensammlungen, hat das große, dunkel tapezierte Arbeitszimmer in hellem Barock eingerichtet. Da stehen zwei Kommoden, hängen viele Bilder, ein wertvoller Spiegel. Er selbst sitzt im eleganten grauen Anzug hinter einem riesigen Schreibtisch, vor dem eine zierliche Sitzgarnitur steht, auf der ich mich schüchtern niedergelassen habe. Durch die riesengroßen Fenster dringt strahlender Sonnenschein.

Endlich legt er den Telephonhörer auf. »Entschuldigen Sie bitte, Herr Hörbiger. Also, man hat mir viel von Ihnen erzählt. Was können Sie vorsprechen?«

Naja, das fängt schon wieder gut an. »Herr Professor, ich bedaure, aber vorsprechen kann ich nicht. Das liegt mir nicht. Geben Sie mir doch bitte für heute abend eine kleine Rolle, die ich schnell auswendig lernen kann, dann werden Sie beurteilen, ob ich Talent habe oder nicht. Aber vorsprechen, das liegt mir wirklich nicht.«

»Machen Sie sich keine Sorgen, ich versteh das sehr gut, Herr Hörbiger, es macht auch gar nichts. Was haben Sie denn in Prag gespielt?«

Da kann ich schon einiges aufweisen. Ich nenne *Liliom, Einen Jux will er sich machen, Der Mensch im Käfig, Charleys Tante...*

»Und welche Rollen?«

»Immer die Hauptrolle.«

Das scheint ihn einigermaßen zu beeindrucken. »Bei euch in Prag müssen ja die Talente nur so herumrennen.«

Aber unsere erste Unterredung ist noch nicht beendet. »Ja, und sagen Sie, Herr Hörbiger, was haben Sie sich denn als Gage vorgestellt.«

Nun habe ich mir – schon im Hinblick auf meine Erklärung für Prag – bereits eine bestimmte Summe ausgedacht, und die nenne ich Reinhardt:

»Eintausendzweihundert Mark, Herr Professor.«

»No-no-no-no-no. Das kommt mir ein bißl viel vor. Aber darüber sollten Sie lieber mit meinem Bruder sprechen.«

Edmund Reinhardt ist der kaufmännische Direktor der Reinhardt-Bühnen gewesen. Sein Büro war, einfacher als das seines Bruders eingerichtet, im angrenzenden Deutschen Theater untergebracht. Die beiden Bühnen bildeten einen riesigen Gebäudekomplex in der Schumannstraße. Edmund sah Max ähnlich, war aber schmäler gebaut und stand immer bescheiden im Hintergrund seines alles überragenden großen Bruders.

Nach einer halben Stunde waren Edmund Reinhardt und ich handelseins. Die Gage meines Dreijahresvertrags war gestaffelt. Im ersten Jahr neunhundert, im zweiten tausend und im dritten eintausendzweihundert Mark pro Monat.

Eine Unterschrift, und ich war Mitglied des damals angesehensten Theaterensembles der Welt. Ein Schauspieler unter Max Reinhardt! Er hat nicht einfach ein Theater geleitet, sondern ein ganzes Imperium, und er war nicht nur der Direktor, sondern gleichzeitig Besitzer aller Bühnen – wenn auch verschiedene Geldgeber hinter seinen Projekten standen. Da waren das Große Schauspielhaus, das Deutsche Theater, die

Kammerspiele, die Komödie, das Theater am Kurfürstendamm sowie das Berliner Theater. Daneben noch das Theater
in der Josefstadt in Wien, und in Salzburg leitete er die Festspiele, die er zusammen mit Hugo von Hofmannsthal gegründet hatte.

Und zu »seinen« Schauspielern zählten in Berlin Leute wie
Elisabeth Bergner, Helene und Hermann Thimig, Werner
Krauß, Ernst Deutsch, Marlene Dietrich, Grete Mosheim,
Käthe Dorsch, Else Heims, Lucie Höflich, Leopoldine Kon-
stantin, Lili Darvas, Else Eckersberg, Lil Dagover, Mathias
Wieman, Hubert von Meyerinck, Gustaf Gründgens, Johan-
nes Riemann, Heinrich George, Harald Paulsen, Oscar
Karlweis, Albert Steinrück, Otto Wallburg, Theodor Loos,
Curt Goetz, um nur einige zu nennen.

Und mittendrin war ich!

Selig bin ich nach Prag zurückgefahren, um Frau und Kinder
abzuholen und mich von den Kollegen zu verabschieden.
Mein erster Weg in Prag führte mich in eine kleine Druckerei,
in der ich mir Visitenkarten bestellte. Mit dem Wortlaut:
»Paul Hörbiger, Mitglied der Reinhardt-Bühnen, Berlin.«

In Prag erfuhr ich dann auch, wie Reinhardt auf mich aufmerksam geworden war. Else Lehmann, die berühmte Schauspielerin seines Ensembles, hatte nach Prag geheiratet – und
zwar einen Journalisten namens Kuhn. Frau Lehmann hatte
mich in ihrer neuen Heimatstadt als Liliom gesehen und
Reinhardt meinen Namen genannt.

Nun teilte ich Direktor Kramer meine Kündigung per Ende
der Saison mit. Er war sehr enttäuscht und sagte: »So einfach
laß ich Sie nicht gehen, ich erkläre den ganzen Juli zum Hör-
biger-Zyklus, und Sie spielen noch einmal Ihre erfolgreichsten Rollen.«

So habe ich einen weiteren Monat mein Repertoire durchgespielt. Publikum und Presse verabschiedeten sich von mir in rührendster Weise, man widmete mir seitenlange »Nachrufe«, und ich selbst wurde von den deutschsprachigen Zeitungen aufgefordert, über meine Prager Zeit Bilanz zu ziehen. So sind im *Prager Tagblatt* vom 12. Juli 1926 meine Worte nachzulesen:

Ich bin sechs Jahre in Prag, noch nicht ganz verpragert, aber doch schon fast, gehe zu Reinhardt nach Berlin, habe in meiner Prager Zeit 1237mal gespielt, die Lieblingsrolle war mir die, bei welcher ich schon im ersten Akt fertig war. Leider haben die heutigen Autoren wenig Einsehen und es gibt nur selten solche guten Rollen. Meine Würste kaufe ich bei Chmel, meine Parfums bei Lawetzky, die Seiden bei Löbl und die Anzüge macht mir mein lieber Freund und Kollege Richard Klimpl. Erspart habe ich mir in meiner sechsjährigen Tätigkeit Kč 4.30.

Wenn ich in diesem Abschiedsartikel für derartige Schleichwerbung gesorgt habe, dann war das tiefempfundene Dankbarkeit. Diese und andere Prager Geschäftsleute waren die eigentlichen Theatermäzene dieser Zeit, ohne ihre Spenden wäre das Leben der damals wirklich minderbezahlten Schauspieler noch schwerer gewesen. Bei meinem Abschied schenkte mir der Nobelkaufmann Ephraim Löbl zwölf Seidenhemden, und der eleganteste Herrenschneider der Stadt, Kommerzialrat Hugo Orlik, fertigte mir in seinem Maßsalon am Graben einen wunderbaren dunkelbraunen Anzug mit Weste an. »Damit Sie uns in Berlin keine Schande bereiten«, begründete er das großzügige Präsent.

Und am 26. Juli 1926 erschien noch ein Abschiedsartikel von mir im *Prager Tagblatt.* In aller Bescheidenheit hielt ich fest:

An die lieben Pragerinnen, aber auch an die lieben Prager!

Es drängt mich, besser gesagt das Montagsblatt drängt mich, Euch vor meinem Abgang einige Worte des Abschieds zu widmen.

Sechs Jahre lang habt ihr mich und ich Euch genossen — ein halbes Dutzend — fürwahr.

Im Herbste schon, um mit Hedwig Courts-Mahler zu sprechen, wenn die vergilbten Blätter zu Boden trällern, werde ich meine Perlen der "Bealinau" vorwerfen.

Ich bin zwar nicht so unbescheiden anzunehmen, daß die vielen Fangli lis, die am Wenzelsplatz im heiteren Landregen ihr neckisches Spiel

Paul Hörbiger

treiben, aus Anlaß meines Abschiedes ausgesteckt wurden, hingegen aber wiederum kann ich nicht annehmen, daß Euch mein Dahinscheiden vollkommen Wurscht bleiben kann: denn ich weiß nur so gut, daß ich eine der sympathischesten Persönlichkeiten bin, die in den letzten Jahren (um nicht zu sagen Jahrzehnten) die Bretter Eures herrlichen Theaters traten. Daß ich ein wunderbarer und genialer Künstler bin, darüber sind wir (nämlich Ihr und ich) uns auch einig, denn es wäre doch zu anmaßend und unbescheiden, wollten wir dem Urteil so genialer Männer wie Brod, Fuchs, Türth, Rack, Pick, Urzidil, Winder (alphabetische Reihenfolge) auch nur im geringsten entgegentreten.

Ihr verlieret also in mir einen sympathischen Menschen und genialen Schauspieler, ich verliere eine große, große andächtige Gemeinde kunstverständiger Verehrerinnen und Verehrer.

Gar mancher (nämlich kunstverständiger Verehrer) wird sich zwar denken: "Der hat's notwendig, der Hörbiger; wer ist er schon, weggehen nach Berlin ausgerechnet zu Reinhardt! Er wird schon sehen was er an uns verloren hat!"

Glaube mir, lieber Verehrer meiner hehren Kunst genau dasselbe habe auch ich mir schon oft gedacht: "Werde ich jemals wieder ein so dankbares, weil bescheidenes, unblasiertes, weil absolut nicht verwöhntes Publikum finden, das in seiner Naivität zu jedem Schmarrn lacht und den blödsinnigsten Operettentanz da capo verlangt, wie ich es von meinen lieben Pragern gewohnt war?"

Uebrigens, weil wir schon davon reden, bin ich denn Schuld daran, daß ich Euch verlasse? Oh mit nichten! Ihr habt die Schuld!! Warum habt Ihr denn Euren Kritikern alles geglaubt, was sie über mich zusammengeschrieben haben? Warum seid Ihr denn dem Claquechef so willig gefolgt beim Applaudieren? Warum habt Ihr mich mit Eurer Gunst so verwöhnt? Da muß doch der bescheidenste Schauspieler aller Zeiten, der ich bin, größenwahnsinnig werden und aufs Eis tanzen gehen! (Wegen der Kritiken übrigens will ich Euch keinen Vorwurf machen, auf die ist sogar ein Professor Max Reinhardt hereingefallen!)

Ihr braucht aber keine Angst haben; ich werde mein Möglichstes tun, Euch vor den Berlinern nicht zu blamieren, die Bealina sollen nicht sagen dürfen: "Der Hörbiger, der Nebbich, war in Prag ein Liebling — armes Prag!" Nein, die Berliner sollen Achtung bekommen vor dem Kunstverständnis der Prager!

Ich werde vielleicht Gelegenheit haben, mich im Theater öffentlich bei ermäßigt erhöhten Preisen zu verabschieden; bitte blamiert mich nicht und kommt alle. Ich möchte so gern jedem einzelnen von Euch noch einmal in seine tränenfeuchten Augen blicken. Dies mein letzter Wunsch! (Und der Wunsch meines sehr verehrten Herrn Direktors.) Bitte die Karten im Vorverkauf zu lösen!

Lebet wohl, liebe Prager und Pragerinnen, lasset es Euch auch weiterhin gut gehen, dasselbe will ebenfalls zu tun bestrebt sein Euer dankbarer

Paul Hörbiger

Die Verabschiedung zu »ermäßigt erhöhten Preisen« erfolgte tags darauf, am 27. Juli 1926, mit einer Aufführung von *Charleys Tante*. Ich stand in grauen Seidenstrümpfen, gelber Stola, langen weißen Abendhandschuhen, grünem Spitzenkleid und schwarzem Damenhut auf offener Bühne, als mich Direktor Kramer umarmte und mir unter heftigem Applaus des Publikums einen silbernen Lorbeerkranz überreichte, auf dem alle meine Prager Rollen eingraviert waren.

In einer Loge saß Attila, der nun auch in Prag mein Nachfolger wurde und meine Theater-Dienstwohnung übernehmen konnte.

Auf Wunsch meines Bruders verzichtete ich auf meine allerallerletzte Rolle. In František Langers *Peripherie* sollte ich eine tragikomische Figur, den Toni, spielen. Attila wollte sich bei den Pragern mit dieser Rolle, in der er bereits in Brünn erfolgreich gewesen war, ein eindrucksvolles Debüt verschaffen. Was ihm dann auch in fulminanter Weise gelungen ist.

Zwei Jahre ist Attila am Deutschen Theater in Prag geblieben, ehe auch er von Reinhardt geholt wurde – an die Wiener Josefstadt. Prag war für Attila aus noch einem Grund sehr bedeutsam. Dort lernte er Paula Wessely kennen.

Patrick Smith (oben) hat 1945, als ich im Gefängnis saß, über BBC meinen Tod verkündet *(Foto: BBC/Privat)*.

Nach Kriegsende waren wir vier Hörbiger-Brüder noch einmal vereint (unten, von links): Attila, Paul, Alfred und Hans *(Foto: Privat)*.

Mitte der Zwanzigerjahre spielte ich in der Maske eines Affen
in Siegfried von Vegesacks Stück
„Der Mensch im Käfig" in Prag
(Foto: Privat).

In Max Reinhardts Berliner Komödie: „Eltern und Kinder" von
George Bernhard Shaw mit Marlene Dietrich, Heinz Rühmann
und Otto Wallburg (unten, von links) *(Foto: Alfred Cermark, Wien).*

Die Wadeln der Marlene Dietrich
Berlin

Die Premiere von George Bernard Shaws Schauspiel *Androklus und der Löwe* war schon vorbei, als ich nach Berlin kam. Curt Goetz spielte die Hauptrolle, ich mußte für einen erkrankten Kollegen einspringen. Mein erster Auftritt als betrunkener Pilger wurde daher kaum registriert. Nur mein Freund Oskar Homolka, den ich schon aus Reichenberg kannte, kam gratulierend zu mir. »Paul, du hast einen phantastischen Einstand, du bist in zwei Zeitungen erwähnt.«
»Das imponiert mir aber gar nicht. In Prag war ich Besseres gewöhnt.«
Homolka lachte. »Ach so, du willst in Berlin Furore machen, Aufsehen erregen. No, dann mußt du in einer Aufführung mitspielen, bei der Reinhardt persönlich Regie führt.«
Daraufhin nahm ich mir den Probenplan zur Hand, um Reinhardts Namen zu suchen. Da: *Peripherie* von František Langer, Deutsches Theater. Regie: Max Reinhardt. Premiere: 1. Oktober 1926.
Das ist meine Chance, dachte ich, die Rolle des Toni hatte ich ja noch in Prag einstudiert und dann Attila überlassen. Ich bin also zu Reinhardts stellvertretendem Direktor Robert Klein gegangen. »Herr Doktor«, kündigte ich selbstsicher an, »ich möchte in der Premiere von *Peripherie* mitspielen.«
»Ihr Eifer in Ehren, Herr Hörbiger«, lächelte Klein, »aber Professor Reinhardt hat meines Wissens schon alle Rollen in *Peripherie* vergeben...«

»... ja, aber eine Rolle an den Falschen. Und zwar die des Toni.«

Robert Klein schien sich über soviel Frechheit zu wundern. »Ich werde es dem Professor vortragen, und wenn Sie Glück haben, schaut er Sie an. Es kann Ihnen dann aber immer noch passieren, daß er Sie gleich von der ersten Probe wieder wegschickt.«

»Nein, wegschicken laß ich mich nicht!«

Der Dr. Klein hat in seinem Büro sicher schon viele Verrückte sitzen gehabt, aber man konnte ihm ansehen, daß ich in seinen Augen auf diesem Gebiet wohl eine einsame Klasse darzustellen imstande war.

Immerhin teilte er mir am nächsten Tag mit, ich könne zur Probe kommen. Das war schon ein Teilerfolg.

»Ah, Herr Hörbiger«, begrüßte mich Max Reinhardt, »was erzählt mir Dr. Klein, Sie wollen den Toni spielen? Ausgerechnet den Toni? Die Figur hat einen Klumpfuß, das ist ein armer Hund, ein Ausgestoßener, Sie sind kraftstrotzend und kerngesund. Nein, das ist wirklich keine Rolle für Sie.«

»Darf ich's einmal versuchen?«

»Ja also, wenn Sie unbedingt wollen.«

Meine Partner waren Hermann Thimig und Oskar Homolka. Ich legte meinen Toni mit böhmischem Akzent an, schließlich hatte ich nach siebenjährigem Aufenthalt in Reichenberg und Prag zumindest die Grundbegriffe des Tschechischen erlernt. Während der Leseprobe flüsterte mir Homolka freundschaftlich zu: »Du kriegst die Rolle!«

»Woher weißt du das?«

»Er lacht schon, das genügt!«

Tatsächlich rief Reinhardt etwas später: »Herr Hörbiger, die Rolle gehört schon Ihnen.«

»Danke, Herr Professor. Eine Frage hätte ich noch. Der Toni

hat ein Lied zu singen. Wollen Sie ein tschechisches oder ein österreichisches?«

»Das werde ich mit dem Kapellmeister besprechen, da wird dann ein Musiker hinter der Bühne stehen, und Sie werden so tun, als ob Sie selber Ziehharmonika spielen, vorher bauen wir aber das Werk aus.«

»Das ist nicht notwendig. Sagen Sie mir nur, ob Sie ein tschechisches oder ein österreichisches Lied hören möchten.«

»Wollen Sie damit sagen, daß Sie Ziehharmonika spielen können?«

»Selbstverständlich, Herr Professor!«

»Haben Sie eine Ziehharmonika?«

»Selbstverständlich, Herr Professor!«

»Haben Sie das Instrument vielleicht sogar heute mit?«

»Selbstverständlich, Herr Professor!«

»Können Sie mir gleich jetzt etwas vorspielen?«

»Selbstverständlich, Herr Professor!«

Unser kleiner Dialog hatte ihm sichtlich Spaß gemacht. Hermann Thimig – Reinhardts späterer Schwager – sagte zu mir: »Das is a Fressen fürn Professa, so was hat er gern!«

Ich habe nie wieder einen Regisseur getroffen, dessen Verständnis für Humor so ausgeprägt war wie das Reinhardts.

Etwas später gab er mir eine lange Liste tschechischer und österreichischer Volkslieder. Ich habe dann einige Volkslieder vorgespielt und gesungen, und Reinhardt war so begeistert, daß er laut überlegte: »Die Stelle mit der Ziehharmonika ist viel zu kurz. Ob wir da nicht noch was dazuschreiben sollten?«

So kam er dann auch am Vortag der Premiere mit einer Szene, die er für Thimig und mich verlängert hatte.

Interessant ist, und es fiel mir auch später mehrmals bei den Reinhardt-Proben auf, daß er die beiden ersten Akte viel intensiver probierte als den letzten. Seine Begründung: »Der Erfolg muß nach dem zweiten Akt da sein. Wichtig ist, wie die Leute in der Pause über das Stück sprechen.« Entscheidend waren für ihn auch nur die Premieren, die übrigen Vorstellungen haben ihn künstlerisch kaum mehr interessiert.

Als Darsteller mußte man ihn einfach lieben, schon weil er den für uns so schmeichelhaften Satz prägte: »Das Heil kann nur vom Schauspieler kommen, denn ihm und keinem anderen gehört das Theater.« Andere Regisseure haben das bezweifelt – sie wurden auch nie so erfolgreich.

Am Tag nach der Premiere von *Peripherie* warteten meine Frau und ich natürlich gespannt auf die Zeitungskritiken. Noch nie war eine Rezension für mich so wichtig gewesen. Das zu Mittag erscheinende *12-Uhr-Blatt* war als erstes auf dem Markt. Und was schrieb der berühmte Kritiker Rolf Nürnberg über mich? Zwei ganze Sätze: »Den Toni spielte Paul Hörbiger. Auch keine Errungenschaft.«

Das Thema »Wie wichtig ist die Theaterkritik?« wurde schon viel diskutiert. Fest steht, daß man sich über eine schlechte ärgert, vor allem solange man jung ist. So war es auch, als Paul Graetz dem großen Max Adalbert am Tag nach einer Premiere über den Kaffeehaustisch kommentarlos die *Berliner Zeitung* reichte. Adalbert fand darin eine niederschmetternde Kritik, seine Person betreffend. Er versuchte sich zu trösten und zischte Graetz trocken zu: »Wer liest schon die *BZ*?« Nur war das leider die meistgelesene Zeitung Berlins.

Reinhardt hat dann etwas später mit Berlins Presse ein Übereinkommen getroffen, er setzte alle seine wichtigen Premieren für den Freitagabend an, so daß die Kritiken am Sonntag erschienen, wenn die Leute Zeit haben, diese auch zu lesen. Die für ihn und das Ensemble günstigen Resultate verband er dann zu großen Inseraten, so daß der Eindruck entstand, wir sind großartig.

Meine Toni-Kritik, von Rolf Nürnberg verfaßt, war da natürlich nicht dabei. Die anderen Rezensenten widmeten mir hingegen nach meiner ersten Premiere in Berlin positive Urteile, und auch Rolf Nürnberg war mir später dann sehr gut gesinnt.

Peripherie war für mich vor allem beim Publikum und bei Reinhardt ein großer Erfolg. Immerhin mußte Hans Thimig, der nach mir den Toni in Reinhardts Wiener Josefstadt spielte, eigens für diese Rolle Akkordeon spielen lernen. So sehr hat dem Professor mein Harmonikageklimper gefallen. Die Berliner Premieren wurden fast immer mit Zeitverschiebung und anderer Besetzung in Wien übernommen.

Ich war nun zweiunddreißig Jahre alt, aber in den Augen meines Vaters sind seine vier Buben zeitlebens Kinder geblieben.

Anders ist wohl sein Brief vom 9. Oktober 1926, den er mir nach der Berliner *Peripherie*-Premiere geschickt hat, nicht zu erklären:

Lieber Pali! Aus den Kritiken lese ich, daß Du recht schaffensfreudig bist und jedenfalls nur Freunde und keine Neider um Dich hast. Daß Du aus dem Toni etwas Besonderes herausholst und vielleicht sogar den Thimig neidig machen kannst, dachte ich mir gleich. Ich entnehme Deinem letzten Brief, daß Du genug angestrengt bist, um vorläufig Nebenveranstaltungen (Gastspiele, Nachtlokale) vernünftigerweise beiseite zu lassen. Du solltest im Winter manchmal zeitliche Morgenstunden fürs Eislaufen reservieren und vom Regisseur Freistunden verlangen, falls er Dich für zehn Uhr zur Probe bestellt, dieselben aber erst um ein Uhr beginnen. Wenn Du in solchen Fällen sagst, daß Du es Deinen durch angestrengte Proben und Spiel hart mitgenommenen Nerven schuldig bist, keine Eislaufstunden durch unnötiges Warten auf den Probenbeginn zu versäumen, wird er mit den Proben schon pünktlich beginnen oder Dein Zuspätkommen entschuldigen. Aber dann mußt Du auch aufstehen zur gehörigen Zeit. Vor allem aber auch abends ins Bett eilen. Und das Rauchen!!! Wenn Du doch nun endlich einsehen wolltest, daß dies ein Verbrechen an den Nerven ist. Zur vorläufigen Nachhilfe hole Dir von der Deutschen Bank Reichsmark 500,--. Paß und beifolgenden Durchschlag nicht vergessen. Dein Papa.

Zumindest Papas Vorstellungen von einem Regisseur des zwanzigsten Jahrhunderts entsprachen nicht exakt der Realität. Ich habe es jedenfalls nie gewagt, mich bei Reinhardt wegen einer Eislaufstunde von der Probe zu entschuldigen.

Erst ein paar Monate in Berlin, und schon wäre es fast wieder zur vorzeitigen Auflösung meines Engagements bei Reinhardt gekommen. Es begann damit, daß Heinz Rühmann, als Gast am Deutschen Theater, Berlin infolge anderer Verpflichtungen wieder verlassen mußte. Das von Berthold Viertel inszenierte Georg-Kaiser-Stück *Papiermühle,* in dem Rühmann die Hauptrolle hatte, war aber zu erfolgreich, um vom Spielplan gestrichen zu werden. Robert Klein rief mich zu sich und gab mir den Auftrag, die Rolle zu lernen. »Morgen abend müssen Sie schon spielen.«
Nun war ich gerade in meinen ersten Jahren nicht selten für Kollegen eingesprungen, und ich hatte in Reichenberg und Prag auch mittlere und große Rollen innerhalb kürzester Zeit

gelernt, wenn es nötig war. Aber das war eine Monsterrolle, und ich kannte das Stück nicht einmal.

»Tut mir leid, Doktor Klein, aber diese Rolle ist in vierundzwanzig Stunden nicht zu packen, völlig unmöglich.«

»Sie lehnen also ab?«

»Ja.«

»Unter diesen Umständen muß ich leider Ihre Gage sperren.«

»Gut, dann kündige ich eben.« Daraufhin verließ ich Kleins Büro.

Tage später wurde mir eine Klage wegen Vertragsbruchs zugestellt. Es kam zu einem Zivilprozeß, Klein siegte in zwei Instanzen, im Urteil stand, ich wäre zwar nicht verpflichtet gewesen, die Rolle in so kurzer Zeit zu übernehmen, aber bevor ich kündigte, hätte ich mich in der Theaterkasse erkundigen müssen, ob meine Gage tatsächlich gesperrt sei. Da ich das unterlassen hatte, war ich vertragsbrüchig, meine Kündigung nicht rechtskräftig. Ein äußerst eigenartiges Urteil für mein Gefühl.

Aber mein Rechtsanwalt gab mir den Rat: »Herr Hörbiger, zahlen Sie die Strafsumme. Wenn der Reinhardt so hartnäckig um Sie kämpft, hat er bestimmt Größeres mit Ihnen vor.«

Womit er nicht unrecht hatte. Ich erhielt immer mehr und immer größere Rollen. Und bei Dr. Klein war ich ab sofort Persona grata.

In George Bernard Shaws Lustspiel *Eltern und Kinder* hatte ich eine Bravourrolle, den schnellsprechenden Kommis. Mit mir spielten Heinz Rühmann, Otto Wallburg, Oskar Sima, Fritz Odemar und Marlene Dietrich.

Sie ist natürlich eine wunderbare Frau, allein über ihre Beine ließe sich ein ganzes Buch schreiben. Sie waren jedenfalls schon damals, Ende der Zwanzigerjahre, hochversichert, was ein Fressen für die Zeitungsleute und daher ein herrlicher Publicitygag für unsere Aufführung in der Komödie war. Ihre Beine waren – ich bitte das jetzt nicht wörtlich zu nehmen – in aller Munde, das Tagesgespräch von Berlin. Und als ausgerechnet zu dieser Zeit der lange Rock von den Modeschöpfern propagiert wurde, nahm das ein Berliner Blatt zum Anlaß einer Prominentenumfrage auf dem Presseball. Ich erklärte zu diesem kolossalen Problem:

> Mir gefallen die langen Röcke gar nicht. Je kürzer, desto besser, denn ich will ›Wadeln‹ sehen, die nun einmal für mich etwas ›Anziehendes‹ an sich haben. Ich schlage vor, wir Männer verbieten die langen Kleider, und wenn sie beim nächsten Presseball getragen werden, verlassen wir den Saal unter Protest. Das wäre ja noch schöner!

DIETRICH   WALLBURG   HÖRBIGER

Berliner Zeitungskarikatur zu Shaws »Eltern und Kinder«

In den Künstlergarderoben unseres Theaters gab es regelrechte »Bewerbe«, mit dem Ziel, mehr von Marlenes Bein dargeboten zu bekommen als das diesbezüglich ohnehin schon recht verwöhnte Publikum. Fritz Odemar hat's einmal so versucht: »Marlene, man sagt, Sie haben Krampfadern.« Die Dietrich, nicht scheu, hob empört ihr Röckchen, und Odemar konnte zufrieden zur Kenntnis nehmen, was er ohnehin schon längst gewußt hatte: ihr »Gebein« ist makellos.

An einer anderen Bein-Präsentation der Dietrich war ich indirekt beteiligt. Jeder von uns hatte bei *Eltern und Kinder* das Recht auf zwei Freikarten. Die Dietrich wollte eines Abends aber vier Bekannte unterbringen, da kam sie zu mir: »Paul, kannst du mir helfen, ich brauche noch zwei Karten.«

»Leider, ich hab meine für heute schon vergeben. Aber geh zum Oskar, ich glaub, der hat seine Karten noch.«

Gemeint war Oskar Sima, und der war für seinen deftigen Humor bekannt. Marlene stellte also auch ihm die Frage, worauf er seine große Stunde gekommen sah: »Ja, ich hab meine zwei Karten schon noch. Ich könnt sie dir auch überlassen. Aber was krieg ich dafür?«

»Was verlangst du?«

»Ich will deine Schenkerln sehen!«

Worauf die Dietrich gelangweilt fast alles hochhob, ihre Aktion mit dem Ausspruch »Was ein leichtes Mädchen für zwei Freikarten alles machen muß« kommentierte und die zwei Billets zufrieden ins Dekolleté steckte.

Noch deftiger waren die Scherze des Kollegen Oskar Sachs, der mit mir in Alexander Lernet-Holenias *Ollapotrida* spielte. Was seinen Wortschatz betraf, war Vorsicht geboten, und als er nach einer Vorstellung von einigen Schauspielern zu einem sehr noblen Empfang mitgenommen wurde, trichterte man ihm ein, er solle sich ja anständig benehmen und wenn möglich nicht allzuviel sprechen, es seien nämlich Mitglieder der Hocharistokratie anwesend.

So saß Oskar Sachs stumm da und aß Mehlspeisen. Ausgerechnet ein Erzherzog trat an seinen Tisch und sagte: »Herr Sachs, von Ihnen hört man ja die tollsten Sachen, was Sie für ein lustiger Kerl sein sollen. Aber heute ist davon nichts zu bemerken.«

Daraufhin gab Sachs, ganz trocken, den einzigen Satz des Abends von sich: »Exzellenz, ich kann ja net wegen Ihna auf die Torten scheißen.«

Max Gülstorff spielte in *Ollapotrida* den Theaterdirektor. Er war wiederum als der sparsamste aller Künstler Berlins verschrien. Er soll so sparsam gewesen sein, daß er sogar die Fenster seiner Wohnung im dritten Stock persönlich geputzt hat. Um nicht erkannt zu werden, klebte er Vollbart und Perücke auf, die er sich vom Theaterfriseur geliehen hatte.

Franz Molnárs *Olympia* sollte in der Komödie aufgeführt werden. Ich selbst spielte den Grafen Albert. Otto Wallburg, Ernst Deutsch, Lili Darvas und Hedwig Bleibtreu waren meine Partner. Nur eine Rolle sollte noch besetzt werden. Robert Klein fragte mich, ob der Wiener Otto Treßler wirklich so ein guter Schauspieler wäre, wie man sagte.

»Ich kenne ihn nicht persönlich, aber er zählt zu den ganz Großen des Burgtheaters. Man munkelt nur, daß er vom Souffleur lebt.«

Treßler wurde als Gast engagiert. Auf einer Probe konnte er seinen Text tatsächlich fast überhaupt nicht. Klein warf mir vor: »Na, Sie haben mir da etwas eingebrockt mit dem Treßler. Jetzt gehen Sie hin und sagen Sie ihm, daß das so nicht geht.«

Mir war das natürlich äußerst unangenehm, im Vergleich zum großen alten Treßler war ich ja doch ein recht kleines Würstl. Aber ich sprach ihn am Ende der Probe an. »Verzeihung, Herr Hofrat, ich soll Ihnen im Auftrag von Herrn Doktor Klein mitteilen, daß wir hier ohne Souffleur spielen.«

»Was meinen Sie?«

»Ja, ich soll Sie darauf aufmerksam machen, daß bei Reinhardt der Text hundertprozentig sitzen muß.« Am nächsten Tag war Treßler dann in seiner Rolle perfekt. Molnár war bei der Premiere persönlich anwesend.

Premiere von Franz Molnárs »Olympia« in Max Reinhardts »Komödie«. Zeitungskarikatur aus dem Jahre 1928

Daß Reinhardt so viele Bühnen gleichzeitig leitete, konnte zu Pannen führen. So war Hubert von Meyerinck irrtümlich an einem Abend in zwei Stücken an verschiedenen Theatern eingeteilt worden. Ich bin – diesmal war es ohne weiteres möglich – in einem der beiden, am Deutschen Theater, für ihn eingesprungen. Es war in dem Napoleonstück *Bonaparte* von Fritz von Unruh, mit Werner Krauß in der Titelrolle, und ich sollte den Polizeiminister Joseph Fouché spielen.

Meine Rolle war nicht allzu groß, ich war dazu ausersehen, dem Kaiser irgendeine Meldung zu erstatten. Ich trete also auf, postiere mich in unmittelbare Nähe des Souffleurkastens und will mit meinem Text beginnen.

»Sire, ich...«

In diesem Augenblick wird eine Tür geöffnet, Paul Otto betritt die Bühne und spricht meinen Satz.

Um Gottes willen. Habe ich etwa die falsche Rolle gelernt?

Paul Otto geht wieder ab. Werner Krauß stellt mir eine Frage, ich will antworten.

»Sire, ich...«

Jetzt geht eine andere Tür auf, Otto Wallburg sagt meinen Satz und geht wieder ab.

Und zur Krönung des Abends teilt mir nun Napoleon mit: »Übrigens, Herr Minister, soeben habe ich ein Telegramm bekommen, aus dem hervorgeht, was Sie mir melden wollten.«

Da wußte ich natürlich, daß sich die Kollegen mit mir einen wohlorganisierten Scherz erlaubt hatten. Ohne ein Wort gesagt zu haben, verließ ich die Bühne.

Auch Ernst Deutsch sollte einmal hereingelegt werden. Er spielte den Maler Dubedat in Shaws *Arzt am Scheideweg.* Theodor Loos und ich gaben zwei Ärzte. Ich war noch vor der Pause fertig und wartete jeden Abend, bis Loos fertig war, weil wir nach der Vorstellung immer gemeinsam mit der Straßenbahn bis zum Potsdamer Bahnhof fuhren.

Nach der Pause spricht mich Werner Krauß hinter der Bühne an: »Komm, wir gehen jetzt alle auf die Bühne.«

»Was, jetzt, mitten in der schwierigsten Szene vom Ernstl?«

»Ja, das ist ja gerade die Hetz.«

Wir laufen also in Richtung Bühne, unterwegs fangen wir noch ein paar Kollegen ein, so daß plötzlich zwölf Mann neben Ernst Deutsch stehen.

Der völlig verdatterte Mime flüstert mir zu, ohne daß das Publikum etwas bemerkt. »Seid ihr alle deppert, was macht ihr da?«

»Wir sind als Gäste hier.«

Dann unternehmen wir einen ausgedehnten Bühnenrundgang, kochen Tee, rühren laut mit dem Löffel um. Jetzt kommt wieder Deutsch, der sich nur schwer beherrschen kann. »Ich bitt euch, geht weg von da.«

Ich: »Was zahlst du?«

»Eine Flasche Sekt.«

Daraufhin verabschiedet sich jeder einzeln und besonders feierlich von Deutsch, wir gehen in die Kantine und leeren dort auf seine Kosten eine Flasche Sekt.

Bei der Erstaufführung von Hofmannsthals *Der Schwierige* spielte ich den Hechingen. Während der Proben sagte Reinhardt zu mir: »Hofmannsthal hat sich diese Figur ganz anders vorgestellt. Aber so wie Sie das spielen, ist es auch sehr gut.« Ohne daß ich es wußte, befand sich an vier aufeinanderfolgenden Abenden ein Photograph des *Berliner Tagblatts* im Zuschauerraum. Er knipste jedesmal, wenn ich als Hechingen zu meiner Kollegin Else Eckersberg diesen Satz sprach:

»Ich weiß nichts von einem alten Ehepaar. Hier bist du, und da bin ich, und alles fängt wieder von frischem an.«

Dasselbe geschah bei verschiedenen anderen Schauspielern, auch in anderen Stücken, und da ich als einziger an der gleichen Stelle jeweils genau dieselbe Körperhaltung hatte wie an den Abenden vorher, wurde ich von dem Blatt zum »Exaktesten Schauspieler Berlins« gewählt.

Reinhardt hat die Konkurrenz des Kinos nicht unterschätzt. Er sagte: »Wenn wir gegen den Film bestehen wollen, müssen wir am Theater die Technik genauso mit einbeziehen, wie es die Leute beim Film tun.« Für die Premiere des amerikanischen Erfolgsstücks *Artisten* von Watters und Hopkins ließ er von seinem Bühnenbildner Ernst Schütte im Deutschen

Theater eine gigantische Drehbühne bauen. So gab es keine umbaubedingten Unterbrechungen – was ja eine alte »Krankheit« des Theaters ist. Während sich die Bühne drehte, trat ein Jongleur auf, und das Publikum ist nie aus der Stimmung gekommen. In diesem Stück habe ich zum erstenmal in meinem Leben Jazzmusik gehört, Grete Mosheim sang: »Ein kleines Haus am Michigan See.« Und mit Hans Moser, der in *Artisten* gastierte, bin ich zum erstenmal gemeinsam auf einer Bühne gestanden. Ich war vom ersten Augenblick an von der genialen Komik in seiner stummen Rolle als Inspizient Jimmy überwältigt.

»Auf Sie habe ich total vergessen!«
Mein erster Film

Meine erste Filmrolle. Glauben Sie nur ja nicht, daß ich eine Traumgage bekommen habe. Im Gegenteil. Fritz Eckhardt erinnert sich, daß er in jenen Tagen meine Frau, die gerade auf Familienbesuch in Wien war, im Feinkostgeschäft Stiebitz getroffen hat. Auch mein Bruder Attila war da, und alle haben sich gewundert, daß Pippa so teure Wurst kauft. »Ja«, habe sie den Umstehenden mit erhobenem Haupte erklärt, »der Paul verdient jetzt beim Film schon hundert Mark pro Drehtag.« Und die Kollegen sind vor Neid erblaßt.

Der Film hieß *Sechs Mädchen suchen Nachtquartier,* und Fritz Eckhardt hat ein bewundernswertes Gedächtnis: meine Tagesgage betrug tatsächlich hundert Mark. Ich erinnere mich auch noch genau, wie es zu diesem Engagement kam.

Am Deutschen Theater habe ich in dem Edgar-Wallace-Krimi *Der Hexer* einen Angehörigen der Unterwelt gespielt. Wallace war bei der Premiere am 27. Mai 1927 höchstpersönlich anwesend, und im Anschluß daran lud er das gesamte Ensemble zu einem britischen Abendessen ins noble Hotel Adlon ein. Als Vorspeise wurde Zuckermelone serviert, es folgte halbrohes Fleisch mit ungesalzenem Blattspinat – eher zum Abgewöhnen.

Meine Unterweltler-Rolle hieß Samuel Hackitt. Immer wenn mich jemand auf der Bühne ansprach, habe ich aus lauter »Angst« die Hände gehoben, und das nicht nur, wenn die Beamten von Scottland Yard »Hands up« riefen.

Nach dem Abendessen kam Edgar Wallace an meinen Tisch und teilte mir unter Zuhilfenahme eines Dolmetschers mit: »Mr. Horbiger, ich danke Ihnen für die großartige Idee, Sie sind ein wunderbarer Samuel Hackitt.« Dabei paffte er seine lange, dünne Zigarre. Der Theatermanager von Edgar Wallace war damals Carol Reed. Ihn habe ich zwanzig Jahre später wiedergetroffen, als ich in seinem Film *Der dritte Mann* spielte.

Auch der Filmproduzent Arnold Preßburger war bei der Premiere des *Hexers* dabei. Er lud mich für den nächsten Tag in sein Büro ein.

»Herr Hörbiger«, sagte er dort zu mir, »Sie haben mir im *Hexer* gefallen, ich drehe jetzt einen Film. Wollen Sie mitspielen?«

»Ja, also, ich…«

»Was verlangen Sie?«

»Sagen Sie mir lieber, was Sie freiwillig geben.«

»Hundert Mark pro Drehtag. Ich brauche Sie zwölf Tage.«

»Einverstanden.«

»Wollen Sie einen Vertrag?«

»Ist nicht notwendig, Ihr Handschlag genügt mir.«

Handschlag, die Sache war perfekt.

Dann habe ich wochenlang nichts mehr gehört. Plötzlich las ich in der Zeitung, daß Preßburger den Film *Sechs Mädchen suchen Nachtquartier* drehte. Dahinter eine lange Liste mit den Namen der Darsteller, nur meiner fehlte. Ich rief ihn an.

»Entschuldigen Sie, Herr Preßburger, Sie haben mir doch eine Rolle in Ihrem Film zugesagt. Was ist los?«

»Jessas, Herr Hörbiger, auf Sie habe ich total vergessen. Das ist mir wirklich peinlich. Kommen Sie doch bitte sofort ins Studio Tempelhof. Ich schicke Ihnen einen Wagen.«

Elegantes Auto, Chauffeur, ein riesiges Studio. Ich schnupperte zum erstenmal in meinem Leben die Atmosphäre der Traumfabrik. Preßburger stellte mich dem Regisseur Hans Behrendt vor, die beiden tuschelten lange hin und her.

»Also, Herr Hörbiger, es tut mir leid, Herr Behrendt hat mehr an einen Komiker gedacht. Einen kleinen Dicken oder einen langen Dünnen. Da sind Sie wohl nicht der Richtige.«

»Oje, ich habe mich schon auf die Rolle gefreut. Gibt es da wirklich keine Möglichkeit?«

Ich muß wohl sehr verzweifelt dreingeschaut haben. Preßburger wurde weich. »Also gut, versuchen wir's eben mit Ihnen. Es ist aber wirklich nur ein Versuch.«

Am nächsten Tag kam ich, ganz »auf Komiker« hergerichtet, ins Studio. Bei längerer Betrachtung im Spiegel bin ich draufgekommen, daß ich weder besonders klein, dick, lang oder dünn bin. Da mußte ich eben ein bißchen nachhelfen. Die Haare eigenartig frisiert, ein Schnauzbart, und schon wirkt man komisch.

Nach den ersten Probeaufnahmen rief mich Preßburger an. »Sie haben einen großen Sieg errungen. Behrendt schreibt das Drehbuch für Sie um.« So kam ich zu meiner ersten Filmrolle, für die zwei Rollen zusammengezogen wurden.

Ich drehe also einen Film. Die Handlung ist – pardon – saublöd: Das Tanzlokal »Dorado« ist pleite gegangen, und dadurch werden sechs Tanzgirls ihrer Stellung verlustig. Just in diesem Augenblick erfährt Gretchen, eines der Girls, daß sie im Provinzstädtchen Malwitz Haus und Grund geerbt hat. Die Parole lautet: »Auf nach Malwitz.« Und dort soll für die sechs Girls ein neues »Dorado« entstehen. Aber, Schande über Malwitz, das Haus ist kein Traumpalast, sondern ein elendiglicher Trümmerhaufen. Die Spannung nähert sich dem Höhepunkt. In diesem so furchterregenden Moment, da die sechs Girls der Ruine ansichtig werden, schaltet sich nämlich die Aristokratie des Örtchens ein. Erbprinz Kasimir von Schnack de Gondel-Malwitz verschafft den liebreizenden Girls ein anderes schönes neues Haus.

Jenny Jugo spielte das Gretchen, Georg Alexander war der Prinz, Adele Sandrock dessen Tante. Ich durfte den Diener Beinagl darstellen. Im Atelier hat mich die Sandrock mit ihrer berühmten tiefen Stimme angedonnert: »Junger Mann, das hier ist nichts für Sie. Kehren Sie zum Theater zurück.«

Einige Jahre später, als ich schon ein erfolgreicher Filmschauspieler war, hat sie mir dann gestanden: »Hörbiger, Sie sind der erfreulichste Irrtum meines Lebens.«

Vom Produzenten der nachtquartiersuchenden Mädchen erhielt ich natürlich zwei Freikarten für die Premiere im Berliner Marmorpalast. Mir war die Sache dermaßen peinlich, daß ich die Billetts verschenkt habe. Ich wollte nicht dabeisein.

Aber meine Frau war neugierig, sie hat mich schließlich doch überredet, und so sind wir im letzten Moment noch in die Vorstellung gegangen. Da mußte ich dann die zwei Premierenkarten kaufen. Trotz des geschilderten Inhalts war *Sechs Mädchen suchen Nachtquartier* ein Bombenerfolg.

Und für mich war das Entscheidende, daß Presse und Produzenten einen »neuen Star« entdeckt haben wollten. Man feierte ihn als »belustigendste Figur der Lustspielfabrikation«. Sein Name war... nein, ich bin zu bescheiden, ihn hier niederzuschreiben.

Nach dem Erfolg dieses Films war ich Preßburgers Liebling. Eines Tages fragte er mich: »Hörbiger, Sie sind doch schon so ein erfolgreicher Schauspieler. Warum haben Sie noch immer kein Automobil?«

Das war zu einer Zeit, da jeder, der einigermaßen professionell hochstapeln konnte, mit einem großen Wagen vorgefahren kam.

Sagte ich zu Preßburger: »Wie stellen Sie sich das vor. In Ihrem letzten Film habe ich hundert Mark Tagesgage bekommen. Ich habe Familie und will mir so bald wie möglich ein eigenes Zuhause schaffen. Da ist an ein Auto noch lange nicht zu denken. Es sei denn, jemand kommt und schenkt mir eines.«

Am nächsten Morgen weckt mich meine Frau. »Paul, schnell, komm, da unten steht ein Automobil.«

Hat sich Preßburger die Sache tatsächlich zu Herzen genommen? Ich springe auf, schaue beim Fenster hinaus, ja, da unten steht ein funkelnagelneuer kleiner grüner »Dixi« – das war eine damals gangige Automarke. Ich ziehe mir den Schlafrock an und laufe hinunter, so schnell ich kann.

Und was steht vor der Tür? Wirklich ein Auto in Originalgröße. Allerdings aus lackiertem Sperrholz, einem echten Wagen täuschend ähnlich, aus dem Filmfundus des Herrn Preßburger.

Macht nichts, ich hätte mit dem Wagen sowieso nichts anfangen können, weil ich noch gar keinen Führerschein hatte.

Von jetzt an ist in meinem Beruf alles sehr schnell vor sich gegangen. Fritz Lang holte mich, er war der »Max Reinhardt des Films«, das Nonplusultra der Regisseure.

Bevor er mir in seinem Stummfilm *Spione* die Rolle eines Chauffeurs anbot, fragte er mich: »Kannst du Auto fahren?«

»Ja, natürlich«, kam wie aus der Pistole geschossen zur Antwort. Eine Notlüge.

Am ersten Drehtag mußte mir Willy Fritsch erklären, wie man den ersten Gang einlegt. Als dann meine Autofahr-Szene kam, ist mir der Motor natürlich ununterbrochen abgestorben, Fritz Lang zeigte sich etwas ungehalten. »Paul, mir scheint, du kannst gar nicht chauffieren. Warum hast du mir denn nicht die Wahrheit gesagt?«

»No, weil ich dann die Rolle nicht bekommen hätt.«

»Da hast auch wieder recht!« lachte er. Dann hat er geduldig und amüsiert gewartet, bis ich meine ersten Fahrstunden durch die Kollegen erfolgreich hinter mich gebracht hatte.

Meine Rolle war nicht besonders groß, zehn Drehtage wurden für mich eingeplant. Die Gage betrug immer noch hundert Mark pro Aufnahmetag, das war so ein fester Satz.

Lang und ich waren vom ersten Tag an ein Herz und eine Seele, wir haben uns sehr gut verstanden.

»Paß auf«, flüsterte er mir freundschaftlich zu. »Ich hab für dich eine höhere Gage durchgesetzt. Das ist aber nur möglich, wenn du mehr Drehtage hast.«

»Meine Rolle ist doch so klein, ich brauch ja nur zehn Tage.«

»Willst du tausend Mark oder willst du mehr?«

»Na, was glaubst!«

»Also, du hast vier Drehtage am Anfang und sechs am Schluß. Dazwischen bist du frei. Trotzdem kommst du immer ins Studio, damit dich der Portier sieht. Nur der Aufnahmeleiter darf nicht wissen, daß du die ganze Zeit sinnlos herumrennst. Das würde ihm komisch vorkommen. Am besten, du sitzt in deiner Garderobe und fällst nicht weiter auf.«

Gut, ich spielte vier Tage lang den Chauffeur namens Franz. Und von da an bin ich allein in meiner Garderobe gesessen. War mir natürlich furchtbar fad. Ich pflegte und rasierte mich. Aber vor allem habe ich den ganzen Tag gegessen. Meine Frau hatte mir in einer Thermosflasche die feinsten Leckerbissen von zu Hause mitgegeben, Wiener Schnitzel, gebackene Hühnerleber, Kartoffelsalat... schließlich verdiente ich bei dem Film ja schon ein halbes Vermögen.

Nach tagelanger Körperpflege und Fresserei kam ich endlich wieder dran. Chauffeur Franz hatte seinen großen Auftritt. Der Film war fertiggedreht, Fritz Lang schnitt die Szenen zusammen. Und nachher sagte er zu mir: »Paul, es ist etwas ganz Fürchterliches passiert.«

»Um Gottes willen, was denn?«

»Ja, ich weiß gar nicht, was ich da machen soll. Du gehst als magerer Mann in ein Zimmer hinein – und kommst als dicker wieder heraus.«

Tja, dazwischen lagen eben fünfzehn drehfreie Tage mit Wiener Schnitzel, gebackener Hühnerleber und Kartoffelsalat.

Fritz Lang war nicht nur in Gagenfragen äußerst großzügig, fast könnte man sagen verschwenderisch. Auch was das Filmmaterial betraf. In einer recht simplen *Spione*-Szene mußte ich mit dem Zeigefinger an eine Wand klopfen. Das wurde nicht weniger als dreiundzwanzig Mal aufgenommen, bis ihm das Klopfen richtig gefallen hat. Dabei schwöre ich, daß ich jedesmal genauso geklopft habe wie vorher. Noch dazu hat man das Klopfen gar nicht hören können, das war ja ein Stummfilm.

Im krassen Gegensatz zu Lang stand diesbezüglich der Regisseur Richard Eichberg. Der wollte sich vor lauter Einsparungsmaßnahmen nicht einmal einen Garderobier leisten. So ist es dann in seinem Film *Song* mit der Chinesin Anna May-Wong und Heinrich George auch passiert, daß ich in einer Szene irrtümlich das Abschminktuch im Kragen steckenließ. Was tun? Die Szene neu zu drehen kam natürlich nicht in Frage, jeder Filmmeter kostet laut Eichberg »ein Vermögen«. Also gab er mir die Regieanweisung: »In der nächsten Einstellung mußt du das Tuch langsam herausziehen.«

Ganz so, als gehörte es zur Handlung.

Als die ersten Filme entstanden, war man noch stolz, von Autogrammjägern umschwirrt zu werden. Eine besondere Auszeichnung war es aber, wenn man von den Angehörigen des technischen Personals im Studio um eine Unterschrift gebeten wurde. Sie kamen ja mit so vielen Stars zusammen und erwählten nur ihre absoluten Lieblinge.

So hielt mir ein Beleuchter einen Zettel unter die Nase, und ich habe würdevoll signiert. Dann hat der gute Mann das zusammengelegte Blatt Papier auseinandergefaltet, und ich las: »Hiermit verpflichte ich mich, den Kulissenarbeitern zwei Kisten Bier zu spendieren.« Schwungvoll unterzeichnet: »Paul Hörbiger.«

»Der Tauber und der Hörbiga, die sind die ganze Nacht schon da!«
Das Ende der »Wilden Zwanzigerjahre« in Berlin

Was war an den »Wilden Zwanzigerjahren« eigentlich so wild? Berlin wurde zum Unterhaltungszentrum Europas, die Menschen konnten nach den schrecklichen Schlachten zum erstenmal ihr Leben in vollen Zügen genießen. »Nie wieder Krieg!« nahm man sich vor; Theater, Operette, Kino und der Charleston erlebten ungeahnte Erfolge, und die sportliche Begeisterung wuchs ins Unermeßliche.

Zu den spektakulärsten Veranstaltungen zählten die Sechstagerennen im Berliner Sportpalast. Radfahrer, die als Zeitungszusteller begonnen hatten, wurden als Profis zu Millionären. Nach der Theatervorstellung ist man in den Sportpalast gegangen, wo die ganze Nacht durchgeradelt wurde Zweimal im Jahr, und das jeweils sechs Nächte lang.

Ganz Berlin war im Sechstagefieber, im Deutschen Theater lief sogar ein Stück von Georg Kaiser, das in dieser Atmosphäre spielte.

Die Lieblinge des Sportpalast-Publikums waren Piet van Kempen, genannt »Der fliegende Holländer« und einer der berühmtesten Sechstagefahrer aller Zeiten, dann der deutsche Oskar Tietz sowie das Berliner Spitzenduo Ehmer-Groschl. Da eine Woche lang ununterbrochen gefahren wurde, gab es immer Zweier-Teams, deren Mitglieder sich abgewechselt haben.

Gegen neun Uhr abend kam der Großteil des Publikums, aber die heiße Stimmung ist erst so richtig aufgekommen, wenn die Theaterprominenz nach elf Uhr da war. Alles schrie dem Champion zu: »Piet, Piet, Piet!«, und wenn Richard Tauber im Frack von der Ehrentribüne gegen Mitternacht den Sechstagewalzer anstimmte, haben achttausend begeisterte Zuschauer mitgepfiffen. Unter ihnen der deutsche Kronprinz. Das Sechstagerennen war genauso ein gesellschaftliches wie sportliches Ereignis, wer gesehen werden wollte, ist gekommen. Und hat für seinen Champ eine höhere Geldsumme gespendet.

Ich setze mich auf meinen Platz, schreie mit allen anderen »Piet, Piet, Piet« und erschrecke fürchterlich. Auf der Leuchttafel erscheint in riesigen Lettern die Schrift: FÜR DIE NÄCHSTE RUNDE SPENDIEREN 600 MARK FRANZISKA GAAL UND PAUL HÖRBIGER. Zuerst ein Blick auf die neben mir sitzende Kollegin, die genauso unwissend dreinschaut wie ich, dann ein Blick auf meinen Produzenten Joe Pasternak. Der lacht nur stolz. »Das zahlen wir, ist doch eine Mordsreklame.«

Einer der Radlieblinge des Publikums war der Wiener Max Bulla, der sich seine Kondition ebenfalls als ehemaliger Zeitungsausfahrer erstrampelt hat. Ihm haben Tausende Fans in Abwandlung eines damaligen Schlagers zugesungen: »Der verliebte Bim-Bam-Bulla.«

Jede Nacht traf man im Sportpalast bestimmte Originale, die genauso dazugehörten wie Champions und Künstler. Da war ein rothaariger, zwei Meter langer Reklameschreier, der davon gelebt hat, Sprüche auszurufen wie: »Auf alle Fälle – Hartwig-Quelle.« Und der Spaß des Publikums bestand darin, ihn nach seinem Ruf »Auf alle Fälle...« zu unterbrechen, um ihn dann zu überschreien: »... Leibniz-Keks.« Der Ausrufer nahm's gelassen hin. »Da sieht man, wie populär ich bin.«

Der »Kurvenbaron« brüllte einen Reim nach dem anderen ins Publikum. Diesen habe ich mir gemerkt:

> »Der Tauber und der Hörbiga,
> die sind die ganze Nacht schon da!«

Und dann gab es »Krücke«, einen kindergelähmten älteren Herrn, der bei keinem Rennen im Zuschauerraum fehlen durfte. Wenn ihm alles im Sportpalast zugerufen hat: »Krükke, laß mal los!« begann er sich als Kunstpfeifer zu betätigen und hat die schwitzenden Radler solcherart angefeuert.

Kein Sechstagerennen ohne seinen Skandal. »Buschi« Buschenhagen, der sportliche Leiter der Großveranstaltungen, hat eines Tages in der Garderobe einen schriftlichen Vertrag zwischen Ehmer-Groschl und Piet van Kempen entdeckt, in dem sich das Berliner Duo verpflichtet hatte, zugunsten des »Fliegenden Holländers« auf den Sieg zu verzichten. Am nächsten Tag stand das groß in der Zeitung, und das Sechstagerennen hatte an Attraktivität verloren, denn man wußte, daß geschoben wurde.

Hitler untersagte die Sechstagerennen später. Als ich nach dem Krieg wieder bei einer Veranstaltung dabei war, sollte Max Schmeling den Startschuß abgeben. Doch die Organisatoren entdeckten mich auf der Tribüne, und so wurde der »Auftritt« des Boxweltmeisters bis zum nächsten Mal verschoben, und ich wurde zur Eröffnung der Rennstrecke eingeteilt. Da in dieser Zeit Waffen verboten waren, gab ich den Startschuß ab, indem ich einen aufgeblasenen Luftballon durch eine glühende Zigarette zum Platzen brachte. Aber die besondere Atmosphäre der späten Zwanziger- und beginnenden Dreißigerjahre fehlte.

Eine ganz andere Atmosphäre herrschte in meinen ersten Berlin-Jahren bei den Veranstaltungen des »Sportvereins Libelle«, in dessen Vorstand sich ein gewisser Fritz Port befand. Über ihn machte ich die Bekanntschaft mit der Unterwelt. Eines Abends bin ich in ein Gartenlokal auf der Hasenheide gegangen, wo dem P. T. Publikum zum Bier auch Boxkämpfe geboten wurden. Auf meinem numerierten Platz saß ein Mann, der mir zurief: »Paul, komm her, Mensch, setz dich zu uns.« In Ermangelung eines eigenen Platzes nahm ich das Angebot an.

Mein Tischnachbar stellte sich als Fritz Port vor, erwies sich als ungeheuer humorvoll, zeigte auf den Kellner und erklärte mir: »Paul, der Mann dort im weißen Mantel, das ist kein Friseur. Wenn du bei dem 'ne Runde Schnaps bestellst, bringt der se glatt her!« Was blieb mir anderes übrig, 'ne Runde, noch 'ne Runde und noch 'ne Runde.

Nach der dritten Runde habe ich mich verabschiedet und in mein Auto gesetzt, um nach Hause zu fahren. Da kannte ich Fritz Port schlecht. Kaum war ich im Wagen, stiegen auch er und drei weitere »Gäste« zu. »Paulchen, jetzt geht's doch erst richtig los.« Das lustige Quartett führte mich von einem Unterweltlokal zum anderen, überall konnte man noch die Einschußlöcher der letzten Fehden sehen. In einem Lokal war ich dann vor lauter »noch 'ne Runde« pleite und wollte dem Wirt meine goldene Uhr überlassen. Da kam Gentleman-Ganove Fritz Port und verkündete: »Paul, willst du uns beleidigen? Ab jetzt geht alles auf unsere Rechnung, das zahlen wir.« »Wir«, das war der sogenannte Ringverein, dem auch »Libelle« unterstand.

Jahrelang habe ich meine Frau zu überreden versucht, mit mir einmal zu einem Boxkampf zu gehen. Sie lehnte immer mit den Worten »Mir ist das zu brutal« ab, worauf ich dann stets versicherte: »Aber geh, das ist ein Sport wie jeder andere.« Eines Tages siegten meine Überredungskünste, und Pippa ist

mit mir auf den Spichernring gefahren, wo der zweiund-
zwanzigjährige Berliner Halbschwergewichtler Paul Völkner
den Routinier Sabottke zu einem Revanchekampf gefordert
hatte.

Wir setzten uns nieder, meine Frau war nervös, ich beruhigte
sie: »Wirst sehen, da kann gar nix passieren.« Und ausgerechnet dieser Kampf fand ein ganz furchtbares Ende. Völkner,
der bis dahin in Führung lag, fiel nach einem rechten Kinn-
haken des Gegners so unglücklich auf den Hinterkopf,
daß er bewußtlos liegenblieb und wenige Minuten später
starb.

Es war schrecklich mit anzusehen. Überflüssig zu sagen, daß
das Pippas erster und letzter Boxkampf war.

Der Ringverein zeichnete sich aber nicht nur durch sportliche, sondern auch durch gesellschaftliche Veranstaltungen
aus. Und zu dieser Zeit fand es die Berliner Snobiety ungeheuer »schick«, beim Ball des Ringvereins dabeizusein.

So war auch ich, in Begleitung meiner Frau, zu einem Unter-
weltlerfest gekommen. Zu meinem großen Erstaunen traf ich
dort den berühmten Kriminalisten Genet. Er setzte sich kurz
an meinen Tisch und berichtete: »Wir dulden das hier, solange die nichts anstellen. Nur wenn es eine Rauferei gibt,
schreiten wir ein.« Daß es soweit gar nicht kam, dafür sorgten
die Bandenchefs selbst, sie hatten für ihre Veranstaltungen
eine eigene »Ganovenpolizei« aufgestellt, die für Ruhe sorgte, denn alles sollte hochseriös zugehen. Raufbolde wurden
von den ringvereineigenen Hinausschmeißern entfernt. Als
der Obergangster – er war wie alle im Smoking, mit weißer
Masche und Zwirnhandschuhen erschienen – die Rednertri-
büne betrat, flüsterte er mit heiserer Stimme ins Mikrophon:
»Meine Damen und Herren, liebe Festgäste! Ich muß meine
Eröffnungsansprache leider um eine Stunde verschieben, bis

unsere Damen wieder hier sind.« Die Damen waren gerade im nahegelegenen Hotel berufsbedingt eingesetzt.

Meine Frau wurde von einem Ganoven zum Tanz aufgefordert. Beim wildesten Rumbaschritt flötete er ihr ins Ohr: »Ihr Mann kommt aus Wien? Sehr interessant! Im Teppichgeschäft Orendi in Wien liegt ein weißer Smirna. Auf den spitze ich schon seit vier Jahren!«

Höhepunkt des Balls war eine Tombola, an der auch ich mich durch den Kauf einiger Lose beteiligte. Gewonnen habe ich nichts. Da zischte mir mein Freund Fritz Port zu: »Mensch, Paule, du mußt doch in die linke Seite der Trommel fassen, da kannste gewinnen.« So war es dann auch. Nicht einmal auf ihrem eigenen Ball konnten sie ihre Betrügereien lassen. Aber es war immer eine Hetz!

Wir waren einige Male »in der Unterwelt«, und eines Tages wurde mir als »Ehrenmitglied des Sportvereins Libelle« von Fritz Port ein goldener Ring überreicht, den ich heute noch besitze. Das Gold war vermutlich aus gestohlenen Schmuckstücken herausgeschmolzen worden, und der Sinn des Rings bestand darin, daß dessen Träger von der Unterwelt nicht behelligt wurde, ich war sozusagen geschützt.

Doch als ich einmal nach einem Sechstagerennen aus dem Sportpalast kam, war mein Auto, das ich in der Potsdamer Straße abgestellt hatte, verschwunden. Gestohlen. Am nächsten Tag erhielt ich einen Anruf: »Mensch, Paul, du darfst uns nicht böse sein, wir haben deinen Wagen geschnappt, wir wußten doch nicht, daß er dir gehört, das haben wir erst aus den Papieren, die im Handschuhfach liegen, erfahren. Du kannst dir dein Auto auf der Straße nach Beelitz abholen.« Ich fuhr dorthin, und da stand auch mein stolzer »Wanderer«, aber alle vier Reifen waren weg.

Bekanntschaft mit Berlins Unterwelt machte auch der Onkel

meines Schwagers Heinz Ullstein. Er hieß Dr. Arthur Landsberg und war Schriftsteller und Rechtsanwalt. Als er nach
Hause kam, war die Wohnung total ausgeraubt, alle Möbel,
Teppiche, Bilder waren gestohlen. Der Einbrecher wurde
bald darauf geschnappt, und es kam zu einer Gerichtsver-
handlung, zu der Arthur Landsberg als Geschädigter geladen
war. Während des Prozesses stöhnte der Angeklagte: »Hohes
Gericht, ich bitte um Straffreiheit, meine Frau ist schwerkrank, alle Kinder verkrüppelt.«
Landsberg, ein herzensguter Mensch, hat der Kerl so leid getan, daß er sich beim Richter selbst für ein mildes Urteil einsetzte. Nach ein paar Wochen Haft kam der Ganove in die
immer noch leere Wohnung seines Opfers und sagte: »Ganz
im Vertrauen, Doktor, Frau und Kinder sind wohlauf, kerngesund, das ist ein alter Gerichtstrick von mir. Aber daß Sie
für mich ausgesagt haben, das werden wir Ihnen nie vergessen.« Und dann unterbreitete der Unterweltler dem gütigen
Landsberg ein seltsames Angebot: »Mensch, Doktor, Ihre
Möbel haben wir leider schon verhökert, aber wir hätten da
eben eine sehr schöne Lieferung hereinbekommen, alles Barock, schwerreicher Industrieller, Sie verstehen, das könnten
wir äußerst günstig abgeben. Ist doch ungemütlich hier, so
ganz ohne Einrichtung.«
Kurz nachdem die Nazis in Deutschland die Macht ergriffen
hatten, nahm sich Arthur Landsberg – er war Jude – das Leben. Zu seinem Begräbnis war Berlins Unterwelt vollzählig
erschienen, Blumen und Kränze mit der Aufschrift »Ringverein« wurden an seinem Grab deponiert. Sie haben ihm wirklich nie vergessen, daß er zugunsten eines ihrer Mitglieder
ausgesagt hat.
Heinz Rühmann war ein begeisterter Flieger. Um mir seine
diesbezügliche Leidenschaft zu demonstrieren, lud er mich in

einer gemieteten Zweisitzer-Maschine zu einem Berlin-Rundflug ein. Gegen Ende der einstündigen Luftfahrt kamen wir zum Leidwesen meines ohnehin nicht gerade flugtüchtigen Magens in eine schlimme Bö, und im Anschluß daran zeigte er mir noch mein Wohnhaus aus der Vogelperspektive. Einigermaßen »geschafft« entstieg ich in Tempelhof der Propellermaschine. Einem Nervenzusammenbruch nahe war ich aber erst, als Heinz mir gestand: »Paul, es grenzt ja geradezu an ein Wunder, daß wir das jetzt überlebt haben.«

»Warum?« fragte ich schlotternden Knies.

»Ich war doch zum erstenmal ohne Fluglehrer unterwegs.«

Dieses äußerst fragwürdige Experiment hat er ausgerechnet mit mir unternommen.

Für meine Person hatte ich mir eine wesentlich gemütlichere Art der sportlichen Betätigung ausgesucht. Kein Sechstagerennen, kein Boxen, kein Fliegen. Ich war – und bin es heute noch – ein leidenschaftlicher Angler. In Berlin habe ich mir zusammen mit dem Besitzer einer Fischereihandlung und Berufsangler Alfred Haas einen Teich gepachtet, und zu mir sind viele Freunde fischen gekommen, unter anderen Hans Söhnker. Mit einem Bekannten, der Armin Stempel hieß, bin ich immer in der Potsdamer Gegend auf Karpfenjagd gegangen. Ich glaube, den größten Karpfen aller Zeiten, den habe ich da herausgefischt: er hat 14 (in Worten: vierzehn) Pfund gewogen.

Aber ich höre schon wieder mit den alten Fischereigeschichten auf, meine Töchter behaupten nämlich, daß dieses von mir persönlich eroberte Tier jedesmal, wenn ich von ihm erzähle, um ein Pfund schwerer wird. Dabei war der Karpfen wirklich fünfzehn Pfund schwer, ich könnte es beinahe beschwören.

Und natürlich blieb ich auch in Berlin ein begeisterter

Hobbygärtner. Als ich bei Reinhardt unterzeichnet hatte, habe ich mich nicht etwa – wie in normalen Familien eigentlich üblich – sofort nach einer Wohnung umgeschaut, sondern zuallererst einen Schrebergarten gepachtet. Dann erst folgte die Suche nach einem Hauptwohnsitz. So kam es, daß Garten und Wohndomizil sehr weit voneinander entfernt lagen. Zuerst wohnten wir in Untermiete bei Frau Thulke. Papa wollte uns bei der Einrichtungsfinanzierung behilflich sein und schickte einem Berliner Möbelhaus den folgenden Brief, dessen Kopie ich besitze:

Ich reiche Ihnen anbei eine Blauskizze der Vierzimmerwohnung der Frau Thulke in Berlin Freisingerstraße 3/2 ein, die meinen Sohn Paul vorläufig als Untermieter aufgenommen hat. Ihrem Schreiben muß ich entnehmen, daß Sie meinen, wir seien nur auf das Allerneueste und Stilgerechteste aus, in welcher Hinsicht wir Sie aber leider sehr enttäuschen müssen. Sie können sich wohl denken, daß man sich als junger Schauspieler nicht auf die Dauer bzw. luxuriös einrichten wird, solange man nicht seßhaft sich niederlassen kann, am allerwenigsten dann, wenn der Mime doch nichts erspart und der Alte durch den Krieg und den Elendfrieden um die Vorkriegsersparnisse gekommen ist und als Greis eben von vorne anfangen muß. Vielleicht befinden sich in Ihrem Lager auch einige Ladenhüter, die Sie an Minderanspruchsvolle verbilligt abgeben könnten. Mein Sohn dachte nicht im entferntesten an eine Anstalt für vornehme Wohnräume...

Der Brief geht dann über mehrere Seiten in dieser Form weiter, so daß am Schluß der Möbelfabrikant über alle Familieninterna auf das genaueste informiert war.

»Gegen das Heimweh«, wie ich meinem Bruder Alfred, der

mittlerweile Akademischer Maler geworden war, brieflich mitteilte, »ersuche ich um Zusendung einiger Bilder mit Wiener Motiven.« Er schickte mir sechs wunderschöne Zeichnungen, die er von dem Maler Meindl eigens hatte anfertigen lassen. Die Wiener Vorstadt, alte Höfe in Hietzing und Grinzing. Die Bilder hängen heute in meinem Wieselburger Heim.

Theater- und Filmarbeit haben meine Familie anfangs in Berlin so recht und schlecht ernährt, aber von einem Leben in Saus und Braus war noch lange keine Rede. Nach Töchterl Christl wurde uns in Berlin unser erster Sohn, Hansi, geboren. Mein Vater sandte folgendes Telegramm: »Schauspieler Hörbiger, Deutsches Theater Berlin. Ganz Mauer gratuliert. Abholet 1000 Mark, Deutsche Bank.«

Nachdem wir es bei Frau Thulke infolge Wanzenplage nicht mehr ausgehalten haben, siedelten wir uns Am Pfarracker an. Um meine Frau, die nun zwei Kinder versorgen mußte, zu entlasten, habe ich ein Dienstmädchen namens Ida engagiert. Ida war ein Dienstmädchen, wie es im Buche steht – sollte es ein Buch über Dienstmädchen geben –, ihre Ausbildung hatte sie im Fürstlichen Haushalt zu Eulenburg erfahren.

Nun trat sie also ihren ersten Diensttag bei Hörbigers Am Pfarracker an. In der Früh klopft es an unserer Schlafzimmertür, ich rufe »herein«, Ida betritt unser Gemach, schwarzes Kleid, weiße Schürze, Häubchen im Haar. »Guten Morgen, gnädige Frau, guten Morgen gnädiger Herr«, dann zieht sie unauffällig Bleistift und Papier aus der Rocktasche, »was darf ich für das Menü des heutigen Tages notieren?«

Die Antwort kam von mir, und so etwas hatte das im Fürstlichen Haushalt geschulte Ohr Idas auch nicht erwartet. Unter dem Gekicher meiner Frau habe ich gemeint: »Ida, den Speiseplan können Sie selbst erstellen. Nur – vorher müssen Sie

In Shakespeares „Komödie der Irrungen" (Burgtheater 1972, oben).
In Alfred de Mussets „Man spielt nicht mit der Liebe" (Akademietheater 1973, unten) *(Fotos: Oscar Horowitz, Wien).*

In Ferdinand Raimunds „Der Bauer
als Millionär" (oben links) am Burgtheater (1966) habe ich das Hohe
Alter gespielt
(Foto: F. W. Scheidl, Wien).

Meine Burgtheater-Rolle im Spiel-
jahr 1979/80 (oben rechts) ist der
Dienstmann in Elias Canettis
„Komödie der Eitelkeit" (hier mit
Michael Wallner)
(Foto: Elisabeth Hausmann, Wien).

Im Theater in der Josefstadt bin ich 1974 in João Bethencourts
„Der Tag, an dem der Papst gekidnappt wurde" (unten) mit Fritz
Muliar aufgetreten *(Foto: Ernst Hausknost, Wien).*

das Silberbesteck ins Versatzamt tragen. Wir haben nämlich keinen Pfennig im Haus.« Am ersten Tag war Ida noch schockiert, mit der Zeit hat sie sich aber an unsere budgetäre Situation der ersten Jahre gewöhnt.

Im März des Jahres 1929 mache ich die vielleicht schwersten Stunden meines Lebens durch. Unser kleines Söhnchen, der Hansi, ist schwerkrank, kein Arzt der Welt kann ihm helfen. In Berlin grassiert die Spanische Grippe, der so viele Kinder zum Opfer fallen. Da liegt dieser kleine, zweieinhalb Jahre alte Bub in seinem Bett. Zuerst zu Hause, dann in der Reichsanstalt gegen Säuglingssterblichkeit. Sein Lieblingslied war schon, als er noch gesund gewesen ist: »Ich küsse Ihre Hand, Madame«. Das kann er tausendmal hören. Stundenlang sitze ich an seinem Krankenlager und singe es ihm immer wieder vor. Jedesmal baue ich einen kleinen Fehler ein, das ist unser Spielchen. »Ich küsse Ihre Hand, Marrrrrrdame.«
Und er korrigiert mich: »Nein, Papa, sing nicht immer Marrrrrrdame, es heißt Madame.«
Ich habe alle beruflichen Verpflichtungen abgesagt, will soviel wie möglich bei meinem Kind sein. Nur einmal gehe ich, um Ablenkung zu finden, mit meiner Frau ins Kino. Man spielt den berühmten Film *Der Jazzsänger* mit Al Jolson. Und wir machen die Hölle durch. Die Handlung erinnert uns in jedem Filmmeter an unser eigenes Schicksal. Es ist die Geschichte einer Vater-Sohn-Beziehung, nur stirbt am Schluß nicht der Sohn, sondern der Vater. Meine Frau und ich, wir heulen die ganze Zeit.
Dann laufen wir wieder ins Spital. Der Arzt sagt: »Es ist Zeit zum Abschiednehmen.« Ich setze mich an sein Bettchen, singe: »Ich küsse Ihre Hand, Marrrrrrdame...«

Und dann stöhnt der Hansi: »Er singt's schon wieder falsch.«

Es waren seine letzten Worte.

Wir haben unseren Hansi auf dem Zehlendorfer Waldfriedhof bestattet, sein Grab lag neben dem des bekannten Vortragskünstlers Marcel Salzer, der eigentlich Moritz Salzmann hieß. Oft und oft sind wir in tiefer Trauer zu unserem Sohn gegangen. Das ist richtiggehend zur Familientradition geworden. Und meine Tochter Monica, die erst Jahre später zur Welt kam, geht heute noch, wenn sie in einer fremden Stadt ist, zuerst auf den Friedhof, um sich die Gräber anzuschauen.

Diese Todesanzeige ließen wir nach dem Ableben unseres Söhnchens in die Berliner Zeitungen setzen.

»Sie haben keine Stimme für den Tonfilm.«
Man hört mich im Kino

Der Jazzsänger ist ein historisches Kinoereignis. Sicher nicht wegen seiner Handlung, die mir persönlich so nahegegangen ist, sondern weil die Menschheit zum erstenmal in einem Film etwas hören konnte. Es waren die Worte des schwarzen Jazzsängers Al Jolson »Hey, Mom, listen to this«. Damit brach ein neues Zeitalter an, das Zeitalter des Tonfilms. Al Jolson, ein Weißer, hat sich für diese Rolle schwarz schminken lassen.

Doch die Filmproduzenten waren anfangs von der neuen Entwicklung gar nicht so begeistert. Der Stummfilm ist in der Herstellung relativ billig. Eine Kamera, ein paar Meter Film, einige Schauspieler. Und das fertige Werk konnte – nach Übersetzung der wenigen Zwischentitel – in Amerika genauso gespielt werden wie in Frankreich oder Deutschland. Ein großes internationales Geschäft ohne Sprachprobleme.

Aber welche Schwierigkeiten bereitet der Tonfilm. Die Herstellung ist um ein Vielfaches teurer, und das fertige Produkt konnte damals nur in einem einzigen Sprachraum verkauft werden – die Synchronisation gab es ja noch lange nicht. Also wurde in Deutschland noch einige Zeit stumm produziert, auch als die technische Entwicklung den Tonfilm schon längst ermöglicht hätte. Der Streifen *Ich glaub nie mehr an eine Frau* war ebenfalls als Stummfilm geplant.

Max Reichmann war eigentlich Standphotograph, aber er wollte sein Glück auch als Regisseur versuchen. Knapp vor Dreh-

beginn teilte er uns mit: »Kinder, wir drehen mit Ton!«
Die Idee gefiel uns, aber was sollten wir sprechen, wo den passenden Ton hernehmen? Produzent Arthur Liebenau fand auch dafür eine Lösung. »Wir holen uns den Richard Tauber dazu.« Schön, das war eine Sensation, die Stimme des weltberühmten Tenors würde den Ton im Film rechtfertigen.
Regiebesprechung mit Spielleiter Max Reichmann. Gustaf Gründgens war der Ganove Jean, Richard Tauber, Werner Fuetterer und ich spielten drei Matrosen. Die Szene war in der Kulisse eines zweifelhaften Hotels aufgebaut.
Reichmann erklärte mir: »Du, Paul, wir schalten jetzt die Kamera ein, dann gehst du dort hinüber zur Bardame Katja und sagst ihr, sie soll den Tauber auffordern, ein Lied zu singen.«
»Was soll ich sagen, ganz genau?« Vom Theater her war ich natürlich gewohnt, meinen Text zu bekommen.
»No, ich hab's dir doch gerade gesagt.«
»Nein, so geht das nicht, ich brauch meinen Text. Ich schreib mir das schnell einmal auf.«
»Mein Gott, was der für Schwierigkeiten macht. Also gut, fünf Minuten Pause für alle«, und dann ironisch: »Der Herr Hörbiger braucht einen Text.«
Ich hatte aus mir (wieder einmal zum späteren Leidwesen meiner Mutter, die mich ja nur als honorigen Prinzen sehen wollte) einen stotternden Seemann gemacht. Der von mir auf ein Blatt Papier gebrachte Text begann mit den Worten: »Ent-, entschul-, schuldigen Sie- Sie, Fräu- Fräu- Fräulein...« Dieses Fräulein, die Bardame Katja, wurde übrigens von Maria Solveg gespielt.
Reichmann war begeistert und gab mir vor der nächsten Szene den Auftrag: »Geh, Paul, du machst das so gut, schreib auch den restlichen Text.« So hätte ich dann das komplette Dreh-

buch verfassen sollen, aber nach zwei Drehtagen sagte ich zu Reichmann: »Max, sei mir nicht bös, aber ich kann mich nicht aufs Spielen konzentrieren, wenn ich zwischendurch dauernd am Drehbuch herumschreiben muß. Bitte such dir einen anderen Autor.«

»Was tust du mir an! Weißt du jemanden?«

»Nimm den Paul Morgan«, habe ich geantwortet, der war bis dahin schon oft als Verfasser der Zwischentexte im Stummfilm eingesetzt worden, ich kannte ihn auch aus meiner Prager Zeit, wo wir miteinander aufgetreten waren. Morgan hat dann den Rest des Filmtextes geschrieben.

Am letzten Drehtag fuhr ich mit Reichmann und Fuetterer in einem Produktionswagen über die Avus. Sagte ich zu den beiden Freunden: »Dieser Film ist doch eigentlich ein ausgemachter Blödsinn. Tauber ist aus Linz, du (Fuetterer) kommst aus Pommern, und ich bin ein Wiener aus Budapest. Ausgerechnet wir drei spielen Matrosen. Die Leut werden uns das nicht recht abnehmen. Mit dem Tauber sollte man einen ganz anderen Film drehen. Da müßte er, was weiß ich, einen Wirt spielen, der seinen Gästen immer nach der Sperrstund etwas vorsingt. Und am Sonntag singt er im Kirchenchor.«

Nach ein paar Tagen – *Ich glaub nie mehr an eine Frau* war bereits abgedreht – rief mich Produzent Arthur Liebenau an. »Kommen Sie doch bitte heute noch in mein Büro. Die Sache ist sehr wichtig.«

Ich dachte, es handle sich um eine neue Rolle und bin hingefahren. »Herr Hörbiger, bitte nehmen Sie Platz, mein lieber Herr Hörbiger, was höre ich da von Max Reichmann, Sie haben da eine großartige Idee für einen Film mit Richard Tauber. Gefällt mir ausgezeichnet, was mir Reichmann erzählte. Schießen Sie mal los, wie das weitergehen soll.«

»Aber, ich hab doch nur laut gedacht, ich weiß überhaupt nicht, ob man da wirklich einen Film draus...«

»Schreiben Sie ein Exposé.«

»Das kann ich doch gar nicht.«

»Reichmann sagt mir, daß Sie es können, Sie haben doch auch für unseren letzten Film einiges geschrieben.«

»Naja, aber das war doch etwas ganz anderes...«

»Entweder man kann schreiben, oder man kann nicht schreiben. Aber ich versteh schon, Sie wollen die Idee wahrscheinlich an einen anderen Produzenten verkaufen. Da werden Sie aber kein Glück haben, denn der Tauber ist exklusiv bei mir unter Vertrag. Und, ganz entre nous, was die Ufa zahlt, das zahlen wir noch lange.«

»Darum geht's wirklich nicht, nur...«

Liebenau schrie laut: »Siiiiiiegfried!«

Aus dem Nebenraum kam Siegfried Liebenau, finanzieller Direktor und Bruder des Produzenten.

»Ja, was gibt's?«

»Siegfried, gib a Scheck auf dreitausend!«

Der Finanzdirektor setzte sich, stellte einen Scheck auf dreitausend Mark aus, und Arthur Liebenau teilte mir mit: »Herr Hörbiger, dafür werden Sie das Exposé liefern.«

Jetzt war's natürlich mit einer ablehnenden Haltung vorbei. Ich steckte den Scheck ein und bin damit gleich zu meinem Freund Dr. Walter Forster gegangen, um ihm die ganze Geschichte zu erzählen. Er war Journalist, hatte eine blendende Feder. »Ich bitte dich, schreib mir ein Exposé, ich beteilige dich mit fünfzig Prozent an der Sache.«

Walter zeigte sich begeistert und verfaßte das Exposé innerhalb weniger Stunden. Demnach sollte der »Wirt« Richard Tauber von einem amerikanischen Impresario, der als Tourist in seinem Gasthaus wohnte, entdeckt werden. Liebe, Hochzeit, schöne Melodien, alles war darin verpackt.

Etwas später saß ich wieder bei Arthur Liebenau. Er überflog die Rahmenhandlung. »Großartig, großartig, großartig, ein richtiger Reißer. Hörbiger und jetzt machen Sie mir auch das Drehbuch.«

»Aber Herr Liebenau, ich kann doch gar nicht...«

»Siiiiiiiegfried.« Der Bruder trat wieder ein.

»Siegfried, gib noch a Scheck auf dreitausend.«

Dermaßen verwöhnt, mußte man ja direkt zum Dichter werden. Mit Freund Forster habe ich in zwei Tagen und zwei Nächten das Drehbuch geschrieben. Unser Titel für den Film lautete *Der Wirt von St. Anton.*

Bald darauf begann Max Reichmann mit Richard Tauber und Lucie Englisch zu drehen, ich selbst habe bei dem Film nicht mitgespielt. Mitten in den Dreharbeiten – die Presse hatte über das Projekt bereits berichtet – rief mich Arthur Liebenau mit weinerlicher Stimme an. »Herr Hörbiger, ich weiß nicht, was ich machen soll. Gerade habe ich eine gerichtliche Anzeige auf den Tisch bekommen.«

»Was für eine Anzeige?«

»Eine Plagiatsanzeige. Sie haben mir doch gesagt, das mit dem singenden Wirt ist Ihre Idee.«

»Ja, natürlich, das stimmt auch.«

»Da behauptet einer, er hätte schon vor Ihnen ein Drehbuch für den Tauber geschrieben, und in seinem Film sollte er als singender Holzfäller entdeckt werden.«

Ein Prozeßtermin wurde angesetzt. Stunden vor Beginn der Verhandlung war bei Gericht noch eine zweite Plagiatsanzeige eingelangt. Jemand will für den Tauber ein Filmdrehbuch geschrieben haben. Diesmal sollte er als singender Friseur entdeckt werden...

Der Richter lachte und stellte das Verfahren mit den Worten ein: »Ein Plagiat ist schön und gut, aber zwei Anzeigen, das scheint mir verdächtig. Die Sache ist erledigt.«

Der Wirt von St. Anton ist dann auch fertiggedreht worden, Arthur Liebenau brachte den Film allerdings unter dem Titel *Das lockende Ziel* heraus. Der Streifen war ein Kassenschlager. Die singenden Holzfäller und Friseure sind meines Wissens nie ins Kino gekommen.

Mein zweiter Tonfilm hieß *Der unsterbliche Lump*, worin auch mein Bruder Attila mitgespielt hat. Doch das erfuhr ich erst nach Jahren, denn während er nur bei Wiener Aufnahmen dabei war, drehte ich ausschließlich in Berlin. Als Chauffeur – nun bereits mit Führerschein ausgestattet – hatte ich zu meinem Partner Gustav Fröhlich zu sagen: »Herr Chef, der Wagen wartet unten.«

Diesen läppischen Satz mußte ich Dutzende Male wiederholen. Bis mir Regisseur Gustav Ucicky mitteilte: »Tut mir leid, Paul, aber du hast keine Stimme für den Tonfilm!«

Den eigentlichen Grund der schlechten Tonqualität entdeckten wir später. Ich war mit dem Rücken zum Mikrophon gestanden.

Technische Probleme gab es auch bei den ersten Tonfilmen im Berliner Tempelhofatelier. Es war – damit Scheinwerferlicht gespart werden konnte – in einem Glashaus untergebracht. Das Studio war noch für den Stummfilm gebaut worden, und zu dieser Zeit hatte es auch keinen Menschen gestört, daß während der Dreharbeiten unterhalb des Ateliers die U-Bahn mit einem Höllenlärm vorbeifuhr. Aber beim Tonfilm ist so etwas natürlich eine Katastrophe. Im Glashaus stand eine riesige Tafel, auf der die genauen Zeiten angegeben waren, wann die U-Bahn kommt. Ein Mann wurde eigens engagiert, der alle fünf Minuten rief: »Jetzt schnell, die Aufnahme.« Und dann: »Halt, ist schon wieder aus, die U-Bahn ist in dreißig Sekunden da.«

Jetzt kam ein Filmengagement nach dem anderen auf mich zu. Ich mußte meine Theatertätigkeit weitestgehend zurückstellen und habe daher meinen auslaufenden Dreijahresvertrag mit Reinhardt nicht verlängert, sondern bin in Berlin freischaffender Schauspieler geworden.

Max Reinhardt verabschiedete sich von mir: »Gegen den Film kann ich natürlich nicht konkurrieren, das sehe ich ein. Aber wenn ich Sie brauche, Hörbiger, da kommen Sie doch wieder?«

»Selbstverständlich, Herr Professor«, und ich habe dann auch noch sehr oft bei ihm gespielt.

1930 wirkte ich in einer der ersten Tonfilm-Operetten Deutschlands mit. *Zwei Herzen im Dreivierteltakt* mit Gretl Theimer, Oscar Karlweis und Willi Forst. Das Drehbuch stammte von Walter Reisch, die Musik von Robert Stolz. Für ihn war dieser Erfolg der Grundstein für seine Karriere zum meistbeschäftigten Filmkomponisten.

Die Uraufführung war im Berliner Capitol und von hier ist die deutsche Fassung rund um die Welt gegangen. Allein am New Yorker Broadway wurde der Film fast ein Jahr lang gezeigt. Auch für mich – ich spielte den Kutscher Ferdinand – war *Zwei Herzen im Dreivierteltakt* ein schöner Erfolg, und das führte zu einer cineastischen Kuriosität.

Ich hatte da in einem Stall, von Kühen umgeben, ein amüsantes Lied über ein Mädchen namens Dorothee zu singen. Im Kino haben die Leute darüber jedesmal so lange gelacht und applaudiert, daß sie den Beginn der nächsten Szene nicht verstehen konnten. Da hat sich unser Regisseur Géza von Bolvary überlegt, was man in diesem Fall tun könne. Und er ist –

einige Tage nach der Premiere – auf eine Idee gekommen, die nie zuvor und, soweit ich weiß, auch nachher nicht wieder verwirklicht wurde.

»Wir machen ein Dacapo«, hat er gesagt.

»Aber ich kann doch nicht zu jeder Vorstellung ins Kino rennen und noch einmal singen.«

»Nein, nein, wir nehmen einen Statisten in Großaufnahme auf, der schreit ganz laut: ›Dacapo, dacapo‹, und dann schneiden wir die Szene mit dir noch einmal hinein. Nach dem zweiten Mal haben sich dann die Leute wieder beruhigt, und sie kriegen mit, was in der nächsten Szene los ist.«

Gesagt, getan. Ich hatte das einzige Film-Dacapo aller Zeiten.

In diesen Jahren erfuhr der Tonfilm eine ungeheure künstlerische Aufwertung. Die Zeiten, da sich große Schauspieler wie Werner Krauß und Emil Jannings noch fürs Filmen genieren mußten, waren längst vorbei. Im Gegenteil, alles hat sich jetzt buchstäblich darum gerissen, dabeizusein. Diesen Drang vieler Schauspieler, in einem Film mitzuspielen, haben Kollegen einmal ausgenutzt, um sich mit dem Wiener Burgtheater-Star Franz Höbling einen Jux zu machen.

Einer ruft Höbling – der übrigens auch ein großer Sänger war – in seiner Wohnung an.

»Hallo, hier Polli-Filmkunst, Berlin, ich verbinde mit unserem Chefproduzenten…«, lautes Knacken in der Leitung.

»Spreche ich mit Herrn Hofschauspieler Höbling persönlich?«

»Ja«, sagte der Mime erwartungsfroh.

»Mensch, Höbling, mein Junge, ich mache da einen Monsterschinken, hätte noch 'ne Hauptrolle zu vergeben. Haben Sie ab nächster Woche Zeit?«

»Ja, bei mir wär's möglich«, ist Höbling außer sich vor Freude.

»Es ist aber eine äußerst schwierige Rolle, muß ich gleich dazusagen, Meister Höbling.«

»Das spielt keine Rolle, ich kann alles. Wirklich, was Sie wollen!«

»Könn' Sie singen?«

»Ja, ich bin schon in der Staatsoper aufgetreten.«

»Ist ja phantastisch. Könn' Sie tanzen?«

»Ja, perfekte Tanzausbildung.«

»Inklusive Step?«

»Selbstverständlich.«

»Wie steht's mit Fechten?«

»Kann ich auch.«

»Großartig, Höbling. Noch etwas. Könn' Sie auch reiten?«

»Jaja, ich bin sportlich hundertprozentig fit, total durchtrainiert.«

»Höbling, Sie sind mein Mann! Wie schauen Sie denn aus?«

Der Hofschauspieler richtet seine imposante Figur auf und teilt voller Stolz mit: »Ich bin groß und blond.«

»Schade«, meint der Produzent, »ich brauche einen kleinen Schwarzen. Auf Wiederhören.«

»*Es war sehr schön, es hat mich sehr gefreut!*«
Der Kaiser Franz Joseph im »Weißen Rößl«

Spät abends, wenn Dreharbeiten und Theatervorstellungen vorbei waren, ist man noch ins »Kabarett der Komiker« gegangen. Ich bin dort des öfteren in Sketches und Einaktern aufgetreten. Kabarettchef Kurt Robitschek hat es verstanden, einen großen Teil der deutschen Schauspielerprominenz als Gäste für sein Haus zu gewinnen. Einmal saß ich in der gleichen Garderobe wie Karl Valentin.

Er trat mit seiner Partnerin Liesl Karlstadt auf. Schon die Vorauswerbung war von Robitschek ungeheuer geschickt aufgezogen worden. Wochenlang berichteten die Zeitungen abwechselnd: »Valentin kommt nach Berlin«, und am nächsten Tag: »Valentin sagt ab.«

Als er dann tatsächlich da war, rasten die Berliner vor Begeisterung. Auch für einen wunderbaren Auftrittsgag war gesorgt. Direktor Robitschek betrat die kleine Bühne und verkündete dem vorerst enttäuschten Publikum: »Meine Damen und Herren! Durch eine Stromstörung muß der Auftritt des Herrn Valentin bedauerlicherweise verschoben werden. Unser Monteur muß aber jeden Moment eintreffen, um den Schaden zu beheben. Ah, ich glaube, er kommt schon.«

Jetzt hörte man Gemurmel aus dem hinteren Bühnenbereich. Monteur und Lehrbub betraten die Bühne. Das waren natürlich Karl Valentin und Liesl Karlstadt.

Sie stieg auf eine Leiter, er hat diese gehalten. Plötzlich schrie er laut auf: »Auweh, auweh. Herrgott, du stehst auf mein

Dings, auf mein Dings, auf mein... jetzt fallt's ma net ein, a ja, auf mein Dam*.«

Ich betrat die gemeinsame Garderobe und stellte mich vor, Valentin war seit langem ein berühmter Mann, ich erst am Beginn meiner Kariere. In seinem unverwechselbaren bayerischen Dialekt sagte er: »Gehn S', hern S' auf, i kenn Eahna eh aus'n Füm, Herr Herbiga. Aber sagen S' amoi, wollen Sie nochamoi auf d' Wöt kumma? I net!« Sprach's, schminkte sich und ging auf die Bühne.

Er hat sich immer sehr intensiv mit dem Jenseits beschäftigt. Fast zwanzig Jahre später soll er, bereits vom Tod gezeichnet, zu Liesl Karlstadt gesagt haben: »Wenn i g'wußt hätt, daß Sterben so einfach is, hätt ich nicht mein ganzes Leben davor Angst g'habt.«

Ich habe viele Schauspieler gesehen, die in Karl Valentins Fußstapfen treten wollten, aber keinem ist es so recht gelungen. Das Ursprüngliche ist unwiederbringbar. Ähnliches erlebte ich mit Carl Zuckmayers *Hauptmann von Köpenick*. Im Deutschen Theater habe ich Max Adalbert in der Titelrolle gesehen, der bei den Berlinern nicht zuletzt ob seines treffsicheren Dialekts phänomenal ankam. Als mich später einmal ein Berliner Theaterdirektor fragte, ob ich bei ihm diese Rolle spielen würde, habe ich geantwortet: »Den Hauptmann von Köpenick? Höchstens in Bregenz.«

Einmal ließ ich mich, obwohl ich skeptisch war, dazu überreden, an einer Wiener Bühne den Don Camillo zu spielen. Es war kein Erfolg, denn Fernandel blieb unerreicht. Das Ursprüngliche ist eben unwiederbringlich.

Nach dem Zusammentreffen mit Valentin kam im Kabarett der Komiker ein weiteres Engagement auf mich zu. Gerade

---

* Daumen

fünfunddreißig Jahre alt geworden, sollte ich als achtzigjähriger Kaiser Franz Joseph in dem Einakter *Frau Pick in Audienz* von Arnold und Emil Golz auftreten, Gisela Werbezirk war meine Partnerin. Es ging darum, daß eine kleine jüdische Ganslerin vom Monarchen empfangen wurde. Lange probierte ich vor dem Spiegel herum, weil ich die typische vom Alter gebeugte Haltung des Kaisers hundertprozentig darstellen wollte. Heute würde mir das bedeutend leichterfallen, die Jahrzehnte sind meiner Wirbelsäule dabei behilflich gewesen.

Ich muß das aber auch damals recht gut getroffen haben, denn eines Abends, nach der Vorstellung, besuchte mich der bekannte Regisseur Eric Charell in der Garderobe. Sein Angebot klang interessant. Er wollte das alte Lustspiel *Im Weißen Rößl* als Singspiel in Reinhardts Großem Schauspielhaus herausbringen.

»Ralph Benatzky schreibt gerade die Musik, und wir haben vor, den alten Kaiser einzubauen. Ich glaube, Sie wären der richtige Mann dafür.«

Ich wußte, daß Charell ein überaus erfolgreicher Regisseur war, und seine Produktionen haben fast immer Aufsehen erregt. Ich sagte zu, und sein *Weißes Rößl* hat alles bisher Dagewesene bei weitem übertroffen. Später habe ich auch erfahren, wie es zu der Produktion kam.

Charell war 1929 zu Gast bei Emil Jannings, der am Wolfgangsee, vis-à-vis vom Hotel-Restaurant »Weißes Rößl«, ein Landhaus besaß. Eines Tages lud Jannings Charell und einige Freunde ins »Rößl« zum Mittagessen ein. Sie saßen auf der Terrasse, und Jannings hat beim Kellner nicht einfach wie ein normaler Gast bestellt, sondern er spielte den Gästen seine Lieblingsrolle, den derb-komischen Berliner Hemdenfabrikanten Giesecke aus dem Lustspiel *Im weißen Rößl* von Oscar Blumenthal und Gustav Kadelburg, vor.

Charell, der schon seit längerem auf der Suche nach einer Musikpremiere für das Große Schauspielhaus war, schaltete schnell. »Daraus machen wir eine Operette.« Am Tisch saß auch Arnim Robinson, der Musikverleger Ralph Benatzkys, und dieser hatte schon am nächsten Tag den Auftrag in der Tasche, das *Weiße Rößl* zu vertonen.

Es war, glaube ich, die teuerste Theaterproduktion, in der ich je mitgewirkt habe. Von allem gab es nur das Kostspieligste, die Inszenierung kostete eine halbe Million Mark – was damals wesentlich mehr war als heute. Im ersten Akt standen über dreihundert Komparsen in Originalkostümen neben mir. Charell und Reinhardts berühmter Bühnenbildner Professor Ernst Stern wollten alles möglichst perfekt auf die Bretter stellen. Weil die Farbphotographie noch nicht gebräuchlich war, wurde ein Zeichner nach Innsbruck geschickt, um die Andreas-Hofer-Fahne genau zu kopieren, ein anderer ist nach Kärnten gereist, wo er sich Anregungen für originalgetreue Trachtenkostüme holte. Aus Kitzbühel kam eine Schuhplattlergruppe, deren Mitglieder sich, das sehe ich heute noch vor mir, nach fast jeder Vorstellung geprügelt haben.

Auch für mich wurden ungeheure Vorbereitungen getroffen. Aus Wien kam ein pensionierter k. u. k. Hofbeamter, der die einzige Schallplatte, die Franz Joseph besprochen hatte, mitbrachte. So sollte ich die Diktion des Kaisers erlernen. Die Platte wurde im Krieg zugunsten des Roten Kreuzes aufgenommen, und da sie ein Unikat war, bat mich der Hofbeamte, sie nicht allzuoft abzuspielen, damit diese Rarität nicht noch mehr zerkratzt würde, als sie es ohnehin schon war.

Die Besetzung war famos: Camilla Spira als Rößl-Wirtin, Max Hansen als Leopold, Otto Wallburg spielte den Giesekke, Siegfried Arno den schönen Sigismund, Willi Schaeffers den Hinzelmann und Trude Lieske das Klärchen.

Wie immer habe ich mir das Skript erst ziemlich spät angeschaut und war – entsetzt. Die wollten aus dem Kaiser eine lächerliche, senile Figur machen. Während der Probe wandte ich mich an Charell. »Das mach ich nicht. Man kann über die Politik des Kaisers denken, wie man will, aber das Schicksal dieses Mannes erlaubt es nicht, daß man ihn so ins Lächerliche zieht. Was hat er durchgemacht! Seine Frau Elisabeth wurde in Genf ermordet, sein Bruder Kaiser Maximilian in Mexiko erschossen, sein Sohn Kronprinz Rudolf hat Selbstmord verübt, und sein Neffe, der Thronfolger Franz Ferdinand, kam mit seiner Frau bei dem Attentat von Sarajewo ums Leben. Nein, ich halte es für geschmacklos, diesen Menschen jetzt als alten Trottel hinzustellen. Tut mir leid, Herr Charell, Sie müssen sich einen anderen suchen, der den Franz Joseph spielt. Ich habe unter ihm gedient und trage seine Auszeichnungen, das kann ich nicht machen.«

Mittlerweile ist Hans Müller, der Bearbeiter des Stücks – er war der Bruder des Schriftstellers Ernst Lothar –, zu uns gekommen. »Hörbiger, mir scheint, Sie sind ein Monarchist«, hat er gesagt.

»Schauen Sie, Herr Doktor Müller, was ich bin, ist uninteressant. Für uns Österreicher ist der Franz Joseph noch immer eine unvergeßliche Figur, auch das Publikum kennt sein Schicksal und empfände es als Geschmacklosigkeit, wenn man ihn hier so heruntermacht.« Man muß bedenken, daß der Kaiser damals erst seit vierzehn Jahren tot, also allen noch in guter Erinnerung, war.

»Vielleicht hat der Hörbiger recht«, schaltete sich jetzt wieder Charell ins Geschehen ein. »Bitte, Herr Müller, ändern Sie den Text.«

Und der Kaiser Franz Joseph war dann auch eine recht passable Figur, natürlich hat er seine Standardsätze gesagt, wie »Es war sehr schön, es hat mich sehr gefreut« oder »Mir bleibt auch nix erspart«, aber einen Trottel habe ich wenigstens nicht gespielt.

Neben Benatzky wirkten noch andere Komponisten mit. Unter anderen Robert Stolz, Bruno Granichstaedten, Robert Gilbert und Hans von Frankowski. Sie alle waren an den Einnahmen des *Weißen Rößl* nach einem Punktesystem prozentuell beteiligt, jeder Text- und Musikautor hatte einen Anteilschein, der – je nach Erfolg oder Mißerfolg – mehr oder weniger wert sein konnte.

Was das *Weiße Rößl* betrifft, war man eher skeptisch. Vor allem nach der öffentlichen Generalprobe glaubten alle an eine totale Pleite, denn das Publikum war fast regungslos im Zuschauerraum gesessen.

Ein paar Tage vor der Premiere kam Frankowski zu mir. Sein Beitrag zum *Weißen Rößl* war das heute noch bekannte Lied »Erst wann's aus wird sein...«. »Herr Hörbiger«, sagte er zu mir, »ich verkaufe Ihnen meinen Anteilschein« – Frankowski befand sich in permanenter Geldnot.

»Was soll er denn kosten?«

»Naja, weil Sie's sind, dreitausend Mark.«

Ich dachte kurz nach. In geschäftlichen Dingen bin ich eher ungeschickt. »Ich werde heute abend meine Frau fragen, morgen sag ich Ihnen Bescheid.«

Pippa war für den Kauf, und so sprach ich Frankowski am nächsten Tag an: »Also gut, geben Sie mir den Schein, hier sind die dreitausend Mark.«

»Oje, vor fünf Minuten habe ich verkauft.« Wenn ich mich nicht irre, hatte ein Bruder Charells den Anteilschein erworben.

Die Tragweite meines Fehlverhaltens habe ich damals noch nicht erkannt. Ich hätte mich für den Rest meines Lebens auf ein Schloß an der Cote d'Azur zurückziehen können, denn das *Weiße Rößl* ist – neben der *Lustigen Witwe* – das erfolgreichste europäische Musikwerk dieses Jahrhunderts geworden. Es wurde und wird in der ganzen Welt aufgeführt und ist x-mal verfilmt worden. Ich hätte meine lumpigen dreitausend Mark tausendfach hereinbekommen. Damals habe ich wohl das Geschäft meines Lebens verpaßt.

Nach der verpatzten Generalprobe gab es – ganz im Sinne einer alten Bühnenweisheit – am 8. November 1930 eine fulminante Premiere. In der Pause bat Charell die prominenten Gäste der Uraufführung – unter ihnen auch der deutsche Kronprinz – in unsere Garderoben. Ich bin in der Uniform des Kaisers dagestanden, als Prinz Hendrik der Niederlande eintrat. Er begrüßte mich, ich wollte warten, bis er sich setzte, da hat er zu mir gesagt: »Nach Ihnen, Kaiserliche Hoheit!«

Etwas später ist Baron Spiegel, ein alter Jagdfreund von Kaiser Franz Joseph, zu mir gekommen. Er hat mich auf eine Szene angesprochen, in der ich auf der Bühne geraucht habe. »Sagen Sie, Herr Hörbiger, woher wissen Sie, daß Seine Majestät die Virginia nicht mit zwei, sondern mit drei Fingern gehalten haben?«

»Verzeihung, Herr Baron, Sie müssen sich irren, der Kaiser hat seine Zigarre sicher nicht so gehalten, das war einfach eine Idee von mir.«

»Wirklich?«

Ein Schauspieler muß dem Publikum etwas als wahr suggerieren können, was gar nicht wahr ist. Es hat mich gefreut, daß mir das damals gelungen ist.

Der Erfolg der *Rößl*-Premiere sprach sich in Windeseile herum, in der dritten Vorstellung saß Charlie Chaplin im Publikum. Auch er kam in die Garderobe, schüttelte mir die Hand und sprach einige Minuten lang in englischer Sprache auf mich ein. Ich bin gerührt dagestanden und habe – kein Wort verstanden. Seinem Gesichtsausdruck konnte ich aber entnehmen, daß er mir eher Lob als niederschmetternde Kritik zuteil werden ließ. Und Chaplin hat ja davon gelebt, daß er sich auch ohne Worte verständlich machen konnte. Er war für mich der einzige Schauspieler, der wirklich keinen Text brauchte. Sein *Goldrausch* ist heute noch mein Lieblingsfilm, der wird niemals altmodisch sein.

Fast ein Jahr lang bin ich im *Weißen Rößl* jeden Abend als Kaiser aufgetreten. Während dieser Zeit habe ich den Film *Der Herr auf Bestellung* gedreht.

Es wäre mehr als vermessen, den Inhalt aller Filme, in denen ich mitgewirkt habe, als intelligent zu bezeichnen. Ich teile meine Filme in zwei Kategorien ein. In solche, für die ich eine Gage, und andere, für die ich Schmerzensgeld bekomme. Beim *Herrn auf Bestellung* war ohne jeden Zweifel letzteres der Fall, die Handlung war so banal, daß ich zum Regisseur Géza von Bolvary gesagt habe: »Wenn der Reinhardt diesen Film sieht, schmeißt er mich heraus und sucht sich für das *Weiße Rößl* einen anderen Kaiser.«

Am nächsten Tag kam Kaiser Franz Joseph persönlich ins Filmstudio und klopfte mir tadelnd auf die Schulter: »Geh, Paul, schämst du dich nicht, in so einem Film mitzuspielen?« Die Kollegen, Willi Forst war unter ihnen, hatten aus dem Großen Schauspielhaus meine Kaiseruniform entlehnt, um mir diesen Streich zu spielen. In der kaiserlichen Kluft steckte, natürlich mit franziscojosephinischem Backenbart geschmückt, Regieassistent Josef von Baky. Für Humor war damals stets gesorgt.

Wenn ich mit dem *Weißen Rößl* auch kein Millionär geworden bin, die Rolle des Kaisers hat mich ein Leben lang begleitet, ich habe ihn oft und oft auf der Bühne und immer wieder im Film gespielt. Über meinen Auftritt im *Weißen Rößl* hat Rolf Nürnberg im *12-Uhr-Blatt* etwa folgendes geschrieben: »Paul Hörbigers hinreißende Darstellung des Kaisers wird zur gefährlichen monarchistischen Propaganda.«
Zur gleichen Zeit machte ein gewisser Adolf Hitler von sich reden...

Marokko liegt in Bayern
Filme mit Lilian Harvey, Willy Fritsch
Hans Albers und Willi Forst

In wie vielen Filmen ich mitgewirkt habe, weiß ich nicht.
Meine Töchter, die in diesen Dingen besser bewandert sind,
haben aber auf Grund der Aufzeichnungen meiner Mutter
eine ungefähre Zahl von dreihundert errechnet (siehe Anhang). Als der amerikanische Westernheld John Wayne vor
einigen Monaten gestorben ist, habe ich in einem Nachruf gelesen, daß er rund zweihundert Filme gedreht hat. Ich kann dar
aus schließen, daß ich öfters beim Heurigen vor einer Kamera
gestanden bin, als er auf einem texanischen Pferd geritten ist.
Tatsächlich habe ich kaum einen Film gedreht, in dem es
keine Heurigenszene gibt. Kein Wiener Film ohne Heurigen,
kein Heuriger ohne Wein. Aber was trinkt man, wenn das
Kopferl auch für den Text in der nächsten Szene noch klar
sein soll?
Hans Moser entschied sich immer für Apfelsaft, ich habe un-
gesüßten Tee bevorzugt, weil man davon nicht so »pickige
Finger« bekommt. Eric Charell war da anderer Meinung.
Nach dem Welterfolg des *Weißen Rößl* habe ich unter seiner
Regie in einem Film mitgewirkt, der nicht weniger erfolgreich
werden sollte. *Der Kongreß tanzt* mit Lilian Harvey, Willy
Fritsch, Conrad Veidt und Otto Wallburg. Rahmenhandlung
um allerlei Verwicklungen war der Wiener Kongreß. Was
spiele ich? Natürlich einen Heurigensänger. Was singe ich?
Unter anderem das beliebte Wienerlied »Das gibt's nur ein-
mal, das kommt nie wieder«.

Die aufreibenden Proben für eine Szene haben eine Woche gedauert. Endlich wird gedreht. Ich greife zu meinem gewohnten Tee. Schaut mich der Charell böse an. »Was ist das?«

»Ungesüßter Tee.«

»Kommt nicht in Frage, Herr Hörbiger. Hier muß alles echt sein, der Zuschauer darf nicht getäuscht werden.« Offenbar sollte ein völlig neues Regiekonzept angewandt werden. Soll ich widersprechen? Lieber nicht.

Der Garderobier schenkt mir also reinen Wein ein. Achtung, Aufnahme. Ich singe. »Das gibt's nur einmal«... (ein Schluck, laut Drehbuch) »... das kommt nie wieder...« Schluck.

»Halt, stop, Musik zu leise.«

Alles noch einmal. Der Garderobier schenkt nach. »Das gibt's nur einmal«, Schluck, »das kommt nie wieder«, Schluck. Stop.

»Musik zu laut.«

Nun muß man wissen, daß dieser Film mit einem für die damalige Zeit unglaublichen technischen Aufwand gedreht wurde. Während ich gesungen habe, ist die Musik auf einem rollenden Untersatz mitgefahren. Synchronisations- und Playbackverfahren hat es nicht gegeben, nur den Originalton. Durch das leiseste Knarren eines Bretts war die Aufnahme ruiniert und mußte wiederholt werden. Durchschnittlich blieben von fünfzehntausend gedrehten Filmmetern zweieinhalb- bis dreieinhalbtausend fürs Kino übrig. Der Rest wurde weggeschmissen.

»Das gibt's nur einmal«, Schluck, »das kommt nie wieder«, Schluck. Stop.

»Hörbiger, ein bißchen mehr Schmalz, wenn ich bitten darf.«

Gegen Abend soll es endlich soweit sein. Knarrende Bretter sind beseitigt, quietschende Räder geschmiert, die Kapelle hat die richtige Lautstärke herausgefunden, meine Stimme genügend Schmalz.

»Achtung, Kamera läuft!«

Ich stelle mich hin, das Glas in der Hand, alles wartet gespannt. »Das gibt's nu-...« Ich schwanke und kann den Text nicht mehr. Aus, Ende. Man trägt mich in die Garderobe, flößt mir literweise Kaffee ein. Aber es ist zwecklos. Die Alkoholmengen dieses Tages verhindern meine weitere Dreharbeit.

Am nächsten Morgen wird der Aufnahmetermin wiederholt. So etwas ist sehr teuer, denn das Personal verlangt Überstunden, Komparsen müssen für einen weiteren Tag verpflichtet werden.

Und ich: »Das gibt's nur einmal«, Schluck. Stop. Schreit der Charell: »Halt, Hörbiger, trinken Sie doch lieber wieder Ihren Tee!«

Nicht weniger kompliziert war eine Szene Lilian Harveys. Sie spielte eine kleine Wiener Handschuhmacherin, in die sich Zar Alexander I. in der Person des Willy Fritsch verliebt. Die Harvey fährt singend in einer Kutsche spazieren, die Kamera rollt auf Schienen nebenher. Mitlaufen mußten auch die Kabelschlepper. Und sie waren dann auch prompt im Film zu sehen.

Der Kongreß tanzt wurde in drei Fassungen gedreht. In einer deutschen, einer englischen und einer französischen. Nur Lilian Harvey, gebürtige Engländerin, war genügend sprachgewandt, in allen Versionen mitzuwirken. Ich habe zur großen Begeisterung des Teams auch in der französischen Fassung mitgetanzt und hatte die Bravorufe auf meiner Seite.

Die Dreharbeiten zu Der Kongreß tanzt waren von einem

tragischen Ereignis überschattet. In einer großen Ballszene, die in der Wiener Hofburg spielte, fiel die überhitzte Kupferfassung eines Scheinwerfers auf das Ballkleid einer Tänzerin. Der leicht brennbare Stoff stand binnen Sekunden in Flammen. Das Mädchen schrie laut auf. Produktionsleiter Erich Pommer reagierte am schnellsten, er stürzte sich auf die junge Frau, riß ihr das Kleid vom Leib. Dabei hat er sich selbst schwere Verbrennungen an beiden Händen zugezogen. Die Tänzerin war nicht mehr zu retten, sie ist einige Tage später an den Folgen ihrer Verletzungen gestorben.

Der Film mit seinen Premieren in London, Paris und Wien war ein Riesenerfolg, Werner Richard Heymanns Lied »Das gibt's nur einmal« über Nacht ein Schlager. Ein paar Jahre danach, als die Nazis in Deutschland Einzug hielten, wurde es in nostalgischer Manier abgewandelt. Da hat man dann gesungen: »Das *gab's* nur einmal.«

Kurzer Nachtrag zum Thema Alkohol bei Dreharbeiten. Ein Jahr nach dem *Kongreß*-Film habe ich mit Hans Albers in Berlin die Komödie *Quick* aufgenommen. Albers war ein netter Kerl, ein großer Schauspieler – aber leider hat er ziemlich viel getrunken, um gegen sein Lampenfieber anzukämpfen. Wir drehten eine Szene am Stehpult einer Kneipe, Hans hatte schon etliche Korn intus. Da er sich in diesem Zustand keinen Text mehr merken konnte, hatte er seine Rolle auf einen Bieruntersatz geschrieben, den er vor sich liegen hatte.

»Achtung, Aufnahme«, die Kamera läuft. Langsam ziehe ich den Bierdeckel weg. Hans schaut mich mit leicht glasigem Blick an. Er ist verzweifelt, die Szene wird abgebrochen. Aber dann haben wir beide furchtbar gelacht.

Das Trinken habe ich ihm auf diese Weise leider nicht abgewöhnen können.

Im gleichen Jahr drehten wir *Peter Voss der Millionendieb*.

Willi Forst in der Titelrolle, ich habe ihn als Detektiv Bobby Dodd um die halbe Welt zu verfolgen, auch O. E. Hasse und Therese Giehse sind mit von der Partie. Aufnahmeort Marrakesch, die ehemalige Metropole Marokkos. Eine herrliche Stadt, seit dem Mittelalter scheint sich hier nichts verändert zu haben. Kasba, Medina, der alte Markt. Und achtundvierzig Grad im Schatten. Es gibt allerdings keinen Schatten!

Gegen Ende der Dreharbeiten kommt ein Telegramm aus München. Unser Regisseur E. A. Dupont muß uns mitteilen: »Wir brechen ab, die Produktion hat kein Geld mehr.«

»Aber wir sind doch fast fertig.«

»Leider, es ist kein Zentimeter Film da.«

Wir reisen zurück nach Deutschland. Nach ein paar Wochen hat sich die Produktionsfirma wieder aus ihrer Finanzkrise erholt. Wir drehen weiter.

»Jetzt machen wir einmal die Aufnahmen von Marrakesch fertig«, sagt Dupont. »Aber gleich hier, in München.« Marokko liegt sozusagen in Bayern.

Es ist ein eiskalter Wintertag. Minus fünfzehn Grad. Ich ziehe Polohemd, kurze Hose und Tropenhelm an – wie seinerzeit in Marrakesch, eben nur mit dem Unterschied, daß es jetzt um dreiundsechzig Grad kälter ist. Forst und ich drehen am Isar-Ufer, den Hintergrund bildet eine nur schwerlich an Marokko erinnernde Felsschlucht.

Der Regieassistent löst mit einer Lötlampe das Eis vom Stein. Ein anderer wickelt einen Kaktus aus einer dicken Wolldecke heraus und stellt ihn auf einen Felsvorsprung.

»Achtung, Aufnahme.« Ich friere fürchterlich, schau aber drein, als würde ich die Hitze keine Minute länger ertragen.

Ein Schauspieler muß alles können.

Ein angewienerter Yankee
Wie ich in Berlin zum Wiener wurde

Max Reinhardt bezeichnete ihn als genialen Dilettanten. Tatsächlich war Egon Friedell hochgebildet, doch hatte er keinen der vielen Berufe, die er im Laufe seines Lebens ausübte, wirklich erlernt. Das Wiener Original war Schriftsteller, Philosoph, Historiker, Journalist, Kabarettist. Fürs Theater wurde der eher typische Antistar von Reinhardt entdeckt, und so trat Dr. Friedell plötzlich in Berlin auf, ohne je zuvor Schauspieler gewesen zu sein.

Mir war, als ich ihn erstmals in Berlin traf, der Name Friedell bereits ein Begriff, denn in seiner *Kulturgeschichte der Neuzeit,* einem zweibändigen, modernen Geschichtswerk, hatte er sich eingehend mit der »Welteislehre« meines Vaters auseinandergesetzt, und im Gegensatz zu manch anderem Wissenschaftler dürfte er ihr nicht negativ gegenübergestanden sein. Friedell fand sogar einen »unterirdischen Einklang« mit der Relativitätstheorie Albert Einsteins.

Ich spielte mit Friedell – neben Ernst Deutsch, Felix Bressart und Maria Bard – in *Hannibal ante portas!* von Robert E. Sherwood im Theater in der Königgrätzer Straße. Zu meiner Freude überreichte mir Friedell bei der ersten Probe ein Exemplar seiner *Kulturgeschichte,* in die er eine persönliche Widmung kritzelte. Der große, rundliche, überaus sympathische Pfeifenraucher aus Wien war nicht bei allen Schauspielern beliebt, denn viele sahen in dem »Dilettanten« eine gefährliche Konkurrenz, zumal er auch beim Publikum gut ankam. Friedell war schon als Theaterkritiker ein gefürchteter Mann gewesen, als Schauspieler standen ihm die Kollegen erst recht skeptisch gegenüber.

Als er Adele Sandrock auf dem Kurfürstendamm begegnete, fragte ihn die alte Dame: »Wohin, Herr Doktor?«

»Ins Theater, gnädige Frau.«

»Kritisieren?«

»Nein, spielen.«

Worauf die Sandrock brummte: »Schrecklich!«

Friedell nutzte jede Gelegenheit, die sich bot, um zu betonen, daß er »kein wirklicher Schauspieler« war. Als ihn Reinhardt, der Friedell ungeheuer schätzte, einmal bei einer Probe zurechtwies, konterte der »lachende Philosoph«, wie er auch genannt wurde: »Professor Reinhardt, Sie werden es noch so lange mit mir treiben, bis ich in dieser Rolle gut bin. Aber dann ist mein Renommee hin!«

Nach längerem Berlin-Aufenthalt wieder in Wien, wurde der ständige Besucher einschlägiger Literatencafés über seine Eindrücke von der deutschen Metropole befragt. Er zeigte lachend auf seinen Hund Schnack, eine kühne Promenadenmischung, und antwortete geringschätzig: »Schnack halten sie dort für einen Hund und mich für einen Schauspieler.«

Ich sprach mit Friedell in Berlin auch über ernste Dinge. Als Hitler sich die Arbeitslosigkeit infolge der Wirtschaftskrise des Jahres 1930 zunutze machte, wurde er mit seiner NSDAP zum Thema Nummer eins. Wir saßen in einer Kneipe, und Friedell genoß den Kornbranntwein. Als ich dem klugen Mann gegenübersaß, drängte sich mir, einem politisch Ungebildeten, eine Frage auf. »Sagen Sie mir, Doktor Friedell, was will dieser Hitler, was wollen die Nazis?«

Und seine Antwort war für mich unvergeßlich. »Die Sache ist ganz einfach. Ein Nationalsozialist ist einer, der *Mein Kampf* nicht gelesen hat. Und ein Marxist ist einer, der *Das Kapital* nicht gelesen hat.«

Leider mußte auch Friedell – wie Millionen seiner Glaubensgenossen – am Nationalsozialismus scheitern. Als am Abend des 16. März 1938, vier Tage nach dem »Anschluß« Österreichs an Hitler-Deutschland, zwei SA-Männer an seiner Wohnungstür in der Wiener Gentzgasse klingelten und die Wirtschafterin anbrüllten: »Wohnt hier der Jud Friedell?«, öffnete er das Fenster seines Arbeitszimmers im dritten Stock, rief den Passanten »Platz da!« zu und ließ seinen massigen Körper auf die Straße fallen.

Alfred Polgar schrieb dann in der Emigration zum Ableben seines Freundes: »In den Märztagen des Jahres 1938 hat Friedell gewiß das erste und einzige Mal in seinem sechzigjährigen Leben der Humor verlassen.«

Zurück nach Berlin. Eine große Uraufführung ist aus diesen Tagen zu vermelden. Ödön von Horváths *Geschichten aus dem Wiener Wald* hatte 1931 in Reinhardts Deutschem Theater Weltpremiere. Hans Moser zeichnete, wie die Kritik einhellig feststellte, mit dem Zauberkönig »seine bisher köstlichste Figur«, ich war der Rittmeister, und weiters haben unter der Regie Heinz Hilperts mitgespielt: Frieda Richard, Lucie Höflich, Carola Neher, Willi Trenk-Trebitsch, Paul Dahlke und Peter Lorre.

Lorre hatte eine seiner ersten großen Rollen, und das Stück war – nicht nur für ihn – der Durchbruch. Unmittelbar danach hat Fritz Lang mit ihm den Krimiklassiker schlechthin gedreht: *M*. Leider wurde Lorre dann furchtbar verheizt, er spielte Figuren, die gar nicht zu ihm paßten. Man muß, gerade wenn es bergauf geht, sehr aufpassen und darf nicht alles nehmen. Aber wer hat diesen Fehler nicht begangen? Meine Person eingeschlossen.

Geschichten aus dem Wiener Wald zählt heute zu den zweifellos bedeutendsten österreichischen Dramen. Und was hat ein Rezensent damals nach unserer Berliner Premiere geschrieben?

»Schade! Wir wollen von diesem Horváth bald anderes sehen und dies schnell vergessen.«

Es hat fast den Anschein, daß auch Kritiker irren können.

Mit Ödön von Horváth, der bei allen Proben anwesend war, habe ich mich angefreundet, wir waren bald per du, haben dieselbe Sprache gesprochen. Sein schrecklicher, allzufrüher Tod hat mich sehr erschüttert. Er ist, siebenunddreißigjährig, beim Spazierengehen im Pariser Exil vom herabfallenden Ast eines Baumes so unglücklich getroffen worden, daß er starb.

Zu Beginn der dreißiger Jahre gab es in Berlin gut zwei Dutzend große Theater und Hunderte von ambitionierten Schauspielern. Damit die Kollegen, die ja abends selbst auf der Bühne standen, auch andere Vorstellungen besuchen konnten, wurden die sogenannten Schauspielernachtvorstellungen veranstaltet. Es war eine besondere Auszeichnung und Freude, in einem Stück mitzuspielen, das spätabends für die Kollegen wiederholt wurde, da hatte man auch ein besonders verständnisvolles Publikum. Die der Deutschen Künstlerhilfe zugutekommenden Eintrittspreise waren einheitlich, und die Karten wurden verlost, so daß es nicht selten vorkam, daß Richard Tauber am zweiten Rang, ein Statist aber in einer noblen Loge gesessen ist. Noch war ja alles demokratisch in Berlin!

Knapp ein Jahr vor der Machtergreifung Hitlers waren die Nazi-Methoden am Theater schon spürbar. Im Deutschen Künstlertheater stand *Die Braut von Torozko*, eine prosemitische Komödie des aus Siebenbürgen stammenden Autors Otto Indig, auf dem Programm. Direktor Barnowsky wollte die Rolle des Rebbe Herschkowitz ursprünglich mit Paul Morgan besetzen, doch er klagte mir sein Leid: »Herr Hörbiger, der Morgan traut sich nicht, er hat Angst vor den Nazis. Es wäre ja vielleicht wirklich zu riskant, einen Juden diese Rolle spielen zu lassen. Aber ich möchte das Stück unbedingt herausbringen, es ist überall ein Riesenerfolg gewesen. Hörbiger, machen Sie's, bei Ihnen wird das Publikum vielleicht ein Auge zudrücken.« Und dann kam ein Nachsatz: »Aber bitte jiddeln Sie nicht allzusehr.«

»Wenn ich die Rolle spiele, dann werde ich jiddeln, Herr Direktor.« Um der Wahrheit die Ehre zu geben, ich konnte sehr gut jiddeln und wollte dies auch zeigen.

»Naja, Hörbiger, machen Sie, was Sie wollen.«

Klari, die Braut im ungarischen Dorf Torozko, und Andreas, die beiden jugendlichen Helden des Stücks, lieben einander. Aber ihre Liebe droht auf Grund größerer Komplikationen zu scheitern. Durch die Verwechslung zweier Geburtsurkunden war Klari nämlich vom christlichen Bauernmädchen zur Jüdin geworden. Nun obliegt es dem Rebbe Herschkowitz, Ordnung zu schaffen und die Ehe doch noch zu ermöglichen. Luise Ullrich und Rudolf Platte waren meine Partner.

Was sich bei der Premiere am 29. April 1932, an meinem achtunddreißigsten Geburtstag, abspielte, war wohl einer der schlimmsten Theaterskandale, die ich erlebt habe. Mein Schlußsatz lautete: »Jeder Mensch müßte vier Tage in seinem Leben ein Jud sein, dann gäbe es keinen Antisemitismus auf der Welt.« Eine Nazigruppe organisierte nach diesen Worten einen ungeheuerlichen Krawall. Das war ein Gepfeife und Gejohle, das nicht mehr aufzuhören schien. Der Vorhang war bereits geschlossen, als Barnowsky aufgeregt auf mich einhämmerte. »Was sollen wir tun, was sollen wir tun? Die ruinieren mir ja das Theater!«

»Lassen Sie mich das machen«, erklärte ich optimistisch. Ich bin wieder hinaus auf die Bühne und habe nur ins Publikum geschaut. Einige Minuten lang. Sonst nichts. Bis der Applaus der Nichtnazis das Gepfeife der Hitleranhänger übertönte. Das war nicht meine Erfindung gewesen, eine ähnliche Situation, wenn auch nicht so arg, hatte ich Jahre zuvor in Reichenberg erlebt, als wir das jiddische Stück *Gott der Rache* von Schalom Asch spielten. Auch damals gab es antisemitische Kundgebungen, und da stellte sich mein Kollege Josef Schildkraut so lange auf die Bühne, bis die Randalierer niedergestimmt waren.

Was der Schildkraut kann, werde ich auch zusammenbringen, dachte ich, und arbeitete jetzt am Deutschen Künstlertheater nach dem gleichen Prinzip, schaute die Nazibuben einfach an, bis ihnen das zu blöd geworden ist, sie sich mehr oder weniger geschämt haben und das Haus verließen.

Der *Völkische Beobachter* schrieb am nächsten Tag: »Was brauchen wir jüdische Schauspieler, wir haben doch unseren Paul Hörbiger.« Ich las die Zeitungskritik meiner Frau vor und habe nur ein Wort gesagt: »Nebbich.«

Im Publikum wurden Abend für Abend Wetten abgeschlossen: Ist der Hörbiger ein Jud oder nicht.

Bei Barnowsky bin ich in diesen Jahren ziemlich oft aufgetreten. Natürlich als Paul Hörbiger – den Namen hatte man sich mittlerweile wirklich gemerkt, wie ich es ihm seinerzeit prophezeit hatte. Barnowsky war auch der Besitzer des Lessingtheaters, des Theaters in der Königgrätzer Straße, des Komödienhauses und des Theaters in der Stresemannstraße.

Der Direktor war Schuhfetischist, er hat seinen Schauspielern nicht zuerst in die Augen geschaut – sondern auf die Füße.

Wenn er schlecht aufgelegt war, gab es nur eine Möglichkeit, ihn aufzuheitern. »Oh, Herr Direktor, Sie haben schon wieder neue Schuhe. Wo haben Sie die denn machen lassen?«

Es folgte dann ein langer Vortrag Barnowskys über Chevreau oder Nappa, und auch die Frage, ob schwarzweißes Schuhwerk im Moment gerade en vogue sei, oder ob es bereits wieder zum alten Eisen – sprich: Leder – gehörte, wurde ausführlichst erörtert. Die Folge war jedenfalls, daß Barnowsky bester Laune wurde. Dann konnte man wieder in blendender Atmosphäre weiterarbeiten.

Bei ihm spielte ich den Hofrat Winkler in Schnitzlers *Professor Bernhardi,* mit Fritz Kortner in der Titelrolle. Ein paar Minuten vor dem Auftritt warnte mich Barnowsky: »Wenn das Publikum beim Telephongespräch nicht lacht, ist das ganze Stück geschmissen.«

So etwas kann einen Schauspieler in Rage bringen, man gibt ohnehin sein Bestes, aber mehr ist nicht möglich. Also wird das Publikum beim Telephongespräch lachen?

Ich hätte mir meine Gewissensbisse sparen können, das Publikum verschaffte mir einen stürmischen Auftrittsapplaus und lachte während der ganzen Szene. Nachher habe ich das Kortner erzählt, und ab der nächsten Vorstellung mußten wir beide während des Telephongesprächs lachen. Er war genauso eine »Lachwurzen« wie ich. Man darf Schauspielern nicht vorher sagen, wie das Publikum zu reagieren haben wird.

Nach unserem Gelächter auf der Bühne schaute uns Barnowsky schief an. Ich: »Äh, entschuldigen Sie, Herr Direktor, haben Sie nicht schon wieder neue Schuhe an…?« Und der Ausrutscher war vergessen.

Im Theater in der Stresemannstraße trat ich mit Maria Bard und Heinz Rühmann in Marcel Achards Komödie *Terzett* auf. Eines Abends kamen wir in die Garderoben, und alle Kostüme waren verschwunden, ein Einbrecher hatte sie am Nachmittag mitgenommen. Der Direktor trat vor den Vorhang, entschuldigte sich beim Publikum, und wir spielten unser *Terzett* in Privatkleidung. Der Schaden betrug, wie eine Berliner Zeitung zu melden wußte, zweitausend Mark.

Unter Hilpert spielte ich den Petrucchio in *Der Widerspenstigen Zähmung.* Zuerst habe ich mich lange Zeit an diese Rolle nicht herangetraut, weil mir ja, wie erwähnt, die gebundene Sprache nicht sonderlich liegt. Aber der Regisseur überredete mich dann: »Brauchst keine Angst haben, von mir aus bleibst halt hängen.« Innerhalb von neun Tagen büffelte ich den Text und habe die Premiere auch heil überstanden.

Im Gegensatz zu Käthe Dorsch, welche die Katharina spielte. Laut Regieanweisung habe ich sie auf der Bühne fürchterlich herumgeschmissen. Nach der Vorstellung zeigte sie mir dann ihren schönen Körper, der voller blauer Flecken war.

Die Dorsch war um vier Jahre älter als ich. In *Der Widerspenstigen Zähmung* spielte ich also ihren Liebhaber, in dem Film *Mutterliebe* ihren Freund. Aber in einem Theaterstück war ich, der um vier Jahre jüngere, gar ihr Vater. Auf der Bühne ist auch das möglich!

In Julius Berstls Lustspiel *Scribbys Suppen sind die besten,* aufgeführt in Barnowskys Komödienhaus, nannte mich die Kritik einen »angewienerten Yankee«.

Ja, das Wienerische habe ich wirklich nie verleugnet, und Fräulein Gertrude Pichel schreibt in ihrer Dissertation »Paul und Attila Hörbiger« für die Universität Wien: »Es mag überraschen, daß Paul Hörbiger als Schauspieler gerade in Berlin zum Wiener wurde.« Die solcher Art zur Frau Dr. promovierte Dame hat ganz recht. Ich bin in Berlin zu einem

Als Juniorchef in »Scribbys Suppen sind die besten«. Zeichnung einer Berliner Tageszeitung

Zeitpunkt der Prototyp des Wieners gewesen, als ich noch nie an der Donau aufgetreten war. Doch jetzt sollte es endlich soweit sein. In Berlin hatte ich in dem bayerischen Volksstück *Der Brandner Kaspar schaut ins Paradies* von Josef Maria Lutz den Boandlkramer gespielt und gleichzeitig auch mein Debüt als Regisseur gegeben. Nun kaufte die Wiener Scala die gesamte Produktion samt meiner Person als Gast.

Mein Hauptwohnsitz ist aber noch Berlin geblieben. Wir hatten mittlerweile im Villenvorort Zehlendorf, in der Glockenstraße Nr. 1a, eine Wohnung gemietet. Das Haus hatte eine interessante Architektur – es war dreieckig gebaut. In unmittelbarer Nähe wohnte Theo Lingen, der später einer meiner vertrautesten Freunde wurde. Damals waren wir aber noch per Sie. Eines Tages traf ich ihn auf der Straße, er war mit seinem kleinen roten Auto, für das man keinen Führerschein benötigte, unterwegs. Nach Friedell stellte ich auch ihm die Frage: »Sagen Sie, Herr Lingen, was denken Sie über Hitler?«

Seine Antwort war kurz und prägnant: »Hitler – ein Verbrecher!«

Am liebsten hätte ich Theo Lingen auf offener Straße abgebusselt. So viele Menschen habe ich damals nicht getroffen, die in dieser Beziehung meiner Meinung waren.

»Ja«, sagte ich zu ihm, »er ist ein Verbrecher, und größenwahnsinnig ist er auch.« In unserer glückseligen Übereinstimmung sind wir gleich per du geworden.

Einige Wochen später war es soweit: Adolf Hitler, von Theo Lingen und mir gerade noch als »größenwahnsinniger Verbrecher« gewertet, wurde am 30. Jänner 1933 von Reichspräsident Hindenburg zum Reichskanzler ernannt.

In dieser Zeit hatte ich bei Radio Hilversum, in der Nähe von Amsterdam, zu tun. Als persönlicher Gast des Prinzen Hendrik, der mich ja seinerzeit bei der Premiere des *Weißen Rößl* in der Garderobe besucht hatte, war ich mit Pippa in Den Haag. Der Prinz – Vater der Königin Juliana – zeigte sich von seiner großzügigsten Seite, er brachte uns im besten Hotel unter und lud uns in die teuersten Lokale der Stadt ein. Mitten im Gespräch griff er sich auf den Kopf. »Euer Hitler ist doch verrückt. Holland ist durch die Juden reich geworden – und er will sie hinauswerfen!« Der Bruder seiner Hofdame Hovergaard war Astrologe und prophezeite mir gegenüber: »Im April tritt der Hitler wieder ab, oder er ist tot.« Was den Monat betrifft, hatte er ja recht. Leider hat er sich nur in der Jahreszahl geirrt.

Vom ersten Tag der Hitlerdiktatur an wurden unsere jüdischen Kollegen boykottiert. Es begann mit Berufsverboten und endete, wie man heute weiß, sehr oft im KZ. Mit Otto Wallburg habe ich nicht nur viel Theater gespielt und gefilmt, unsere Familien waren auch privat sehr eng miteinander befreundet. Daher war es für ihn klar, daß er gemeinsam mit Julius Falkenstein zu mir kam, um über ein Problem zu reden. Die beiden Schauspieler zeigten mir zwei Schreiben, die ihnen – jeweils im gleichen Wortlaut – von der Ufa zugestellt worden waren. Man teilte ihnen mit, daß ihr Filmvertrag »aus gegebener Veranlassung« fristlos gekündigt werde.

Ich las mir die Entlassungsbriefe durch und sagte: »Was heißt hier aus gegebener Veranlassung? Wenn man jemanden hinausschmeißt, muß man einen Grund angeben. Den Prozeß habt ihr schon gewonnen.« Daß die jüdische Herkunft der beiden Grund genug sein sollte, wollte ich einfach nicht für möglich halten.

Otto Wallburg reagierte als erster. »Ich laß mir das auch nicht gefallen, ich gehe zum Schiedsgericht. Würdest du meine Vertretung übernehmen, Paul?«

Nun bin ich zwar kein Jurist, aber an diesem Schiedsgericht war es laut Statuten üblich, daß beide Seiten durch Standesangehörige vertreten werden. Der Vorsitzende Lindemann eröffnete die Verhandlung: »Das Schiedsgericht wurde angerufen durch den Schauspieler Otto Wallburg, vertreten durch Paul Hörbiger, um im Streitfall gegen die Universum-Film-Aktiengesellschaft, Ufa, vertreten durch Herrn Dr. N.*, zu entscheiden.«

Da bin ich schon zum erstenmal aufgestanden. »Verzeihung, Herr Vorsitzender, darf ich fragen, welches Doktorat der gegnerische Vertreter hat. Ist er Doktor der Medizin oder der Philosophie?«

»Nein, er ist Doktor iuris«, gab Lindemann an.

»Dann protestiere ich gegen diese Vertretung, denn laut Statuten werden die Parteien an diesem Schiedsgericht durch ihre

---

* Den Namen des Ufa-Vertreters weiß ich heute nicht mehr.

Standesvertreter verteidigt, und die sind ja im Normalfall keine Juristen.«

»Da irren Sie sich, Herr Horbiger, Dr. N. ist nicht als Jurist hier, sondern als Mitaktionär der Ufa.«

Und wieder ich: »Was Sie da anführen, ist das, was man heutzutage in gewissen Kreisen einen jüdischen Dreh nennt.«

Daraufhin ist Dr. N. aufgestanden, hat mir über den Tisch hinweg ostentativ die Hand gereicht und ist aus dem Verhandlungssaal gegangen. Nun war die Ufa paradoxerweise ohne Vertreter.

Da fragte mich Lindemann: »Glauben Sie nicht, daß man die Sache durch einen Vergleich aus der Welt schaffen kann?«

»Ich warte auf einen Vorschlag.«

»Man könnte der Ufa vorschlagen, daß sie zwei Drittel der vereinbarten Gage ausbezahlt und der Kläger Otto Wallburg je nach Indiviualität beschäftigt wird.«

Nun bat ich um eine kurze Verhandlungspause, um mich mit Wallburg zu besprechen. »Die zwei Drittel würd ich auf jeden Fall nehmen«, sagte ich, »aber verzichte auf die weitere Beschäftigung.«

»Warum? Ich will doch spielen!«

»Na, was werden sie dich spielen lassen. Die werden jetzt einen antisemitischen Film nach dem anderen drehen. Und was heißt ›je nach Individualität‹? Daß du überall den bösen Juden spielen darfst.«

Wallburg ließ sich von mir zu diesem Kompromiß überreden, und so teilte ich Lindemann mit: »Mein Mandant wäre mit einem derartigen Vergleich einverstanden, würde aber auf weitere Beschäftigung verzichten.«

Der Schiedsspruch wurde dann, nach Rücksprache mit einem Ufa-Vertreter, dahingehend gefällt und erging schriftlich. Nach der Verhandlung traten zwei Gestapo-Beamte, die die ganze Zeit zugehört hatten, auf mich zu und warfen mir vor, daß ich das »Gastrecht mißbrauche«, da ich mich als Ausländer »in fremde Angelegenheiten mische«.

»Wo steht denn bitte geschrieben, daß Juden nicht mehr filmen dürfen?«

Einer antwortet: »Das Gesetz ist noch nicht da, aber in Ausarbeitung.«

Wallburg durfte dann noch eine Zeitlang Theater spielen, ehe er emigrierte. Einige Tage nach der Verhandlung zeigte mir einer meiner Freunde, der österreichische Konsul Karl Künzel, eine Schweizer Zeitung, deren Überschrift lautete: »Paul Hörbiger setzt sich für jüdische Kollegen ein.«

Bald waren keine jüdischen Kollegen mehr da, für die man sich hätte einsetzen können. Ich will hier nur einige Künstler nennen, die mir nahestanden und Berlin verlassen hatten: Max Reinhardt, Paul Morgan, Ernst Deutsch, Fritz Kortner, Oscar Karlweis, Max Hansen, Grete Mosheim, Franz Lederer, Friedrich Hollaender, Richard Tauber, Roda Roda, Victor Barnowsky, Kurt Robitschek, Gisela Werbezirk, Szöke Szakall, Fritz Lang, Paul Graetz...

Die Vernünftigen in Berlin sagten: »Jetzt fehlt das Salz in der Suppe.« Und die übereifrigen »Arier«, die schon bisher nichts erreicht hatten, schöpften neue Hoffnung: »Die Juden sind fort, endlich haben wir eine Chance.«

Einige Emigranten waren weitsichtig genug, gleich nach Amerika zu gehen, die meisten versuchten einen neuen Start in Prag, Wien oder Budapest. In meiner Geburtsstadt habe ich in dieser Zeit unter der Regie Géza von Bolvarys den Film *Skandal in Budapest* gedreht. Produzent Joe Pasternak, die Hauptdarsteller Franziska Gaal und Szöke Szakall waren mosaischer Konfession. Das war den Nazis natürlich äußerst unangenehm, und so kam es, daß im *Filmkurier* vom 31. August 1933 die folgende Warnung zu lesen war:

> Es wird als unpatriotisch, ja sogar als Landesverrat angesehen, wenn jetzt inmitten der großen Aufbauarbeit am deutschen Film deutsche Künstler sich mit Filmgesellschaften und Filmschaffenden im Auslande verbinden, die entweder als Nichtarier aus Deutschland auswandern oder gegen das neue Deutschland feindselig eingestellt sind und sich an der Hetze gegen Deutschland beteiligen. Solche arischen Deutschen, die im Ausland gegen die deutschen Interessen arbeiten, laufen also Gefahr, mit den nichtarischen in Zukunft gleichgestellt zu werden.

Das war eine saftige Drohung, ich habe sie aber weiter nicht

In Budapest habe ich mit Franziska Gaal und Szöke Szakall das musikalische Lustspiel »Skandal in Budapest« gedreht.

ernst genommen und in den folgenden Jahren in Österreich noch etliche Filme mit »Nichtariern« gedreht.

Es ist nicht nur bei den Verwarnungen geblieben. Etwa ein Jahr später – es war kurz vor der Ermordung des österreichischen Bundeskanzlers Engelbert Dollfuß – nahm ich zusammen mit Hansi Niese und Oskar Sima in einem Berliner Rundfunkstudio das Hörspiel *Ein Berliner in Wien* auf. Leopold Hainisch führte Regie, und ich werde nie vergessen, wie hinreißend die Niese das Couplet sang: »Auf der Lahmgruab'n und auf der Wieden san ja die Gusto sehr verschieden.« (Für Ortsunkundige: In einem bestimmten Teil des sechsten und im vierten Wiener Gemeindebezirk sind die Geschmäcker unterschiedlicher Natur.) Ich selbst habe das »Fiakerlied« gesungen, und in einer Probenpause ist ein kleiner, untersetzter Mann in Uniform auf mich zugekommen, sehr höflich und nett: »Ich habe Ihnen zugehört, Herr Hörbiger, ich gratuliere Ihnen, es freut mich sehr, daß Sie bei dieser Sendung mitmachen, gestatten Sie, daß ich mich vorstelle, ich bin der Reichsbeauftragte für österreichische Sendungen, mein Name ist Oskar Jölli.«

»Jölli, Jölli...«, ich habe laut nachgedacht, der Name kam mir bekannt vor.

»Ja, wir kennen uns schon länger, als Sie glauben. Ich bin nämlich der Sohn vom Oberlehrer Jölli aus Margarethen am Moos.«

Na, so ein Zufall, dachte ich, und es war mir sehr recht, einmal einen offiziellen Vertreter des neuen Regimes zu treffen, noch dazu, wo er doch für den Rundfunk zuständig war. Ich hatte mich nämlich schon die längste Zeit über eine bestimmte Radiosendung fürchterlich geärgert. Und da wir uns sowieso aus der Kindheit kannten, habe ich mir kein Blatt vor den Mund genommen. Das sollte ein folgenschwerer Fehler sein.

»Herr Jölli, ich freue mich, Sie nach so langer Zeit wiederzusehen, wir können ja ganz offen miteinander reden. Wer ist dieser Habicht, der da ununterbrochen im Radio gegen die österreichische Regierung hetzt?« Ich wurde noch deutlicher. »Das ist doch eine Feigheit, eine Lumperei, dieser Habicht sitzt im Kaffeehaus, schaut auf die Uhr und sagt: ›Moment, es ist halb vier, jetzt muß ich wieder ein paar Minuten auf die österreichische Regierung schimpfen.‹ Und ich als Österreicher muß mir das im Radio anhören.«

Theodor Habicht war, wie ich erst später erfahren habe, »Landesinspektor der österreichischen NSDAP« und hat sich wenige Tage später als einer der Putschisten einen »Namen« gemacht, die die Ermordung von Bundeskanzler Dollfuß planten.

Herr Jölli hat mir aufmerksam zugehört und keine Miene verzogen. Er gab keine Antwort auf meine Frage und verabschiedete sich. Meine Radiosendung wurde weiter aufgezeichnet, und ich dachte an die ganze Unterredung bald nicht mehr.

Aber kurze Zeit später traf ich wieder Theo Lingen. »Du, Paul, eigentlich dürfte ich es dir gar nicht sagen, man hat es mir unter dem Siegel der Verschwiegenheit verraten, du mußt irgend etwas Furchtbares erzählt haben, denn du bist ab sofort beim Hörfunk verboten.«

Zuerst nahm ich es nicht ernst, aber einige Tage später saß ich mit meiner Frau im Hotel Exzelsior vis-à-vis vom Anhalterbahnhof. Sie hatte eine kleinformatige Zeitung aufgeschlagen und zeigte mir die Titelzeile: »Warum Adolf Wohlbrück und Paul Hörbiger nicht mehr filmen dürfen.«

In dem Artikel war dann wieder von einem »Mißbrauch des Gastrechts« die Rede, und dies sei der Grund für die Sperre in Film und Funk.

In diesen Tagen habe ich dann erfahren, daß Oskar Jölli aus Margarethen am Moos ein kleiner Gestapo-Spitzel war und nichts Besseres zu tun hatte, als den Inhalt unseres Gesprächs sofort weiterzuleiten. Wie man heute weiß, funktionierte das ganze Nazi-Regime überhaupt nur mit Hilfe eines dichten Netzes solcher Spitzel, die in alle möglichen Kreise der Bevölkerung eingeschleust wurden. Es hieß damals: Die Schutzpatronin der Nazis ist die Heilige Denunziata Anonyma.

Es ist nicht bei dem einen Verrat durch Jölli geblieben, er war auch später geradezu darauf versessen, seinen alten Spielgefährten aus der niederösterreichischen Sommerfrische eins auszuwischen.

Zunächst saß ich wie gelähmt da und ließ die Zeitung mit der Meldung über mein berufliches Ende langsam auf die Knie sinken. Wollte man mir wirklich meinen Broterwerb nehmen, nur weil ich über die Radiosendungen eines Herrn Habicht hergezogen bin? Das kann doch nicht möglich sein. Die wirkliche Brutalität der Nazis, die ja zu ganz anderen Dingen imstande waren, hatten wir noch lange nicht erfaßt. Ich stand der Sache überhaupt besonders naiv gegenüber.

Meine Frau war vielleicht etwas realistischer. »Paul, wir sollten emigrieren.«

»Nein, nein, ich hab nichts angestellt. Ich bin völlig legal in Deutschland. Da muß schon vorher der Hitler emigrieren, der ist ja schließlich auch Österreicher, und er hat das Gastrecht ein bißl mehr mißbraucht als ich.«

Einige Tage später war ich in einem Beethovenkonzert im Klub der deutschen Künstler. In der Pause sprach mich der Adjutant von Propagandaminister Joseph Goebbels an.

»Herr Doktor Goebbels möchte Sie kennenlernen, bitte kommen Sie mit mir.«

Goebbels schüttelte mir die Hand. »Herr Hörbiger, ich darf Ihnen mitteilen, daß Sie einer der wenigen Schauspieler sind, die der Führer hundertprozentig gelten läßt.«

»Danke für das Kompliment.« Das ist aber paradox, dachte ich mir, er läßt mich gelten, aber nicht spielen.

»Wie geht es denn sonst immer, Herr Hörbiger?«

»Gesundheitlich ganz ausgezeichnet, nur politisch habe ich Schwierigkeiten.«

Goebbels gab sich erstaunt. »Wieso denn?«

»No, weil ich doch für Film und Funk verboten wurde.«

»Das ist mir neu.«

»Aber es steht ja in der Zeitung.«

»Da haben Sie wahrscheinlich einen dummen politischen Witz erzählt.«

»Nein, nein, ich habe nur gesagt, daß die Propaganda des Herrn Habicht gegen Österreich eine Feigheit und Lumperei ist.«

»Ganz meiner Ansicht, Herr Hörbiger, wir haben Habicht bereits abgesetzt.«

»Es freut mich, daß Sie da meiner Ansicht sind. Aber scheinbar darf man heute nicht mehr sagen, was man sich denkt.«

»Im Gegenteil, wir sind doch für jede Kritik, sofern sie sachlich ist, immer empfänglich. Wer hat Sie denn in der Habicht-Sache angezeigt?«

»Das möchte ich lieber nicht sagen, ich werde mir das mit dem Herrn selbst ausmachen.«

»Nein, nein, sagen Sie es nur, Herr Hörbiger, wir werden die Angelegenheit in amikaler Form lösen.«

»Also gut, er heißt Oskar Jölli.«

»Herr Hörbiger, Sie werden von mir hören.«

Schon am nächsten Tag, kurz nach neun in der Früh, läutete das Telephon. »Hier Oberregierungsrat Dr. Schmidt. Im Auftrag von Doktor Goebbels Verbot für Film und Funk aufgehoben. Heil Hitler!«

Ich habe aufgelegt und zu meiner Frau gesagt: »Siehst, Pippa, so macht man das!«

In der Zeitschrift *Die Filmbühne* erschien dann etliche Wochen danach diese kleine Nachricht:

> Der Präsident der Reichsfilmkammer teilt zur Widerlegung falscher Gerüchte mit, daß die Filmschauspieler Paul H ö r b i g e r und Adolf W o h l - b r ü c k nach wie vor zur Mitwirkung bei der Herstellung deutscher Filme zugelassen sind.[*]

Man hatte sich aus der Affäre gezogen.

Einige Zeit verkehrte ich im Klub der deutschen Künstler, wo ich auch Goebbels getroffen hatte. KddK-Präsident Benno von Arendt sagte mir, alles sei »ganz unpolitisch, einfach ein geselliges Beisammensein mit Kollegen«.

Irgend jemand sprach mich an. »Film, Theater, alles war verjudet.«

Ich: »Na und. Wer hat *Sie* daran gehindert, Theaterdirektor zu werden?«

Die alkoholischen Getränke waren spottbillig, und bald ahnte ich, welchen Zweck diese Veranstaltungen verfolgten. Als die Künstler beschwipst waren, hatten sie natürlich ein loses Mundwerk, und sie begannen zu plaudern. Völlig klar war die Sache für mich spätestens an jenem Abend, als ich Spitzel Jölli »mit interessiertem Gesicht« auf- und abgehen sah. Das

---

[*] Originalkopie »Die Filmbühne«, Januar 1935

war für mich der beste Beweis. Von da an bin ich nicht mehr in den KddK gegangen.

Wie ich später erfahren habe, wurden einige Kollegen auf Grund ihrer beschwingten Plauderstunden im Klub der deutschen Künstler verhaftet.

»*I bin die Schratt.*«

Dreharbeiten mit Hans Moser und Heinz Rühmann

Durch Film und Theater bekannt geworden, war ich plötzlich das, was man einen Star nennt.

Na schön.

Das hat Vor- und Nachteile. Einen Vorteil erlebte ich, als ich vor nicht allzulanger Zeit in Wien in der Straßenbahn unterwegs war.

»Ah, Herr Hörbiger«, begrüßte mich der Schaffner, »Sie fahren wohl ins Akademietheater.«

»Ja, geben S' mir bitte eine Fahrkarte.«

»Herr Hörbiger, kommt net in Frage, heut sind Sie mein Gast.«

Oder auf dem Berliner Wittenbergplatz, da bremste plötzlich, weit entfernt von der Busstation, ein Doppeldecker ab, und der Fahrer schrie mir zu: »Paule, willste mitfahren?«

Aber die Nachteile überwiegen. Es gibt kaum ein Essen in einem öffentlichen Lokal, das nicht auf Grund von Autogrammwünschen der anderen Gäste kalt würde. Ich schlafe gern in der Eisenbahn. Man weckt mich: »Gehn S', Herr Hörbinga, derf i a Unterschrift haben?«

Zu den unangenehmeren Begleiterscheinungen des Starrummels gehören auch die Interviews. Berlin in den dreißiger Jahren. Ein junger Mann läutet an unserer Haustür. Ich öffne.

»Entschuldigen Sie, Herr Hörbiger, ich bin Reporter und möchte von Ihnen ein Interview haben.«

»Soso, ein Interview wollen S'. Was bekommen S' denn bezahlt für so ein Interview?«

Der junge Mann überlegt ein paar Sekunden. »Ein Interview mit Paul Hörbiger, das wird schon hundert Mark bringen.«

Da habe ich nicht lange gezögert, meine Brieftasche herausgezogen und gesagt: »Da haben S' die hundert Mark und lassen S' mich in Ruh.«

Immer konnte ich mich leider nicht so erfolgreich zur Wehr setzen, meist werden ja die Interviewtermine von den Filmproduzenten arrangiert, weil die genau wissen, daß so ein Zeitungsartikel kurz vor der Premiere einen erheblichen Werbeeffekt darstellt.

Ansonsten war ich alles andere als ein »Hinausschmeißer« – im Gegenteil, wir haben immer einen sehr gastfreundlichen Haushalt geführt. Als wir, nur ein paar Meter von unserer bisherigen Wohnung entfernt, in der Glockenstraße 25, ein Grundstück kauften, habe ich bei der Planung des Hauses nicht darauf vergessen, einen kleinen Weinkeller einzuzeichnen. Ab 1934 wohnten wir also im eigenen Haus mit 2400 Quadratmeter großem Garten und – wohlsortiertem Weinkeller, auf den ich besonders stolz war. Kollegen von Film und Theater sind bei uns ein- und ausgegangen.

Eines Abends waren Jan Kiepura und Marta Eggerth da. Ich habe mit den beiden den Robert-Stolz-Film *Mein Herz ruft nach dir* gedreht. Im Atelier hatten sie ununterbrochen miteinander gestritten, jeder wollte den anderen – nicht nur stimmlich – übertrumpfen, aber mitten im Streit müssen sie sich plötzlich ineinander verliebt haben, denn auf einmal waren sie verheiratet.

Also das Ehepaar Kiepura-Eggerth kam zum Essen, auch Willi Forst und Theo Lingen waren an diesem Abend da. Ich habe die Geschichte, die jetzt folgt, erst viele Jahre später von meinen Töchtern erfahren, man wollte mir die Hintergründe meines peinlichen Auftritts lange ersparen.

Am Nachmittag, einige Stunden bevor die berühmten Kollegen erwartet wurden, sollte eine Lieferung edelster Sortenweine von den ehemals Kaiserlichen Gütern der Habsburger im Rheinland in unserem Keller eintreffen. Aber die Lieferung blieb aus. Die Ida war verzweifelt und hat sich an meine Gattin gewandt. »Gnädige Frau, was sollen wir machen, der Wein kommt nicht.«

Pippa ließ nun den billigen Wein, der noch im Keller lagerte, heraufholen. Die Flasche zu achtzig Pfennig, wurde dieser markenlose Tropfen im allgemeinen nur zum Kochen verwendet. Aber ein anderer Wein war in der Eile nicht mehr aufzutreiben, denn die Gäste sollten jeden Moment eintreffen.

»Ida, eines muß ich Ihnen sagen«, warnte meine Frau, »der Herr Hörbiger darf von der ganzen Sache nichts erfahren.«

Die Gäste nahmen Platz, Ida schenkte mittels Krug ein, und ich erhob – ein Weinkenner, wie ich nicht oft genug zu betonen wußte – das Glas, nippte und sprach die Worte: »Ein guter Tropfen!«

Während, wie man mir heute töchterlicherseits mitteilt, die Familienmitglieder das Lachen kaum verbeißen konnten, lobten die höflichen Gäste, nicht ohne die berühmten Gesichter zu einer leidenden Grimasse zu verziehen: »Ja, der Wein ist wirklich wunderbar.«

So schrecklich kann das Ergebnis auch wieder nicht gewesen sein, denn Marta Eggerth und Jan Kiepura waren mehrmals bei uns und haben später dann auch ihren Abschiedsabend, bevor sie Berlin in Richtung Amerika verließen, im Hause Hörbiger gefeiert.

Es läßt sich nicht vermeiden, und man will auch gar nichts dagegen unternehmen: Wenn man ein Star wird, verdient man mehr Geld. Ich erhielt zu jener Zeit pro Hauptrolle in einem Film sechsunddreißigtausend Mark, und das zählte damals zu den höchsten Gagen. Doch die Nazis kürzten unsere Einnahmen, ich wurde auf vierundzwanzigtausend »heruntergedrückt«.

Mein Freund Konsul Künzel wollte schon seit längerer Zeit ins Filmgeschäft einsteigen, und auch Starregisseur E. W. Emo war an einer eigenen Produktion interessiert. Nachdem ich wegen der Gagenkürzungen auf die inzwischen verstaatlichte Ufa ohnehin schlecht zu sprechen war, beschlossen wir, zu dritt eine Filmproduktionsfirma zu gründen. Vorerst wollten wir sie »Alfa« nennen, dann haben wir allerdings erfahren, daß es bereits eine Milchseparatorenfabrik selbigen Namens gab. Gut, daß man uns das rechtzeitig gesagt hat, sonst hätte es noch eines Tages heißen können: »Auch die Film-Alfa erzeugt Käse.«

Diese Zeitungszeile haben wir uns erspart, denn wir nannten unser Unternehmen dann »Algefa« (Allgemeine Film-Aktiengesellschaft).

Auch ohne Käse produziert zu haben, wurden uns ununterbrochen Schwierigkeiten bereitet, denn man sah es äußerst ungern, wenn die Ufa Konkurrenz erhielt.

In meinem ersten selbstproduzierten Film wollte ich Hans Moser einsetzen, das wußte ich von Anfang an. Ich habe daran geglaubt, daß wir ein gutes Team würden. Zwei Wiener, er ein raunzerischer Typ, ich eher auf Feschak. Der erste Algefa-Film hieß *Endstation,* ich spielte einen Straßenbahner, Hans Moser meinen Vater. Weiters konnten wir Maria Andergast, Hubert von Meyerinck und Oskar Sima gewinnen. Regie führte E. W. Emo.

Unser Leidensweg begann. Das Drehbuch wurde zuerst einmal der Zensurstelle vorgelegt. In einer Szene sollte ich die Straßenbahn verlassen, weil ich meine Verlobte sah. Erster Einwand: »So etwas macht ein deutscher Schaffner nicht.« Also gut.

Das Drehbuch wurde dementsprechend geändert und genehmigt. Endlich haben wir gefilmt – in einem Münchner Studio, die Außenaufnahmen in Wien. Als wir mit den fertigen Filmrollen nach Berlin kamen, teilte uns die Filmkreditbank – über die die Finanzierung jedes Films durchgeführt werden mußte – mit, daß Wiener Filme ab sofort verboten seien. Wir sollten die Handlung nach Köln, Frankfurt oder Berlin verlegen.

Also gut.

Ich bin zu dem Referenten gegangen und habe gesagt: »Ein Schaffner ist ein Mann des Volkes, und ich kann halt nur den Wiener Dialekt und keinen anderen.« Wien wurde daraufhin doch genehmigt – allerdings nicht ohne dies mit einer weiteren Bedingung zu verknüpfen: der Straßenbahnergesangsverein durfte den bereits aufgenommenen Johann-Strauß-Walzer »Donau so blau« nicht spielen, weil dies die heimliche Hymne der Österreicher war.

Also gut.

Auch diese Szene wurde laut Anweisung der Zensurstelle ausgetauscht. Doch damit nicht genug. In Wien fuhren die Tramways damals auf der linken Straßenseite, in Deutschland hingegen rechts. An jener Straßenbahn, in der ich als Schaffner unterwegs war, stand vorne in großen Lettern LAINZ – weil die Linie in diesen Wiener Stadtteil führte. Jetzt meldete die Kreditbank ihren kuriosesten Wunsch an. Der Film müsse »verkehrt kopiert« werden, damit die Straßenbahn, wie in Deutschland, rechts fuhr.

Ich war sprachlos, Emo jedoch nicht. Er fuhr sich mit der Hand übers Gesicht, wie immer wenn etwas Wichtiges gesagt werden mußte, und teilte dem Beamten mit: »Naja, verkehrt kopieren, das geht schon. Aber es heißt halt dann nicht LAINZ sondern ZNIAL.«

Der Film wurde daraufhin doch nicht verkehrt kopiert.

Während der Dreharbeiten zu *Endstation* erzählte mir Oskar Sima, daß er Mitglied der NSDAP geworden sei. Wir waren Freunde, und ich habe mit ihm geschimpft.

»Du hast leicht reden«, meinte er, »du bist ein Star. Aber wie kann ich Filmrollen kriegen, wenn ich nicht dabei bin?« Die Nationalsozialisten hatten tatsächlich ein erpresserisches System entwickelt. Durch das sogenannte Kontingentgesetz durfte nur ein geringer Prozentsatz von Ausländern beschäftigt werden. Das war vor allem für österreichische Darsteller kleiner und mittlerer Rollen sehr unangenehm, denn für sie bestand die Gefahr, daß sie nicht »ins Kontingent« hineinkamen und daher nicht beschäftigt werden konnten. Wer jedoch Mitglied der Partei war – der brauchte sich diesbezüglich kaum Sorgen zu machen.

Eine andere Methode, Österreich dem wirtschaftlichen Ruin näherzubringen – und damit den »Anschluß« zu beschleunigen – war die Tausend-Mark-Sperre, die am 1. Juni 1933 in Kraft trat. Privatpersonen durften nur mehr Deutschland verlassen, wenn sie eine Gebühr von eintausend Reichsmark entrichteten. Damit wurde der österreichische Fremdenverkehr praktisch lahmgelegt. Als wir 1936 den Film *Seine Tochter ist der Peter* in Kitzbühel drehten, hat uns der Besitzer des Hotel Tyrol mit offenen Armen empfangen, denn die Filmleute waren seine einzigen Gäste. Privat konnte sich kaum ein Deutscher mehr eine Reise nach Österreich leisten.

Zurück zu *Endstation*. Während der Dreharbeiten habe ich in einer Hietzinger Konditorei für die gesamte Mannschaft ein paar Schaumrollen besorgt. Als die Mehlspeisen verpackt wurden, betrat eine freundliche, über achtzig Jahre alte Dame das Geschäft, wandte sich an mich und sagte: »Jössas, da Herr Hörbiger, ich kenn Sie aus dem Film. Mich kennen S' net, i bin die Schratt.«

»Aber natürlich, gnädige Frau«, stotterte ich ein wenig verlegen herum, »man kennt Sie doch.« Katharina Schratt, dereinst die Vertraute von Kaiser Franz Joseph, hatte damals in ihrer Hietzinger Villa, nahe dieser Konditorei, gewohnt. Ich bat die Verkäuferin, die Arbeit an meinen Schaumrollen zu unterbrechen und zuerst die Frau Hofschauspielerin zu bedienen. Darüber hat sich die Schratt gefreut, und ehe sie die Konditorei, mit einem Stück Sachertorte in der Hand, verließ, verabschiedete ich mich mit einem galanten Handkuß. Dann bin ich gerührt mit vor Aufregung leicht zerquetschten Schaumrollen zurück ins Studio gekommen und habe den Kollegen von der Begegnung mit der großen alten Dame erzählt. Und wir arbeiteten wieder weiter für *Endstation*.

Da ich, obwohl Schaffner, auch einmal die Straßenbahn steuern mußte, verlangte die Wiener Polizei von mir eine Tramwayprüfung. Diese habe ich abgelegt und mit großem Erfolg bestanden, worüber eine Tageszeitung berichtete:

So könnte ich jederzeit meinen Beruf wechseln, was ich damals auch am liebsten getan hätte, denn die Schikanen gegen unsere Algefa nahmen kein Ende. Nach *Endstation* haben wir den Film *Fiakerlied* gedreht. Von Anfang an wußten wir, was auf uns zukam. Denn die Leitmelodie unseres Films, das berühmte Wiener Fiakerlied »I führ' zwa harbe Rappen, mei Zeugerl steht am Graben« stammt von dem jüdischen Komponisten Gustav Pick. Er hatte es für Alexander Girardi geschrieben, der damit erstmals bei einem Praterfest der Wiener Freiwilligen Rettungsgesellschaft am 24. Mai 1885 einen Riesenerfolg hatte. Mit meinen Partnern Emo und Künzel fuhr ich per Bahn nach Wien, um mich mit Ödön von Horváth, der am Drehbuch mitarbeiten sollte, zu beraten.

Schon die Reise war nicht sehr verheißungsvoll. Im Schlafwagen weckte mich, kurz vor Salzburg, der Zöllner. »Haben S' was zu verzollen?«

»Nein.«

»Dann machen S' amol den Koffer da auf.«

»So, da ist eine Unterhose, mein Rasierapparat, Zahnbürstl...«

»Na, und was is mit der Salami da? Eine Stange Salami ist abgabepflichtig.«

»Das hab ich nicht gewußt.«

»Da müssen Sie leider Zoll und Strafe zahlen. Es sei denn, Sie schneiden die Salami auf und lassen die beiden Herren in Ihrem Abteil mitessen. Eine angeschnittene Salami gilt nämlich als Reiseproviant und ist damit zollfrei.«

Ich tat, wie von der Obrigkeit geheißen, Emo und Künzel erfreuten sich des edlen Geschmacks meiner teuren ungarischen Salami. Nachher haben mir die Freunde gestanden, daß sie das mit dem Zöllner nur aus eben diesem Grund inszeniert hatten.

Weit besser ist es da meinem Freund Leo Slezak in einem ganz anderen Zug gegangen. Er reiste mit der in einer Hutschachtel verstauten Krone, die er für seinen Opernauftritt benötigte, ins Ausland. Als der Zollbeamte die Schachtel öffnen ließ und des kaiserlichen Kopfputzes ansichtig wurde, trat er einen Schritt zurück und sagte devot: »Danke gehorsamst, 'tschuldigen bitte die Störung, Hoheit.«

Doch ich war ja wegen des »zu arisierenden« Fiakerlieds unterwegs. Ich traf Ödön von Horváth im Wiener Hotel Imperial. »Was soll ich machen?«

»Naja«, grübelte der Dichter, »schreib halt in den Vorspann: Das Fiakerlied, frei nach Motiven von Anzengruber.« Er meinte es als Witz, aber ich dachte im ersten Moment, es wäre ein ernsthafter Vorschlag.

»Geh«, sagte ich »das fressen doch die Nazis nicht.«

»Aber ja, die fressen alles.«

Sie haben nichts »gefressen«, die Nazis, wie sich für mich viel später herausstellen sollte. Zwar wurde der Film – es durfte auch der Name Ödön von Horváths nicht angegeben werden – gedreht, aber als Autorenvermerk stand »Von Hanns Sassmann«, und ich dachte, die Reichsfilmkammer hätte keine Ahnung von der Herkunft des Pick'schen Fiakerlieds. Doch da hatte ich wieder einmal meinen alten »Spezi« Oskar Jölli aus Margarethen am Moos unterschätzt. Nach dem Krieg bekam ich einen Brief in die Hände, den Jölli am 29. Juni 1935 »zur Weiterleitung an Herrn Staatskommissar Pg. Hans Hinkel« gerichtet hatte. Da schreibt er also:

Als nächsten Film will Hörbiger (Algefa) das *Fiakerlied* des Juden Gustav Pick herausbringen, und er soll angeblich schon die Bewilligung erhalten haben. Vielleicht könnte man einen Überwachungsdienst im Hotel Imperial in Wien einrichten, wo alle diese dunklen Geschäfte abgeschlossen werden. Heil Hitler! Jölli.*

---

* Dieser Brief befindet sich heute im American Document Center, Berlin, ich besitze eine Kopie.

Das *Fiakerlied* wurde trotzdem nicht verhindert, ich vermute, daß man aus Angst vor Meldungen in ausländischen Zeitungen damals noch vieles »durchgehen« ließ. *Fiakerlied* – in Österreich unter dem Titel *Fahr'n ma Euer Gnaden* herausgekommen – war sogar der erfolgreichste Film unserer Algefa. Und ich hatte in Berlin einen neuen Spitznamen: »Fiaker-Paule.«

Nach dem Erfolg dieses Films wurde es plötzlich modern, mit mir Fiakerfilme zu drehen. Das ist in dieser Branche immer so gewesen, wenn eine Figur, ein bestimmter Typ, gut ankommt, wird das Klischee wieder und wieder eingesetzt. Ich war also jetzt »Fiaker-Paule«.

Da rief mich der Produktionsleiter einer anderen Filmgesellschaft an. »Herr Hörbiger, wir hätten da ein Projekt für einen Film, in dem Sie einen Fiakerkutscher spielen könnten.«

Sehr originell, dachte ich vor mich hin. Der Produktionsleiter wollte jetzt wissen: »Äh, wieviel Gage verlangen Sie denn für eine Filmrolle?«

Ich habe ihm irgendeine Summe genannt. Schweigen. »Hallo, sind Sie noch da?«

»Ja, schon, äh, ... ich melde mich wieder.«

Was er allerdings nie getan hat. Nach einiger Zeit traf ich ihn eher zufällig und fragte: »Warum haben S' mich denn damals nicht mehr angerufen?«

»Es war mir sehr peinlich, Herr Hörbiger, aber meine Chefin hat gesagt: ›Man kann doch für einen Kutscher nicht soviel Geld ausgeben.‹«

Worauf ich erwidern mußte: »Dann lassen S' Ihre Chefin schön grüßen und sagen S' ihr, Sie kann sich ja wieder einmal melden, wenn sie jemanden braucht, der einen Bankdirektor spielt!«

Aber in erster Linie war ich ja immer noch mein eigener Produzent. Wie kommt man als Filmproduzent zu neuen Stoffen?

Am besten, man erlebt sie selbst. Mein Vater hatte mir einmal erklärt, daß jeder Mann im Alter von vierzig Jahren ein paar Kilogramm abnehmen solle. Ich hatte dieses Alter eben erreicht, da fuhr ich also in die Gemeinde Lindewiese in Schlesien, wo die berühmte »Schrothkur« angewandt wurde. Der Kurarzt hieß Dr. Schroth. Wie ich sogleich erfuhr, haben sie dort aus Gründen der Propaganda nur Ärzte mit dem Namen Schroth beschäftigt, damit jeder Patient das Gefühl hatte, vom »berühmten Doktor Schroth« persönlich behandelt zu werden. Und wenn gerade kein Doktor namens Schroth aufzutreiben war, dann nannte sich der Stellenbewerber ebenso. Johann Schroth – der Erfinder dieser Kur – war ein biederer böhmischer Landwirt gewesen.

Die Schrothkur hat den Vorteil, daß man essen kann, soviel man will. Man will aber gar nicht soviel essen, denn erlaubt sind ausschließlich trockene Semmeln.

Am dritten oder vierten Tag der zehntägigen Kur luden mich Einheimische zu einem großen Umtrunk ein. Von seiten des gerade amtierenden Dr. Schroth wurde mir gestattet, dort hinzugehen, saurer Wein war sogar ein erheblicher Bestandteil dieser Kur.

Ich nahm die Einladung also an, bestand aber darauf, daß in meiner Gegenwart niemand essen dürfe, weil ich sonst garantiert rückfällig würde. »Zuaschaun kann i net« heißt das dazu passende Wienerlied.

Die Gastgeber nahmen meine »Bedingung« an, das Spektakel war ihnen nur recht. Infolge mangelhafter Ernährung waren schließlich alle Anwesenden inklusive meiner Person total besoffen. In betrunkenem Zustand haben mir die Einheimischen dann immer versichert, was für Idioten wir Kurgäste doch wären: »Da zahlt's ihr ein Vermögen dafür, daß ihr nur alte Semmeln fressen und einen sauren Wein saufen dürft's.«

Das war ein Filmstoff!

Ich schlug, namens der Algefa, sofort zu. So entstand der Film *Schabernack* – in Österreich hieß er *Wer ist wer?* –, in dem Hans Moser einen Portier und ich den Oberkellner eines Hotels mit lauter verrückten Kurgästen spielten. Lindewiese nannten wir im Film Wiesenlinde.

In all den Jahren meiner Filmtätigkeit war der Moser der einzige Komiker, über den ich schon bei den Dreharbeiten ehrlich und schallend habe lachen müssen. Es war einfach urkomisch, wenn er sich aus lauter Verzweiflung mehrmals um die eigene Achse drehte. Neben seiner Portierbeschäftigung in *Schabernack* war er auch »Mitglied der Freiwilligen Feuerwehr von Wiesenlinde«. Plötzlich, laut Drehbuch, ein Brand, große Aufregung im ganzen Haus, alles schreit »Feuer, Feuer!«, aber Moser hat noch anderweitig in der Rezeption des Kurhotels zu tun. Da nuschelt er sein Extempore: »Halt, die Herren von der Feuerwehr, warten S' auf mi, noch net löschen, i kann net, i muß da no was in der Portierlosch tun...« Wir mußten vor lauter Lachen eine Drehpause einlegen.

Mit Moser verband mich schon nach unseren ersten gemeinsamen Filmen eine echte und herzliche Freundschaft. Wir wurden vom Publikum zum komischen Traumpaar deutschsprachiger Filmkomödien hochgejubelt, verstanden uns aber auch außerhalb der Studios prächtig.

Was sich liebt, das neckt sich. In der Nazizeit besuchte er mich einmal in der Glockenstraße. Während wir Kaffee trinken und Kuchen essen, stehe ich abrupt auf, gehe zum Telephon, hebe ab und spreche in die Muschel: »Bitte verbinden Sie mich sofort mit der kommunistischen Parteizentrale.«

Da unterbricht mich der Hans natürlich. »Paul, bist du total verrückt, wenn dich die Gestapo erwischt...«

»... Moment, laß mich bitte ausreden, du störst mich ja nur. Hallo, ja, hier Paul Hörbiger, ich bin jetzt da, die Sendung geheimer Briefe ist soeben von mir per Post weggegangen...«

»Per Post schickst du das? Paul...«

»... Ruhe. Ja, es sind auch die Dokumente über Goebbels in dem Paket...«

»... Paul, sei doch nicht so unvorsichtig...«

»Na, so gefährlich ist das gar nicht, wenn man nämlich die ganze Zeit mit der Hand die Telephongabel niederdrückt.«

Moser schaut aufs Telephon und atmet erleichtert auf. »Du bist vielleicht a Gauner, Paul.«

Aber auch ohne »direkten Draht« zu einer kommunistischen Zentrale wurde unsere Situation schwieriger. Die Schikanen gegen unsere Algefa wurden trotz – oder vielmehr gerade wegen – der erfolgreichen Produktionen verstärkt. Man gab uns in den Berliner Kinos die schlechtesten Premierentermine, und Meisterspitzel Jölli wollte immer neue jüdische Autoren entdeckt haben, die wir eingeschmuggelt hätten. So schreibt er ebenfalls an seinen »Parteigenossen Hinkel«:

Die Hörbiger-Film-Produktion Algefa wird in der Hauptsache vom hiesigen österreichischen Konsul Künzel finanziert... Hörbiger ist übrigens häufiger Gast in der Botschaft, was seine Gesinnung zur Genüge charakterisieren dürfte. Hörbiger plant als nächsten Film *Das Dreimäderlhaus,* der auch inzwischen schon von der Presse angekündigt wurde. Um im Dritten Reiche mit diesem unbedingt abzulehnenden Kitsch nicht Anstoß zu erregen, wurde veröffentlicht: *Dreimäderlhaus* von Franz Schubert (!), während es ein Machwerk des Juden Berté ist. Berté soll überdies seine Zustimmung zur Verfilmung nur unter der Bedingung gegeben haben, daß seine musikalische Bearbeitung mitverwendet wird.*

Den hier von Jölli angekündigten Film *Drei Mäderl um Schubert* haben wir auch tatsächlich gedreht. Der Spitzel hat freilich in seinem Fleiß ein wenig über die Schnur gehauen Die Musik war natürlich von Schubert (dessen Ariernachweis ja leicht zu erbringen gewesen wäre...). Von dem »Juden Berté« stammten die Liedtexte, sie sind in unserem Film aber überhaupt nicht vorgekommen. Fraglich ist auch, wie wir die »Zustimmung« Heinrich Bertés hätten erlangen sollen. Er war nämlich zwölf Jahre vor Beginn der Dreharbeiten verstorben.

Im *Dreimäderlhaus* gab es noch ein – diesmal wirklich völlig unpolitisches – Problem: Schubert war 1,52 Meter klein, ich sollte ihn darstellen, bin aber 1,80 groß. Da engagierten wir schließlich etliche »überlange« Schauspieler, und der zwei Meter große Leopold von Ledebur spielte den Schubert-Freund Schober. Neben ihm wirkte ich geradezu gedrungen.

Für den Schubert mußte ich mir die Haare färben und Dauerwellen legen lassen. Mein Aussehen war mir so peinlich, daß ich mich wochenlang außerhalb des Studios kaum blicken ließ.

Was die Algefa betrifft, hat man uns so lange schikaniert, bis wir die Produktion einstellten und die Firma verkauften.

In dem schon erwähnten Film *Seine Tochter ist der Peter* kam

---

* Original im American Document Center, Berlin

ich zu einer Doppelrolle. Das war so. Ich hatte eine Figur mit Namen Dr. Felix Sandhofer zu spielen, und während der Dreharbeiten sah ich Aufnahmeleiter Felix Fohn ganz aufgeregt herumrennen.

»Was is denn los?« fragte ich ihn.

»Ich brauch ganz dringend einen Schauspieler für eine kleine Rolle. Der, der den Hotelportier spielen sollte, ist erkrankt. Kennst du jemanden, Paul, der schnell einspringen kann?«

»Ja, ja, da oben auf'n Berg wohnt ein Passionsspieler«, gab ich an, »der kann das sicher übernehmen.«

»Da bin ich aber beruhigt. Er soll morgen um zwei Uhr nachmittag da sein.«

Stark geschminkt und mit dichtem Vollbart tauchte ich am nächsten Tag in Portiersuniform auf und wurde engagiert. Ich spielte meine Rolle, und kein Mensch bemerkte, wer dahintersteckte. Ganz ohne Extempore ist es bei mir nie gegangen. Olga Tschechowa hatte zu mir, dem Hotelportier, zu sagen: »Ich möchte ein Zimmer mit Bad.«

Darauf ich: »A Zimmer mit Bad wollen S'. Dann san S' a Ausländerin.«

Bei den Schneidearbeiten in Wien haben die Cutterinnen dann Wetten abgeschlossen: »Is des der Hörbiger oder is er's nicht?«

Im gleichen Jahr noch war ich dann in einer von vornherein geplanten Doppelrolle zu sehen. In der Verfilmung von Nestroys *Lumpazivagabundus* habe ich sowohl die Titelrolle als auch den Schuster Knieriem gespielt. Weiter bestand das »Liederliche Kleeblatt« aus Heinz Rühmann als Schneider Zwirn und Hans Holt als Tischler Leim.

Ich habe mich immer bemüht, aus der Situation heraus neue Ideen in den jeweiligen Film einzubauen. Denn wenn man vor

Ein großer Filmerfolg
war Géza von Bolvarys
»Lumpazivagabundus« nach
Nestroy mit Heinz Rühmann
und Hans Holt.

der Kamera steht, kann man sich oft besser in die Figur hin-
eindenken als der Drehbuchautor am Schreibtisch.

Als Beispiele möchte ich zwei meiner Beiträge in *Lumpazivagabundus* nennen. Die drei Vagabunden »in Gottes Hand«
gehen übers Feld, plötzlich wird irgendwo ein Schuß abgegeben, da fällt ihnen ein Fasan vor die Füße. Eine leichtverdiente
Beute. Gleich darauf wieder ein Schuß, die drei schauen er-
wartungsvoll in die Luft – aber diesmal fällt zu ihrem großen
Erstaunen nichts vom Himmel.

In der anschließenden Szene bohren die drei heimlich ein
Weinfaß an und lassen ihre Becher, die sie an den Gürteln hängen haben, vollaufen. Als ein Gendarm vorbeikommt, laufen
sie in die Wiese und bleiben als Vogelscheuchen stehen. Der
Gendarm sucht sich krumm, kann aber die »Weindiebe« nicht
finden.

Das sind kleine Gags, die hier im Buch gar nicht besonders originell wirken, im Kino waren sie umso wirkungsvoller.

Heinz Rühmann lud mich – ich glaube, es war während der Dreharbeiten zu *Lumpazivagabundus* – zu sich nach Hause ein. Seine damalige Frau Maria Bernheim war Jüdin und hat sich später von ihm getrennt, sie ist auf eigene Initiative nach Schweden in die Emigration gegangen. Aber an diesem Abend war sie noch bei ihm. Und ein weiterer Gast war Ernst Udet, Rühmanns Freund und Fliegerkamerad.

Udet erzählte aus früheren Zeiten, als er noch Schauflieger war und als »Fliegender Professor« mit den Flügeln seiner Maschine in Tempelhof zum Gaudium des Publikums sein Taschentuch aufgehoben hat. Als ich ihn bei Rühmanns kennenlernte, war er bereits hoher Offizier. Er berichtete auch, daß er beim Röhm-Putsch dabeigewesen sei und die Schießerei nur überlebt habe, weil er zufällig auf der Toilette gesessen und sich über ein Klofenster hatte retten können. Später nahm sich Udet das Leben, weil Hitler und Göring ihn für den Mißerfolg der Luftschlacht um England verantwortlich machten.

Unter der Regie von Carl Lamac habe ich mit Rudolf Carl, Rudolf Platte, Werner Finck und Lucie Englisch den Film *Die Landstreicher* gedreht. In den Drehpausen erfreute sich unter den Mitwirkenden ein Spiel allergrößter Beliebtheit. Wir nannten es »Der Steinscheißerkarl«. Und das waren die Spielregeln: Ein Wort wurde gewählt, das an diesem Drehtag nicht ausgesprochen werden durfte (mit Ausnahme des Filmtextes natürlich). An diesem Tag war gerade verboten: »Wer, wessen, wem, wen…« in allen Variationen.

Die größte »Wurzen« war Lucie Englisch, sie ist immer auf uns hereingefallen. Sagte ich: »Also so etwas, jetzt hab ich ihn schon wieder erwischt!«

Und Lucie: »Ja, *wen* denn?«

»Den Steinscheißerkarl.« Jetzt hat sie's gewußt, und damit hatte sie, laut Spielregel, fünf Mark in die Kollegenkasse zu werfen. Bei Lucie sind wir reich geworden.

Während der Dreharbeiten mit Carl Lamac wurde überhaupt viel gelacht, es ranken sich unendlich viele Anekdoten um diesen Regisseur. Ich will hier nur eine zum besten geben, in der ich selbst zum Anekdotenopfer werde.

Bei dem Wallace-Film *Der Zinker* kannte ich das Buch kaum. Kurz vor Drehbeginn habe ich mir immer erst die jeweilige Stelle durchgelesen, um wenigstens ungefähr zu wissen, worum es ging. Das kann natürlich seine Tücken haben. Frage ich Lamac: »Entschuldige, wer ist in diesem Film eigentlich der Mörder?«

Worauf er prompt zur Antwort gibt: »Na, du natürlich, du Depp!«

Ich habe meine Drehbücher übrigens sehr oft nur vom »Vorbeischauen« gekannt. Keineswegs aus purer Faulheit, im Gegenteil, ich lerne sehr leicht auswendig, und zwar bin ich ein optischer Typ: Ich weiß zum Beispiel heute noch, nach mehr als fünfzig Jahren, daß eine bestimmte Stelle meines Prager *Liliom* im Textbuch rechts unten gestanden ist (das war jene Zeile, in der ich in Aussig steckengeblieben bin). Hatte ich einen »Hänger«, brauchte ich nur daran zu denken, wo der Satz stand, dann ist er mir meist wieder eingefallen.

Wenn ich meine Rollen – vor allem im Film – nie perfekt auswendig gelernt habe, dann liegt das daran, daß ich immer möglichst viel improvisieren wollte, das war meine Stärke. Kollegen erinnern sich, daß ich in der Früh ins Studio gekommen bin und gefragt habe: »Also, wie soll ich heut sein? Grantig oder freundlich?«

Da kann man sich vorstellen, wie gründlich ich das Textbuch gelesen hatte. Auch kann man die Sprache besser variieren, wenn man nicht stur auswendig Gelerntes spricht. Statt »ich ging« habe ich immer gesagt »ich bin gegangen«, statt »ich aß«, »ich hab gegessen«, denn Reinhardt hatte mir während einer Probe im Deutschen Theater den Rat gegeben: »Bemühen Sie sich nicht, allzusehr hochdeutsch zu sprechen. Die Berliner haben den Wiener Dialekt gern.«

Das habe ich mein Leben lang beherzigt, der Wiener Schmäh war stets hilfreich. Otto Wallburg sagte zu mir: »Du hast's gut, brauchst nur ›Küß die Hand‹ sagen, und schon lachen die Leut. Aber ich muß blubbern.« Viele Jahre später habe ich dann in einer wissenschaftlichen Publikation gelesen, daß der Wiener Dialekt die beliebteste Abwandlung der deutschen Sprache ist. Ich glaube, diesem Umstand verdanke ich ein Gutteil meines Erfolgs.

Hitlers Mundgeruch
Meine Begegnung mit dem »Führer«

In den letzten Apriltagen des Jahres 1935 überreichte mir der Briefträger in meinem Garten äußerst umständlich und wichtigtuerisch ein weißes Kuvert. In reinstem Berlinerisch sagte er zu mir: »Kucken Se mal, Herr Hörbija, von wem det kommt.« Ich nahm den Brief zur Hand und las als Absender: »Der Führer und Kanzler des Deutschen Reiches«.
Über dem gedruckten Wortlaut prangte das Hakenkreuz. Was will denn der von mir? dachte ich und verabschiedete mich vom neugierigen Postboten, der sicherlich gerne auf das Trinkgeld verzichtet hätte, wenn er beim Öffnen des Kuverts dabeigewesen wäre.
Ich ging in mein Haus und entnahm dem Umschlag eine kleine Karte, auf der zu lesen war:

Die Original-Einladungskarte des »Führers«

Mit diesem Schreiben bin ich gleich zu Stephan Tauschitz, dem österreichischen Gesandten in Berlin, gerannt. »Was halten Sie davon, Herr Tauschitz, soll ich da hingehen?«

»Warum nicht. Gerade jetzt, nach dem Mord an Dollfuß, müssen wir schauen, daß sich die Beziehungen zwischen Deutschland und Österreich normalisieren. Wenn das jemand schafft, dann gerade ihr Künstler, ihr seid's doch unsere besten Diplomaten.«

»Naja, man kann ja hingehen, aber wie soll ich ihn denn ansprechen. Ich kann ja nicht ›Mein Führer‹ sagen, er ist nicht mein Führer, ich bin ja österreichischer Staatsbürger.«

»Niemand kann Sie zwingen, ›Mein Führer‹ zu sagen. Sie können ihn ja mit ›Exzellenz‹ ansprechen.«

»Nein, das sage ich auch nicht, für mich ist er auch keine Exzellenz. Ich werde ›Herr Reichskanzler‹ sagen…«

»… ja, sehr gut, das ist sein offizieller Titel.«

»Muß man eigentlich den Hitlergruß machen?«

»Nein, das ist nicht notwendig, ich mache ihn auch nicht. Aber bitte, Herr Hörbiger, gehen Sie wirklich hin.«

Am Morgen des 2. Mai mußte ich meiner Frau das Ehrenwort geben, weder »Heil Hitler!« zu sagen noch die rechte Hand zum Gruß zu erheben. Dann brachte mich mein Chauffeur Karl Beetz zu den Johannisthal-Studios, wo ich tagsüber Dreharbeiten hatte. Die Hauptdarsteller der Ufa-Zeit wurden praktisch alle von Berufschauffeuren gefahren, das hatte man aus Hollywood übernommen, aber nicht nur um die ohnehin nicht selten vorhandenen Starallüren zu fördern, sondern weil die Filmversicherungen sonst keine Haftung für uns übernommen hätten. Man muß sich vorstellen, daß ich damals Filme am laufenden Band gedreht habe, da sind wir oft mehrmals pro Tag von einem Studio ins andere kutschiert worden, das war eine fürchterliche Hetzerei. Die Filme wurden in diesen Tagen ja wesentlich schneller produziert, das Ganze war mehr »photographiertes Theater«.

Mein Wagen war ein Wanderer mit dem Berliner Kennzeichen 1A-1414, Lilian Harvey hatte 1A-1111, Willy Fritsch 1A-1212. Die Nummer 1A-1313 war nicht vergeben worden. Später hatte ich einen Horch-Achtzylinder, der eigens für die Autobahn gebaut worden war und bei einem Benzinverbrauch von sechsundzwanzig Liter sensationelle hundert Kilometer pro Stunde schaffte.

Karl Beetz setzte mich also in Johannisthal, einem Berliner Vorort, ab.

»Gehn's Karl, holen S' mich bitte am Abend so um halb acht ab«, sagte ich beim Aussteigen, »ich muß dann auf einen Empfang. Ja, und bringen S' meinen Frack von zu Haus mit.«

In Johannisthal habe ich an diesem Tag irgendeinen Film gedreht, ich weiß gar nicht mehr, welcher das war, und kurz vor halb acht war Karl Beetz da, den Frack über den Arm gelegt. Im Studio zog ich mich noch um, und dann sind wir losgefahren.

»Fahren S' bitte noch ein bißl spazieren, ich will um eine Viertelstunde später kommen, damit ich nicht der erste bin.« Der Chauffeur hat dann noch ein paar Runden gedreht und mich um 20 Uhr 15 an der Rampe der Neuen Reichskanzlei abgesetzt. Vom Portier erhielten wir die Wagenkarte Nr. 4.

Ich bin in das imposante Gebäude hineinspaziert, da kam mir auch schon Wilhelm Brückner, einer der Adjutanten Hitlers, entgegen. Er war recht verlegen. »Oh, Herr Hörbiger, Sie sind schon hier, ich kann Ihnen leider nicht Gesellschaft leisten, weil ich noch mit der Tischordnung beschäftigt bin. Aber bitte gehen Sie doch weiter.« Er schleuste mich durch eine große Flügeltür und verabschiedete sich.

Da steh ich nun, mutterseelenallein und etwas deplaciert. Was ist los, denke ich, warum ist kein Mensch da? Dann ziehe ich die Einladung aus der Fracktasche. Und da wird mir alles klar, es ist ein Irrtum meinerseits. Auf der Karte steht »Zeit: 20 Uhr 30«, ich habe aber geglaubt, der Empfang beginnt um zwanzig Uhr. Anstatt eine Viertelstunde zu spät, bin ich eine Viertelstunde zu früh dran.

Ich gehe ein bißchen herum und schaue mir die Bilder an der Wand an. Plötzlich kommt jemand über eine riesige Treppe von oben auf mich zu. An seinem Frack hängt das EK I. Das also ist Adolf Hitler.

Mit seinem Orden ist er ja gegen mich ein armer Hund, denn ich habe alle meine sieben Auszeichnungen aus dem Ersten Weltkrieg en miniature aufgesteckt.

Hitler stellt sich neben mich, er ist ein paar Zentimeter kleiner. Wir geben uns die Hand, ich halte das Versprechen, das mir Pippa feierlich abverlangt hat, und verzichte auf den Hitler-Gruß. Er übrigens auch.

»Guten Abend, Herr Reichskanzler, danke für die freundliche Einladung«, sage ich noch höflich – ich konnte ja nicht ahnen, daß ich dem größten Massenmörder der Geschichte gegenüberstehe. Das sind auch meine letzten Worte für die nächsten Minuten, denn nun folgt ein Redeschwall des »Führers«.

»Ja, aus dem Film kenne ich Sie, Herr Hörbiger. Wissen Sie, wenn man die Sorgen eines Sechzig-Millionen-Volkes tragen muß, hat man oft das Bedürfnis auszuspannen. Am liebsten sehe ich da die Filme mit Ihnen, dem Rühmann, dem Moser und dem Lingen.«

Denke ich mir: Was für ein Witz – der Rühmann mit einer Jüdin verheiratet, der Moser mit einer Jüdin verheiratet, der Lingen mit einer Jüdin verheiratet. Da bin ich ja der einzige echte Goj in seiner Sammlung.

Aber Hitler redet weiter: »... und damit ich diese Filme jederzeit sehen kann, habe ich mir hinter diesem Bild dort drüben die neueste Klangfilm-Wiedergabe-Apparatur einbauen lassen, und auf der anderen Seite«, jetzt zeigt er auf ein weiteres Aquarell, »kommt, wenn man das Bild herunternimmt, eine Leinwand zum Vorschein.«

Hitler redet und redet, und mir fällt vor allem eines auf. Er hat einen furchtbar unangenehmen Mundgeruch. Es ist ein Fäulnisgeruch, den ich kannte, denn der Sohn des Onkel Josef aus Margarethen am Moos hat die gleiche »Fahne« gehabt. Und das ist nicht der Geruch schlechter Zähne, die Krankheit kommt vielmehr aus dem Verdauungstrakt.

Vor kurzem erst habe ich in der Hitler-Biographie Werner Masers geblättert und die Krankengeschichte des »Führers« gelesen. Dort fand ich die medizinische Bestätigung meines gesunden Geruchsempfindens. Hitler litt fast ständig unter Schmerzen in der Magen- und Darmgegend, ebenso plagten ihn Blähungen und eine Schwellung im Oberbauch. Neben Pervitin, einem Aufputschmittel, mußte er auf Anordnung der vielen Ärzte, die ihn betreuten, auch Abführtabletten schlucken. Die gleiche Beobachtung machte auch der schwedische Industrielle Birger Dahlerus der in einem Interview erklärte: »Hitler roch so schlecht aus dem Mund, daß es Selbstbeherrschung kostete, nicht einen Schritt zurückzutreten.«

Nachdem er seinen Monolog beendet hatte, zog sich Hitler wieder zurück, und nun kamen die ersten Gäste bei der Tür herein.

Ich begab mich in den angrenzenden Speisesaal, und an meinem Tisch nahmen laut Tischordnung und zu meiner großen Freude die Kollegen Theo Lingen und Georg Alexander Platz. Das ganze Fest war für etwa zweihundert Künstler veranstaltet worden.

Wir wurden darauf aufmerksam gemacht, daß das Rauchen in Anwesenheit des »Führers« nicht gestattet sei, und so bin ich kurz vor dem Essen in einen Vorraum hinausgegangen, um mir eine Zigarette anzuzünden. Damals war ich ein ziemlich starker Raucher, dreißig Zigaretten habe ich pro Tag gut und leider auch gerne inhaliert. Heute rauche ich überhaupt nicht mehr, weil mir das nach meinem ersten Herzinfarkt vom Arzt verboten worden ist.

Während ich so in dem Vorraum stand und mein Zigaretterl genoß, beobachtete ich die vielen livrierten Kellner, und einen habe ich angesprochen: »Entschuldigen Sie, da drinnen gibt's ja nur Apfelsaft, habt's ihr nix G'scheites zu trinken?«

Der war ganz verstört. »Herr Hörbiger, später, nach dem Essen wird Sekt serviert.«

»No, wissen S' was, bringen S' mir jetzt schon ein Glas.«

»Tut mir leid, aber das darf ich nicht.«

»Also holen S' eins, auf meine Verantwortung.«

Nach einigen Minuten kam der Kellner mit einer ganzen Flasche daher. Ich nahm einen Schluck Sekt und versteckte den Rest hinter einem der schweren weißen Vorhänge, die die hohen Fenster dieses Raums verdeckten. Dann bin ich wieder in den Speisesaal gegangen, um Theo Lingen und Georg Alexander herauszuholen. Da sind wir jetzt zu dritt gestanden und haben Sekt getrunken, und als die Flasche leer war, hat uns mein Freund, der Livrierte, eine zweite gebracht. Zu guter Letzt haben wir einen recht anständigen Schwips gehabt, so sind wir dann in den Speisesaal zurückgekehrt.

Während des Essens kam Goebbels an unseren Tisch. Er setzte sich zu mir, erzählte alles mögliche, ich erinnere mich aber nur mehr an einen Satz: »Der Jude Goldmann wagt es, die deutschen Klassiker zu verballhornen.« Er hat keinen Geringeren als Max Reinhardt gemeint, der eigentlich Goldmann hieß. Da traf er bei mir einen wunden Punkt, denn Max Reinhardt war immer der von mir meistgeschätzte Theatermann. Daß ich den Mut hatte, das folgende zu sagen, lag aber vielleicht auch an den Sektmengen, die ich kurz zuvor zu mir genommen hatte: »Herr Minister, ich bin immer sehr stolz darauf gewesen, daß ich bei Reinhardt engagiert war. Ich sehe nicht ein, warum ich es heute nicht mehr sein darf.«

Daraufhin ist Goebbels wortlos aufgestanden und zu einem anderen Tisch gegangen.

Der Theo hat mich gleich angefahren. »Paul, wie kannst du so unvorsichtig sein, diese Leute sind doch unberechenbar.«

»Ja, aber einer muß doch etwas sagen, die glauben doch sonst, man ist mit dem, was sie da treiben, einverstanden.«

Paul Lincke war ebenso naiv wie ich. Er plauderte mit mir und fragte mich: »Haben Sie eigentlich unter den Juden gelitten?«

»Nein.«

»Kann man das denen«, und dabei zeigte er zum Tisch, an dem die Naziprominenz saß, »nicht einmal sagen?«

Nach dem Essen führte man uns zu der »neuesten Klangfilm-Wiedergabe-Apparatur«, die mir Hitler vorher gezeigt hatte. Über eine Stunde lang wurden ausschließlich Wochenschauen zur Selbstbeweihräucherung des »Führers« vorgeführt: Wir sahen Brücken und Gebäude, die zwar noch vor der Hitlerzeit gebaut, aber dann vom »Führer« feierlich eröffnet worden waren, nachdem man die Jahreszahlen der Bautätigkeit fein säuberlich weggeschweißt hatte. Ich erinnere mich auch an einen Bericht über das lange vor Hitler erbaute Schiffshebewerk Niederfinow mit seinen sensationellen Tausend Tonnen-Kränen. Dann wurden noch unendlich lange Reden von Hitler und Goebbels aus dem Sportpalast gezeigt.

Ich saß mit meinen Freunden in der ersten Reihe und flüsterte Theo und Georg in meinem Schwips zu: »Wenn er das nächste Mal in Großaufnahme zu sehen ist, applaudieren wir.«

So war es dann auch, der ganze Saal stimmte ein, Hitler stand auf und verbeugte sich wie ein Schmierenkomödiant vor dem erlauchten Auditorium, er hatte ja tatsächlich einmal Schauspieler werden wollen. Ich sagte zu meinen Sitznachbarn: »Schaut's, das is euer Führer!« Die waren genauso sprachlos wie ich. Während die Wochenschau gezeigt wurde, durfte übrigens niemand den Saal verlassen.

Am nächsten Tag habe ich wieder in den Johannisthal-Studios gedreht. Mein Maskenbildner Braun ist gleich auf mich zugestürzt: »Na, wie ist er?«

»Wer?«

»Der Hitler natürlich!«

»Ich kann Ihnen nicht helfen. In Wien würde man sagen, er ist ein Surm.«

»Wat is det?«

»Ein ungeschlachter Mensch. Und außerdem immer noch Tapezierer*«, womit ich mich keineswegs über diesen ehrenwerten Beruf lustig machen wollte. Das war damals ein viel erzählter Witz: Wenn er die rechte Hand zum »Deutschen Gruß« erhebt, glaubt er, er muß die Matratzen tragen. Auch meine Frau wollte wissen, was Hitler & Co. meiner Meinung nach mit uns vorhätten. Sagte ich: »Ich weiß es wirklich nicht. Entweder Sie wollen uns an die Wand hängen« – gemeint war als Propaganda-Aushängeschilder –, »oder Sie wollen uns an die Wand stellen.«

---

* In Österreich auch Polsterer

»Den Hitler kann die Mama nicht leiden!«
Meine Kinder Christl, Monica und Thommy

In Berlin kamen meine Kinder Monica und Thommy zur Welt. Meiner erweiterten Familie zuliebe habe ich jetzt nicht mehr nur an den großen Bühnenhäusern Berlins gespielt, sondern auch auf sehr kleinen. Aus einer Verbindung meiner Kinder-, Theater- und Bastelleidenschaft heraus ist in unserem Haus eine Marionettenbühne entstanden. Ich habe die Stücke höchstpersönlich verfaßt, inszeniert und zusammen mit Pippa die Rollen gesprochen. Chauffeur Karl Beetz wiederum war dazu ausersehen, Rauch aus dem Schornstein von Gretels Haus zu blasen. Wenn bei Hörbigers Kasperlnachmittag war, sind die Kinder aus der Umgebung in Scharen gekommen. Nur Thommy war in gefährlichen Situationen ängstlich. Da hat er dann geschrien: »Papi, bitte sperr die Hexe ins Klo!«

Mehr Mut hat er da schon bewiesen, als er mit unserem Kindermädchen Antonia Gliech ins nächste Gasthaus gegangen ist, um für die Familie Bier zu holen. Thommy, fünf Jahre alt, trat ein und sagte: »Guten Tag!«

Das Gasthaus war ein beliebter Treff der SA-Leute, und daher war es gar nicht so verwunderlich, daß der Wirt ihn gefragt hat: »Na, Thommy, kannst du schon Heil Hitler sagen?«

Worauf mein Sohn die Antwort gab: »Nee, den kann die Mama nicht leiden!«

Ab diesem Zeitpunkt haben wir die Kinder immer aus Sicherheitsgründen in ein anderes Zimmer geschickt, wenn wir über Hitler & Co. zu schimpfen beliebten.

Aber es kam noch wilder: Eines Tages wurde meine Frau ins Zehlendorfer Lyzeum gerufen, in dem unsere Tochter Christl die vierte Gymnasialklasse besuchte. Pippa ist zum Direktor gegangen, und der hat ihr mitgeteilt, daß Christl sofort die Schule zu verlassen habe und außerdem für alle anderen Lehranstalten gesperrt sei. Als Grund gab er an: »Ihre Tochter hat gelacht, als die deutsche Fahne am Schulhof gehißt wurde.«

Meine Frau sprach darüber mit Christl, und diese bestätigte, daß sie während der Zeremonie nicht gerade ernst dreingeschaut habe. Nun ging Pippa wieder zum Direktor und erklärte ihm, daß ihre Tochter nicht über die mit einem Hakenkreuz versehene Flagge gelacht habe, sondern weil ihr just in diesem Moment ein Witz eingefallen sei, und den wollte sie der neben ihr stehenden Freundin erzählen. Daraufhin erklärte der Direktor, ein »hundertfünfzigprozentiger Nazi«, allen Ernstes: »Wer lacht, wenn die deutsche Fahne gehißt wird, der denkt nicht an Deutschland und ist auch gegen den Nationalsozialismus. Und für solche Mädchen ist an einer deutschen Schule auch kein Platz.«

Christl mußte das Lyzeum verlassen und sollte auch an keiner anderen Schule aufgenommen werden. Aber meine Frau, die selbst in einer Klosterschule erzogen worden war, schnappte unsere Tochter und ist mit ihr zu den Franziskanern gegangen. Dort erzählte sie der Oberin den »Vorfall« genauso, wie er sich zugetragen hatte.

Die geistliche Frau nahm daraufhin Christl in ihre Arme und sagte: »Komm, mein Kind, bei uns bist du gut aufgehoben.«

Leider mußte der Franziskanerorden ein Jahr später seine Schule schließen, und da Christl nach wie vor für staatliche

Schulen gesperrt war, konnte sie das Gymnasium nicht beenden. Es gab aber auch Lehrer, die sich humaner verhalten haben. Meine jüngere Tochter Monica mußte in der Schule einen Aufsatz unter dem Titel »Mein schlimmstes Erlebnis« schreiben. Ich will ihr Werk hier in gekürzter Fassung wiedergeben:

> Früher begegnete ich immer einem sehr netten, weißhaarigen Herrn, der auf einer Parkbank gesessen ist. Er hat mich immer so freundlich gegrüßt und war sehr sympathisch. Eines Tages hat der Herr einen gelben Stern angehabt, und auf der Parkbank war ein Schild: ›Nur für Juden‹. Das war mein schlimmstes Erlebnis.

Die Lehrerin rief Monica zu sich, war sehr nett und sagte nur: »Nimm das mit nach Hause und schreibe einen neuen Aufsatz.« Was meine Tochter dann auch getan hat.

Unser drittes Schulerlebnis in der Nazizeit betraf wieder Thommy. Der Lehrer hatte im Unterricht verkündet, daß alle Juden schlechte Menschen seien. Thommy sagte in der nächsten Pause zu seinem Freund, daß er einen Onkel habe, den Heinz Ullstein, der sei auch Jude, aber er sei sehr nett und ganz bestimmt kein schlechter Mensch.

Thommys Freund erzählte das dem Lehrer, und Thommy wurde noch am selben Tag zum Direktor gerufen. Aber auch der hat nichts gegen unseren Sohn unternommen, und als er mich nach dem Krieg um einen »Persilschein« bat, konnte ich ihm den ruhigen Gewissens ausstellen.

Heinz Ullstein war mit Änne, einer Schwester meiner Frau, verheiratet. Als Sohn des berühmten deutschen Verlegers Louis Ferdinand Ullstein saß er an führender Position im familieneigenen Konzern. 1932 zerschlugen die Nazis die Fenster seines Wohnhauses in Dahlem, zerschnitten mit den

Scherben sein Gesicht, fesselten und sperrten ihn in seinem Keller ein. Nach der Machtübernahme der NSDAP wurde er vorübergehend inhaftiert, jedoch auf Veranlassung des ehemaligen Reichskanzlers und Hitler-Vizekanzlers Franz von Papen sowie über Intervention der ausländischen Presse wieder freigelassen.

Er verbrachte die ganze Nazizeit in Berlin. Wir haben ihm zwar geholfen, soweit das möglich war, aber er machte die Hölle durch. Zuerst mußte der Großverleger als Kellereiarbeiter schwere Fässer schleppen, dann auf einem Bahnhof Waggonfenster waschen. Wenn Bombenalarm gegeben wurde und alles in den Keller rannte, mußte er oben auf dem Bahnsteig bleiben.

Nach dem Krieg, den er wie durch ein Wunder, immer mit dem gelben Judenstern, in Berlin überlebt hat, ist er dann, wieder als Verleger, fast jeden Tag zum Bahnhof gegangen, um die Waggonfenster zu »kontrollieren«. Sein Urteil lautete meist: »Also, ich habe die damals besser gewaschen.«

Im Jahre 1936 wurden in Berlin die Olympischen Spiele veranstaltet, und Goebbels gelang damit sein propagandistisches Meisterwerk. Er hat der ganzen Welt vorgegaukelt, was Deutschland für ein friedlicher Staat und wie gut der »Führer« zu seinen Kindern, sprich Untertanen, sei. Das Ganze wurde von Leni Riefenstahl in zwei Olympiafilmen festgehalten.

Während der Olympiade waren meine Kameraden aus dem Ersten Weltkrieg, Fritz Kaunitzky und Ernst Rosskopf, unsere Gäste. Neben den beiden übernachteten auch Verwandte meiner Frau aus Böhmen in unseren Gästezimmern. Auf dem Dach des Hauses hatte ich daher, selbst im Olympiafieber, neben der deutschen auch die österreichische und die tschechische Fahne aufgezogen. Da kam dann ein uniformierter Kreisleiter oder so etwas Ähnliches in den Garten und kommandierte mit mir herum: »Die Fahnen müssen weg!«

»Welche meinen Sie denn?«

»Die österreichische und die tschechische.«

»Waren Sie schon einmal draußen bei der Olympiade?«

»Selbstverständlich!«

»Dann schauen Sie einmal, was da für Fahnen hängen. Nicht nur die österreichische und die tschechische, auch die englische, die amerikanische, die französische…«

»Janz ejal, die Fahnen müssen hier weg!«

»Geben S' mir das schriftlich, dann werde ich die Fahnen weghängen.«

Ich habe nie wieder etwas in der Sache gehört und mir diese Methode gemerkt. Wann immer ein Nazi mir etwas anhängen wollte, habe ich gesagt: »Geben Sie mir das schriftlich.« Und in den meisten Fällen wurde das unterlassen.

Mein ganzer Stolz im neuen Zehlendorfer Heim war das Haustelephon. Vom Speisezimmer gab es eine direkte akustische Verbindung zur Küche. Antonia Gliech, unser damaliges Kindermädchen, erinnert sich daran, daß ich eines Tages telephonisch hinunterrief:

»Ach, mir ist so schlecht, bitte bringt's mir ganz dringend ein Knoblauchbrot in den Salon.«

»Aber, Herr Chef, Sie drehen doch heute einen Film mit der Zarah Leander und müssen sie küssen.«

»Die hat doch Knoblauch genauso gern wie ich.«

Ich habe mit der Leander drei Filme gedreht. *Heimat* mit Heinrich George und Leo Slezak, *Der Blaufuchs* mit Jane Tilden und Willy Birgel und *Die große Liebe* mit Viktor Staal und Grethe Weiser.

Ob Zarah Knoblauch ebenso liebt wie ich, habe ich bis zum

heutigen Tag nicht herausgefunden. Ich habe mir nämlich zwischen Knoblauchbrot und Kußszene die Zähne geputzt.

Der arische Walzerkönig
Ein Österreicher in der Nazizeit

Bei irgendeinem Künstlerempfang habe ich Propagandaminister Goebbels angesprochen. »Ich als Österreicher vertrage es schon nicht mehr, daß hier in Berlin immer soviel auf meine Heimat geschimpft wird.«

Darauf er: »Herr Hörbiger, warum werden Sie nicht deutscher Staatsbürger? Ich versichere Ihnen, in vierzehn Tagen haben Sie ihren Paß!«

»Auch ein deutscher Paß könnte nichts an der Tatsache ändern, daß ich Österreicher bin. Ich werde meine Heimat, auch wenn sie in Not ist, nicht im Stich lassen.«

Er, etwas beleidigt: »Es war ja nur ein Vorschlag.«

Einige Zeit später wurde ich von einem Beamten des Propagandaministeriums – wir haben es »Geltungsbedürfnisanstalt« genannt – angerufen. »Sie haben Ihren Ariernachweis noch nicht erbracht, Herr Hörbiger.«

Ich: »Sie sind doch Nationalsozialist?«

Er: »Selbstverständlich.«

Ich: »Dann müssen Sie doch wissen, ob ich jüdisch oder arisch Theater spiele.«

Er: »Das sollte wohl ein Scherz sein, Herr Hörbiger.«

Ich: »Ja, das sollte ein Scherz sein.«

Er: »Also wann können wir Ihren Ariernachweis bekommen?«

Ich: »Sie müssen mir Zeit lassen, wenn ich das nächste Mal wieder in Wien bin, werde ich mich drum kümmern.«

Dem Anruf folgte ein Brief des Ministeriums »betreffs Arier-nachweis«. Ich habe ihn in den Papierkorb geschmissen und zu meiner Frau gesagt: »Man muß ja nicht jeden Blödsinn mitmachen.«

In den Gestapo-Akten fand ich viele Jahre später den Ver-merk: »Paul Hörbiger, Abstammungsnachweis nicht voll er-bracht, aber ohne Bedenken.«

Ich könnte jetzt hier schreiben: Da staunt ihr, was ich für ein Held gewesen bin. Na, hab ich's den Nazis nicht gezeigt? In seinen Memoiren ist ja jeder ein Held.

Nur – so ein Held war ich gar nicht. Wenn ich ehrlich sein soll, der eigentliche Grund, warum ich diesen idiotischen Ariernachweis nie erbracht habe, war die außereheliche Ge-burt meines Vaters. Mir persönlich wäre auch diese Tatsache eher wurscht gewesen, aber meine Mutter hat noch gelebt, und in ihrer Generation dachte man über solche Dinge noch anders als heute.

1937 bin ich zu Dreharbeiten für *Peter im Schnee* wieder ein-mal nach Österreich gefahren. Die Außenaufnahmen wurden mit Annie Rosar, Liane Haid und Traudl Stark in Schladming gemacht, die Studiotermine waren im Wiener Atelier Schön-brunn. Bei Dreharbeiten besteht strenges Rauchverbot, es ist auch immer jemand von der Feuerwehr da. In den Wiener Studios traf ich öfters einen netten Löschmeister, den wir alle Joschi nannten. Er hat sich mit einem Kübel Wasser zu mir gestellt, und so konnte ich mir, ohne das Studio total zu ver-nichten, ein Zigaretterl anzünden. Aus dem sympathischen Feuerwehrmann wurde später der populäre Wiener Polizei-präsident Josef Holaubek. In Österreich nennt man ihn heute noch Joschi.

Als die Dreharbeiten von *Peter im Schnee* zu Ende waren, bin ich ins Kabarett »Simpl« auf der Wollzeile gegangen, wo Fritz

Grünbaum, Karl Farkas, Paul Morgan und Otto Wallburg
allabendlich für Bombenstimmung sorgten. Nach der Vorstellung habe ich mit den vier jüdischen Freunden gesprochen. »Ich komm aus Berlin und sehe die Entwicklung dort.
Ich bitt euch, geht's weg aus Wien, weg aus Europa, der Hitler kommt bestimmt nach Österreich.«

Grünbaum, ein genial-lustiger, blitzgescheiter Mann, hat gelacht. »Geh, Paul, das wird doch der Westen nie zulassen, daß
Hitler nach Österreich kommt.« Und dann hat er sich beruhigt in seinem Plüschsessel geräkelt.

Ein halbes Jahr später waren die Nazis in Wien. Grünbaum
und Farkas hatten Rendezvous am Westbahnhof, von wo sie
gemeinsam in die Emigration fahren wollten. Grünbaum ist
ein paar Minuten zu spät gekommen, Farkas hat bis zur letzten Sekunde auf dem Perron gewartet, dann ist er verzweifelt
und ohne seinen Freund nach Paris gefahren. Es war der letzte
Zug in die Freiheit. Grünbaum wurde 1940 im KZ Dachau
ermordet.

Am 11. März 1938 waren E. W. Emo, Willi Forst, Theo Lingen, Konsul Künzel und Stefan Tauschitz, der österreichische
Gesandte, in meinem Berliner Haus zu Besuch. Gegen Abend
hörten wir über den verbotenen österreichischen Sender die
Rede des demissionierenden Bundeskanzlers Dr. Kurt von
Schuschnigg mit seinen historischen letzten Worten »Gott
schütze Österreich«.

Stunden später marschierten Hitlers deutsche Truppen widerrechtlich in Österreich ein. Nachträglich wurde dann im
April eine »Volksabstimmung« nach dem Muster der nationalsozialistischen »Wahlen« durchgeführt. Neunundneunzig
Prozent, so hieß es, stimmten mit JA, also für Hitler.

Am Tag dieser »Volksabstimmung« war ich wieder in Wien,

diesmal zu Dreharbeiten für den Film *Prinzessin Sissy* mit der kleinen Traudl Stark in der Titelrolle. Ich habe den Herzog Max von Bayern, den Vater der späteren Kaiserin Elisabeth, gespielt.

Zur Abstimmung bin ich in das Wahllokal im Wiener Vorort Mauer gegangen. Ein Wahlzettel wurde mir überreicht, damit begab ich mich in die Zelle. Ein riesengroßer Kreis, in den man sein Kreuzerl für JA zeichnen konnte, ein winziger Kreis für NEIN. »Anschluß« ja oder nein. Es gab damals einen politischen Witz. Das große JA für die Kurzsichtigen, das kleine NEIN für die Weitsichtigen.

Aus dem
Dokumentations-
archiv des
österreichischen
Widerstandes:
Wahlplakat 1938

Pippa habe ich vor meiner Abreise aus Berlin wieder ein Versprechen abgeben müssen; daß ich mit NEIN stimmte. Wie ich dann in der Wahlzelle stand, fällt mir eine Radioansprache ein, die Prinz August Wilhelm – genannt Auwi, Sohn von Kaiser Wilhelm und ein Riesennazi – vor der Hitlerwahl 1933 in Deutschland gehalten hat. »Wir haben Mittel und Wege«, verkündete er damals, »herauszubekommen, wer sich bei der Reichstagswahl wie verhalten hat.«

Ich schaue mich in meiner Wahlzelle vorsichtig um, verdecke mit meiner Brieftasche den Wahlzettel und kreuze das kleine NEIN an. Meine Frau stimmt zur gleichen Zeit in Berlin genauso ab.

In der niederösterreichischen Ortschaft Weidling gab es eine kleine Straße, die mir zu Ehren im Jahre 1937 »Paul Hörbiger-Promenade« benannt worden war. Kurz nach dem Einmarsch der Nazis in Österreich wurde die Tafel mit dieser Aufschrift – vermutlich, weil man alles abreißen wollte, was aus der Zeit der »Vaterländischen Front« stammte – wieder entfernt.

Ein Jahr nach dem »Anschluß« entstand der Film *Unsterblicher Walzer*, in dem ich Johann Strauß Vater war. Dabei ist die Familie Strauß gar nicht »reinarisch« gewesen. Was die Nazis unternahmen, um trotzdem weiterhin Filme über die berühmte Walzerdynastie drehen zu können, habe ich erst nach dem Krieg erfahren. Aus Gründen der Kuriosität möchte ich diese wahre Manipulationskomödie nicht verschweigen.

Das Hetzblatt *Der Stürmer* berichtete, daß »die jüdischen Erbschleicher den Nachlaß Johann Strauß' an sich zu reißen« versuchten, wo es doch »wohl kaum noch eine Musik gibt, die so deutsch und volksnah ist wie die des großen Walzerkönigs«. Tage nachdem dieser Bericht erschienen ist, meldeten

In »Unsterblicher Walzer«, einem der vielen Wiener Filme um die Dynastie des Walzerkönigs, spielte ich Johann Strauß Vater.

zwei Strauß-Forscher dem Gausippenamt, daß sie im Pfarrmatrikelamt des Doms zu St. Stephan in Wien etwas Peinliches entdeckt hätten: der Urgroßvater des Walzerkönigs, Johann Michael Strauß aus Budapest, ist – laut Heiratsurkunde – »ein getaufter Jud« gewesen.

Was sollten die Nazis jetzt tun? Seine Melodien waren die populärsten, ein Strauß-Film nach dem anderen wurde gedreht, das war die große Mode, und die nationalsozialistischen Zeitungen veröffentlichten Lobeshymnen über seine »deutsche Musik«.

Dieses Problem wurde von Wien nach Berlin getragen, dort schalteten sich Reichskulturkammer und schließlich auch Herr Goebbels ein. Er fand – wie so oft – auch hier eine Lösung. Johann Strauß wurde zum Ehrenarier ernannt. Frei nach dem Wiener Bürgermeister Karl Lueger, der erklärt hatte: »Wer a Jud is, bestimm i.«

Man war folgendermaßen in Sachen Johann Strauß vorgegangen: Das verräterische Trauungsbuch aus dem Jahre 1762 war beschlagnahmt und an das Berliner Reichssippenamt geschickt worden. Nachdem man dort die entsprechende Seite herausgerissen hatte, wurde das jetzt unvollständige Dokument dem Pfarrer zu St. Stephan retourniert. Es fehlte eine Seite – aber die Walzer und Filme von und über Johann Strauß waren gerettet.

In Wien ließen sich die Vorgänge im Dom nicht geheimhalten. Man sprach darüber, daß eine Seite aus dem Trauungsbuch entwendet worden war – wußte aber nicht, daß es sich um die Vertuschung des »Schandflecks« der Familie Strauß handelte. Die Wiener kolportierten vielmehr das Gerücht, der von Hitler eingesetzte Gauleiter Baldur von Schirach habe seine jüdischen Vorfahren verschwinden lassen. Das war des Walzerkönigs letzter Streich. Diesmal ohne Geigenbogen.

Die herausgerissene Seite wurde übrigens nach dem Krieg gefunden und dem Dom zu St. Stephan zurückgegeben.

Neben Johann Strauß Vater habe ich im Film auch populäre Österreicher wie Kaiser Franz Joseph, Franz Grillparzer, Joseph Lanner, den Lieben Augustin oder – wie erwähnt – Franz Schubert und Alexander Girardi gespielt. Und das alles in der Nazizeit.

Der Filmwissenschaftler Dr. Walter Fritz schreibt in seinem Buch *Geschichte des Österreichischen Films* über den 1940 gedrehten Willi-Forst-Film *Operette* (in dem ich der Girardi war):

> Die Huldigung an das musikalische Wien des ausgehenden 19. Jahrhunderts... kann auch als Protest gegen die Herren aus Berlin gesehen werden.

Es wäre zu billig, heute zu behaupten, dies wäre der einzige

Grund für uns gewesen, damals Wiener Filme zu drehen. Aber daß dieser Aspekt eine gewisse Rolle gespielt hat, ist sicher richtig. Wir haben unser Österreichertum so heftig wie möglich im Film unterstrichen – und es ist uns auch nicht selten von den Zensurstellen herausgeschnitten worden.

Forst hat nach dem Krieg zu diesem Thema gesagt: »Meine Arbeit wurde zu einem stillen Protest. Es klingt grotesk, entspricht aber der Wahrheit. Meine österreichischen Filme machte ich in der Zeit, als Österreich zu existieren aufgehört hatte.«

Immer wieder werde auch ich gefragt, warum denn der deutsche (und unbenannt österreichische) Film ausgerechnet in der Nazizeit seine Blüte erlebt hat. Dafür waren sicherlich mehrere Punkte ausschlaggebend. Der Film war ein noch relativ neues und faszinierendes Medium gewesen. Als die Nazis an die Macht kamen, steckte der Tonfilm noch in den Kinderschuhen, Anfang der dreißiger Jahre ist ein Kino nach dem anderen aus dem Boden geschossen.

Ein entscheidender Punkt war auch, daß Hitler und Goebbels vom ersten Tag ihrer Herrschaft an die Bedeutung des Films erkannt haben. Beide waren »Filmnarren«, Goebbels hat alle behördlichen Instanzen, die den Film beeinflussen konnten, unter seinen persönlichen Druck gestellt.

Bei Kriegsbeginn waren dann die amerikanischen Filme nicht mehr zugelassen, also mußten umso mehr deutsche Filme entstehen. Das Produktionswesen war weitestgehend verstaatlicht und in der Ufa zentralisiert. Und natürlich hat auch eine Rolle gespielt, daß das Unterhaltungsbedürfnis der Menschen umso größer ist, je schwerer die Zeiten sind.

Über den Film haben die Nazis Politik gemacht. Als sie für die Schlachtfelder Nachwuchs gesucht haben, wurden plötzlich Drehbücher in Auftrag gegeben, in denen die kinderreiche Familie verherrlicht werden sollte.

Habe ich mich mitschuldig gemacht, wenn ich in der Nazizeit Filme gedreht habe?

Wir, die Schauspieler, oder sagen wir lieber die meisten von uns, haben die Zusammenhänge nicht verstanden. Man hat unsere Popularität für die schmutzige Sache benutzt, mißbraucht.

In österreichfeindlichen oder politischen Propagandafilmen mitzuwirken, habe ich stets abgelehnt. Einmal rief mich der dann später als Zauberkünstler Kalanag berühmt gewordene Filmproduzent Schreiber an. »Ich drehe einen Film über Friedrich den Großen. Wollen Sie mitspielen, Herr Hörbiger?«

»Schicken Sie mir das Exposé.«

Daraus habe ich dann erfahren, daß ich einen österreichischen Gesandten darstellen sollte, der im Auftrag der Kaiserin Maria Theresia den Koch von Friedrich dem Großen besticht, Gift in des Königs Suppe zu streuen.

»Die Rolle spiele ich nicht«, habe ich Schreiber telephonisch mitgeteilt.

»Warum?«

»Sie ist unhistorisch. Außerdem habe ich in meiner ganzen Karriere ganz bewußt immer nur sympathische Typen gespielt.«

»Dann muß ich Sie zur Anzeige bringen.«

»Das können Sie ruhig tun. Von mir aus beim Salzamt.«

»Wo?«

»Beim Salzamt.«

Dann habe ich den Hörer aufgelegt. Zu einer Anzeige dürfte es nicht gekommen sein, ich habe in dieser Angelegenheit jedenfalls nichts mehr gehört.

Von dem Film hat man noch viel gehört. Er kam unter dem Titel *Der große König* mit Otto Gebühr und Kristina Söderbaum in den Hauptrollen heraus und war wohl einer der schlimmsten Propagandafilme des Dritten Reichs. Regisseur Veit Harlan bemühte sich, Parallelen zwischen dem »großen König« und dem »großen Führer« herzustellen.

Filmprogramm 1940
»Der liebe Augustin«.

Franzl, Schnoferl, Fortunatus Wurzel
Am Burgtheater

Wolfgang Liebeneiner fragte mich 1940, ob ich Lust hätte, an der Berliner Filmakademie mitzuwirken. Warum nicht, ich hatte gerade ein wenig Zeit: die Proben zu *Lumpazivagabundus* unter der Regie Heinz Hilperts – der noch auf Wunsch Reinhardts seine Nachfolge am Deutschen Theater angetreten hatte – sollten erst in drei Monaten beginnen. Bei einer Unterredung mit Filmakademiechef Wilhelm Müller-Scheld schlug ich daher vor: »Geben Sie mir einen provisorischen Vertrag für drei Monate, ich schau mir das einmal an.«

Als die provisorische Vertragszeit vorbei war, fragte mich Müller-Scheld: »Sie haben doch jetzt einen Überblick, was unseren Nachwuchs betrifft. Wieviel Prozent halten Sie für untauglich?«

»Wollen Sie eine ehrliche Antwort?«

»Ja, natürlich.«

»Ich halte hundert Prozent für untauglich.«

Müller-Scheld, ein braver Parteigenosse, war entsetzt. »Erlauben Sie mal, das sind doch alles Jungen und Mädchen von alten Kämpfern.«

»Na eben. Einen Film drehen ist noch keine Kunst. Man muß ihn aber auch verkaufen. Glauben Sie, daß sich das Publikum dafür interessiert, ob da ein Darsteller bei der HJ oder beim BDM ist? Sicher nicht. Die Leute wollen gute Schauspieler sehen. Und davon habe ich hier nichts bemerkt. Außerdem halte ich die ganze Filmakademie für keine besonders glück-

liche Idee. Die jungen Leute brauchen einfach Schauspiel-
unterricht, ob da jetzt eine Kamera dabeisteht oder nicht, ist
völlig egal.«

»Wollen Sie damit auch sagen, daß Sie den Vertrag mit der
Filmakademie nicht verlängern wollen, Herr Hörbiger?«

»Ja, das will ich damit sagen. Außerdem will ich ja jetzt wieder Theater spielen.«

In dieser Zeit liefen in den Kinos drei besonders erfolgreiche
Filme mit mir. *Opernball*, *Der liebe Augustin* und *Operette*.
Und vor dem Hauptfilm wurden in den Wochenschauen Hitlers Reden gezeigt, die schon vielen auf die Nerven gegangen
sind. Daher kamen immer mehr Kinobesucher erst nach der
Wochenschau, was daraufhin untersagt wurde. Wer nicht
rechtzeitig zum Beginn der Wochenschau da war, durfte auch
den Hauptfilm nicht sehen. Totale Diktatur – auch im
Kino.

Und der Gipfel der Geschmacklosigkeit, *Jud Süß*, wurde damals gezeigt. Die Filmakademie, in der die zukünftigen Produzenten, Regisseure und Darsteller derartiger Machwerke
ausgebildet werden sollten, stand unter dem Protektorat von
Joseph Goebbels. Ich bin heute sicher, daß er von meinen
Äußerungen über seine Akademie sehr schnell erfahren hat,
denn nach kurzer Zeit las ich in der Zeitung, daß ein anderer
Schauspieler den Knieriem im *Lumpazivagabundus* am
Deutschen Theater spielen sollte.

Fragte ich den Theaterdramaturgen Ibach. »Sag, was soll das
heißen. Ich habe zwar keinen Vertrag unterschrieben, aber es
war doch fest abgemacht, daß ich bei euch den Knieriem spiele. Jetzt lese ich, daß die Rolle ein anderer bekommt.«

»Eigentlich dürfte ich es dir nicht sagen, Paul. Aber Goebbels
hat deine Besetzung abgelehnt.«

Ich befand mich damals auf dem Höhepunkt meiner Popula-

rität. Die zum Sammeln bestimmten Paul-Hörbiger-Konter-
feis in den Zigarettenpackungen hatten den gleichen »Markt-
wert« wie jene von Zarah Leander, Willi Forst oder Willy
Fritsch. Das war ein beliebtes Steckenpferd, vor allem der
Kinder, ganze Alben wurden angelegt und die kleinen Photos
in der Schule getauscht. Um die Filmstarsammlung schneller
wachsen zu lassen, wurden die Eltern mehrmals am Tag aufgefordert, noch und noch Zigaretten zu kaufen. Die Zigaret-
tensorten Mercedes, Lloyd, Juno ohne Mundstück und Vera
Gold konnten so ihren Umsatz erheblich steigern. Was nicht
gerade zur Volksgesundung beigetragen hat.
Trotz der großen Beliebtheit in Deutschland wußte ich, daß
meine Berliner Zeit vorbei war. Denn wer einmal von Goebbels abgelehnt wurde, hatte nicht mehr allzuviel zu erwar-
ten.
Wie so oft kreuzte gerade wieder Freund Theo Lingen im
richtigen Moment meinen Weg. »Paul, der Müthel« – Lothar
Müthel war Direktor des Burgtheaters – »hätte dich gern in
Wien. Er will sich keinen Korb holen, deshalb hat er mich gebeten, dich zu fragen.«
Ich war natürlich sofort begeistert. »Ja, ich würd sehr gern
ans Burgtheater, hier in Berlin ist es mit mir sowieso vorbei.«
Aber es mußte geschickt eingefädelt werden. Wenn Goebbels
noch vor Vertragsunterzeichnung davon erfuhr, konnte er
mir einen Strich durch die Rechnung machen.
Im Wiener Parkhotel Schönbrunn traf ich den berühmten
Rechtsanwalt Dr. Robert Meixner, der seit seiner Verwun-
dung im Ersten Weltkrieg querschnittsgelähmt im Rollstuhl
saß. Er war Parteimitglied, hat aber sehr vielen Menschen geholfen. Ich schilderte ihm meinen Fall. »Herr Doktor Meixner, sprechen Sie bitte mit Direktor Müthel, da haben Sie

meine Vollmacht, und unterschreiben Sie den Vertrag in meinem Namen. Aber sorgen Sie bitte dafür, daß vor der Unterzeichnung kein Wort in die Presse kommt, sonst verhindert Goebbels das Engagement.«

Die Kultur des Dritten Reichs war so organisiert: Propagandaobermacher Goebbels hatte Film und Privattheater unter sich, Hermann Göring unterstanden die Berliner Staatstheater. In Wien waren aber Gauleiter Josef Bürckel und später dann Baldur von Schirach für die Bühnen zuständig. Ich hatte mir also überlegt, daß die Burgtheatersache funktionieren könnte. Nur Goebbels durfte nicht vorzeitig davon erfahren, denn auch wenn das Engagement nicht in seine Kompetenz fiel, hätte er es zu verhindern gewußt.

Es klappte. Rechtsanwalt Meixner unterzeichnete meinen auf drei Jahre befristeten Vertrag, der eine Optionsklausel, also eine Verlängerungsmöglichkeit auf sechs Jahre, beinhaltete. Da ich mich aus Gründen der Diskretion selbst nicht in die Verhandlungen einschalten wollte, war die Gagenfrage äußerst unbefriedigend gelöst worden.

Aber das wichtigste: ich war am Burgtheater. Jetzt erst berichtete die Presse über mein Engagement.

Vor der endgültigen Übersiedlung nach Wien wurden Pippa und ich geschieden. Meine vielen Tourneen und wochenlangen Aufenthalte an den verschiedensten Drehorten hatten meiner Ehe nicht gutgetan. Die einzige wirklich große Liebe meines Lebens war zu Ende gegangen. Die Trennung ist mir nicht leichtgefallen, und ich denke auch heute noch mit Wehmut daran zurück. Pippa hat später noch einmal geheiratet und lebt jetzt in München, wo wir uns jedes Jahr einmal beim großen Familientreffen wiedersehen. Ich führe seit 1940 ein Junggesellenleben mit drei Kindern im Anhang. Denn

Christl, Monica und Thommy kamen mit nach Wien.

Hier traf ich gleich Attila und Paula, die zu den bedeutendsten Schauspielern des deutschsprachigen Raums gereift waren. Mein Bruder fragte mich, ob ich in Wien eine Sekretärin suche.

»Gut, daß du mich fragst, ich brauch dringend eine.«

»Ich wüßt eine, die ist sogar sehr gut. Stört es dich, daß sie mit einem Juden verheiratet ist?«

»Nein.«

So wurde Hermine Ehrenstein meine treue Mitarbeiterin, ihr Mann hat den Krieg »als U-Boot« in Wien überlebt.

25. Oktober 1940. Mein Debüt am Wiener Burgtheater. Das Stück von Hermann Bahr heißt *Der Franzl* und behandelt die Lebensgeschichte des Volksdichters Franz Stelzhammer. Vor der Premiere bin ich eigens nach Linz gefahren, um mir sein Denkmal anzuschauen. In der Titelfigur erwartet mich eine Traumrolle für den Start am Burgtheater.

Schon die Probenzeit genieße ich. Wunderbare Kollegen spielen mit mir: Otto Treßler, Rosa Albach-Retty, Richard Eybner. In einer winzigen Rolle der heute berühmte Josef Meinrad.

Aber auch in Wien geht es in jener Zeit nicht ohne politische Komplikationen ab. Im zweiten Akt von *Franzl* sage ich laut Textbuch zu Hedwig Bleibtreu, meiner Mutter im Stück: »Weißt, Muatterl, wie i da oben g'standen bin auf'm Berg und runterg'schaut hab auf die blühenden Felder und grünen Wälder, is' mir erst innenworden, daß es nur ein Land gibt, in dem man glücklich leben kann. Und das ist Österreich.«

Darauf ein Orkan von einem Beifall, der überhaupt nicht enden will. Zuerst kann ich mir das gar nicht erklären, aber Regisseur Philipp von Zeska sagt mir nachher: »Der Applaus gilt dem Wort Österreich.« Einem Wort, das seit dem »An-

BURGTHEATER

Freitag den 25. Oktober 1940
Ausverkauft
Zum ersten Male:

DER FRANZL

Fünf Bilder eines guten Mannes von Hermann Bahr

Inszenierung: Philipp Zeska　　　　　　　　Bühnenbilder: Fritz Judtmann

Erstes Bild: Einkehrgasthaus vor dem Linzer Tor in Schärding, 1827

Franz Stelzhamer	Paul Hörbiger
Der Pfleger	Hermann Wawra
Der Müller	Viktor Braun
Der Bader	Peter Hübner
Der Postmeister	Hanns Pünzinger
Der Einnehmer	Anton Rudolph
Der Verwalter	Walter Huber
Kaspar	Karl Friedl
Friedl	Josef Wikart
Bartbsl	Korwin Hildebrandt
Reisl	Josef Meinrad
Ein Fuhrmann	Alois Krischke
Ursch. Kellnerin	Erika Pelikowsky

Bauernburschen

Zweites Bild: Im Elternhaus, dem Siebengütl zu Piesenham, 1827

Franzl	Paul Hörbiger
Johann Stelzhamer	Ferd. Maierhofer
Marie, seine Frau	Hedwig Bleibtreu
Peter	Anton Mader
Andrel	Reinhold Siegert

Drittes Bild: Wohnung des Hofrats Schlading in Linz, 1855

Franzl	Paul Hörbiger
Der Fürst	Otto Tressler
Hofrat Schlading	Richard Eybner
Hofrätin Schlading	Rosa Albach-Retty
Major Gemich	Julius Karsten
Frau von Gemich	Maria Planer
Stabsschreiber Thanner	Emmerich Reimers
Josefine, Dienstmädchen	Inge Lebbin

Viertes Bild: Vor dem Gasthaus „Zur Schäferin" in Böcklabruck, 1864

Franzl	Paul Hörbiger
Gusti Haszel	Susi Nicoletti
Der Wirt	Albert Paulmann
Die Wirtin	Eleonore Gartl
Stadsbauer	Reinhold Siegert
Der Lehrer	Fritz Krona
Der Apotheker	Wilhelm Schmidt
Fridolin, sein Sohn	Paul Hoffet
Sepp	Eduard Volters
Jagel	Martin Lona
Simerl	Otto Hartmann
Lipp	Herbert Prodinger
Dorothe	Ingeborg Fürst
Lena	Erni Bauer
Seplherl	Martha Danzl
Wabi, Kellnerin	Marga Bernard
Dr. Scheermist	Rudolf Kleiner
Der Mehner	Heinrich Findeisen
Der Förster	Karl Schraml

Fünftes Bild: Stelzhamers Stube in Henndorf, 14. Juli 1874

Franzl	Paul Hörbiger
Therese, seine Frau	Auguste Pünkösdy
Lusian	Josef Kleinpeter
Roßl	Margit Hölzel
Dr. Peter	Franz Herterich
Dies	Wilhelm Heim
Liesl	Lore Felger

beider Kinder

Melodien zu Stelzhamers Liedern von Paul Hörbiger
Musikalische Zwischenspiele von Franz Salmhofer

Nach dem dritten Bild eine größere Pause

Kassen-Eröffnung vor 19 Uhr　　Anfang 19.30 Uhr　　Ende nach 22.30 Uhr

Während der Akte bleiben die Zugänge zum Parkett, Parterre und den Galerien geschlossen.
Zuspätkommende können daher nur während der Pausen Einlaß finden

Telephonische Bestellungen von Sitzen, R-28-320 (ausgenommen Säulensitze) zum Preise von RM. 2.70
aufwärts werden für folgende Vorstellungen entgegengenommen

Der Kartenverkauf findet heute statt für obige Vorstellung und für

Samstag, 26. Nachmittags 14.30 Uhr: Justitia. Geschlossene Vorstellung für den Veranstaltungsring der HJ. Gebiet Wien
　　　　　　Abends 19.30 Uhr: In Anwesenheit des Reichsministers Dr. Joseph Goebbels: Der Riesenkönig und der Menschenfeind
Sonntag, 27. Nachmittags 14.30 Uhr: Heroische Leidenschaften aufgehobener Kartenverkauf zu kleinen Vierteln
　　　　　　Abends 19.30 Uhr: Der Franzl. Bei aufgehobenem Sonntag-Abonnement
Weiterer Spielplan:
Montag, 28. Justitia. Theatergemeinde Serie E, gelbe Mitgliedskarten. Beschränkter Kartenverkauf (Anfang 19.30 Uhr)
Dienstag, 29. Der Franzl (Anfang 19.30 Uhr)
Mittwoch, 30. Der Franzl. Im Abonnement A. Gruppe: 12. Vorstellung (Anfang 19.30 Uhr)
Donnerstag, 31. Der Franzl. Im Abonnement II. Gruppe: 12. Vorstellung (Anfang 19.30 Uhr)
Freitag, 1. November. Antigone (Anfang 19.30 Uhr)
Samstag, 2. Maria Stuart (Anfang 19 Uhr)
Sonntag, 3. Nachmittags 14.30 Uhr: Justitia. Vorstellung für die NS-Gemeinschaft „Kraft durch Freude". Einheitssitzung Kartenverkauf nur für Teile der Galerie und sämtl. Stehplätze
　　　　　　Abends 19.30 Uhr: Der Franzl

Kartenverkauf für alle Staatstheater (Burg-, Opern- und Akademie-Theater) an den Tageskassen: 1. Braunerstraße 14, an Werktagen von 9—18 Uhr, an Sonn- und Feiertagen von 9—17 Uhr und an den Abendkassen am Vorstellungstage. Telephonische Bestellungen von Sitzen (ausgenommen Säulensitze) zum Preise von RM. 2.70 aufwärts ausschl. unter der Telephon-Nummer R-28-3-20 von 9—18 Uhr.

Mein Debüt am Burgtheater

schluß« unter schwerster Strafe verboten ist. Unser Land hat ja zuerst »Ostmark« und dann »Donaualpengau« geheißen.

Es war jeden Abend das gleiche. Riesenapplaus für »Österreich«, eine starke Willenskundgebung des Publikums. Das konnte natürlich nicht gutgehen. Etwa vor der zwölften Vorstellung kam Reichstheaterdramaturg Rainer Schlösser, eigens aus Berlin angereist, hinter die Bühne.

»Bitte lassen Sie das Wort Österreich ab sofort weg. Das Wort gibt es, wie Ihnen bekannt sein dürfte, seit dem Jahre 1938 nicht mehr.«

»Entschuldigen schon, Herr Schlösser, aber ich spreche in dem Stück nicht meine Worte, sondern die des Hermann Bahr, und der ist ja, wie Ihnen bekannt sein dürfte, einer unserer bedeutendsten Dichter. Das kann man doch nicht so mir nix, dir nix ändern. Oder bitte, machen Sie doch einen Vorschlag, was ich statt ›Österreich‹ sagen soll.«

Jetzt ist er nur mehr recht verlegen herumgestanden, natürlich fiel ihm nichts ein. *Franzl* ist sechzigmal aufgeführt worden, und ich habe »Österreich« kein einziges Mal ausgelassen.

In diesem Stück hatte ich auch einige Gesangsnummern und begleitete mich selbst auf der Ziehharmonika. Irgendeine Melodie, die mir gerade eingefallen ist, mußte bei den Proben herhalten. Am nächsten Tag wieder.

Da rief mir Franz Salmhofer, der musikalische Leiter des Burgtheaters, zu: »Paul, die Musik, die du gestern gespielt hast, hat mir bedeutend besser gefallen als die heutige.«

»Tut mir leid, aber ich weiß gar nicht mehr, was ich gestern gespielt hab. Ich mach die Musik, die mir gerade paßt.«

Da drückte mir Salmhofer ein Notenblatt in die Hand und sagte: »Schau, Paul, ich hab gestern mitgeschrieben.«

Es ist dann bei dieser Melodie geblieben, und auf dem Theaterzettel steht, worauf ich heute noch stolz bin, daß die Musik
zu den Liedern von mir ist. Die Noten wurden dem Publikum
vor meiner Vorstellung verkauft, und ich habe sogar Tantiemen dafür erhalten.

Mein Schatz hat an andern gern

Aus dem Volksstück „*Franzl*" von Hermann Bahr

Worte: FRANZ STELZHAMER   Musik: PAUL HÖRBIGER

Allegretto

Gesang

Piano

Mein

Andante mosso

Schatz hat an an-dern gern, wia mi das kränkt, und

i woaß ma koan Düm-pel net, wo'r i mi da tränk! *rit. espr.*

Am dritten Abend nach der Premiere las ich am Schwarzen
Brett, das in den Künstlergarderoben hängt: »Abendregie:
Paul Hörbiger«. Also das war etwas für mich völlig Neues.

Ich fragte den Inspizienten. »Was ist das, Abendregie, was muß ich da machen?«

»Da brauchen S' Ihna nix antuan, des is ganz einfach. I sag Ihnen Bescheid, wenn alle Schauspiela da san, und Sie geben mir dann a Zeichen, daß ma anfanga können. Und wenn was passiert – aber was kann scho passieren.«

Also, er gibt Bescheid, ich gebe das Zeichen und denke, damit ist meine Aufgabe als Abendregisseur – was immer das Wort auch bedeuten mag – beendet. Und just an dem Abend, als ich zum erstenmal Abendregisseur bin, passiert das folgende. Im dritten Akt sitzt Susi Nicoletti mit mir in einer Heurigenszene auf der Bühne. Ich schau ihr rollengemäß verliebt in die Augen – und sehe vor mir eine kleine Rauchwolke aufsteigen. Außerdem riecht es nach verbranntem Gummi.

Was mach ich jetzt, ich, der Abendregisseur? »Feuer« schreien würde im Publikum nur eine Panikstimmung hervorrufen. Ich sage also zur Nicoletti: »Jessas, is der Wein gut, ich geh schnell noch einen halben Liter bestellen...« und verlasse die Bühne.

Susi Nicoletti hält mich in diesem Augenblick wohl für total vertrottelt, weil ich doch mitten in der schönsten Flirtszene abgehe, sie selbst kann den Rauch aus ihrem Blickwinkel nicht sehen.

Ich stürze mich indes mit dem Verantwortungsbewußtsein des Schauspielers, der das erste Mal in seinem Leben Abendregie hat (und noch immer nicht weiß, was das eigentlich bedeutet), auf den hinter der Bühne stehenden diensthabenden Feuerwehrmann und schreie ihn – lautlos – an: »Schnell, den Eisernen Vorhang runter, auf der Bühne brennt's.«

Bald ist der Übeltäter, ein schadhaftes rauchendes Kabel in der Unterbühne, entdeckt, der Abendregisseur beruhigt sich langsam, der Eiserne Vorhang geht wieder hoch, ich schau ins

Publikum und denk mir: Was mach ma jetzt?, um mich dann zu entscheiden: Aber was, fang ma noch einmal von vorn an. So erhielt das Publikum an diesem Abend dank eines Kabelbrandes die einmalige Gelegenheit, den Beginn des dritten Akts ein zweites Mal dargeboten zu bekommen. Vom Abendregisseur persönlich.

Was immer dieses Wort auch bedeuten mag.

Eine kleine Rolle in diesem Bahr-Stück, den Simerl, spielte ein Schauspieler namens Otto Hartmann. Er war ein Spitzel der Gestapo, alles, was im und um das Burgtheater vorgefallen ist, jedes »verdächtige« Garderobengeplänkel, wurde von ihm an die Nazis weitergeleitet. Am Tag der *Franzl*-Premiere hat man auf Grund seiner Spitzeleien den Löschmeister des Burgtheaters, Adolf Gubitzer, von der Bühne weg verhaftet. Als dies bekannt geworden war, weigerte sich das Ensemble in einer Eingabe, weiterhin mit dem Denunzianten aufzutreten. Daraufhin hat Direktor Müthel den Schauspieler Hartmann gekündigt, der Simerl mußte neu besetzt werden.

Neben seinen gefährlichen Spitzeleien zeichnete sich Otto Hartmann auch durch eher kuriose Aktionen aus. Mein Schwiegersohn Bibi Ptack, Christls Mann, drehte 1939 im ehemaligen Schloß Rothschild bei Waidhofen an der Ybbs den Film *Das jüngste Gericht*. Bibi war Co-Regisseur, Franz Antel der Produktionsleiter. Vor einem Porträt Kaiser Franz Josephs sind die beiden in einer Drehpause aus purem Jux strammgestanden. Hartmann, der in diesem Film eine winzige Rolle spielte, hat das beobachtet.

Als er dann vom Burgtheater entlassen wurde, mußte Hartmann seine schauspielerische Karriere beenden und wurde Konzeptsbeamter in einer Wiener Militärkaserne. Nun war zu diesem Zeitpunkt Bibi Ptack bereits eingerückt und befand sich auf dreiwöchigem Heimaturlaub. Er suchte um Verlängerung des Urlaubs an, was vom zuständigen Offizier auch genehmigt wurde. Der Beamte, dem mein Schwiegersohn das Ansuchen überreichte, war ausgerechnet Otto Hartmann.

Einen Monat später war Bibi wieder an der russischen Front. Sein Kommandeur hatte mittlerweile von Otto Hartmann ein Schreiben folgenden Inhalts bekommen:

> Sehr geehrter Herr Major! Ich habe den Gefreiten Ptack einmal dabei beobachtet, wie er vor einem Bild Kaiser Franz Josephs strammgestanden ist. Es ist sicher nicht im Sinne des Führers, wenn ausgerechnet Männern, die durch monarchistische Umtriebe auffallen, Urlaubsverlängerungen gewährt werden.

Der Kommandeur war meinem Schwiegersohn gut gesinnt und überreichte ihm lächelnd den Brief. »Schmeißen S' den Bledsinn weg, Ptack!« Bibi hatte Glück. Von einem Wiener Juristen, den Otto Hartmanns Spitzeldienste das Leben gekostet haben, wird noch die Rede sein.

Als im Jahre 1938 in Wien eine »Reichstheaterwoche« abgehalten worden war, spielten in den Räumlichkeiten der Burg an drei aufeinanderfolgenden Abenden Berlins Staatstheater, Berlins Deutsches Theater und Wiens Burgtheater. Raoul Aslan soll knapp vorher Direktor Lothar Müthel prophezeit haben: »Nachher wird man sagen, das Staatstheater hat fünfunddreißig Vorhänge gehabt, das Deutsche Theater hat fünfundvierzig Vorhänge gehabt und – wenn es beim Vorhangverbot bleibt – das Burgtheater *hätte* fünfundfünfzig Vorhänge gehabt.«

Das Vorhangverbot gibt es seit Gründung des Burgtheaters durch Joseph II. Wenn das Stück vorbei ist, bleibt der Vorhang unten, die Schauspieler müssen – im Gegensatz zu allen anderen Bühnen – auf den persönlichen Applaus des Publikums verzichten. Ich erinnere mich, daß schon zu meiner Zeit als Claqueur am Burgtheater eifrig über dieses Vorhangverbot diskutiert wurde.

Ich persönlich bin für die Beibehaltung des Vorhangverbots. Es gibt nämlich eine sehr schöne Ausnahme. Debütanten dürfen nach den Premieren ihrer ersten drei Rollen vor den Vorhang. Das ist eine große Auszeichnung, die nur das Burgtheater bieten kann, und ein Wertmesser, der dem Direktor zeigt, wie gut ein Neuer ankommt.

Ich durfte mich – gemeinsam mit Susi Nicoletti, die ebenfalls debütierte – nach dem *Franzl* verbeugen. Und im gleichen Jahr, nach meiner Premiere von *Romeo und Julia* – diesmal mit der Debütantin Gusti Huber –, noch einmal. Ich finde, dieses schöne Privileg sollte den Jungen vorbehalten bleiben.

In *Romeo und Julia* habe ich den Bruder Lorenzo gespielt. Nach der Premiere am 30. November 1940, zu der Joseph Goebbels nach Wien kam, gab der Propagandaminister für das Ensemble ein festliches Abendessen. Es bestand Anwesenheitspflicht, jeder von uns mußte beim Eintreten in den Speisesaal eines Wiener Nobelhotels eine Fleischmarke und zwei Brotmarken abgeben. Man servierte die erlesensten Gerichte; Delikatessen, von denen man in diesen Kriegsjahren sonst nur träumen konnte. Kalbsbraten, Huhn, Apfelstrudel, Sekt, Wein. Goebbels saß mir, an einer langen Tafel, gegenüber. In vino veritas – ich war etwas beschwipst und daher wieder einmal mutig.

Er fand: »Jemand müßte über unseren Führer eine Biographie schreiben, die genauso packend ist wie die über Friedrich den Großen.«

Ich habe nichts gesagt, nur gelächelt.

»Warum lachen Sie, Herr Hörbiger?«

Daß Krieg herrschte, konnte man auch im Theater nicht vergessen. Diese Anweisung war jedem Programmheft zu »Romeo und Julia« beigelegt.

»Sie dürfen es mir nicht übelnehmen, wenn mir ein Johann Strauß nähersteht als Friedrich der Große. Wenn ich von Strauß einen Walzer hör, weiß ich genau, wer das war. Die Meinungen über Friedrich den Großen sind ja zumindest, na sagen wir, geteilt.«

Eine gewisse Wut im Bauch habe ich ihm schon angesehen, aber angesichts der vielen Zuhörer knurrte Goebbels nur: »Paul Hörbiger, unverbesserlich, aber immer charmant.«

Es war das letzte Mal, daß ich mit Goebbels zusammengetroffen bin.

Meine dritte Burgtheaterpremiere sollte dann der Schnoferl in Nestroys *Mädl aus der Vorstadt* sein. Nach einer Hauptprobe bekam ich plötzlich hohes Fieber. Der bekannte Arzt Professor Mayer entdeckte einen Abszeß unter dem Gaumen und operierte gleich. Nach ein paar Tagen kam Philipp von Zeska zu mir ins Sanatorium Rudolfinum. »Paul, kannst du nicht bald auftreten, man braucht dich dringend, wir haben kein anderes Stück in Reserve.«

»Das kann ich dir nicht sagen, da mußt du Professor Mayer fragen.«

Mayer verordnete mir aber noch weitere vierzehn Tage im Krankenhaus, »vorher kann ich das nicht verantworten, die Wunde ist noch nicht geschlossen.«

Daraufhin hatte, wenn ich richtig informiert worden bin, Reichsstatthalter Baldur von Schirach die ungeheure Idee entwickelt, einfach einen anderen Arzt befragen zu lassen. Es war der Arzt des Burgtheaters und ein Obernazi. So ein typischer Mediziner, der auf Kosten des Patienten mutig ist. Diesmal halt auf meine Kosten. Er gab nach kürzester Untersuchung kund: »Ja, in zwei Tagen kann Herr Hörbiger auftreten.«

Ich bin – noch ziemlich schwach – ins Burgtheater gegangen, wo mich der mutige Herr Doktor schon erwartet hat. In meiner Garderobe sagte ich zu ihm, daß ich starke Schmerzen hätte.

»Naja, das werden wir schon hinkriegen, jetzt bekommen Sie einmal ein Spritzerl.«

»Aber da schlaf ich doch ein.«

»Dann trinken S' eben eine halbe Flasche Sekt, da wachen S' wieder auf.«

Er spritzt – ich vermute, es war Morphium – ich trinke, und zwischen den einzelnen Auftritten wird die offene Wunde immer wieder tamponiert. Der erste Akt geht problemlos vorüber, ich trinke noch ein Glas Sekt. Nach der Pause singe ich ein Couplet. Morphium und Sekt vertragen einander überhaupt nicht, trotzdem wanke ich auf die Bühne. Text und Musik des Liedes stammen von Alexander Steinbrecher, und wie's der Zufall will, soll ich die letzte Strophe als Besoffener singen – eine darstellerische Leistung, die mir in diesem Moment nicht schwerfällt.

Singend gehe ich nach vorne zur Rampe, vollziehe in meinem Rausch einen Riesensalto in den Orchestergraben und bleibe am Klavier sitzen. Kollegin Alma Seidler – als Frau von Erbsenstein hinter mir auf der Bühne – erschrickt fürchterlich. Der Wiener Bürgermeister Blaschke springt in der ersten Reihe auf, um mir zu helfen, im ganzen Haus höre ich erschrockene »Ah«- und »Oh«-Rufe. Ich singe aber hurtig weiter und spiele mich scheinbar beschwingt über die Situation hinweg, geradeso als ob überhaupt nichts passiert wäre. Es ist ja auch weiter nichts passiert.

Gegen Schluß des Couplets klettere ich mittels eleganten Klimmzügen aus dem Orchestergraben und setze mich an den Bühnenrand. Das Lied ist aus, ein Riesenapplaus setzt ein.

Viele Leute dachten, ich hätte den Salto absichtlich eingesprungen, was am nächsten Tag durch eine Zeitungsmeldung erhärtet wurde. »Paul Hörbiger begeistert durch seine bravouröse Akrobatik« – mit genauer Beschreibung meiner circensischen Leistung. Das Stück ist einhundertdreiundsiebzigmal gelaufen, und immer wieder haben Zuschauer gefragt: »Wann springt denn der Hörbiger ins Orchester hinein?«, worauf meist die Antwort kam: »Das macht er nur, wenn er gut aufgelegt ist.«

Susi Nicoletti spielte die Rosalie. Als Susi ein Kind erwartete, ein Ende der Vorstellungen des *Mädls aus der Vorstadt* aber nicht abzusehen war, gab Zeska meiner Tochter Christl den Rat: »Lernen Sie die Rolle von der Nicoletti, wer weiß, wie lange die noch spielen kann.« Christl, die gerade eine Schau-

So hat mich der
Karikaturist als
Schnoferl in
Nestroys *Mädl
aus der Vorstadt*
gesehen.

spielschule besuchte, sah die große Chance ihres Lebens ge-
kommen und büffelte den langen Text in einer Nacht.
Am nächsten Tag besuchte sie mich im Akademietheater, das
dem Burgtheater angeschlossen ist. Nun trat auch Direktor
Müthel an Christl heran. »Fräulein Hörbiger, lernen Sie die
Rosalie für den Fall der Fälle.« Da konnte sie auftrumpfen:
»Herr Direktor, ich kann die Rolle schon.«
Ohne eine einzige Probe mußte Christl dann noch am selben
Abend einspringen, weil die Nicoletti früher als erwartet
ausfiel. Das war nicht einfach, denn sie mußte nicht nur spre-
chen, sondern auch mit mir tanzen und singen. Die meisten
von uns sind vor lauter Aufregung irgendwann einmal stek-
kengeblieben, nur die Christl hat keinen einzigen »Hänger«
gehabt.
Nach dem Krieg hat sie dann ihre schauspielerische Karriere
an den Nagel gehängt. Weil ihr der Beruf, wie sie sagt, keinen
Spaß macht. Und das mir als Vater!
Es ist eine alte Tradition, daß der Fortunatus Wurzel, der
Aschenmann in Ferdinand Raimunds *Bauer als Millionär*, an
den Schluß seines Couplets »an Asch'n« eine politische Strophe hängt. Nun war ich am Burgtheater dieser Fortunatus

Mit meinem Bruder Attila auf der Bühne des Burgtheaters: In Ferdinand Raimunds Zaubermärchen „Der Alpenkönig und der Menschenfeind" (1965) *(Foto: Elisabeth Hausmann, Wien).*

1928 spielte ich unter der Regie von Fritz Lang in „Spione" einen Chauffeur, hatte aber insofern Schwierigkeiten, als ich nicht Auto fahren konnte – was bei diesem Beruf nicht von Vorteil ist. Das haben mir die Kollegen während der Dreharbeiten mühsam beigebracht. Pro Drehtag erhielt ich die „phantastische" Gage von hundert Mark *(Foto: Privat).*

Mein erster Film „Sechs Mädchen suchen Nachtquartier" (1928, Stummfilm, in meinem Arm liegt Jenny Jugo) *(Foto: Gerhard Bartl, Wien).*

Wurzel, aber worüber soll, worüber darf man sich in einer Diktatur schon lustigmachen. Also habe ich mir dieses gereimt:

>>Es sagt der Herr von Blau
Ach, liebes Weiberl, schau
Es tut ma furchtbar leid
Aber i hab a Sitzung heut
A Sitzung, geh schau, schau
Sagt drauf die Frau von Blau
Dei Sitzung kenn i schon,
Wie heißt denn die Person?<<

Es folgten Strophen mit den Herren von Grün, Braun und Trägern anderer Farbennamen. Und mein Abgang war:

>>Es sagt der Herr von Gelb
– oje, auf gelb reimt si nix.<<

Unter der Regie Géza von Bolvarys haben wir den Film *Wiener G'schichten* gedreht. Mit Marte Harell, Egon von Jordan, Fritz Imhoff, Hedwig Bleibtreu und – natürlich – Hans Moser.

Von Hans Moser – für mich ist er der begnadetste deutschsprachige Komödiant in diesem Jahrhundert – wird ja immer wieder behauptet, er sei im Privatleben ein fürchterlicher Schnorrer gewesen. Franz Antel erzählt, daß er täglich um ein paar Minuten früher ins Studio gekommen ist, um alle seine Telephonate auf Produktionskosten erledigen zu können. Ich habe selbst erlebt, daß er sich den Kleinen Braunen im Kaffeehaus mehrmals mit Wasser hat >>verlängern<< lassen. Auch kann ich nicht widerlegen, daß er in seinem Haus in Hietzing die Hausmeisterwohnung bewohnt hat, um die besseren Appartements teurer zu vermieten. Und es mag auch sein, daß er – wieder Franz Antel – seiner Frau Blanca abends möglichst viele jener Lunch-Pakete mitbrachte, die die Kollegen bei Außenaufnahmen liegengelassen hatten.

Aber ich persönlich habe ihn auch von seiner großzügigen Seite kennengelernt. Während der Dreharbeiten mitten im Krieg hat er eine Party zu seinem sechzigsten Geburtstag gegeben. Da ließ er auffahren, was gut und teuer war. Die edelsten Weinsorten, Backhendln, herrlich belegte Brote. Um jetzt eventuell entstehenden Gerüchten gleich zu entgegnen: diese Köstlichkeiten waren sicher keine Restln aus *Wiener G'schichten*-Lunchpaketen. Er hat alles brav und ehrlich »im Schleich« gekauft.

Als Höhepunkt des Festes war geplant, daß ich meinem Freund Hans ein Geburtstagsständchen singe. Dabei habe ich mich natürlich selbst auf der Ziehharmonika begleitet. Wie ich fertig war, verschwand das Geburtstagskind auf einmal in einem Nebenzimmer und kam genau mit der gleichen Knöpferlharmonika, die auch ich besitze, wieder. Zu zweit haben wir dann bis in die Nacht hinein gespielt. Den Moser hatte ich schon viele Jahre gekannt, aber daß er so hervorragend Ziehharmonika spielen konnte, hat er mir bis zu seinem sechzigsten Geburtstag verschwiegen.

Mein Berliner Haus in Zehlendorf hatte ich mittlerweile vermietet – und zwar an den Verpackungschef der Persil-Werke. In Wien hatte ich über ein Inserat die Villa Mariana in Hietzing gefunden. Ich hatte das Haus nicht gekauft, sondern gemietet, da ich wußte, daß es einem emigrierten Juden gehörte. Der Hausverwalter hieß Steinbrecher, und wenige Tage vor Weihnachten habe ich zu meiner Tochter Christl gesagt: »Geh, ruf den Steinbrecher an, er soll am Heiligen Abend zu uns kommen.« Ich hatte natürlich nicht unseren Hausverwalter gemeint – wer lädt schon seinen Hausverwalter zur Bescherung ein –, sondern Freund Alexander Steinbrecher vom Akademietheater.

Wer stand am 24. Dezember vor der Tür? Der Hausverwalter! Christl hatte den Falschen angerufen. So habe ich mit einem Realitätenhändler den Heiligen Abend verbracht.

In den Kriegstagen war es äußerst schwierig, einen Christbaum aufzutreiben. Darüber muß ich irgendwann mit Bekannten gesprochen haben, denn zu Weihnachten hatten wir dann drei Tannen im Haus stehen, so sehr haben sich die Freunde bemüht, meinen Kindern Freude zu bereiten. Eines der Bäumchen schenkte uns der Kaffeehausbesitzer Richard Patsch, der später mein engster Vertrauensmann in einer Widerstandsbewegung war.

An diesem Heiligen Abend waren übrigens – neben Hausverwalter und Cafétier – auch Curd Jürgens und Hermann Erhardt unsere Gäste in der Villa Mariana.

»*Erste Museum war deitsch.*«
Verbotene Lieder

1942 wurde mir der Titel Staatsschauspieler verliehen. Als mir Ewald Balser ironisch gratulierte, habe ich zu ihm gesagt: »Ich mach mir nix draus, es kommt eh bald eine Amnestie.« Diese »Amnestie« kam dann allerdings schneller, als ich dachte: Mein Dreijahresvertrag mit dem Burgtheater wurde nicht verlängert, da die Gauleitung »keinen gesteigerten Wert« – wie mir im geschraubten Nazi-Deutsch mitgeteilt wurde – auf meine weitere Mitarbeit legte. Das Burgtheater käme durch meine Auftritte »zu sehr ins österreichische Fahrwasser«.

Noch brauchte ich mir aber um meine Beschäftigung keine Sorgen zu machen. In Kalabrien, im Süden Italiens, habe ich *Lache Bajazzo* mit Benjamino Gigli – nach Carusos Tod der Welt berühmtester Tenor –, Dagny Servaes und Heinz Moog gedreht. Regie führte Leopold »Papa« Hainisch. Jeden Tag fuhren wir mit zwei Autobussen von Cosenza auf den zweitausend Meter hohen Montalto. Für die Bevölkerung, vor allem natürlich die Kinder, war es jedesmal eine Riesenhetz, wenn die verrückten Filmleute dahergekommen sind. Jeder von uns hat gleich einen begeisterten kleinen Adlatus gefunden, der uns den Rucksack schleppte.

Ich erinnere mich an besonders herzige Zwillinge, Söhne eines Arztes aus Cosenza, die immer in unserer Nähe waren. Fragt mich einer um die Übersetzung von ›buon giorno‹? »Come dice ›buon giorno‹?«

Ich denke nach und sage: »Scheiß mit Reis.«

»Grazie, mille grazie!« Und weg war er. Am nächsten Tag begrüßte uns halb Cosenza und Umgebung mit den Worten: »Scheiß mit Reis.«

»Papa« Hainisch wußte sofort, was los war. »Paul, so a Bledsinn kann nur von dir stammen.«

Mein nächster Film war *Schwarz auf weiß*, Regie E. W. Emo, mit Annie Rosar und Hans Moser. Gedreht wurde in Prag – Hitler hatte 1939 durch die Gründung des »Protektorats Böhmen und Mähren« die Souveränität der Tschechoslowakei zerstört. Die Behörden und offiziellen Stellen mußten sowohl in tschechisch als auch in deutsch »amtshandeln«. Das führte zu einer kuriosen Situation in einer Prager Straßenbahn. Der Schaffner hat die Stationen – äußerst widerwillig, aber auftragsgemäß – zweisprachig angesagt. Beim Národni Museum, dem Nationalmuseum auf dem Wenzelsplatz, angelangt, hat er gerufen: »Museum – Museum. Erste Museum war deitsch.«

Ich war mit einigen Freunden unterwegs ins Palais Lucerna, wo die Gründung eines tschechisch-deutschen Schauspielerklubs gefeiert wurde. Viele Kollegen kannte ich noch aus meiner früheren Prager Theaterzeit.

So traf ich im Lucerna meinen alten Freund Vlasta Burian, und wir sprachen über Gott und die Welt. Irgendwann habe ich dann gefragt: »Wie geht's eigentlich dem Hašler, warum ist der nicht da?«

Karel Hašler war seinerzeit mit mir einige Wochen lang nach der Vorstellung im Deutschen Theater in einem tschechisch-deutschen Varieté aufgetreten, er war Komponist, Texter und Interpret in einer Person. Burian, Hašler und ich, wir waren unzertrennlich.

Vlasta Burian machte ein ganz ernstes Gesicht. »Es ist furchtbar. Der Karel ist in einem Konzentrationslager hingerichtet worden!«

Ich konnte die Mitteilung nicht fassen, war natürlich furchtbar erregt. Nun muß ich anführen, daß mir bis zu diesem Zeitpunkt nicht bekannt war, was sich hinter den Mauern der Lager wirklich abspielte. Es gab zwar alle möglichen Gerüchte darüber, aber hier in Prag habe ich zum erstenmal von einem konkreten Fall erfahren.

Das Unglaubliche sei wahr, er wisse es hundertprozentig, sagte mir Vlasta Burian. Wenige Minuten, nachdem ich von der Ermordung meines Freundes erfahren hatte, ließ mich der nationalsozialistische tschechische Kultusminister Emanuel Moravec in seine Loge rufen. Im Saal wurde getanzt, und nach der Begrüßung des Ministers habe ich aus seiner Loge dem Kapellmeister in tschechischer Sprache zugerufen: »Spielen Sie doch bitte für mich das Lied ›Pisnička Česka‹ von Karel Hašler.«

Eisiges Schweigen. Ein Musiker rief zurück: »Das Lied ist verboten.«

Und der Minister: »Herr Hörbiger, ich muß Sie darauf aufmerksam machen, daß dieses Lied wirklich verboten ist.«

Ich, wieder sehr mutig: »Für mich is gar nix verboten, bitte Herr Kapellmeister.«

Nun forderten meine tschechischen Kollegen den Dirigenten auf: »Aber ja, spiel's, was soll schon passieren?«

Und tatsächlich, nach kurzer Diskussion ertönte das beliebte Lied ›Pisnička Česka‹ von Karel Hašler, der ganze Saal hat laut mitgesungen. Nur der Minister verließ wütend seine Loge.

Ich tanzte ein paar Takte mit einer Prager Schauspielerin, da kam ein Herr im Smoking auf mich zu. »Ich hätte mit Ihnen etwas zu besprechen. Bitte kommen Sie mit!«

»A Moment, ich möcht nur noch mit der Dame fertig tanzen.«

Dann brachte man mich in einen Nebenraum, in dem ein weiterer Herr auf mich wartete.

»Herr Hörbiger, wir sind von der Geheimen Staatspolizei, Sie haben da draußen ein Lied gesungen?«

»Ja.«

»Warum?«

»Weil's mir gefällt.«

»Aber Sie wissen doch, daß es verboten ist.«

»Ja.«

»Hat Sie der Herr Minister ausdrücklich darauf aufmerksam gemacht, daß es verboten ist?«

»Ja, hat er.«

»Und warum haben Sie es trotzdem gesungen?«

»Weil es von meinem jüdischen Freund Karel Hašler stammt, der in einem Konzentrationslager umgekommen ist.«

»Umgekommen ist wohl ein verfehlter Ausdruck.«

»No, glauben Sie, er ist vielleicht freiwillig gestorben? 'tschuldigen die Herren, aber ich möchte jetzt wieder tanzen gehen. Guten Abend.«

Nach einigen Minuten kam wieder einer der beiden zu mir.

»Herr Hörbiger, Sie brauchen keine Angst zu haben, wir machen keine Anzeige.«

»Von mir aus können S' auch eine Anzeige machen. Mir is des Wurscht.«

»Nein, nein, es passiert Ihnen nichts. Bei jeder Gestapoleitstelle liegt eine Liste mit den Namen von Persönlichkeiten des öffentlichen Lebens auf, die nur auf Veranlassung von Herrn Doktor Goebbels verhaftet werden dürfen. Bitte mich nicht zu verraten – auch Sie stehen auf dieser Liste.«

Dann hat er noch einige Namen dieser Liste genannt, von denen ich mir die meiner Schwägerin Paula Wessely und meines Bruders Attila gemerkt habe.

Ah, so ist das, »nur auf persönliche Veranlassung von Herrn Doktor Goebbels« kann ich verhaftet werden. Darauf habe ich von jetzt an gebaut und mein loses Mundwerk vielleicht noch öfter aufgerissen als bisher. Der Goebbels wird mich schon nicht verhaften lassen, dachte ich.

Das Lied ›Pisnička Česka‹ war verklungen, der Ball vorüber. Und am nächsten Tag begrüßten mich die Prager wie einen König. Jeder, dem ich auf der Straße begegnet bin, hat seinen Hut gehoben, es war in aller Munde, daß »der Hörbiger« das verbotene Lied hat aufspielen lassen. Das hat den Tschechen, deren Nationalbewußtsein von den Nazis gedemütigt wurde, gefallen.

Mit den Salzburger Festspielen hatte ich einen Dreijahresvertrag abgeschlossen, und Wien-Film-Chef Karl Hartl wollte mit seiner Frau Marte Harell, Hans Moser und mir den Film *Schrammeln* drehen. Als sich zwischen Festspielen und *Schrammel*-Drehzeit terminliche Schwierigkeiten ergaben, hat der »Reichsfilmintendant« an Minister Goebbels geschrieben:

Berlin, 10. Mai 1943

Die Wien-Film beginnt Ende Juni mit den Aufnahmen zu dem Film *Schrammeln*, einem Film um die Begründung des weltberühmten Wiener Heurigen-Quartetts. In dem Film, der seit langer Zeit geplant ist, ist für die Hauptrolle der Einsatz von Paul Hörbiger vorgesehen. Die Aufnahmen des Films, die sich bis Ende August hinziehen, fallen zeitlich mit den Salzburger Festspielen zusammen, in denen Herr Hörbiger als Opernsänger den Papageno in der *Zau-*

berflöte spielen soll. Falls Herr Hörbiger an den Salzburger Festspielen teilnimmt, kann der Wien-Film *Schrammeln*, dessen Vorbereitungen kurz vor der Vollendung stehen, nicht gedreht werden.

Für die Wien-Film ist es weit schwieriger, für Paul Hörbiger, der im Film *Schrammeln* als Meister der Wiener Volksmusik auftreten soll, einen Ersatz zu finden als für die Salzburger Festspiele. Ferner ist zu berücksichtigen, daß der Film *Schrammeln* einen Besucherkreis von mehreren Millionen Menschen erfassen wird, während die wenigen Aufführungen der Salzburger Festspiele nur zu einem kleinen Besucherkreis sprechen können. Es erscheint daher gerechtfertigt, daß Herr Hörbiger den Wien-Film *Schrammeln* spielt. Der Vertrag des Herrn Hörbiger mit den Salzburger Festspielen könnte ja um ein Jahr verschoben werden.

Man ersieht aus diesem Brief*, wie präzise zwischen Massenfilmen und elitären Bühnenveranstaltungen unterschieden wurde. Und daß man sich wegen einer, wie man annehmen sollte, so relativ unwesentlichen Frage, ob ich jetzt da oder dort auftrat, an einen Minister wandte, sagt viel über die Organisation der nationalsozialistischen Propagandamaschinerie. Goebbels ließ übrigens daraufhin die Beginnzeiten der Dreharbeiten verschieben, so daß ich sowohl in Salzburg als auch im *Schrammel*-Film mitgewirkt habe.

Zunächst Salzburg. Ich war, glaube ich, der erste Papageno, der nicht singen kann, die wunderbare Gusti Huber meine Papagena, Julius Patzak der Tamino, Irma Beilke die Pamina.

---

* Original im American Document Center, Berlin

Clemens Krauß dirigierte die Wiener Philharmoniker, kein Geringerer als Josef Krips war Korrepetitor.

Die Kritik hat mich zwar gefeiert, aber stolz konnte ich nicht werden. Ein Drittel der Sitzplätze im Festspielhaus war für Soldaten reserviert. Die bekamen Freikarten und haben diese sofort an die Salzburger Bürger weiterverkauft. Denn ein Soldat, der gerade ein paar Tage Fronturlaub hatte, war für die *Zauberflöte* nicht unbedingt zu begeistern. Bei der nächsten Vorstellung mußten die Soldaten am Eingang ein Formular ausfüllen, damit sie auch wirklich hineingingen. Sie sind auch tatsächlich hineingegangen – auf der anderen Seite aber gleich wieder hinaus, um die Karten den dort wartenden Salzburgern zu verkaufen. Bei der dritten Vorstellung war es dann soweit, daß die Soldaten beim Hinein- und beim Hinausgehen unterschreiben mußten. Sie waren also praktisch gezwungen, bis zum Schluß der Vorstellung im Saal zu bleiben. Und das nannte man »Kunst dem Volke«. Mein heutiger Burgtheaterkollege Rudolf Wessely erzählte mir, daß er als Soldat in einer dieser Vorstellungen gesessen ist. Er ist allerdings als einer der wenigen von vornherein drinnen geblieben.

Die Atmosphäre dieser Festspiele kann mit jener aus der Salzburger Zeit Max Reinhardts nicht in einem Atemzug genannt werden. Im August 1930 habe ich hier unter seiner Regie mit Lili Darvas und Hermann Thimig in William Somerset Maughams *Victoria* den Frederic gespielt. Da war die Mozartstadt noch im »Besitz« eines kunstverständigen internationalen Publikums.

Reinhardt wollte damals, daß ich auch im *Jedermann* spielte, worauf ich ihn recht lapidar fragte: »Aber Herr Professor, wann soll ich denn dann fischen gehen?«

Er lachte. »Das ist ein Argument. Ich würde mich freuen, wenn Sie mir einmal eine Forelle mitbringen.«

Wir probten im Stadttheater – dem heutigen Landestheater –, wohin ich Reinhardt etliche Prachtstücke brachte. Der Portier hat mich und die Fische in meiner Hand jedesmal mit großen Augen angeschaut. Eines Tages faßte er Mut. »Mei liaba Herr Herbinger, Sie wissen ja, mei Frau is so schwer krank, i war mit ihr scho bei alle Doktan, aber es nutzt nix. Wissen S', sie hat halt Forön so gern. Wenn S' vielleicht amoi ane übrig hätten...«

»Aber natürlich.« Am nächsten Morgen brachte ich dem Portier zwei wunderschöne, je ein Kilo schwere Forellen mit.

Abends saß ich dann mit Pippa im noblen Hotel-Restaurant »Österreichischer Hof«, und meiner Frau war nach Forelle.

»Ich habe eine herrliche, die genügt für zwei Personen«, empfahl der Oberkellner und brachte das Tier, delikat zubereitet, an unseren Tisch.

»Die ist aber besonders schön«, sagte ich, »woher haben Sie die?«

»Der Portier vom Stadttheater hat sie mir verkauft.«

Aus der goldenen Reinhardt-Zeit wieder ins Jahr 1943. Durch Goebbels' »Spezialvermittlung« konnte ich nach meinem Salzburger Papageno nun auch den Film *Schrammeln* drehen. Regie: Géza von Bolvary. Als Johann Schrammel hatte ich ein Lied zu singen.

> »Wer nó in Wien net war und Linz net kennt
> Wer net in Graz drin schon spazier'n is grennt,
> Wer Salzburg net hat g'seht, das Paradies,
> hat kein' Begriff davon, was Öst'reich is.«

Wir haben natürlich schon im vorhinein gewußt, daß das Wort Österreich wieder einmal Anstoß erregen würde. Aber

Wien-Film-Chef Karl Hartl versuchte uns Mut zu machen: »Kinder, laßt's euch Zeit bei der Arbeit. Mei Frau hat sich scho krank gemeldet, wir drehen ganz langsam, ihr werdet's sehen, das wird der erste Film im freien Österreich sein.« Leider hat er sich um eineinhalb Jahre verschätzt, der arme Optimist.

Es kam natürlich prompt ein Wichtigtuer von der Reichsfilmkammer aus Berlin, ließ sich den Film vorspielen und ordnete an, daß die letzte Zeile geändert werden müsse!

... hat kein' Begriff davon, wie schön's *da* is.

Die Nazis haben aber die Rechnung ohne den Wirt gemacht. Der *Schrammel*-Film ist nach seiner Premiere monatelang in der Wiener Scala gelaufen. Die Leute stellten sich schon eine Woche im vorhinein an, vor dem Kino haben sich täglich Hunderte Meter lange Schlangen gebildet. Meine Schrammel-Figur wurde frenetisch bejubelt und das mir aufgezwungene »Wie schön's *da* is« vom Publikum mit lautem »Österreich«-Geschrei »synchronisiert«. Es war eine echte Sympathiekundgebung für das verpönte Heimatland. Spätestens ab diesem Film haben die Nazis gesehen, wie wenig Liebe das Gros der Wiener nach sechsjähriger Terrorherrschaft ihnen entgegengebracht hat. Und daß meine – von Goebbels als Propaganda für das »Reich« gedachte – Arbeit eher das Gegenteil von dem bewirkte, was er sich erhofft hatte. Die Menschen hier haben in meinen Figuren immer wieder das gesehen, was sie selbst sein wollten, aber nicht sein durften. Österreicher – und zwar in vollem Wortlaut.

Übrigens: Hartl hat in weiser Voraussicht die verbotene Kopie »... was Öst'reich is« aufgehoben, und gleich nach dem Krieg konnten die herausgeschnittenen Filmmeter problemlos durch das Original ersetzt werden.

Laut Vertrag sollte ich auch ein Jahr nach meinem Papageno bei den Salzburger Festspielen auftreten. Wieder in der *Zauberflöte* und außerdem im *Lumpazivagabundus* am Stadttheater. Nach dem mißglückten Attentat Graf Stauffenbergs auf Hitler am 20. Juli 1944 wurden die Festspiele aber abgesagt.

Da das Quartier im nahegelegenen Strobl am Wolfgangsee schon zugewiesen war, bin ich mit den Kindern trotz Salzburg-Absage hingefahren. Wir waren den ganzen Tag angeln, und auch Theo Lingen wohnte in Strobl. Eines Abends sagte er: »Paul, schick die Kinder nach Hause und komm zu mir. Ich krieg heute interessanten Besuch.«

Ich bin also in die von Lingen gemietete Sommerwohnung gegangen, und knapp vor Mitternacht kamen zwei völlig zerlumpte Männer bei der Tür herein. Irgendwie hatte sie der Theo in Strobl kennengelernt. Zwei Franzosen, Kriegsgefangene, die bei einem Bauern in der Umgebung zur Arbeit eingeteilt waren.

Ich hatte Wein und einen von mir aus dem Wolfgangsee gefischten Hecht mitgebracht, und die beiden waren natürlich hochbegeistert. Einer der Männer konnte gut deutsch, und mit ihm habe ich mich bis in die frühen Morgenstunden unterhalten. Über Hitler und all die anderen Kriegsverbrecher und wann das Übel endlich vorbei wäre.

Die zwei Franzosen hatten Verbindung mit einer Widerstandsbewegung, und alles, was sie brauchten, waren gute Zivilanzüge, um unbemerkt untertauchen zu können. Wir haben sie ihnen verschafft, und ein Jahr später, als die Nazi barbarei zu Ende war, traf ich sie wieder, und die beiden revanchierten sich als Besatzungsoffiziere in großzügigster Weise.

Vom Urlaub zurückgekehrt, sitze ich mit den Freunden Emo

und Künzel im Kaffeehaus, und wir malen uns in den schönsten Farben aus, wie es sein wird, wenn wieder Frieden herrscht.

Künzel: »Ich kauf mir zwei Kilo Erdäpfel, koch sie und schmeiß sie vor lauter Freud beim Fenster hinaus!«

Emo: »Ich geh ins Kino und schau mir einen amerikanischen Film an!«

Ich: »Für mich ist der Krieg erst aus, wenn der Fleischhauer sagt: ›Derf's a bißl mehr sein, gnä Frau?‹«

»*Paul Hörbiger wurde hingerichtet.*«
BBC meldet meinen Tod

Am 30. Oktober 1943 stirbt Max Reinhardt, der Mann, dem ich soviel zu verdanken habe, siebzigjährig in der New Yorker Emigration. Und am selben Tag verfaßt die Außenministerkonferenz der Alliierten in der sowjetischen Hauptstadt die »Moskauer Deklaration«.

Ich war damals Stammgast im Café Kaisergarten vis-à-vis der Wiener Staatsoper, das meinem Freund Richard »Hardy« Patsch gehörte. Hier haben wir Abend für Abend eine provokant-patriotische Abwandlung des Johann-Strauß-Walzers gesungen:

> Sogar die Donau, die immer grau,
> die sehen wir Wiener blau, blau
> – und justament blau!

Nach der Sperrstunde lud mich Patsch eines Tages in seine im vierten Stock des Hauses am Opernring gelegene Wohnung ein. Es waren schon einige Monate vergangen, seit die »Moskauer Deklaration« – die »Erklärung der Alliierten über die Wiederherstellung eines freien und unabhängigen Österreich« – verfaßt worden war. Aber sie wurde über »Feindsender« – immer wieder verlesen, und an diesem Abend habe ich sie zum erstenmal – und zwar in deutscher Sprache – gehört:

Die Regierungen der Vereinigten Königreiche, der Sowjetunion und der Vereinigten Staaten von Amerika sind darin einer Meinung, daß Österreich, das erste freie Land, das der typischen Aggressionspolitik Hitlers zum Opfer fallen sollte, von deutscher Herrschaft befreit werden soll. Sie betrachten die Besetzung Österreichs durch Deutschland am 13. März 1938 als null und nichtig. Sie betrachten sich durch keinerlei Änderungen, die in Österreich seit diesem Zeitpunkt durchgeführt wurden, als irgendwie gebunden. Sie erklären, daß sie wünschen, ein freies, unabhängiges Österreich wiedererrichtet zu sehen und dadurch ebensosehr den Österreichern selbst wie den Nachbarstaaten, die sich ähnlichen Problemen gegenübergestellt sehen werden, die Bahn zu ebnen, auf der sie die politische und wirtschaftliche Sicherheit finden können, die die einzige Grundlage für einen dauernden Frieden ist. Österreich wird aber auch daran erinnert, daß es für die Teilnahme am Kriege an der Seite Hitler-Deutschlands eine Verantwortung trägt, der es nicht entrinnen kann, und daß, anläßlich der endgültigen Abrechnung, Bedachtnahme darauf, wieviel es selbst zu seiner Befreiung beigetragen haben wird, unvermeidlich sein wird.

Das Radio wird abgedreht. Einige Augenblicke ist es ganz still in Richard Patschs Wohnzimmer. »Das ist doch ein Aufruf, daß wir Österreicher an der Befreiung mitarbeiten sollen«, sage ich. »Aber es genügt nicht, daß wir einfach dasitzen und zuhören. Wir müssen was tun!«
Richard Patsch unterbricht mich: »Paul, sei ruhig, wir arbeiten schon.« ›Wir‹, das ist eine kleine Widerstandsgruppe, die sich um den Kaffeehausbesitzer gebildet hat. Unter anderen sein Buchhalter Knoll sowie die Freunde Franz Kroff und Napoleon Bihary. Sie sitzen nun alle da und »prüfen« mich, ob ich wohl in der Widerstandsbewegung mitmachen würde.

»Was kann ich für euch tun, braucht's ihr was?«

»Ja, wir brauchen dich für die Propaganda.« Nachsatz Richard Patschs: »Und a Geld nehm ma natürlich auch immer.«

Daraufhin stelle ich einen Scheck auf dreitausend Mark aus und bin Mitglied einer Widerstandsbewegung.

Napoleon Bihary war gebürtiger Ukrainer und in Wien als Rechtsanwalt tätig. Er hatte unsere kleine Gruppe nach dem Troika-System – das Revolutionäre im zaristischen Rußland erdacht hatten – organisiert. Jedes Mitglied durfte zwei neue Vertrauensmänner anwerben, von denen die anderen möglichst wenig wissen sollten. So war gesichert, daß bei einem etwaigen Verrat nicht die ganze Bewegung, sondern nur ein kleiner Teil auffliegt. Bihary selbst wurde übrigens später von seinem eigenen Anwalt verraten und von der Gestapo verhaftet!

Auch ich habe zwei Neue »gekeilt«, wie es in der Fachsprache heißt, meine Freunde und Kollegen Theo Lingen und Oskar Sima – letzterer trotz Mitgliedschaft in der NSDAP; bei der Gewissensfrage kam seine wahre Gesinnung zutage.

Heute weiß ich, daß ich ein kompletter Trottel war. Ich hätte natürlich keinen Scheck mit meiner Unterschrift geben dürfen, sondern Bargeld. Aber ich hatte ja damals keinerlei Übung als Mitglied einer Untergrundbewegung. Das sollte mir bald zum Verhängnis werden.

»Feindsender« habe ich zu diesem Zeitpunkt schon seit längerem gehört. Christl hat immer geschimpft, weil ich die jeweiligen ausländischen Stationen mit ihrem kostbaren Nagellack auf dem Apparat einzuzeichnen pflegte. Die Russen wußten ganz genau, daß diese Programme in Wien verfolgt wurden, und haben auch in deutscher Sprache gesendet. Da gab es ein nächtliches Programm, in dem Kriegsgefangene ihre Verwandten in Deutschland und Österreich grüßen lassen konnten. Die Adressen der Angehörigen wurden immer genannt. Ich habe die Namen der Kriegsgefangenen mitgeschrieben und einen Zettel, etwa mit folgendem Wortlaut, in ein Kuvert gesteckt: »Der Moskauer Sender gibt bekannt, daß der Gefreite XY gesund ist und seine Eltern grüßen läßt.« Dieses Kuvert habe ich dann anonym an die Angehörigen verschickt. So erfuhren etliche Familien, so sie nicht ohnehin »Feindsender« hörten, daß ihr Sohn am Leben war. Die Namen wurden allerdings immer in derart rasantem Tempo verlesen, daß ich nur einen Teil mitschreiben konnte.

Das Abhören von »Feindsendern« – es stand übrigens unter Todesstrafe – war auch technisch gar nicht so einfach. Die Nazis errichteten nämlich Störsender, und nur zu bestimmten Stunden – wenn sie selbst wissen wollten, was der Feind zu sagen hatte – wurden die Störsender ausgeschaltet. Das war aber zu ganz verschiedenen Zeiten und immer nur nachts, oft hat es sehr lange gedauert, bis man eine Station fand. Solange ich am Burgtheater beschäftigt war, bin ich nach jeder Vorstellung am Radio »gehängt«.

Einige Zeit nach meiner kühnen Scheckunterschrift brachte ich meinen Freunden auch einen Scheck von Theo Lingen. »Hardy« Patsch war furchtbar aufgeregt und hat gesagt: »Schnell, weg damit, wir sind aufg'flogen.« Daraufhin verbrannte ich Theos Scheck und wanderte nach Hause.

Plötzlich bekam ich starke Schmerzen. Der Arzt konstatierte: »Das wird eine Gallenblasenoperation!« und wies mich in ein Spital in der Wiener Mariannengasse ein. Dort wurde ich noch am selben Tag von dem Chirurgen Professor Friedrich unters Messer genommen.

Der Primarius hieß R. – seinen Angehörigen möchte ich die Nennung des Namens ersparen – und hatte ein Ärztebuch mit dem Titel *Der klinische Blick* verfaßt, seine Mitarbeiter machten sich darüber lustig und nannten es »Der klinische Vorbeiblick«. R. war ein Obernazi. Wenn er bei der Tür hereinkam, mußten die Patienten »strammliegen«, die geistlichen Schwestern wurden gezwungen, ihn mit »Heil Hitler!« zu grüßen. Acht Tage nach der Operation kommt er zur Visite.

Sage ich: »Herr Primarius, ich höre, Sie haben ein Ärztebuch geschrieben.«

Er, stolz: »Ja, haben Sie es gelesen?«

»Nein. Aber ich werde ein anderes schreiben.«

Er lacht. »Wie soll's denn heißen?«

»Dr. R.'s Brutalitätstherapie.«

Man kann also nicht behaupten, daß der Primarius besonders gut auf mich zu sprechen war. Vermutlich infolge einer verschmutzten Injektionsnadel bekam ich ganz plötzlich eine eitrige Entzündung am rechten Oberschenkel. Neben mir im Krankenzimmer lag ein Arzt, und zu ihm sagte ich: »Mein Schenkel schaut aus wie der Busen einer Iglauer Amme«, so angeschwollen war das Bein. Außerdem hatte ich hohes Fieber.

Kommt Primarius R. wieder zur Visite, befiehlt mir in gewohnter Feldwebelmanier: »Mund auf!« und diagnostiziert: »Sie haben Grippe.«

»Nein, ich habe keine Grippe.«

Und er, wieder im Kasernenton: »Wenn Ihnen Primarius R. sagt, Sie haben Grippe, dann haben Sie Grippe. Merken Sie sich das!«

»Und wenn Ihnen Paul Hörbiger sagt, er hat keine Grippe, dann hat er keine«, im selben Moment hebe ich die Decke und zeige R. mein geschwollenes Bein. »Da, schauen Sie her, so schaut meine Grippe aus.« Das alles, vor dem spöttischen Blick der Assistenten, ist ihm äußerst peinlich.

Eine zweite Operation folgte, diesmal am Oberschenkel.

Einige Tage danach, ich hatte immer noch erhöhte Temperatur, beugte sich Professor Friedrich – der mit Richard Patsch befreundet war – über mein Bett und flüsterte mir zu: »Haben S' g'hört, Herr Hörbiger, den Hardy haben S' verhaftet.«

Jetzt dachte ich: Der nächste bin ich. Kaum war Professor Friedrich bei der Tür draußen, habe ich meinen Anzug aus dem Kleiderkasten genommen, ihn angezogen und bin davongerannt. Auf der Alser Straße erlitt ich nach ein paar Metern einen Schwindelanfall und mußte mich an ein Haustor lehnen. Zufällig kam ein Garderobier, den ich vom Film kannte, vorbei. »Um Gottes willen, Herr Hörbiger, was ist denn mit Ihnen los?«

»Bitte führen S' mich nach Haus, mir is schlecht.« Er brachte mich dann in der Stadtbahn nach Hietzing, und ich legte mich nieder.

Professor Friedrich rief an: »Herr Hörbiger, ich bitte Sie, kommen Sie ins Spital zurück, Sie sind ein kranker Mann.«

»Nein, in ein Spital, das von einem Herrn R. geführt wird, gehe ich nicht mehr. Der hat zwar Medizin studiert, aber in meinen Augen ist er kein Arzt.«

Und wieder hat das Telephon geläutet, diesmal war Frau Patsch am Apparat. »Bitte tu was für den Richard, er ist doch zuckerkrank und braucht seine Diät. Wer weiß, was die im Gefängnis mit ihm machen.«

Ich hatte zwar ein unangenehmes Gefühl, versprach aber zu helfen. »Ja, ich werd das schon in Ordnung bringen.« Dann rief ich in der Wiener Gestapoleitstelle an. Mein Telephonat wurde anscheinend schon erwartet, denn man teilte mir mit, ich solle gleich am nächsten Morgen, um halb acht Uhr, hinkommen.

Ich fahre, immer noch etwas geschwächt, hin und falle sofort mit der Tür ins Haus. »Was ist mit meinem Freund Richard Patsch los?«

SS-Obersturmbannführer Dr. Karl Ebner, der stellvertretende Leiter der Gestapoleitstelle Wien, wie ich später erfahren habe, lächelt süffisant und sagt: »Nehmen Sie einmal Platz, Herr Hörbiger. Zuerst reden wir von Ihnen.« Und dann reibt er mir meinen Scheck unter die Nase. »Ist das vielleicht Ihre Unterschrift?«

»Äh, ja… wissen Sie… das war so…«

»Wofür haben Sie diesen Scheck ausgestellt?«

»Ja, äh… ich wollte… es war für Lebensmittel…« Ich stottere herum, aber dann denke ich mir, es wäre besser, die Wahrheit zu sagen. Mittlerweile hatte ich erfahren, daß meine Freunde Patsch und Knoll im KZ Mauthausen gelandet waren, andere aus der Widerstandsgruppe waren nach Dachau verschleppt worden. Von Franz Kroff hatte ich gehört, daß er bei der Einvernahme vorerst geleugnet hatte. Da wurde er von den Gestapo-Männern so lange geschlagen und mit den Händen an die Zentralheizung gebunden, bis er gestand, so wie ich Geld hergegeben zu haben.

Das wollte ich mir ersparen, auch hatte ich Angst, daß die Gestapo die Namen von Lingen und Sima aus mir »herausprügeln« würde.

Ebner sagt jetzt: »Legen Sie ein volles Geständnis ab, das wird Ihre Lage sicher verbessern.« Ohne Namen zu nennen, erzähle ich also von meiner kurzen Mitgliedschaft in der Widerstandsbewegung.

Der Gestapo-Referent Rudolf Hitzler setzt die Vernehmung fort. Er bohrt: »War man neugierig?«

»Ich bin immer neugierig. Wie meinen Sie das?«

»Haben Sie auch Feindsender gehört?«

»Ja.«

»Welche?«

»Die halt jeder hört.«

»Wissen Sie jemanden, der feindliche Sender hört?«

»Ich weiß niemanden, der keine hört.«

»Wann haben Sie das letzte Mal gehört?«

»Heute um vier Uhr früh.«

»Stimmt es, daß Sie einmal gesagt haben, der Krieg sei für Deutschland verloren gewesen, noch bevor er begonnen habe?«

»Ja, das habe ich gesagt.«

Und jetzt – zu meinem großen Erstaunen – Hitzler: »Aber das haben Sie sicher nicht so gemeint. Sie dachten, der Krieg könnte verloren sein, weil eben die Wunderwaffe noch nicht da war.«

Was ist los, warum will er mir helfen, überlege ich. Jedes Wort wird protokolliert. Als das eigentliche Protokoll fertig ist, schreibt Hitzler eine weitere, völlig frei erfundene Seite dazu: »Ich, Paul Hörbiger, bereue, in schlechte Gesellschaft gekommen zu sein, habe selten ausländische Sender gehört, und es tut mir leid ...« Kein einziges Wort stammt von mir.

Ich denke nach, warum er das tut. Mag er mich als Schauspieler so gern? Ein Hörbiger-Fan bei der Gestapo? Ich finde keine Antwort, oder besser gesagt, erst viel später, nach dem Krieg, da Hitzler als Angeklagter vor Gericht steht.

Aber noch ist er der »Chef« und ich sein »Gefangener«. Und nachdem ich jede Seite des Protokolls unterschrieben habe, frage ich: »Was geschieht jetzt mit mir, muß ich dableiben?«

»Nein, Sie können gehen, Sie werden vorläufig auf freiem Fuß belassen.«

»Wieso? Meine Freunde sitzen in Dachau und Mauthausen.«

»Wollen Sie vielleicht auch nach Mauthausen?«

»Nein, aber es interessiert mich, warum da Unterschiede gemacht werden.«

»Das kann ich Ihnen genau sagen. Weil Sie der Herr Paul Hörbiger sind. Ihre Verhaftung ist aus außenpolitischen Gründen nicht möglich, aber diese Entscheidung kommt aus Berlin.« Es sollte, vermute ich, insbesondere im Ausland, keinesfalls publik werden, daß ein bekannter Schauspieler gegen das Naziregime agiert.

Es hat sich aber auch nicht geheimhalten lassen. Mein Kollege Fritz Muliar – er ist übrigens selbst wegen »Betätigung gegen das Deutsche Reich, Zersetzung der Wehrkraft und Beleidigung des Führers in 36 Fällen« zum Tod verurteilt, später aber begnadigt worden – Muliar hat mir nach dem Krieg einmal erzählt, daß er in dieser Zeit gemeinsam mit Paul Löwinger im Wiener Kabarett »Simpl« aufgetreten ist. Da hat sich in der Garderobe folgender Dialog ergeben.

Muliar: »Leider gibt es überhaupt keine Prominenten, die im Widerstand tätig sind.«

Löwinger: »O ja, der Paul Hörbiger ist dabei.«

Muliar: »Geh, wirklich, der Hörbiger?«

Löwinger: »Ja, ich seh aber schwarz für ihn.«

Ich selbst war auch nicht gerade optimistisch. Nachdem Obersturmbannführer Ebner das Protokoll mit meinem Geständnis zufrieden zur Kenntnis genommen hatte, ließ mich Referent Hitzler wieder frei. Zu Hause angekommen, sagte ich zu Christl: »Wenn ich doch noch verhaftet werden sollte, ruf sofort so viele Bekannte wie möglich an. Aber nicht von unserem Telephon, das wird sicher abgehört, sondern von einem öffentlichen Fernsprecher.« Ich selbst hatte schon öfters ein bestimmtes Knacken in der Leitung vernommen, und das war ein untrügliches Zeichen dafür, daß jemand »dranhing«.

Ich war also frei. Und wo geht man in Wien hin, wenn man wie durch ein Wunder nicht im Gefängnis sitzt? Zum Heurigen natürlich! Im Kreise einiger Freunde habe ich großspurig von meiner Einvernahme erzählt und ein bißchen zu erkennen gegeben, was ich doch für ein Held wäre. Um zu dem Schluß zu kommen: »Die Nazis haben Angst vor mir.« In meinem Stolz bin ich so laut gewesen, daß halb Grinzing zuhören konnte.

Sehr gescheit war das nicht gerade. Es hat auch nicht lange gedauert, bis eine Zuschrift der Gauleitung kam, mit der äußerst unerfreulichen Mitteilung, daß ich – immerhin war ich ja schon über fünfzig – an einer »Übung des Volkssturms« teilnehmen müsse. Ich habe dort gleich angerufen. »Auf der ganzen Welt gibt es keine militärische Formation, bei der man einrücken muß, ohne vorher ärztlich untersucht zu werden.«

Kurze Zeit später fuhr ein Eilbote auf einem Fahrrad vor unserem Haus vor und überreichte mir eine »Anordnung zur ärztlichen Untersuchung«. Ich sollte mich bei einem Augenarzt in der Hadikgasse melden.

Dort angekommen, setzte ich mich zunächst in den Warteraum. Ein Patient kam heraus, hinter ihm der Arzt. O je, dachte ich, denn unter seinem weißen Mantel war eine Militäruniform zu sehen.

Aber er sah recht vertrauenerweckend aus, und so habe ich gleich mein Herz ausgeschüttet. »Herr Doktor, bevor Sie mich untersuchen, möchte ich Ihnen sagen, daß ich unter Gestapo-Bewachung stehe. Ich habe den Eindruck, daß die mich an die Front schicken wollen, um mich unschädlich zu machen. Bitte helfen Sie mir.« Er untersuchte mich, sah den Schnitt von meiner Gallenblasenoperation. »Wann war die Operation?«

»Am 4. November.«

»Selbstverständlich untauglich! Aber wenn ich Ihnen einen Rat geben darf, Sie reden ein bißchen viel, seien Sie vorsichtig mit Ihren Äußerungen.«

Die erste Zeit nach dem Verhör hatte ich mich jeden Tag telephonisch bei der Gestapo zu melden, bis mir mitgeteilt wurde, es wäre nicht mehr notwendig.

Nach meinem Ausscheiden aus dem Burgtheater mußte ich mir ein neues Betätigungsfeld suchen. Mit einigen Kollegen stellte ich ein Unterhaltungsprogramm zusammen, und wir zogen auf eigene Rechnung von einem Ort zum anderen. Das war im Dezember 1944, und mit mir waren unter anderen mein Freund Paul Beck und der blutjunge Gunther Philipp unterwegs. Er hieß damals noch Dr. Placheta und war eben mit dem Medizinstudium fertig geworden.

Unseren ersten Bunten Abend hatten wir in Linz. Eine von mir angeheuerte Kapelle spielte den Deutschmeistermarsch. Da dieser unter »nationalem Schutz« stand, was einem Verbot gleichkam, sprach mich auch schon ein SS-Mann an.

»Haben Sie eine Sondererlaubnis?«

»Natürlich haben wir eine Sondererlaubnis. Die hat aber mein Manager bei sich, den kann ich im Moment nicht finden.«

Nach ein paar Tagen waren wir in Reichenberg. Mit unserem Programm hatten wir großen Erfolg, die Säle waren überfüllt. Aber eine nationalsozialistische Zeitung hatte gegen die angeblich »überhöhten Eintrittspreise« unserer Veranstaltungen gewettert, weil diese nur etwas niedriger wären als die in der Dresdner Oper. Die teuerste Karte kostete bei uns vier Mark fünfzig.

Zwei Tage später traten wir für die Arbeiter des Büllmannwerks in einem Turnsaal von Gablonz auf. Paul Beck führte durch das Programm, und vor der Vorstellung sagte ich zu ihm: »Paul, du mußt auf der Bühne eine Anspielung wegen der depperten Zeitungskritik machen, das ist eine Frechheit, man kann doch unser Programm nicht mit dem einer staatlichen Institution vergleichen, bei der ein Defizit überhaupt keine Rolle spielt, wir dürfen uns das nicht gefallen lassen.« In seiner Conférence formulierte er dann: »Meine Damen und Herren, vielleicht haben Sie die Zeitungskritik über uns gelesen. Sie wissen ja, es gibt Damenhüte um vier Mark, um vierzig Mark und vielleicht auch um hundertvierzig Mark. Es kommt halt auf die Qualität an. Sind Sie mit unserer Qualität zufrieden?«

Riesengejohle, Applaus, Begeisterung.

In der Pause kam dann ein Polizeikommissär hinter die Bühne. »Herr Hörbiger, ich habe Ihnen leider mitzuteilen, daß ich jetzt Herrn Paul Beck in Schutzhaft nehmen muß.«

Ich war außer mir. »Haben Sie sich das genau überlegt?«

»Ja, ich habe den Auftrag.«

»Dann passen Sie auf, was jetzt passieren wird.« Ich lief auf die Bühne und wandte mich an das Publikum. »Meine Damen und Herren, wir müssen die Vorstellung leider abbrechen. Mein Freund und Mitarbeiter Paul Beck ist soeben in Schutzhaft genommen worden. Ich erkläre mich solidarisch und gehe freiwillig mit ihm in Haft.«

Daraufhin setzte ein lautes »Pfui«-Geschrei ein. Die Polizisten, die Paul Beck und mich begleiteten, wurden, als wir in einen Wagen stiegen, vom Publikum mit Schnee beworfen. Im Auto sagte ich zu einem der Männer: »Ich bestehe darauf, daß Paul Beck auf seine Haftfähigkeit untersucht wird. Er ist schwer herzleidend.«

»Das werden wir Ihnen gestatten.«

Der Fahrer machte eine Kehrtwendung und fuhr in ein Spital. Dort angekommen, wandte ich mich an einen Arzt. »Herr Doktor«, und während ich sprach, zwinkerte ich ihm heftig mit einem Auge zu. »Herr Doktor, ich bitte meinen Freund Paul Beck auf seine Hafttauglichkeit zu untersuchen.« Der Arzt zwinkerte zurück, das war schon ein gutes Zeichen.

»Jawohl, wird gemacht, Herr Hörbiger.« Ich fühlte mich elend, denn ich war ja der Hauptschuldige. Hätte ich Paul Beck nicht auf die Idee gebracht, eine Anspielung auf die Zeitungsnotiz zu machen, es wäre gar nichts passiert.

Etwas später kam der Arzt mit einem noch feuchten Röntgenbild. »Herr Beck ist herzleidend und nicht haftfähig.«

Unsere Bewacher wußten zunächst nicht, was in diesem Fall zu tun sei. Einer rief dann seine vorgesetzte Dienststelle an. Er kam zurück und teilte uns mit: »Herr Beck bleibt unter Polizeibewachung im Krankenhaus, Herr Hörbiger steht im Hotel Goldene Krone unter Hausarrest.«

Jetzt habe ich schön geschaut. Meinen Mut – oder war es Übermut? – hatte ich doch nur gehabt, weil ich dachte, daß mir à conto meiner Popularität nichts passieren könnte. Ich sollte doch nur »auf persönliche Veranlassung von Doktor Goebbels« verhaftet werden, wie man mir damals in Prag versichert hatte. Und plötzlich stand ich unter Hausarrest.

Ich gehe auf mein Zimmer im Hotel Goldene Krone und lasse mir eine Flasche Sekt bringen. Das Telephon läutet. Der Portier: »Herr Hörbiger, eine junge Dame will Sie sprechen.«

»Schicken Sie sie fort, mir ist jetzt gar nicht nach jungen Damen zumute.«

»Es ist wegen des Vorfalls in der Turnhalle.«

Ich komme zur Rezeption, steht da ein Mädchen: »Herr Hörbiger, fliehen Sie. Ich bin bei der Post, und soeben ist ein

Telegramm durchgekommen, demzufolge Sie verhaftet werden sollen.«

»Danke vielmals, aber machen Sie sich keine Sorgen um mich.« Ich gehe wieder ins Zimmer hinauf. Etwas später ein weiterer Anruf.

»Da ist wieder eine Dame.«

»Die Leute sollen mich bitte in Ruhe lassen.«

»Es ist wieder in Sachen Turnhalle.«

Also gut. In der Hotelhalle steht ein Dienstmädchen. »Frau X.« – ich erinnere mich nicht mehr an ihren Namen – »möchte Sie sprechen, bitte kommen Sie mit.«

Ich habe zwar keine Ahnung, wer Frau X. ist, auch stehe ich ja unter Hausarrest, aber ich gehe auf gut Glück mit dem Dienstmädchen mit. Wir fahren in einem Kübelwagen einige Kilometer bis zu einer Villa, die etwas außerhalb von Gablonz liegt. Die Dame des Hauses, eine große, grauhaarige Frau empfängt mich und führt mich in einen Salon. Dort sitzen drei Herren in Zivil, die mich freundlich begrüßen. Die Grauhaarige stellt sie mir vor. »Die Herren sind von der Geheimen Staatspolizei.«

Ich Trottel, denke ich, jetzt sitz ich schön in der Patsche.

Aber es kommt wieder einmal ganz anders. Einer der drei ist überfreundlich, bietet mir einen Stuhl und ein Glas Wein an. »Was heute abend im Turnsaal passiert ist, dürfen Sie sich nicht gefallen lassen, Herr Hörbiger. Das war ein Übergriff der Gauleitung. Die Gauleitung ist nicht befugt, Verhaftungen durchzuführen. Nur wir von der Gestapo dürfen das. Für eine Verhaftung besteht überhaupt keine Veranlassung, wir waren in der Vorstellung. Sie können sich selbstverständlich bei Herrn Doktor Goebbels in Berlin beschweren. Bahnkarten werden Ihnen von uns zur Verfügung gestellt.«

»Schauen Sie, wegen solchen Blödheiten fahre ich nicht nach

Berlin. Ich mache mir nur Sorgen um meinen Freund Paul Beck, ich habe ihn ja schließlich in diese Sache hineingeritten. Ich möchte, daß er freikommt.«

»Schon passiert, Herr Beck ist bereits frei.«

Damit war auch ich wieder frei und hatte mich beruhigt. Im Hotel traf ich dann Beck. Gunther Philipp und die anderen waren aber bereits abgereist, weil sie die Tournee infolge meiner Festnahme für beendet hielten.

Am nächsten Morgen lud mich ein Funktionär der Gauleitung vor. »Was Sie da angerichtet haben«, begrüßte er mich, »die Arbeiter des Büllmannwerks wollen Ihre Arbeit niederlegen, weil sie glauben, daß Sie im Gefängnis sitzen.«

»Ich habe etwas angerichtet? Sie haben mich ohne Befugnis verhaften lassen.« Das war ihm eher peinlich. Ich schlug vor: »Ich würde die Vorstellung heute abend ohne Honorar wiederholen.« Daraufhin wurden Gunther Philipp und die anderen telegraphisch rückbeordert, und so gaben wir die am Vortag unterbrochene Vorstellung noch einmal. Die Zuschauer empfingen uns stürmisch, denn in Gablonz hatte es Gerüchte gegeben, wonach »der Hörbiger hingerichtet worden ist«, auf der Bühne waren Blumen verteilt, aber keiner der Spender hatte seinen Namen auf das beiliegende Kärtchen geschrieben, es hieß immer nur »Die Belegschaft der Drehbank 5« usw. Das zeigt, wie groß die Angst war.

Am nächsten Abend traten wir noch in Bad Schlag auf, und dann war die vierwöchige Tournee beendet, ich kehrte nach Wien zurück.

20. Jänner 1945. Das »Tausendjährige Reich« ist nach zwölfjähriger Terrorherrschaft ruiniert, die Nazis sind strategisch und politisch am Ende. Allerdings nicht, ohne mich vorher noch abzuholen.

Um sechs Uhr früh läutet es an meiner Tür. Referent Hitzler ist da. »Im Namen des Gesetzes muß ich Sie mitnehmen.« Der Grund dieser Verhaftung wurde mir nie mitgeteilt. Nach dem Krieg habe ich nur erfahren, daß die »Akte Hörbiger, Paul« im Berliner Propagandaministerium sehr umfangreich gewesen sei, auf Hitlers Schreibtisch hatte ich ein etwa drei Finger dickes Dossier gesehen. Sie haben jeden meiner Schritte kontrolliert, hier wurden alle meine Verbrechen gesammelt und samt Jöllis Informationen und all den anderen Spitzeleien archiviert. Daß die Menschen durch meine unterhaltenden, unpolitischen Filme von den Tatsachen der Hitler-Diktatur abgelenkt wurden, war genau das, was die Nazis – ohne daß ich das begriffen hätte – erreichen wollten. Jetzt, da sie am Ende waren, haben sie mich und meine Filme nicht mehr gebraucht.

Hitzler hat mir das auch bestätigt. »Bisher hat Doktor Goebbels seine schützende Hand über Sie gehalten, aber jetzt sind Sie auch für ihn erledigt.«

Als er mich abholte, waren die Dreharbeiten zu dem Film *Glück muß man haben* gerade in vollem Gange. Theo Lingen, der auch selbst mitspielte, führte Regie, und ich sollte den Operettenkomponisten Carl Millöcker darstellen. Nach meiner Verhaftung wurden die Aufnahmen abgebrochen, der Streifen erst im Jahre 1950 fertiggestellt, und er kam dann unter dem Titel *Operettenklänge* in die Kinos.

Jetzt sollte ich Hitzler folgen. »Darf ich mich noch vorher rasieren? Soviel Zeit wird ja noch sein.«

»Ja, bitte.«

Ich gehe ins Badezimmer, nehme die Rasierklinge in die Hand. Aber nicht, um meine Bartstoppeln abzuschneiden. Ich will Schluß machen, jetzt ist es aus. Bevor die mich umbringen, tu ich es selbst.

Dann setze ich die Rasierklinge an und schneide die Pulsader meiner linken Hand auf. Da es mein erster Selbstmordversuch ist, mache ich es falsch. Anstatt parallel zur Pulsader, schneide ich im rechten Winkel. Ein Dilettant als Selbstmörder. Heute wüßte ich, wie es geht, aber heute gibt's ja gottlob keine Gestapo mehr.

Ich schneide, und im selben Moment strömt das Blut. Es war, glaube ich, weniger der Schmerz als der Schock, der mich sofort losbrüllen ließ: »Hilfe, Hilfe!«

Hitzler stürzt ins Badezimmer und entreißt mir die Rasierklinge. Ein paar Sekunden später kommt Christl durch eine zweite Badezimmertür in den Raum. Sie sieht ihren Papa blutüberströmt daliegen, ein fremder uniformierter Mann kniet auf seiner Brust. Meine Tochter gibt Hitzler einen Riesentritt, so daß er gegen die Badewanne fliegt.

Wenig später ist auch Thommy da. Er ruft unseren Hausarzt Doktor Haldenwang an. Der ist bald da, doch als er – selbst in Militäruniform – das Badezimmer betreten will, richtet Hitzler blitzschnell seine Pistole auf den Arzt und schreit ihn an: »Verlassen Sie sofort den Raum.«

Kaum ist Haldenwang weg, läuft Thommy ins Nachbarhaus, in dem Dr. Pannek seine Ordination hat. Auch diesen Arzt will Hitzler brutal fortjagen. Aber der läßt sich nicht einschüchtern. »Es ist meine ärztliche Pflicht, einen Verletzten zu versorgen.« Dr. Pannek behandelt meine blutende Wunde. Und nach einer guten Stunde, als ich mich wieder halbwegs auf den Beinen halten kann, sind Hitzler und ich per Straßenbahn unterwegs ins Polizeigefängnis auf der Elisabethpromenade.

Man steckt mich in eine Einzelzelle. Ein Polizist spricht mich durchs Guckfenster an. »Sagen S', Herr Herbinga, wo san denn Ihna Bruada und de Wessely?«

»Ich weiß nicht.«

»No, de haben's doch a verhaftet.«

»Was?« Ich bin furchtbar schockiert.

»Ja, des halbate Burgtheata sitzt im Häf'n.«

Dann werde ich alleingelassen. Ich liege am Fußboden, schlafen kann ich nicht. Und ich überlege. Bin ich ein Held oder bin ich ein Idiot? Tausend Fragen jagen mir durch den Kopf. Warum hast du das alles gemacht? Du bist doch sowieso machtlos gegen die da oben. Aber die Freunde im Stich lassen, nichts tun gegen die verbrecherischen Methoden dieser Nazis? Nein, das hab ich auch nicht können. Antisemitismus hat es immer schon gegeben, das war schlimm genug, aber ein vom Staat befohlener Antisemitismus, das ist das ärgste. Und ich habe so viele jüdische Freunde. Wo sind sie alle, was hat man mit ihnen gemacht?

Am nächsten Morgen beginnt wieder ein eiskalter Wintertag. Die Elisabethpromenade ist ungeheizt. Um mich etwas abzulenken, wasche ich den Boden meiner Zelle auf. Als Untersuchungshäftling trage ich Zivilkleidung und meine genagelten Schuhe, »Nagerln«, wie man in Wien sagt, weil die Sohlen mit Eisenstücken beschlagen sind. Der nasse Fußboden ist nach wenigen Minuten gefroren. Wie ein Eislaufplatz. Ich kann mich in meiner Zelle nicht mehr bewegen. Da fallen mir die dümmsten Sachen wieder ein. Erinnerungen an den Eislaufplatz in Weigels Dreherpark. Wir waren Buben, einer von uns hat immer ein Mädchen angerempelt – es war das jeweils schönste Mädchen des Eislaufplatzes –, ein anderer ist hingegangen und hat dem armen zerbrechlichen Wesen aufgeholfen. Der hat dann bei der Schönen einen Stein im Brett gehabt. Der beste Rempler war der Franzl Beyer. Einmal mußte ich der Böse sein, dann war ich wieder der Galan. Und der Attila war natürlich auch immer mit größter Begeisterung dabei.

Theo Lingen war mein vertrau-
tester Freund. In dem Film
„Mein Herz ruft nach dir"
(1934, rechts) haben auch Marta
Eggerth und Jan Kiepura mitgespielt
(Foto: Gerhard Bartl, Wien).

Mit Hans Albers (unten) habe ich 1932 den Tonfilm „Quick" gedreht *(Foto: Privat).*

Hier eine Auswahl einiger „Zigarettenbilder", die es von mir gab. Sie stammen aus populären Filmen wie „Lumpazivagabundus", „Fiakerlied", „Endstation", „Unsterblicher Walzer" *(Fotos: Privat).*

Aber wo ist der Attila jetzt, wo die Paula. Man hat soviel Zeit nachzudenken. Wie geht es Mama, was ist mit der Pippa, und wer kümmert sich um die Kinder?

Die schwere Eisentür wird aufgerissen.

»Hörbiger, zur Einvernahme.«

Mit dem Gefangenenwagen werde ich ins Gestapohauptquartier im ehemaligen Hotel Metropol am Morzinplatz geführt. Man schleppt mich von einer Abteilung zur anderen. Hitzler ist bei allen Einvernahmen dabei, sie quetschen mich aus. Da gibt es ein Ressort für Sozialdemokraten, eines für Christlichsoziale und eines für Kommunisten. Sie wollen wissen, wo ich hingehöre, halten mich in der Widerstandsbewegung wohl für wichtiger, als ich es wirklich gewesen bin.

Nach pausenlosen Verhören geht's wieder zurück ins Polizeigefängnis. Dort bleibe ich insgesamt zehn Tage, dann werde ich ins Graue Haus, das Wiener Landesgericht – »ins Landl«, wie der Wiener sagt – überstellt.

Zuerst sitze ich wieder in einer Einzelzelle im dritten Stock, immer noch in Zivilkleidung. Neben meinem Bett ist ein Klingelknopf befestigt. Darauf steht »Alarm«. Ich läute, zwei Aufseher kommen, einer heißt Gruber und fragt mich: »Was is los?«

»Ich will eine Zigarette rauchen, könnte ich bitte Zündhölzer haben?«

Die lachen und schütteln den Kopf, so einen Häftling haben die noch nicht gehabt. »San Se wahnsinnig, da dürfen S' doch net rauchen.«

»Entschuldigung, das hab ich nicht gewußt.«

Ich muß sagen, daß die Aufseher im großen und ganzen recht patente Burschen waren, zumeist keine Nazis, sondern längerdienende Unteroffiziere aus der k. u. k. Zeit, die durch ihre Tätigkeit im Ersten Weltkrieg das Privileg hatten, vom

Staat übernommen zu werden. Sie haben mir später auch ermöglicht, daß ich durch sogenannte Kassiber mit meiner Familie in Verbindung bleiben konnte.

»Passen S' auf«, sagt Aufseher Gruber zu mir. »Wir bringen Ihna jetzt aufe in vierten Stock zu an Intelligenzla, da werden S' Ihna besser fühlen.«

Man führt mich über die schwere Eisentreppe in eine »Prominentenzelle«. E-Trakt, vierter Stock, Zelle 289. »Da is der Béla Kun g'sessen«, erzählt ein Aufseher fast stolz, und er meint den ungarischen Kommunisten, der nach dem Zusammenbruch seiner Räterepublik nach Österreich geflohen war. Das ist auch kein gutes Omen, denke ich mir. Der Kun ist nämlich auf mysteriöse Weise in Sibirien ums Leben gekommen.

Während mich die Aufseher in den vierten Stock führen, warnt mich der eine. »Herr Hörbiger, passen S' genau auf bei allem was Sie reden. Sagen S' auf kan Fall irgend jemandem, warum Sie sitzen. Es hat auch kein Mensch das Recht, Sie danach zu fragen, weder a Aufseher noch a Mithäftling. Mit Ihna sitzt a sehr netter Pfarrer, mit dem Sie Ihnen sicher gut verstehen werden.«

Der Priester, Widerstandskämpfer und Kaplan in der Wiener Brigittenau, begrüßt mich sehr nett. »Servus, mein Name ist Hans Ruggenthaler.« Es ist ein ungeschriebenes Gesetz, daß »Häf'nbrüder« untereinander vom ersten Augenblick an per du sind.

Die Zelle ist klein, schmutzig, die Wände abgeschlagen, die Eisenbetten hart.

Gegen Abend, ich traue meinen Augen nicht, öffnet sich die Klappe, durch die sonst das Essen in die Zelle geschoben wird, ruckartig, und ein Paket wird hereingeworfen. Ruggenthaler macht es auf und teilt mit mir kameradschaftlich die »Fressalien« und Zigaretten, die drinnen waren.

Nach dem »Festmahl« fragt er mich: »Willst du mit deinen Angehörigen in Verbindung treten?«

»Ja, natürlich mit meiner Tochter.«

Daraufhin hat er seiner Wirtschafterin einen Kassiber geschickt, in dem stand, daß sie sich mit Fräulein Christl Hörbiger in der Stuttgarter Straße in Verbindung setzen soll. Die beiden trafen sich dann in der Brigittenauer Kirche, und so hat meine Familie erfahren, daß ich wohlauf war. Von da an war ich ununterbrochen, bis zum letzten Tag meiner Haft, mit meinen Angehörigen per Kassiber in Kontakt.

Das war so organisiert: In Wien werden Häftlinge, die im Gefängnis zur Arbeit eingeteilt sind, »Sackelpicker« genannt. Genau das waren wir. Im Auftrag der Vereinigten Chemischen Fabriken haben wir Säcke geklebt. Säcke, in die dann Saccharin gefüllt wurde. Einige dieser Saccharinsackerl haben wir für unsere Zwecke »reserviert« und in diese kleinen Kuverts die mit Bleistift beschriebenen Zettel gesteckt. Wenn das Brieferl fertig war, wurde das Papier befeuchtet und an der Unterseite der riesigen Wasserkannen in unserer Zelle befestigt. Mit einem Augenzwinkern haben wir den »kassiberhältigen« Krug dann einem gutgesinnten Aufseher in die Hand gedrückt, und dieser leitete die Post weiter. Christl und ich haben einige Kassiber aufgehoben.

Da schrieb mir meine Tochter zum Beispiel am 12. März:

Attila ist eingerückt bei den Standschützen in Madonna di Campiglio. Jetzt hat er erst einmal einen Skikurs. Seine Tochter heißt Marietheres, abgekürzt Maresi.

Ich habe erleichtert aufgeatmet. Paula und Attila sind also nicht verhaftet worden. Und sie hat ein Kind bekommen! Die Nazis haben das Burgtheater zusperren lassen, da hat der Po-

Diese Saccharinsäcke, die wir im Landesgericht zukleben mußten, benutzten wir für den Kassibertransport. Hier ein Originalkassiber, den ich aus dem Gefängnis schmuggelte.

lizist gleich ein bißchen mehr draus gemacht und alle Schauspieler »im Häf'n« gesehen.

Einmal während der Haftzeit konnte ich meine Tochter sogar sehen. Ich hatte mit drei Anwälten Kontakt. Einer hieß Dr. Humer. Er fragte mich: »Wollen Sie einen Angehörigen sprechen?«

»Meine Tochter Christl. Aber wird das gehen?«

»Ich werd's versuchen, versprechen kann ich's nicht. Wenn ich mit ihr kommen sollte, tun Sie jedenfalls so, als ob Sie sie nicht kennen würden.«

Ein paar Tage später werde ich in das Sprechzimmer geführt. Dr. Humer, hinter ihm Christl, kommen bei der Tür herein. Ein Aufseher ist unentwegt dabei. Seit geraumer Zeit habe ich schon keine Gelegenheit mehr, meine schauspielerischen Fähigkeiten unter Beweis zu stellen. Jetzt kommt mir meine Profession wieder zugute.

»Herr Doktor, wer ist die Dame in Ihrer Begleitung?« frage ich streng. Als Liliom in Prag hätte ich mit dieser Empörung in der Stimme Szenenapplaus bekommen.

»Das ist meine Sekretärin«, spielt der Anwalt großartig mit. Auch gute Advokaten verfügen ja bekanntlich über ein gewisses Maß an schauspielerischem Talent.

Da ist also meine Christl, wir unterhalten uns ganz leise.

»Was ist los, wer kümmert sich um euch?«

»Die Mama ist nach Wien gekommen, uns geht's gut. Die Gestapo hat zwei Hausdurchsuchungen gemacht und die ganze Wohnung auf den Kopf gestellt. Sogar im Kamin haben sie irgendwelche Geheimdokumente gesucht.« Von meiner jüngeren Tochter Monica habe ich später erfahren, daß einer der Beamten, offenbar ein modebewußter junger Mann, während der Hausdurchsuchung alle meine Krawatten anprobiert hat, was sie sehr empörte.

Ein paar Worte noch, dann ist die Unterredung mit Christl zu Ende. Sie geht nach Hause.

Etwas später kommt ihre Freundin Thussi Stubenbauer, eine Soubrette, schluchzend zu ihr. »Hast du schön gehört, Christl?«

»Was denn?«

»No, von deinem Papa.«

»Nein, was soll denn sein mit ihm?«

»Die BBC hat gerade durchgegeben, daß er von den Nazis hingerichtet wurde.«

Christl hatte mich zwar gerade erst gesehen, aber dennoch schossen ihr die Tränen in die Augen. »Wann soll er denn hingerichtet worden sein?«

»Gestern.«

Da war meine Tochter wieder beruhigt, sie hat erst vor wenigen Stunden mit mir gesprochen, und da bin ich ja noch sehr lebendig gewesen. »Das muß ein Irrtum sein, ich komm gerade aus dem Grauen Haus und hab ihn gesehen.«

Nach dem Krieg lernte ich dann den BBC-Sprecher Patrick Smith kennen, der meinen »Tod« verkündet hat. Wir haben uns glänzend verstanden, und er ließ mich wissen, wie das mit meiner »Hinrichtungsmeldung« war. »Unser Techniker hat zuerst das ›Fiakerlied‹ auf den Plattenteller gelegt, und nach ein paar Takten habe ich gesagt: ›Liebe Hörerinnen und Hörer, die Stimme, die Sie soeben vernommen haben, ist gestern für immer verklungen. Der populäre Schauspieler Paul Hörbiger wurde von den Nazis hingerichtet.‹«

Die Engländer wußten natürlich ganz genau, daß ich noch am Leben war, das gehörte vielmehr zum Kapital »Demoralisieren« der vielen Deutschen und Österreicher, die zu diesem Zeitpunkt bereits die »Feindsender« wie das Amen im Gebet verfolgt haben.

Zurück ins Landesgericht. Mein nächster Kassiber an Christl:

Ich bin froh, daß ich Dich wenigstens auf so kurz gesehen habe. Schicke mir bitte Photos, die anderen habe ich im letzten ›Sanatorium‹* vergessen. Monica und Thommy sollen mir schreiben. Dem Mann aus Amerika** sage meinen Dank, Du kannst ihn einweihen. Aber er muß die Goschen halten. Geh recht bald zum Anwalt und teile mir das Resultat mit.

---

* Gemeint war das Polizeigefängnis Elisabethpromenade.
** Code für den »Amerikaner-Maxl«, einen Wiener, der lange in den USA gelebt hat und dessen Geliebte eine Heurigenwirtin war. Er hat meine Familie mit Lebensmitteln versorgt.

Dann wieder Christl an mich:

Deine Filme sind alle verboten, schon seit längerer Zeit. Wußtest Du das? Es sind mindestens 20 Filme, die noch gelaufen sind. Seife haben wir Dir schon geschickt. Brauchst Du noch? Ich schicke immer so viele Zigaretten wie möglich, aber es sind in ganz Wien keine zu bekommen. Ich höre jetzt auf zu rauchen, wenn ich kann. Bitte schreib uns doch, was für Krankheiten im Inquisitenspital sind, wir machen uns große Sorgen. Die Kinder möchten gerne, daß Du wieder zu Hause bist.

Vier Tage später wieder ich an Christl:

Ich weiß, daß es für Dich schwer ist, meine Bitte zu erfüllen, aber wir hungern. Die Rationen sind gekürzt, Brot ist nur sehr wenig da. Es ist ganz egal, was Du schickst, nur eßbar soll es sein. Meine Seife ist mir im Bad gestohlen worden.

Worüber spricht man mit den anderen Häftlingen im Gefängnis? Vor allem über die Schicksale der vielen unschuldigen Naziopfer, die hier sitzen oder hingerichtet wurden und wie sie »aufgeflogen« sind. Immer wieder taucht ein Name auf, dem unzählige Widerstandskämpfer ihren Aufenthalt in diesem Gefängnis zu verdanken haben. Otto Hartmann, jener Gestapo-Spitzel und Kleindarsteller, der in meiner *Franzl*-Premiere mitgespielt hat, kurze Zeit später vom Burgtheater gekündigt wurde und der Bibi wegen »monarchistischer Umtriebe« denunzierte.
Wie ich im Grauen Haus erfahren mußte, haben sich Hartmanns Denunziationen keineswegs auf Schauspielerkreise beschränkt. Er hatte sich in eine Widerstandsgruppe eingeschlichen und gegen eine Prämie von 30000 Mark sämtliche

Mitglieder an die Gestapo verraten. Auf Grund seiner Dienste wurden Hunderte von Freiheitskämpfern verhaftet und deren Anführer hingerichtet.

Über den feinen Herrn Hartmann hat man jetzt im Landesgericht gesprochen und auch über eines seiner Opfer: den Wiener Juristen Dr. Jakob Kastelic. Er hatte die »Großösterreichische Freiheitsbewegung« mit dem Ziel gegründet, seine Heimat von den Nazis zu befreien. Nach dem Verrat durch Hartmann war er ins Graue Haus eingeliefert worden.

Ein Gnadengesuch seiner alten Mutter wurde von Gauleiter Schirach abgelehnt. Ich will hier nur den letzten Absatz von Schirachs Ablehnungsbegründung, die er an den »Führer« nach Berlin schickte, zitieren:

... daß nur durch die Verhängung der schwersten Strafe Genüge getan werden konnte: die Todesstrafe. Ich sehe keine Veranlassung, den erbetenen Gnadenbeweis zu befürworten, wenn ich mir auch voll bewußt bin, wie schwer durch die Vollstreckung des Urteils vor allem die 84jährige kranke Mutter des Verurteilten und seine beiden Buben im Alter von 5 1/2 und 3 1/2 Jahren, die erst im Jänner 1941 ihre Mutter verloren haben, getroffen werden. Heil Hitler! Schirach.

In den Erinnerungen Henriette von Schirachs lese ich in dem Kapitel, in dem sie vor dem Nürnberger Prozeß über Entlastungsmaterial für ihren Mann nachdenkt: »Mir fiel im Augenblick nur ein, daß Baldur niemals einen Menschen zum Tode verurteilt und niemals einen Menschen in ein KZ gesperrt hat.«

Na ja.

Am 2. August 1944 wurde Dr. Kastelic im Wiener Landesgericht getötet. In der Sterbeurkunde steht: »Todesursache: enthauptet.« Er war siebenundvierzig Jahre alt. Wenige Stunden vor seiner Hinrichtung hat er noch folgenden, seinen letzten Kassiber aus dem Grauen Haus geschmuggelt:

Mein liebstes, treues Schwesterl! Hütet meine Lieblinge, erzieht sie zu aufrechten, guten Menschen. Innigsten Dank für alle Liebe und Güte! Mutterls Lebensabend gestaltet schön. Bewahrt sie vor der schrecklichen Nachricht meines dergestaltigen Todes. Sie soll in schönem Bild zu mir in die Ewigkeit kommen. Mit innigster Dankbarkeit gehe ich gestärkt mit dem Gnadenmittel in die Ewigkeit. Euer Bild begleitet mich auf dem letzten Gang. Innigsten Dank allen lieben Verwandten und Schwägern, Gönnern, Freunden und Bekannten. Meinen lieben Pflegemüttern meiner Büblein gilt mein besonderer Dank und Gruß. In innigster Liebe Euer Jakob.*

Ich habe Dr. Kastelic nicht mehr kennengelernt, er ist noch vor meiner Einlieferung hingerichtet worden, bis dahin saß er im gleichen Trakt, bei den »Politischen«. Ich schildere den Fall hier deshalb, weil er so drastisch die Tragik der tapferen Opfer und auf der anderen Seite die kaltblütige Brutalität ihrer Henker zeigt. Den Schauspieler Otto Hartmann, der Dr. Kastelic verraten hat, habe ich zwei Jahre später vor Gericht wiedergesehen. Da war dann endlich er der Angeklagte.

Einer meiner Mithäftlinge hat die letzten Worte der im Lan-

---

* Die Unterlagen zu diesem Fall wurden mir vom Dokumentationsarchiv des Österreichischen Widerstands zur Verfügung gestellt.

desgericht hingerichteten Naziopfer niedergeschrieben und aufgehoben. Ich erinnere mich an vier Fälle:

»Rotfront!«

»Christus, unser Herr!«

»Freies Österreich!«

Und ein sechzehnjähriger »Hitlerjunge«, der eine Armbanduhr gefunden und eingesteckt hat und deshalb hingerichtet wurde, rief:

»Mutter, Mutter!«

Kaplan Ruggenthaler, mein Zellengenosse, hat den Todeskandidaten, die im Parterre saßen, unmittelbar vor ihrer Hinrichtung vom vierten Stock aus durch die Öffnung des Ausflußrohres unseres Klosetts die Absolution erteilt.

Eines Tages habe dann auch ich in meiner Zelle geglaubt, daß es »soweit« ist. Denn da kam ein Aufseher, den ich bis dahin nicht gekannt hatte, bei der Tür herein. »Hörbiger, fertigmachen, Vorführung.«

Aha, jetzt bin ich dran, dachte ich. Mit solchen und ähnlichen Worten hat man viele Mithäftlinge abgeholt, ehe sie hingerichtet wurden.

Unterwegs frage ich den Aufseher: »Gestapo?«

Er antwortet: »Nein, Kriminalpolizei!« und führt mich in ein Sprechzimmer, in dem sich drei Herren befinden.

Einer von ihnen ist der Rechtsanwalt Dr. Margreiter. Er sagt: »Herr Hörbiger, die beiden Herren haben Ihnen etwas mitzuteilen, behandeln Sie es aber diskret.«

Dann verläßt er den Raum. Da sitzen jetzt also zwei mir bis dahin unbekannte Kriminalbeamte, die – wie ich später erfahren habe – Richard Onofrei und Josef Kowald heißen.

Der eine spannt Protokollpapier ein, der andere spricht mich an. »Herr Hörbiger, wir müssen Sie in einer kriminellen An-

gelegenheit vernehmen. Es wurde Anzeige erstattet, daß Sie
Fleischmarken gekauft haben.«

»Nein, ich hab keine Fleischmarken gekauft.«

»Das wiss ma eh.«

»Ja, was wollen Sie dann von mir?«

»Wissen Sie, was a linke G'schicht is?«

»Ja.«

»Was wir da machen, is a linke G'schicht. Wir haben eine Anzeige gegen Sie verfaßt, um mit Ihnen sprechen zu können.«
Soll ich den beiden trauen? Zuerst bin ich skeptisch: Wer
weiß, was die mit mir vorhaben. Hier im Grauen Haus gibt's
so viele »Weh«, wie die Gestapo-Spitzel genannt wurden.
Aber so bös schauen die beiden auch nicht drein. Und außerdem, was habe ich schon zu verlieren? Nazis sind das eher
keine, das sind Wiener Polizisten. Ich fasse also den Entschluß, den Wildfremden zu vertrauen.

Sagt der eine: »Herr Hörbiger, Sie müssen das Kommando
über die dreitausend ›Politischen‹ übernehmen. Die laute
›Hunger, Hunger‹-Schreierei muß aufhören. Nicht nur ihr da
drin hungert's, ganz Wien hungert. Wenn euch die Gestapo
schreien hört, kommen die mit'n Maschinengewehr und mä-
hen euch nieder. Wir holen euch alle da raus, ganz bestimmt.
Nächste Woche werden wir Sie mit dem Franzosen konfron-
tieren, dem Sie die Fleischmarken verschafft haben. Nehmen
Sie dann Hut und Mantel mit...«

»... ja, aber ich hab doch keine Fleischmarken...«

Da lachen sie schon. Und ich begreife endlich, daß sie mir auf
diese Weise zur Flucht verhelfen wollen.

Ich sage noch: »Aber ich will nicht allein fliehen.«

»Mit wem?«

»Mit meinem Mithäftling, Kaplan Ruggenthaler, zu ihm habe
ich großes Vertrauen.«

Der Aufseher, der mich in das Verhandlungszimmer gebracht hat, führt mich auch wieder zurück in die Zelle. Er lächelt wissend. »No, war's schlimm?«

»Nein, im Gegenteil.«

Wieder in meinem Luxusetablissement, erzähle ich Ruggenthaler. »Also, was ich jetzt erlebt habe, das kannst du dir nicht vorstellen.«

Fragt er: »Wann fliehst du?«

»Woher weißt du?«

»Ich weiß alles. A linke G'schicht.«

»Aber Hans, du fliehst mit mir.«

Jetzt wurden wir von einer unglaublichen Euphorie erfaßt, wir hatten wieder Hoffnung. In einem Kassiber, den mir Christl in diesen Tagen geschickt hatte, stand:

> Der Vater von Monicas Freundin ist Landesgerichtsrat, der erzählt immer von Dir und sagt, daß Ihr soviel lacht.

Beim Spazierengehen im Hof habe ich versucht, mit vielen Häftlingen ins Gespräch zu kommen. »Sorgt's dafür, daß alle möglichst ruhig sind«, verbreitete ich, »dann gibt's eine Chance, daß wir alle freikommen.«

»Wieso?«

»Das sag ich euch, wenn es soweit ist.«

Aufseher und befreundete Mithäftlinge verkündeten jetzt im Grauen Haus: »Der Hörbiger ist ›der Präsident‹.« Im Hof haben mich dann wirklich alle so gegrüßt: »Tag, Herr Präsident.« Und sie hatten Vertrauen zu mir. Obwohl der Hunger immer größer wurde, ließ der Lärm in diesen Tagen nach.

Es gab natürlich auch Ausnahmen. Da war ein »frischgefangener« Häftling, der psychisch so erledigt war, daß er jedesmal, wenn ein Aufseher bei der Tür hereinkam, mit dem Sessel nach ihm geworfen hat. So habe ich auf einen Zettel geschrieben: »Ich grüße meinen Häfenbruder, Paul Hörbiger.« Das Brieferl steckte ich dann einem Aufseher zu: »Gib das dem Fiedler, und sag ihm von mir, er soll a Ruh geben.«

Menschen, die solche Situationen nicht miterlebt haben, werden es vielleicht nicht für möglich halten, aber der Fiedler war nach fünf Minuten ruhig. Er hatte Vertrauen zu mir. Der Zettel mit meiner Unterschrift liegt heute übrigens als Ausstellungsstück, das immer an diese Tage ermahnen soll, in einer Vitrine des Dokumentationsarchivs des Österreichischen Widerstands im Alten Rathaus von Wien.

Die letzten Tage nannten wir »Lustiges Gefängnis«. Wir spürten, daß alle am gleichen Strang zogen. Anwälte, Aufseher und natürlich die politischen Gefangenen warteten auf das Ende der Schreckensherrschaft. Die Rote Armee, hörten wir, wäre schon in der Nähe von Tulln und Wiener Neustadt und käme bald zur Befreiung nach Wien. Mit unseren Advokaten durften wir paradoxerweise nicht über unsere Prozeßangelegenheiten sprechen, sondern nur über private Probleme wie Mietzinszahlungen und ähnliches mehr. Als aber Dr. Humer wieder einmal zu mir kam, flüsterte uns ein Aufseher zu: »Könnt's quageln, was wollt's.«

Hier möchte ich ein Wort von Karl Farkas zitieren, der gesagt hat: »Österreich unterscheidet sich von Deutschland vor allem durch die gemeinsame Sprache.« Österreich hat es zu diesem Zeitpunkt zwar nicht gegeben, aber schon an dem Satz des Aufsehers ist zu erkennen, wie dumm das war. »Könnt's quageln, was wollt's« – welcher Berliner, Hannoveraner oder Gelsenkirchener versteht das? Auf gut deutsch heißt es: Anwalt Humer und ich könnten sprechen, worüber wir wollten, er würde ein Auge zudrücken.

Was er dann auch getan hat. Wir »quagelten« über meine Zukunft.

»Herr Hörbiger, Sie kommen jetzt vor den Untersuchungsrichter«, instruierte mich Dr. Humer. »Sie müssen alles leugnen.«

»Das geht doch nicht, ich habe vor Hitzler schon ein Geständnis abgelegt.«

»Macht nichts, sagen Sie, Sie hätten Angst gehabt. Ich bin mit dem Untersuchungsrichter gut, der gibt mir das Protokoll zu lesen, und da kann ich dann immer noch Änderungen anbringen lassen.« Und dann spielte mir der Anwalt langsam und deutlich vor, wie ich mich bei der eigentlichen Verhandlung zu verhalten hätte:

»Also, man wird Sie fragen: ›Haben Sie jemals am Sieg der deutschen Waffen gezweifelt?‹ Und Sie werden sagen: ›Nein, hohes Volksgericht!‹

Dann wird man Sie fragen: ›Haben Sie sich jemals in abfälliger Weise über den Führer und die Mitglieder seiner Regierung geäußert?‹ Und Sie werden sagen: ›Nein, hohes Volksgericht.‹

Dann wird man Sie fragen: ›Haben Sie jemals ausländische Sender gehört?‹ Und Sie werden sagen: ›Nein, hohes Volksgericht.‹

Dann wird man Sie...«

Jetzt habe ich ihn unterbrochen. »Herr Doktor Humer, dreimal werde ich sagen ›Nein, hohes Volksgericht‹, und dann werde ich denen das Götz-Zitat zurufen.« Ehrlich gesagt, ganz so gewählt drückte ich mich damals nicht aus.

»Schauen Sie, Herr Doktor, Sie müssen versuchen, den Prozeßtermin so lange wie möglich hinauszuzögern. Die Russen sind doch schon ganz nahe vor Wien. Zu Ostern wollen wir hier draußen sein.«

Ostern hat nicht ganz geklappt – wir waren zu Pfingsten frei. Und zu einem Prozeßtermin ist es in meinem Fall nicht mehr gekommen.

»Morgen ist es soweit«, ließen mir meine verbündeten Kriminalbeamten eines Tages ausrichten. Ende März sollte die in allen Details durchorganisierte Flucht erfolgen. Alle Eingeweihten haben sich maßlos gefreut, wie man sich vorstellen kann. Umso größer war die Enttäuschung, als unser Plan infolge höherer Gewalt durchkreuzt wurde.

Stunden vor dem »Tag X« brach im Landesgericht Typhus aus. Die schweren Eisentore wurden verriegelt, nicht einmal die Aufseher durften das Gebäude verlassen. Nur der Kassiber-Dienst funktionierte nach wie vor. Christl schreibt am 23. März:

Ich habe so lange nichts geschickt, weil ich dachte, es kommt wegen Typhus nichts herein. Heute versuche ich es wieder. Nächste Woche gehe ich ins Landesgericht. Es ist jetzt sehr schwer, weil in Wien praktisch überhaupt keine Straßenbahn mehr fährt. Die Kinder sind gesund, bis auf Andreas*, der Fieber hat. In Wien waren arge Angriffe, aber bei uns ist Gott sei Dank noch nichts passiert. Gas und Telephon haben wir schon lange nicht mehr.

Wegen der gefährlichen Infektionskrankheit, an der in diesen Tagen im Grauen Haus viele Häftlinge gestorben sind, wurden wir »entlaust«. Ich an Christl:

Gestern wurde unsere Abteilung glattgeschoren. Warum, weißt Du ja. Hat die Sache mit den Medikamenten geklappt?

---

* Christls Sohn, mein erstes Enkelkind

Ich habe etlichen Mithäftlingen gesagt, sie sollten möglichst viele Kassiber hinausschicken, damit ganz Wien wußte, daß im Landesgericht Typhus ausgebrochen war. Das muß tatsächlich funktioniert haben, denn der *Völkische Beobachter* meldete lakonisch, das Typhus-Gerücht entspreche nicht der Wahrheit.

Die Situation war jetzt am schlimmsten. Nachdem wir schon mit der Fluchtmöglichkeit gerechnet hatten, waren alle zutiefst deprimiert. Außerdem verbreitete sich im Grauen Haus ein entsetzlicher Gestank, und viele glaubten, daß sie, sobald sie kahlgeschoren waren, zu den Todeskandidaten zählten. Es herrschte Panikstimmung.

Hans Ruggenthaler, der dichtes schwarzes Haar hatte, war traurig, als er sich »glatzert« im Spiegel wiedersah. Habe ich ihn getröstet: »Geh, Hans, mach dir nix draus. Die Lockerln wachsen wieder nach, das Kopferl nimmer.«

Während der Zellen-Entlausung wurde ich verlegt. Einen Tag war ich mit dem späteren Bundesminister Lois Weinberger und drei weiteren Häftlingen in einer Zelle. Die Stimmung ist hier besonders furchterregend gewesen. In diesen düsteren Momenten wollte ich den Leuten Mut machen. Ich habe mich zum vergitterten Zellenfenster gestellt und begann das beliebte Wienerlied zu singen:

> »Mir raubt nix mei Ruah,
> Das macht mei Hamur.
> I kenn ka Traurigsein...«

Plötzlich hat einer in der unter uns liegenden Zelle mitgesungen, dann einer von rechts, von links, noch einer, und auf einmal waren wir ein richtiger kleiner »Gefängnischor«. Die Stimmung besserte sich etwas.

»... Und klopft dann und wann,
Die Sorg bei mir an,
Das ändert net mein Sinn:
I bleib wia i bin!«

Mitten im schönsten Gesang kam ein Gefängnisbeamter in meine Zelle. »Wer singt da?«
»Ich.«
»Oh, bitte um Entschuldigung.« Beim »Präsidenten« wurde das geduldet.
Zellengenosse Weinberger war sehr vorsichtig. Er sei »ganz unschuldig«, hat er uns mitgeteilt, er habe nur »in einem Kaffeehaus erwogen, ob es nicht die eventuelle Möglichkeit gebe, daß Deutschland den Krieg verliere«. Dabei war er, wie ich später erfuhr, einer der aktivsten Widerstandskämpfer. Aber in der großen Zelle hatte er begreifliche Angst davor, die Wahrheit zu sagen, man wußte ja nie, ob nicht ein Gestapospitzel unter den Mithäftlingen war.
Weinberger hat dann, kurz nach Kriegsschluß, am 8. Mai 1945, im *Neuen Österreich* seine Erinnerungen an diese Tage im Grauen Haus niedergeschrieben. Besser könnte ich die Situation nicht schildern, daher will ich seine Worte hier wiedergeben. Der Artikel hatte den Titel »Das ›V‹ an der Zellentür« – womit die Tafel für Volksgerichtshof gemeint ist:

Die letzte Zeit meiner Gefangenschaft war die furchtbarste. Wir alle hielten uns nur aus der Kraft unseres Geistes und Glaubens aufrecht, im besonderen aus der Zuversicht, daß die Tage des Naziregimes gezählt seien. Wir alle, die wir genau wußten, daß wir unter normalen Umständen nicht mehr ins Leben, sondern unter dem Fallbeil oder an einem Galgen des Grauen Hauses enden würden, fürchteten aber auch, daß uns die nazistischen Schergen noch knapp vor dem Ende ihrer Herrschaft auf raschem Wege beiseite schaffen würden. Angedroht hatten sie es uns immer wieder. Es kam nur darauf an, Zeit zu gewinnen – und Glück zu haben.

Als sich nun um Ostern die Rote Armee immer näher an unsere Stadt herankämpfte und die anglo-amerikanischen Truppen ihren Siegeszug über den Rhein angetreten hatten, wußten wir, daß die Entscheidung auch für uns nahe sei. Wir hofften auch, daß die Schergen Hitlers keine Zeit mehr hätten, uns zu verschleppen oder umzulegen. Um so bitterer traf uns die am 2. oder 3. April gegebene Anordnung, daß sich alle Volksgerichtsgefangenen, also die schweren »Politischen«, sofort marschbereit zu setzen hätten. Wie ein Lauffeuer verbreitete sich die Nachricht, von Fenster zu Fenster, von Stock zu Stock, von Hof zu Hof und auch dort, wo die »Telephonverbindung« der Abortanlagen, die von Zelle zu Nebenzelle und vom 4. Stock bis hinunter in die Todeszellen des Hochparterres schon vorher tadellos funktioniert hatte. Ich kann nicht schildern, in welcher Stimmung wir uns bald darauf in den einzelnen Stockwerken zusammenfanden. *Paul Hörbiger*, den ich einmal zu meiner großen Freude, aber nur für kurze Zeit, zu meinem Zellengenossen hatte, Freund Ruggenthaler und viele andere, Bekannte und Unbekannte, trafen sich nun wieder zu einem letzten Marsch. Die meisten waren todernst. Auch ich wußte, daß nun eine letzte Prüfung bevorstand, gab aber die Hoffnung nicht ganz auf und freute mich, als mir ein kurzer Zuruf meines Mitbeschuldigten und besonders standhaften Freundes Dr. Hurdes in einem unteren Stockwerk nachwies, daß auch er weiter aufrecht blieb. Die Nervosität der Aufseher war schon sichtlich gewachsen. Auf unsere Fragen, wohin wir kämen, konnte oder wollte niemand klare Antwort geben.

Fürs erste wurden wir in den dafür freigemachten Zellen des ersten Stockes im E-Trakt, oberhalb der Todeszellen, verstaut, vier, fünf und mehr Mann in eine kleine Zelle, insgesamt gegen 500 Männer und Frauen. Unser Nachbar zur Rechten war *Paul Hörbiger*. Mit Hörbiger, der bald zum Sprecher aller »Politischen« aufrückte, klappte die Fensterverbindung wunderbar.

Es jagte ein Gerücht das andere. Menschen, die sich an den letzten Strohhalm klammern, glauben alles. Die Stimmung wurde immer erregter. In den Nächten hörten wir Kanonendonner, das Heulen der Flugzeuge, das Krachen der Bomben, das Dröhnen der Flakgeschütze und hin und wieder auch schon das heisere Bellen von Maschinengewehren. Wien vor der Belagerung und wir mitten drinnen. Wehrlos und in engen Zellen zusammengepfercht. Besonders böse waren die Nächte. Kaum einer konnte Schlaf finden. Die Frauen griffen zur Selbsthilfe und schrien ihre Qual und Not in Sprechchören in die Nacht und in die Stadt hinaus: »Wiener, helft uns, sie wollen uns verschleppen!« usw. Die Frauen konnten es nicht verstehen, daß wir »Politischen« ruhig bleiben mußten, weil uns bewußt war, daß jede Ablöse der Justizwache durch SS unseren sofortigen Tod bedeutet hätte. Wir mußten schweren Herzens, aber aus ernsten Gründen für Ruhe und Ordnung sorgen. Wieder war es *Paul Hörbiger*, der als unser Sprecher zur Besinnung rief und auch tatsächlich Ruhe durchsetzte.

Plötzlich, es war am 5. April, öffneten sich die Zellentüren, und es wurde uns mitgeteilt, daß uns von der Gefängnisverwaltung bald eine wichtige Nachricht zukommen würde. Wir sollten uns in Reih und Glied aufstellen und stramm Meldung erstatten. Ich meldete für Zelle 81 fünf Mann, alles politische Häftlinge, alle ohne Vorstrafe. Ein Herr der Verwaltung teilte uns nun tatsächlich mit, daß wir frei gehen, aber bis dahin Ruhe und Besonnenheit bewahren sollten. Ich sei ihm dafür verantwortlich.

Freilich fiel es uns nicht leicht, ruhig zu bleiben. Wir wußten nicht, was wir vor Freude beginnen sollten. Wir fielen uns um den Hals, küßten uns, begannen zu singen und saßen auch still, gedachten unserer Lieben, gedachten unserer Heimat, unserer schönen Stadt Wien und ihres Schicksals. Wir vergaßen auch den Herrgott nicht, der uns bisher so wunderbar beschützt hatte und auch jetzt über uns war. Wir gedachten besonders der ärmsten unserer Brüder, die am gleichen Tage aus den Todeszellen in Ketten abgeführt worden waren, abgeführt in den Tod. Das Klirren ihrer Ketten wird uns nie verklingen. Tags vorher hatten wir auch mit ihnen noch gesprochen. Auch sie hatten an die Freiheit geglaubt. Bis zuletzt.

Am nächsten Morgen ging es rasch. Zeitig öffneten sich unsere Türen, wir holten unsere paar Sachen aus dem Depot und gingen dann durch das große Tor des Grauen Hauses in die Freiheit. Wir alle waren schwach und entkräftet und taumelten mehr, als wir gingen. Ich werde nie den Augenblick vergessen, da *Paul Hörbiger*, der knapp vor mir freiging, den Hof überquerte, seinen Hut schwenkte und nach allen Seiten und in alle Zellen hinauf grüßte. Er war uns allen zum guten Kameraden geworden.

Soweit Lois Weinberger. Ich marschierte an diesem 6. April, genau wie er schreibt, unter dem Jubel der dreitausend Mithäftlinge als erster aller »Politischen« aus dem Grauen Haus. An den Gitterfenstern hingen die ausgetrockneten Gesichter

von Männern, die noch in die Geschichte Österreichs einge-
hen sollten. Bundeskanzler Leopold Figl mit seinen roten
Bartstoppeln. Oder der spätere Unterrichtsminister Felix
Hurdes.

Noch ist Wien nicht frei. Aber drei Tage vor meiner Entlas-
sung schreibt Reichsleiter Schirach im *Völkischen Beobachter*: »Wienerinnen und Wiener! Die Zeit der Bewährung ist
gekommen. Der Russe, schon der traditionelle Feind des alten Österreich, nähert sich unserer Stadt.« Die Widerstands-
bewegungen gewinnen angesichts der sich vorkämpfenden
Truppen bereits die Oberhand. In der Kaiserstraße gehe ich
ins Gasthaus Moder, dessen Besitzer ein alter Widerständler
aus unserer Bewegung ist. Ich stelle mich an die Theke und
grüße. Ausgehungert – ich habe im Gefängnis vierzehn Kilogramm abgenommen – und kahlgeschoren, wie ich war, hat
mich der Wirt aber nicht erkannt. Unwirsch fährt er mich an:
»Was wollen Sie da?«

»Aber ich bin doch der Paul.«

»Was für a Paul?«

»... der Hörbiger Paul!«

»Jessas, Paul, du lebst noch!« Auch er hat die BBC-Meldung
über mein Ableben gehört. So ist es mir in diesen Tagen oft
ergangen. Etwas später, Wien war bereits frei, stehen auf
dem Platz zwischen Rathaus und Burgtheater meine Kollegen Raoul Aslan, Oskar Werner und Philipp von Zeska.
Ich gehe auf sie zu. die starren mich wie ein Weltwunder
an.

»Mein Gott«, sagt Aslan traurig, »der da drüben schaut aus
wie der Paul.«

»Aber ich bin's doch!«

Oskar Werner kann es nicht glauben. »Aber das gibt's doch
net, den Hörbiger haben's hingerichtet.« Nachträglich habe

ich mich noch gefreut, daß so viele Menschen »Feindsender« gehört haben.

Aber jetzt bin ich im Gasthaus Moder auf der Kaiserstraße, und ich glaube, daß ich nie zuvor und nie wieder nachher so viel, so schnell und mit derartigem Genuß in mich hineingefressen habe wie an diesem 6. April 1945. Nach einem erfrischenden Bad sage ich: »So, jetzt will ich aber zu meiner Familie nach Hietzing.«

Ein Gast meint irrtümlich: »Das geht net, dort sind schon die Russen!« Moders Kellner setzt sich auf ein Fahrrad, fährt zu meinem Haus und verständigt meine Familie, daß ich frei bin. Eine Stunde später ist auch Pippa mit Steirerhut und Anzug unterm Arm da. Nachdem ich meine schmutzige Gefängniskluft abgelegt habe, wandern wir gemeinsam in Richtung Hietzing. In der Nähe des Gürtels kommt uns eine Straßenbahn entgegen – es war, glaube ich, die einzige Tramway, die in diesen Tagen unterwegs ist. Ich halte den Fahrer auf – schon wieder einer, der sich wundert, daß ich am Leben bin. Vorne steht in großen Lettern LAINZ. Wir steigen ein, und unterwegs erzähle ich ihm gleich die Geschichte LAINZ-ZNIAL und was die Nazis mit unserem Straßenbahnerfilm *Endstation* aufgeführt haben. »Herr Hörbiger«, sagt er, »die Zeit ist vorbei. I führ Ihna jetzt z' Haus, i weiß eh, wo Sie wohnen.« Und er bringt uns tatsächlich fast bis zur Haustüre. Dort läßt er die Straßenbahn stehen und läuft davon.

Die Kinder kommen mir schon entgegengelaufen. Das ist ein Empfang. Nach drei Monaten wieder zu Hause! Als die minutenlangen Begrüßungsfeierlichkeiten beendet sind, führt mich meine Familie in den Keller, wo sich Herr Ehrenstein, der jüdische Mann meiner Sekretärin, und zwei weitere Herren versteckt halten, denn noch sind die Nazis in Wien.

Auf dem Weg hinunter sagt die Christl zu mir: »Papa, unten sind der Herr Ehrenstein und zwei Deserteure.«
Und ich: »Sehr gut. Und jetzt kommt noch ein Hochverräter dazu, da fehlt uns dann nur mehr die Gestapo.«
Dann habe ich den Keller, in dem auch meine Büste stand, total umgebaut. Als ehemaliger Artillerist überlegte ich, daß die Russen von Süden kommen würden. Sollten sie uns angreifen, mußte »der Rücken gedeckt« sein. Ich stellte die Matratzen unserer Untermieter an die Südwand. Danach war ich so geschwächt, daß ich für einige Tage ins Bett mußte.
Am 8. April hißten Widerstandskämpfer auf der Turmspitze des Stephansdoms die rot-weiß-rote, die österreichische Flagge. Zwei Tage später erreichte die Rote Armee Wien. Ich bin aufgestanden, um den Russen in der Stuttgarter Straße entgegenzugehen. Zuerst wollten sie mich verhaften, aber als sie sich von meiner Ungefährlichkeit überzeugt hatten, war ich wieder frei.
Frei, endlich wieder frei. Ich lief in den Keller. »Herr Ehrenstein, kommen Sie hinauf zu uns, wir sind frei.« Er konnte es nicht recht glauben. »Ob die Nazis nicht doch noch einmal kommen?«
Jetzt häufen sich die Ereignisse: Theodor Körner wird zum Wiener Bürgermeister bestellt. Am 27. April proklamiert die Provisorische Staatsregierung unter Dr. Karl Renner die »Wiederherstellung der Republik Österreich«. Schon in dieser ersten Regierung sitzt mein Mithäftling Ingenieur Leopold Figl.
Am letzten Tag dieses Monats, um 15 Uhr 30, setzt Adolf Hitler einen Schlußstrich, er begeht Selbstmord. Am nächsten Tag tut Joseph Goebbels das gleiche. Eine Woche später ist der Krieg vorbei.
Ich habe erst später erfahren, wie sehr sich meine Freunde

und Angehörigen um mich bemüht haben, als ich im Gefängnis saß. Käthe Dorsch hat bei Göring interveniert. Pippa ist, noch bevor sie nach Wien kam, zu Hans Hinkel, dem Chef der Reichsfilmkammer gegangen, Robert Boos, Pippas jetziger Ehemann, war meinetwegen bei Ernst Kaltenbrunner, dem Leiter des Reichssicherheitsdienstes, in der Berliner Prinz-Albrecht-Straße. Zu dieser Zeit wurde das Nazi-Hauptquartier gerade nach Bernau verlegt, und Robert Boos vermutet, daß mir dieser Umstand das Leben gerettet haben könnte. Denn während der mehrwöchigen Übersiedelung konnte meine Akte nicht nach Wien gesandt werden, was den Prozeß gegen mich verzögert hatte. Zu einer Verhandlung ist es daher in meinem Fall nie gekommen.

Viele Menschen sprachen mich in den ersten Friedenstagen auf der Straße an. Auf der Mariahilfer Straße war es der Mithäftling Langer, der als Provisor in der Alten Hofapotheke gearbeitet hat. »Paul«, sagte er, »du hast das Leben von dreitausend ›Politischen‹ gerettet.«

»Geh, übertreib net«, wehrte ich ab.

Aber er blieb dabei. »Wenn du nicht für Ruhe und Ordnung gesorgt hättest, wären wir alle erschossen worden.«

Seit vielen Jahren ersuchen mich etliche Verleger, meine Memoiren für sie niederzuschreiben. Das vorangegangene Kapitel war der eigentliche Grund dafür, daß ich es bisher immer abgelehnt hatte. Einerseits war es ein für mich bedeutender Abschnitt, den ich aus meinen Erinnerungen nicht auslöschen oder in einem Buch vergessen kann. Auf der anderen Seite betrachte ich mein Schicksal als wenig erschütternd, wenn ich ihm die Qualen gegenüberstelle, die anderen Menschen während des Dritten Reichs angetan wurden, ganz zu schweigen von den Millionen Mordopfern der Nazis und jenen Männern, die ihr Leben auf dem Schlachtfeld dieses barbarischen Krieges lassen mußten.

Ich habe mein Leben als fünfundachtzigjahriger Mann niedergeschrieben, in einem Alter also, da keiner mehr annehmen wird, daß ich besonders eitel bin oder es nötig hätte, mich als Held hinzustellen, um vielleicht noch ein paar Filmengagements zu bekommen, oder was man mir sonst noch alles vorwerfen könnte.

In Büchern und Zeitungsartikeln hat man mich immer wieder als Widerstandskämpfer bezeichnet, was sehr ehrenvoll ist, aber der Ausdruck ist bei weitem übertrieben. Ein Widerstandskämpfer ist einer, der gegen dieses Regime angekämpft hat, ich habe nichts weiter getan als meine Meinung gesagt. Was eine Diktatur wirklich ist, habe ich, wie die meisten anderen, viel zu spät erkannt.

»Die Herren Russen wollen wissen, wie spät es ist.«
Nachkriegszeit

Herr Ehrenstein verließ unseren Keller und übersiedelte wieder in seine Wohnung in der Fünfhausgasse. Derselbe Hausmeister, der ihm dort noch vor ein paar Wochen »Ehrenstein, der Saujud« nachgerufen hatte, forderte jetzt die vor seinem Fenster spielenden Kinder in der Mittagszeit auf: »Seid's ruhig, der Herr von Ehrenstein will schlafen.«

Als unser Telephon wieder intakt war, galt der erste Anruf meinem Freund Theo Lingen. Er selbst ist nicht zu Hause gewesen, seine Frau, die Opernsängerin Marianne Zoff – sie war in erster Ehe mit Bert Brecht verheiratet – hat abgehoben.

Ich erzählte ihr von meiner Verhaftung, von meiner Gefängniszeit. »Und ich bin so froh, daß ich der Gestapo nichts von Theos Scheck erzählen mußte, den er mir für die Widerstandsgruppe gegeben hat, die haben mich ja, Gott sei Dank, nicht geschlagen.«

Darauf sagte mir Frau Lingen: »Geh, Paul, du hättest denen den Namen vom Theo ruhig nennen können, dann hätt er's jetzt nach dem Krieg viel leichter.«

Da mußte ich lachen. Die Leute haben geglaubt, daß das Graue Haus wie ein Nobelhotel geführt wurde. »Du weißt gar nicht, was sich der Theo erspart hat, wie furchtbar es war, der Hunger, die Zustände dort.«

Lingen wollte jetzt österreichischer Staatsbürger werden, ich war ihm dabei behilflich – er ist es dann auch geworden, ohne daß man in den Gestapo-Akten »belastendes« Material über ihn gefunden hätte. Mehr noch, er wurde sogar für einige Zeit Bürgermeister der Gemeinde Strobl am Wolfgangsee.

Durch das Bekanntwerden meiner – wenn auch bescheidenen – Tätigkeit in der Widerstandsbewegung und infolge meiner Haft bin ich noch populärer geworden, als ich es schon vor und während des Krieges war. Und genau das hatte ich eigentlich mein ganzes Leben lang vermeiden wollen – daß ich über den Umweg der Politik in meinem Beruf etwas erreiche.

Wien war nach dem Krieg von vier Nationen – Amerikanern, Sowjets, Engländern und Franzosen – besetzt. In der österreichischen Regierung saßen Sozialisten, Christliche und Kommunisten. Der Kommunist Ernst Fischer war Staatssekretär im Unterrichtsministerium und ließ mich rufen.

Er erzählte mir, daß er die Emigration in Moskau verbracht habe. »Herr Hörbiger, als wir dort erfahren haben, daß Sie verhaftet wurden, haben wir gejubelt.«

»Naja, also ich hab ja nicht gerade gejubelt.«

Nun spielte Fischer auf den Inhalt der »Moskauer Deklaration« an: »Menschlich war es natürlich sehr bedauerlich, aber für die Sache Österreichs sehr wichtig.«

Das zu sagen war nicht der eigentliche Grund der Einladung. In Wien sollte eine gemeinsame Zeitung der drei großen Parteien entstehen, und neben den Parteienvertretern suchte man auch unabhängige Mitherausgeber. Ob ich das machen wollte.

Ich habe ja gesagt, und so war ich plötzlich einer der Herausgeber des *Neuen Österreich,* der ersten Zeitung in unserem befreiten Land.

Die Russen verlangten, daß das Burgtheater sofort wieder bespielt wurde. Doch das Haus am Ring war in den letzten Kriegstagen zerstört worden. So wurde der Spielbetrieb vor-

Preis 10 Pfennig   Preis 10 Pfennig

Neues Oesterreich

Organ der demokratischen Einigung

Folge 1   Montag, 23. April 1945   1. Jahrgang

Österreicher!

Zum erstenmal seit sieben Jahren dürft Ihr nun wieder in aller Öffentlichkeit mit diesem uns allen so teuren Namen angesprochen werden. Die von Millionen Menschen unseres Vaterlandes so lange und so heiß ersehnte Stunde der Befreiung von der nazistischen Zwingherrschaft ist gekommen.

Durch den siegreichen Vormarsch der Roten Armee ist ein großer Teil unserer geliebten Heimat den nazistischen Unterdrückern bereits entrissen, die Befreiung des restlichen Gebietes nimmt ihren Fortgang. Wir dürfen wieder Österreicher sein! Und d a ß wir es sind, darauf kommt nun alles an.

Denn jetzt geht es darum, aus dem unermeßlichen Leid und dem namenlosen Unglück, das der Nazismus über unser österreichisches Volk und Land gebracht hat, den Weg in eine bessere Zukunft zu beschreiten. Das aber ist nur möglich, wenn alle heimattreuen und freiheitliebenden Österreicher einträchtig zusammenstehen und mit vereinten Kräften an den Wiederaufbau herangehen.

Auf einem Trümmerfeld von gigantischen Ausmaßen soll diese Neugestaltung sich vollziehen. Jeder Österreicher und vor allem jeder Wiener weiß, was es bedeutet, unter den gegebenen Verhältnissen unsere Ernährung zu sichern, die Verkehrsmittel wieder in Gang zu setzen, die Wohnungsfrage zu lösen, Licht, Gas- und Wasserleitung in Ordnung zu bringen, Gewerbe, Industrie und Handel aktionsfähig zu machen, Gesundheits- und Wohlfahrtswesen wieder aufzubauen, das gesamte Schul- und Unterrichtswesen auf neue Grundlagen zu stellen. Und damit sind ja nur einige der allerdringlichsten Probleme aufgezählt.

Es sind ungeheure Aufgaben, die wir zu meistern haben. Wir w e r d e n sie lösen, wenn die Einheit des Volkes, deren Grundlagen schon im gemeinsamen Widerstand gegen den Naziterror geschaffen wurden, jetzt auf jede Weise gefördert und gefestigt wird. Das österreichische Volk will leben! Die Kräfte, die genügt haben, die Befreiung Wiens so rasch zu ermöglichen, rechtfertigen die Zuversicht, daß wir stark genug sind, aus eigener Kraft unser weiteres Schicksal als selbständiger Staat zu gestalten. Mag das riesige Aufbauwerk, vor dem wir nun stehen, noch so schwierig sein, es w i r d gelingen, wenn alle antifaschistischen, demokratischen und patriotischen Österreicher ohne Unterschied der Partei und Weltanschauung einträchtig zusammenstehen. Jetzt gilt es, nicht das Trennende, sondern das Einigende voranzustellen!

In der Wiener Stadtverwaltung haben sich Vertreter aller demokratischen Parteien zu einer verheißungsvollen Arbeitsgemeinschaft zusammengefunden. In der Herausgeberschaft und Redaktion dieser ersten im befreiten Österreich erscheinenden Tageszeitung hat sich der gleiche Zusammenschluß vollzogen. Endlich kann in Österreich wieder eine Zeitung erscheinen, die nicht das Werkzeug gleichgeschalteter Lüge, sondern das Sprachrohr demokratischer Wahrheit ist. Diese Zeitung ist zugleich ein Ausdruck des Zusammenwirkens aller demokratischen Kräfte unseres gemeinsamen Vaterlandes.

So sollen und müssen alle Schichten und Richtungen unseres österreichischen Volkes zusammenstehen, um auf gemeinsamem Wege und in gemeinsamen Bemühungen zu dem zu gelangen, was der Name dieser Zeitung besagt: z u e i n e m n e u e n Ö s t e r r e i c h.

Die Herausgeberschaft:

Universitätsprofessor Dr. Leopold A r z t, Generaldirektor Ing. Ernst C z e j a, Ing. Figl, Ernst Fischer, Monsgr. Jakob Fried, Paul Hörbiger, Minister a. D. Ing. Franz S c h u m y, Stadtrat Paul Speiser.

Die Redaktion:

Chefredakteur: Ernst Fischer

Stellvertretende Chefredakteure: Paul Deutsch, Dr. Leopold Husinsky

Redakteure: Oskar Maurus Fontana, Dr. Hugo Glaser, Karl Heinz, Franz Karmel, Wilhelm Oúransky.

Mit vereinten Kräften

Wien ist wieder frei, nach sieben Schreckensjahren der deutschen Okkupation. Die Rote Armee hat die Naziherrschaft hinweggefegt. Aus Bunkerkellern und Katakomben, aus einem Abgrund von Blut und Tränen tritt ein Volk, um wieder frei zu atmen und seinen eigenen österreichischen Staat aufzurichten.

Es ist ein geschichtlicher Augenblick, den von uns höchste Bewahrung erfordert. Die deutsche Kriegsverbrecher haben eine... Trümmerhaufen zurückgelassen. Planmäßig haben sie Wien zerstört, diese Weltkriegszentrale. Mit ihren gegen... Österreich blieben Kultur und den Stephansdom und viele andere geheiligte Denkmäler unserer Kultur und Geschichte vernichtet. Vor ihrem Abzug haben sie die Vorratslager aufgebrochen und der Plünderung preisgegeben, Getreidespeicher und Magazine in Brand gesteckt, die Ausräumung der Feuerwehr weggeschleppt und alles getan, um ein Chaos herzustellen, als sie vor der Rache an Wien, dieser eigenwilligen Stadt, die Hitler immer gehaßt hat, weil sie unverfälscht im demokratisch in ihrer Gesinnung, europäisch in ihrem Empfinden, menschlich im...

... Gräber klagen die Deutschland Hitlers an, das Deutschland der Herrschaft, des Großenwahns und der Kriegsfurcht.

Wir stehen vor ungeheuren Schwierigkeiten, vor langwierigen Aufgaben. Alles ist zerstört, verwüstet, aus den Fugen gegangen. Industrie, Landwirtschaft, Verkehr, die tausend ersten Grundlagen des Lebens, wurden den griechischen Grundzustand ruiniert. Gesprengte Brücken und Bahnanlagen, zerstörte Betriebe, zerbombte Wohnungen und hinter allen den Gespenst des Hungers, das drohen wir dem „Anschluß" an das Raubritterhäute Hitler-Deutschland. Die Adolf-Hitler-Straße hat in die große Katastrophe aller Zeiten geführt. Jetzt heißt es Heraus aus der Katastrophe! Jetzt heißt es: Mit vereinten Kräften ans Werk, um Österreich wieder aufzubauen! Nur die gemeinsamen Anstrengungen aller Österreicher, die das Heimat lieben, der die gemeinsamen Volksenergien können die riesigen Aufgaben bewältigen. Die Freiheit des Volkes ist Heimats Notwendigkeit.

Diese Einheit, aus dem Widerstand gegen die deutschen Unterdrücker hervorgegangen, muß und wird sich immer fester zusammenfügen. In allen Volksschichten haben sich bedeutsame Veränderungen vollzogen. Aus Isolierhütte Erfahrung hat sich ergeben. In der geheimen Freiheitsbewegung in den Gefängnissen und Konzentrationslagern sind die Anhänger verschiedener Weltanschauungen Katholiken, Sozialdemokraten, Kommunisten, bürgerliche Demokraten, einander menschlich nahe gekommen. In der aufrütt... den Erkenntnis, wie erschütternd der Boden des menschlichen Gesittung ist, wie knapp unter der Kulturschicht „der Drachen alte Brut" auf Lauer liegt, um raschest bereitzubrechen, in der aufrüttelnden Erkenntnis fanden sich alle Kräfte zusammen, die das Menschen tragen den Bestialität verteidigen. Unser Volk braucht diese neue Eintracht, nicht mechanische „Gleichschaltung", nicht unaufrichtige Koalition, sondern eine feste und dauerhafte Einheit der A läufig im alten Varieté Ronacher aufgenommen. Raoul Aslan löste Lothar Müthel als Direktor des Burgtheaters ab.

Am 30. April wird Grillparzers *Sappho* mit Maria Eis in der Titelrolle aufgeführt. Die Eröffnungsvorstellung muß nach zehn Minuten abgebrochen werden, da sich der russische Marschall Tolbuchin verspätet hat. Erst jetzt geht's richtig los.

Auch mich fragt Aslan, ob ich wieder an die Burg will.

»Natürlich.«

»Nächste Woche wollen wir das *Mädl aus der Vorstadt* spielen. Was verlangst du als Abendgage?«

»Einen Laib Brot.«

In der Pause dieser Vorstellung kommt Staatskanzler Dr. Karl Renner, von seinem Seketär begleitet, in meine Garderobe und sagt: »Herr Hörbiger, Sie haben durch Ihre Tätigkeit bei Film und Theater immer den Wunsch der Bevölkerung nach einem freien Österreich wachgehalten. Ich danke Ihnen dafür.« Dann drückt er mir die Hand, und ich bin wirklich gerührt.

In diesen Tagen hatte ich mit allen Besatzungsmächten zu tun. Einmal kamen zwei französische Offiziere in mein Haus. Einer hat gut deutsch gesprochen. »Aber der Oberlehrer von Bad Aussee war doch ein Nazi«, meinte er.

Sagte ich: »Nein, sicher nicht, das war keiner. Aber wie kommen Sie denn darauf?«

»Mir scheint, Sie wissen gar nicht, wer wir sind. Strobl 1944 bei Theo Lingen, erinnern Sie sich noch, Herr Hörbiger? Sie haben uns doch einen herrlichen Hecht serviert.«

Ich hatte die beiden in ihrer eleganten Uniform nicht gleich erkannt. Die Freundschaft mit diesen Männern war für mich sehr wertvoll. »Wenn Sie etwas brauchen, melden Sie sich bei uns, wir sind Ihre Freunde.«

»O ja, ich hätte eine Bitte an Sie. Der Arzt Professor Friedrich wurde verhaftet. Ich kenne ihn, er ist zwar Parteimitglied gewesen, weil er von seinem Primarius faktisch dazu gezwungen wurde, aber er war in Kontakt mit unseren Freunden in der Widerstandsbewegung, und ich weiß, daß er ein anständiger Mann ist.«

»Wir schauen uns den Fall an«, sagte der eine Franzose, und Friedrich kam wirklich bald frei. So konnte ich in dieser Zeit einigen helfen. Den Amerikanern schien meine Hilfe verdächtig. Einmal holte mich ein Fahrer im Jeep ab und brachte mich zur Military Police nahe der Votivkirche.

Ein Captain Brown vernahm mich. »Wissen Sie, warum Sie hier sind?«

»Ich nehme an, daß Sie mich kennenlernen wollen.«

»Sie werden mich gleich kennenlernen«, brüllte er mich an.

»Warum schreien Sie so? Ich bin ja nicht schwerhörig« – also damals war ich es zumindest noch nicht.

»Haben Sie das geschrieben?«, und er legte mir einige »Persilscheine« vor, in denen ich erklärte, der eine oder andere habe sich in der Nazizeit korrekt verhalten, obwohl er Mitglied der Partei war.

»Ja, das ist meine Unterschrift.«

»Wie viele solcher Briefe haben Sie geschrieben?«

»Zehn oder zwanzig.«

»Eine Schande. Gerade Sie als Widerstandskämpfer setzen sich für ehemalige Nazis ein.«

»Ich habe Parteimitglieder getroffen, die sich hochanständig, und andere ohne Parteiabzeichen, die sich wie Lumpen benommen haben.«

»Sie können froh sein, daß Sie von mir vernommen werden, ein Kollege hätte Sie schon längst in den Bunker sperren lassen.«

»Und was hätte er davon? Er würde sich nur bei der Wiener Bevölkerung unbeliebt machen.«

Später traf ich Captain Brown bei einer Einladung Karl Hartls wieder, und wir wurden Freunde. Weil ich nach seinem Schreikrampf zurückgebrüllt habe, teilte er mir mit: »Also, wenn Sie sich bei den Nazis so benommen haben wie bei mir, dann kann ich Ihnen gratulieren.«

»Captain Brown, Sie können sich darauf verlassen. Was glauben Sie, warum ich im Gefängnis war.«

Nach Captain Brown wollte mich Raimund von Hofmannsthal – der Sohn des Dichters – sprechen. Er war als Korrespondent großer amerikanischer Zeitungen in Wien und ließ mich mit einem Wagen ins US-Hauptquartier im Grand Hotel chauffieren. Ich erzählte ihm ganz offen von den sonderbaren Geschäften der hier eingesetzten ausländischen Soldaten. Ich war damals selbst mehrmals im Resselpark, dem Zentrum des Wiener Schleichhandels, anzutreffen, um Porzellan, Antiquitäten und Bilder gegen ein paar Lebensmittel einzutauschen. Die Besatzungssoldaten machten dabei das große Geschäft. Wenn die Russen im ersten Bezirk Dienst hatten, haben sie die Amerikaner vertrieben und umgekehrt. Wer Dienst hatte, der verdiente auch das Geld. Das war der »Kalte Krieg im Resselpark«. Besonders begehrte Handelsobjekte waren die sogenannten »Rinnsalitas«, die aus dem Rinnsal gefischten ausländischen Zigarettenreste der Soldaten, aus deren Tabak neue »Tschiks gestopft« wurden.

Am schlimmsten war die Situation der Kleinkinder. Der Arzt, bei dem mein an Hungertyphus erkrankter Enkel Andreas in Behandlung war, hat mir damals erzählt, daß ein Säugling, dessen Mutter keine Milch abgeben konnte, praktisch keine Überlebenschancen hätte, so wenig Nahrungsmittel waren vorhanden. Das alles habe ich Hofmannsthal erzählt.

Darauf sagte er: »In zwei Tagen kommt eine Delegation amerikanischer Journalisten nach Wien. Sagen Sie denen alles genauso, wie Si es mir jetzt erzählt haben. Aber bitte, nehmen Sie kein Blatt vor den Mund.«

Die Pressekonferenz fand im Grand Hotel statt, und ich hatte mir fünf kleine Schalen samt Lebensmitteln von zu Hause mitgenommen, um den Reportern auch optisch die Wochenration eines Normalverbrauchers demonstrieren zu können. In eine Schale legte ich Margarine, in eine andere Fleisch, dann Brot, Milch und Zucker. »Davon muß sich ein erwachsener Mensch eine Woche lang ernähren«, schnaubte ich.

»Und wovon leben die Österreicher wirklich?« wollte dann ein Journalist wissen.

»Von der Korruption der Besatzungsmächte.«

Der Journalist: »Wie meinen Sie das?«

»In Wien gibt es noch schöne Antiquitäten und schöne Frauen. Dafür bekommt man Lebensmittel. Wenn Ihre Regierung findet, daß wir zu wenig Widerstand geleistet haben, dann hat sie damit sicher recht. Aber unsere Kinder können doch nichts dafür. Die Säuglingssterblichkeit beträgt siebzig Prozent!«

Darauf ein anderer Journalist: »Das will das amerikanische Volk bestimmt nicht. Wir werden dafür sorgen, daß genügend Kindernahrung und Medikamente nach Österreich kommen.«

Von meinen eigenen Worten »ergriffen«, habe ich die Pressekonferenz verlassen und bin nach Hause gegangen. Dort bekam ich von Christl etwas zu hören. Ich hatte nämlich unsere eigene Wochenration im Grand Hotel liegengelassen.

Robert Stolz war freiwillig über Frankreich in die amerikanische Emigration gegangen. In Paris hatte ihn seinerzeit ein

„Schrammeln" (1944, oben) war einer der letzten Filme vor Kriegsende; ich spielte den Johann Schrammel
(Foto: Film-Dokumentationszentrum Action, Wien).

Mit Zarah Leander habe ich insgesamt drei Filme gedreht, hier
(unten) sind wir in „Heimat" (1938) zu sehen
(Foto: Film-Dokumentationszentrum Action, Wien).

Zu den ersten Nachkriegsfilmen zählten „Der Hofrat Geiger"
(oben links mit Waltraut Haas, 1947) und „Der Engel mit der Posaune" (oben rechts, mit meiner Schwägerin Paula Wessely, 1948)
(Fotos: links Gerhard Bartl, Wien; rechts K. I. P. P. A.).

In „Die Deutschmeister" (unten, mit Romy Schneider) spielte ich
wieder einmal den Kaiser Franz Joseph (1955)
(Foto: Alfred Cermark, Wien).

Nazifunktionär besucht und eingeladen, doch wieder zurückzukommen. Dem antwortete der Komponist: »Ja, ich komm sehr gerne, aber dann muß einer weg.«

»Wer?«

»Der Hitler!«

Stolz kehrte als einer der ersten zurück nach Wien. Von hier organisierte er Care-Pakete, »Liebesgaben«, wie wir sie nannten, die er auf seine Kosten an uns schicken ließ. Wir haben ihm diesen Freundschaftsdienst nie vergessen.

Apropos Korruption der Besatzungsmächte. Es kamen auch plündernde Soldaten ins Haus. Eine sowjetische »Abordnung« stürmte die Wohnung meiner Mutter in Mauer, in der auch eine entfernte Verwandte, die Tante Karoline – eine besonders naive alte Dame –, lebte. Die Russen forderten ihre Armbanduhr und herrschten Tante Karoline an: »Uhra, Uhra!«

Worauf sie meiner Mutter zurief: »Leopoldine, die Herren Russen wollen wissen, wie spät es ist.«

Auch ein sowjetischer Offizier ließ mich rufen. »Du Bürgermeister Hietzing!« Er wollte, daß ich Vorsteher meines Wohnbezirks werde, denn die Russen dachten, daß jeder im Widerstand Tätige automatisch auch Kommunist sei. Ich sagte »Njet« – von der Politik hatte ich für einige Zeit genug.

Nicht nur in der Politik war plötzlich ein G'riß um mich. Auch im Sport. Wiens ältester Fußballverein, die »Vienna« – sie ist übrigens genauso alt wie ich, Gründungsjahr 1894 – Vertreter der »Vienna« fragten also bei mir an, ob ich Präsident des Klubs werden wolle.

»Aber ich verstch doch überhaupt nix vom Fußball.«

»Macht nichts, wir brauchen einen bekannten Namen.« Also wurde ich »Vienna«-Präsident. Der Verband hatte dabei den Hintergedanken, daß ich die Rückgabe des Fußballplatzes auf der Hohen Warte von den Amerikanern bewirken könne. Die Besatzungssoldaten spielten nämlich auf dem »Vienna«-Rasen Baseball.

Obwohl ich – im Gegensatz zu Attila, der ein leidenschaftlicher »Kicker« ist – von Fußball absolut keine Ahnung habe, war ich drei Jahre lang »Vienna«-Präsident und in diesem Sport plötzlich ein einflußreicher Mann.

Bei einer Spielerversammlung war ich dabei, und da fragte einer: »Wer nimmt am Sonntag den Dienst?« Denk ich mir, ich bin zwar Präsident, aber irgendeinen Ordnungsdienst oder so was kann ich nicht übernehmen, ich hab ja Vorstellung.

Später hat man mir dann erklärt, daß es sich um die Deckung des gegnerischen Spielers Robert Dienst von »Rapid« handelte. Das war nämlich ein ausgezeichneter Mann, und er mußte gleich in den ersten zehn Minuten durch Spezialtritte in die Wadeln kampfunfähig gemacht werden. Darum wurde einer gesucht, der den »Dienst nimmt«.

Einen Fußballpräsidenten, der so wenig von seiner Profession versteht, hat es wohl nie wieder gegeben. Einmal spielten wir – keine Bange, wenn ich auch »wir« sage, ich habe nicht mitgespielt –, also eines Tages war ein wichtiges Spiel gegen den Klub »Austria«. Meine »Vienna« – infolge der Klubfarben auch »die Blaugelben« genannt – war überhaupt nicht in Form. In der Pause ist es 5:1 für die anderen gestanden, ich war verzweifelt, die Fans haben mich als Präsidenten, der natürlich für die Katastrophe verantwortlich ist, ausgepfiffen. Ich begab mich also zur Spielhälfte in die Mannschaftskabinen und sagte zu Kapitän Karl Decker: »G'winnen werden wir ja nimmer. Aber wenn ihr noch einen Ausgleich schafft's, dann geb ich euch dreitausend Schilling.«

Sehr viel bleibt da ja nicht, wenn man diese Summe auf elf Mann aufteilt, aber immerhin waren auch diese paar Schilling in der schweren Nachkriegszeit ein gewisser Ansporn für die Spieler.

Also, die Pause war vorbei, ich dachte mir, jetzt kann nichts mehr passieren, Decker rief seinen Mannen noch zu: »Burschen, zaht's an, der Präsident hat einen Scheck gestiftet.«

Nach der Pause wieder ein Treffer, ich freute mich, glaubte schon an 5:2, aber – was ich damals nicht wußte – zur Halbzeit werden die Seiten gewechselt, es hatte also wieder die gegnerische »Austria« ein Tor geschossen. Trotz meines verlockenden Angebots: 6:1

Aber dann ging's los. 6:2, 6:3, 6:4. Das Match ist unentschieden ausgegangen. 6:6. Die Burschen hatten sich so eingesetzt, dabei hat es pro Mann nicht einmal dreihundert Schilling Prämie gegeben. Ich glaube, wenn ich heute dem Beckenbauer oder dem Krankl ein ähnliches Angebot unterbreiten würde, hätte man nicht einmal ein mildes Lächeln für mich übrig. Aber die Sorge habe ich ja nicht, ich bin ja kein Fußballpräsident mehr. Trotzdem, es war eine schöne Zeit, die Zeit des Aufbaus in allen Disziplinen. In der Politik, beim Sport, beim Theater und beim Rundfunk.

Im Berliner Rundfunk nahmen wir eines der ersten Hörspiele der Nachkriegszeit auf. Hans Rosenthal, der heute so populäre »Dalli, dalli«-Quizmaster, war Aufnahmeleiter. Ich sollte laut Drehbuch in einer Szene einschlafen und ins Mikrophon schnarchen. Als das Stichwort für meinen nächsten Satz kam, wunderten sich alle, weil ich nicht gesprochen habe. Ich war wirklich eingeschlafen. Aufnahmeleiter Rosenthal mußte mich wecken. Schlafen kann ich nämlich in jeder Position.

In Wien traf ich eines Tages Rechtsanwalt Dr. Margreiter, der mir die Bekanntschaft mit den verhinderten Fluchthelfern

Onofrei und Kowald vermittelt hatte. Einer Sache hatte ich schon lange Zeit nachgehen wollen. Daher fragte ich ihn: »Was war damals im Grauen Haus mit mir eigentlich geplant, Herr Doktor?«

»Wenn Sie's genau wissen wollen, dann kommen Sie mit mir.« Er führte mich in die kleine Werkstatt eines Modellschusters, der sich als Herr Schuhmacher vorstellte, im neunten Bezirk. Ein ehemaliger Widerstandskämpfer, der jetzt für die Besatzungsmächte gearbeitet hat, die Werkstatt war sicher nur Tarnung. Nach einigen Minuten kam dann auch Josef Kowald, einer der beiden Kriminalbeamten. Und man erzählte mir: »Geplant war, daß Sie in die Schweiz gebracht werden, um dort Platten zu besprechen, die dann nach London geflogen worden wären. Und die BBC hätte Ihre Worte über ›Feindsender‹ nach Deutschland und Österreich ›übertragen‹.«

Die Typhusepidemie im Landesgericht hat diesen abenteuerlichen Ausflug durchkreuzt. Und ich bin eigentlich recht froh darüber, denn wer weiß, was die Nazis nach der Ausreise mit meiner in Wien verbliebenen Familie gemacht hätten. Die »Sippenhaft« war ja an der Tagesordnung.

Wenn es zu der geplanten Flucht in die Schweiz auch nicht gekommen ist, jetzt, unmittelbar nach Kriegsschluß, reiste ich – auf Einladung der Schweizerischen Gewerkschaft – in dieses paradiesische Land, an dem der brutalste Krieg aller Zeiten fast spurlos vorübergegangen war. Ich trat im Zürcher Bernhard-Theater in Molnárs *Spiel im Schloß* auf und wohnte bei Jürg Medicus, der im selben Theater auftrat. An einem freien Abend lud mich seine Familie, allen voran der hochgebildete Vater, Professor Medicus, zu einem Konzert Yehudi Menuhins in Zürich ein.

Der berühmte Musiker betrat nach der Pause das Podium und

begann auf seiner Geige herumzukratzen. Flüsterte ich dem neben mir sitzenden Gastgeber zu: »Also wissen S', Professor, das gehört sich ja nicht, daß der Menuhin da jetzt seine Geige stimmt. Das kann er doch draußen im Probenzimmer machen.«

Zischte Medicus: »Pst, das ist doch Musik von Bartók.« Offenbar besaß der Großteil des Publikums etwa das gleiche Verständnis für Musik wie ich, denn es wurde kaum applaudiert. Nachher spielte Menuhin dann »Caprice Viennoise« von Fritz Kreisler, und die Zuhörer rasten vor Begeisterung.

Einige Jahre danach wirkte Yehudi Menuhin in dem Film *Sabine und die 100 Männer* mit, den wir in Berlin gedreht haben. Ich erzählte ihm von meinen Zürcher Konzerteindrücken. Und der Meister – übrigens ein ausnehmend sympathischer Mann – erwiderte: »Ja, das geht mir oft so. Nachher spiele ich dann immer ›Caprice Viennoise‹, damit sich die Leute wieder beruhigen.«

Im Grand Hotel von St. Moritz bediente mich ein sehr netter Piccolo. Ich traf ihn später wieder, da war er schon Kellner. Er sagte zu mir: »Herr Hörbiger, ich will mich selbständig machen und brauche noch fünftausend Mark, Sie werden sehen, das wird ein Bombengeschäft. Steigen Sie bei mir ein.« Ich hatte meine Zweifel, und außerdem verstehe ich ja bekanntlich von geschäftlichen Dingen nichts.

Was sich wieder einmal erwies. Denn ein Bombengeschäft ist das geworden – allerdings ohne mein Kapital. Der Piccolo vom Grand Hotel hieß Friedrich Jahn und besitzt heute über achthundert »Wienerwald« Lokale in aller Welt.

Die ersten Kriegsverbrecherprozesse begannen in Wien. Ich wurde in einigen als Zeuge einvernommen. Ein Untersuchungsrichter ließ mich im Fall des verräterischen Burgschauspielers Otto Hartmann rufen. Er fragte mich: »Glauben Sie, daß Ihre Verhaftung mit Hartmann in Zusammenhang gestanden ist?«

»Ich habe im Gefängnis sehr viel Übles über ihn gehört, aber ich selbst habe keinerlei Anhaltspunkte, ob ich ein Betroffener seiner Tätigkeiten war.«

»Dann kommen Sie ja als Zeuge nicht in Betracht«, meinte der Untersuchungsrichter. Wochen später wurde mir eine Vorladung zugestellt, ich solle als Zeuge im Prozeß gegen Otto Hartmann aussagen. Ich habe mich zwar gewundert, bin aber hingegangen.

Es war ein aufsehenerregender Prozeß mit lautem Geschrei. Hartmanns Verteidiger legte während der Verhandlung sein Mandat nieder, weil ihn der Angeklagte belogen hatte. Ich persönlich konnte natürlich nach wie vor nichts Konkretes aussagen. Nach meiner dürftigen Einvernahme fragte ich den Richter: »Entschuldigen Sie, ich habe doch dem Untersuchungsrichter schon mitgeteilt, daß ich nichts weiß. Wozu haben Sie mich eigentlich vorgeladen?«

Lachte er mich an: »Aber Herr Hörbiger, ich werde doch auf einen so prominenten Zeugen wie Sie nicht verzichten.«

Da war noch eine kuriose Situation. Während meiner »Einvernahme« ist plötzlich das Licht im Verhandlungssaal ausgegangen. Der Richter schrie: »Gerichtsdiener, wo sind die Kerzen?«

Der murmelte zurück: »'tschuldigen, Herr Rat, es san kane da.«

»Skandal, so was, Sauerei.«

Nach wenigen Minuten kam ein Justizwachebeamter mit einem Gefangenen herein, der hier kurze Zeit vorher den Saal aufgeräumt hatte. Der Mann hielt ein paar Kerzen in der Hand. Er hatte sie aus dem Gerichtssaal gestohlen.

Hartmann wurde vom Volksgerichtshof zu lebenslänglicher Haft verurteilt.

Im nächsten Kriegsverbrecherprozeß konnte ich mehr sagen. Da ist es um die Verurteilung des Wiener Gestaporeferenten Rudolf Hitzler gegangen, der mich verhaftet hatte. Jetzt erst war mir klar, warum mir Hitzler bei meiner ersten Einvernahme geholfen und meine Aussage zu meinen Gunsten gemildert hat. Er war das, was man nach dem Krieg dann einen »Rückversicherer« nannte. Zur Zeit meiner Einvernahme im November 1944 hatte er das Ende des »Tausendjährigen Reichs« kommen sehen, und er wußte ganz genau, daß er einmal Zeugen brauchen würde, die für ihn aussagen.

Ich sagte jetzt also wahrheitsgemäß, daß er das Protokoll zu meinen Gunsten verfälscht hatte. Ein anderer Zeuge, der vor mir vernommen worden war, beschimpfte mich in der Pause: »Da kann er natürlich nicht zum Tod verurteilt werden, wenn du für ihn gut aussagst.«

»Was heißt gut aussagen, ich habe die Wahrheit gesagt.«

Hitzler wurde zu zwanzig Jahren verurteilt, aber wesentlich früher entlassen.

Es kam aber auch eine Prozeßlawine, die meine eigene Familie betraf, auf mich zu. Unmittelbar nach dem Krieg war mein Bruder Alfred, der Besitzer der Hörbiger-Ventilfabrik, im Krankenhaus von Innsbruck verstorben. In der Sterbeurkunde wurde eine Vergiftung als Todesursache festgestellt. Mir schien der Tod Alfreds aufklärungsbedürftig, nicht nur weil ich ein besonders inniges Verhältnis zu diesem Bruder hatte, und ich erstattete Anzeige gegen Unbekannt wegen Mordverdachts. Im Verlauf von zehn Jahren kam es zu einer Reihe von Prozessen, während der die ganze Familie Hörbiger untereinander total zerstritten war, weil es so viele verschiedene Standpunkte gab.

Da sich aus der ersten Obduktion die Todesursache noch nicht ermitteln ließ, wurde die Leiche Alfreds auf Anraten meines Anwalts Dr. Viktor Czaharnicki nach Jahren ein zweites Mal obduziert, wobei nunmehr das Ergebnis den Verdacht eines unnatürlichen Todes weder bestätigen noch widerlegen konnte.

Auch das Verhältnis zwischen Attila und mir war in diesen Jahren getrübt, aber nach Abschluß der Prozesse wurde innerhalb eines Großteils der Familie Hörbiger Friede geschlossen, zumal wir ja den verstorbenen Bruder durch noch so viele Gerichtsverhandlungen nicht mehr zum Leben erwecken können. Ich bin heute mit Attila wieder in bestem Kontakt, wir sind in der Zwischenzeit auch oft und oft gemeinsam am Burgtheater aufgetreten.

Aus der Zeit der von der Presse ziemlich hochgespielten »Feindschaft im Hörbiger-Clan« stammt eine Anekdote, die Maxi Böhm in seinem Buch *Witzepräsident* erzählt: Attila erkundigt sich im Hotel einer westdeutschen Stadt nach einem bestellten Zimmer. Der Portier fragt ihn neugierig: »Sie sind also der Bruder des berühmten Paul Hörbiger?«

Worauf Attila schlagfertig geantwortet haben soll: »Sie irren sich, mein Lieber – er ist *mein* Bruder.«

»Jössas, da Herr Hörbinga!«
Amerikatournee

Die Komödie *Der alte Sünder* von Martin Costa habe ich noch vor ihrer Verfilmung im Wiener Bürgertheater gespielt. Der Erfolg war so groß, daß Direktor Franz Stoß mehr Aufführungen, als ursprünglich geplant, veranstalten wollte, aber während der Sommerferien konnte das Bürgertheater nicht bespielt werden. Da machte er kurzen Prozeß, mietete Guldans Colosseum, eine Freiluftbühne im fünfzehnten Bezirk, und ich spielte dort den »alten Sünder«.
Eines Abends saß der englische Regisseur Carol Reed in der Vorstellung, weil er mich für seinen Film *Der dritte Mann* sehen wollte. Reed hat kein einziges Wort verstanden, klopfte mir aber nachher anerkennend auf die Schulter. »Now I understand, why Nestroy is so popular in Austria« – er dachte, *Der alte Sünder* sei von Nestroy. Nach der Verfilmung des Stücks hatte ich wieder einmal einen neuen Spitznamen. Ich war »Der alte Sünder«.
Der dritte Mann wurde dann mit Weltstars wie Joseph Cotten, Trevor Howard und Orson Welles gedreht. Als »Wiener Typen« engagierte Reed Ernst Deutsch, Siegfried Breuer, Hedwig Bleibtreu und mich. Inhalt des Thrillers, der in der Atmosphare des vierfach besetzten und geteilten Wien der Nachkriegszeit spielt, war der mysteriöse Tod des Ganoven Harry Lime, dargestellt von Orson Welles. Große Passagen des Films waren wüste Verfolgungsjagden zwischen Riesenrad und Zentralfriedhof, im unterirdischen Wiener Kanalnetz

gedreht. Deutsch, Breuer und ich spielten Zeugen des Unfalls, bei dem Lime angeblich ums Leben gekommen sein sollte, ich war ein Hausmeister.

Meine Rolle mußte ich – mit Hilfe einer Dolmetscherin – in englischer Sprache radebrechen, eben so wie ein Wiener Hausmeister »ausländisch« redet. Meine Sätze erlernte ich rein phonetisch, und was ich wirklich sagte, habe ich erst viel später verstanden, als ich nämlich den Text für die deutsche Fassung synchronisieren mußte.

Weltberühmt wurde mit diesem Film nicht nur Carol Reed, sondern auch der Wiener Zitherspieler Anton Karas, der das Harry-Lime-Thema kreiert hat. Reed ist damals mit Karl Hartl nächtelang von einem Heurigenlokal zum anderen gezogen, um für seinen *Dritten Mann* einen Musiker zu suchen – bis er den Toni Karas gefunden hat. Die Melodie dürfte dem Film entscheidend zu seinem Ruhm mitverholfen haben.

The Third Man war einer der wenigen Filme, die ich mir im Kino angeschaut habe – und zwar in Amerika. Dorthin wurde ich jetzt eingeladen.

Felix Gerstman war 1938 von Wien nach Amerika gegangen. Er betätigte sich dort als erfolgreicher Manager, nach dem Krieg organisierte er Gastspiele deutscher und österreichischer Künstler, die bei den Emigranten als Gegner des Nationalsozialismus bekannt waren. So hat er auch Hans Moser und Theo Lingen hinübergeholt. Seine erste Einladung hatte ich ablehnen müssen, da sie zeitlich mit den Dreharbeiten für den *Dritten Mann* zusammenfiel. Aber als die Aufnahmen beendet waren, konnte ich die Reise antreten.

Das heißt, so einfach ist die Sache damals, drei Jahre nach Kriegsschluß, auch wieder nicht gewesen. Mein ehemaliger Sekretär, Walter Bibo, besorgte mir das sogenannte Affidavit, in dem er eidesstattlich erklärte, daß ich den Vereinigten Staa-

ten nicht zur Last fallen würde. Er hat mir diesen Freundschaftsdienst gerne erwiesen. Bibo war Jude, ich hatte ihn bis
zum Jahre 1938 in Berlin zur Erledigung meiner zahlreichen
Korrespondenz beschäftigt und ihm dann bei der Finanzierung seiner Emigration geholfen.

Nachdem ich das Affidavit hatte, mußte ich an der Wiener
amerikanischen Botschaft auf die Bibel schwören, daß ich
nicht die Absicht hätte, für immer in Amerika zu bleiben.

Im Anschluß an diese Zeremonie lud mich der Konsul auf ein
Glas Sherry ein. »Herr Hörbiger«, meinte er. »Sie werden
sehen, der nächste Krieg bricht bald wieder aus. Ich an Ihrer
Stelle würde ganz in Amerika bleiben.«

»Na, hören Sie, ich habe doch gerade erst geschworen, daß
ich...«

»... eine reine Formalität. Wenn Sie in New York sind, fliegen Sie nach Kanada und wieder zurück. Dann wird Sie kein
Mensch mehr danach fragen.«

Solcher Art mit amerikanischen Behördentricks vertraut ge-
macht, setzte ich mich ins Flugzeug und flog nach New York.
Am Flughafen Idlewild – heute heißt er John.-F.-Kennedy-
Airport – begrüßten mich Felix Gerstman und Walter Bibo.
Ein Zollbeamter fragte mich in stockendem Deutsch: »Was du
da in deinem Koffer?« (In Amerika ist man ja schnell per du.)

Ich: »Eine Ziehharmonika.«

Der Zollbeamte: »Wofür brauchst du in Amerika? Willst du
das verkaufen?«

Ich: »Nein, ich will das nicht verkaufen, ich brauche es beruf-
lich.«

Der Zollbeamte: »Das jeder kann sagen. Du spielen können?«

Ich: »Yes.« (Womit mein gesamtes Repertoire der Eingebo-
renensprache erschöpft war.)

Der Zollbeamte: »Dann spiel, sonst ich muß dein Akkordeon beschlagnahmen und du Strafe bezahlen.«

Ich packte also am Flughafen Idlewild meine Knöpferlharmonika aus und spielte »Mir raubt nix mei Ruah...« Mittlerweile hatten sich viele Zuhörer angesammelt, es wurde applaudiert, ganz plötzlich war auch ein Photograph da, es herrschte Bombenstimmung.

Im Taxi sagte ich dann zu Gestmann: »Also, sei mir nicht bös, diese Amerikaner sind doch verrückt. Lassen mich glatt am Flughafen Ziehharmonika spielen.«

Schaute mich der Manager ganz entgeistert an: »Paul, hast du noch nie etwas von Public Relations gehört?«

»Schon, schon, aber was hat das mit dem Zoll...?«

»Das war doch kein echter Beamter. Der Zöllner ist ein Schauspieler, den ich engagiert habe, und die Leute, die da herumgestanden sind, das sind lauter Statisten. Deine Fans in Amerika müssen ja wissen, daß du da bist, und wenn du hier in die Zeitung kommen willst, dann mußt du den Leuten von der Presse eine Story liefern. Das, was wir da jetzt aufgeführt haben, das ist eine Story.«

Schön, ich bin eine Story.

In meiner Begleitung befand sich ein gewisser Alfred Singer, der von Wien nach Amerika gereist war, um seinen Bruder zu besuchen. Walter Bibo hatte für uns zwei Appartements im »Barbizon Plaza« direkt am Central Park, einem der teuersten Hotels von New York, bestellt. Vermutlich dachte er sich: Der Hörbiger wird sich das schon leisten können. Mitnichten. Unser österreichischer Schilling war ja damals nicht einen Cent wert. Und Gage hatte ich noch keine bekommen. Nachdem wir uns im Zimmer frisch gemacht hatten, besuchte ich mit Singer die Bar, wo man in Amerika bekanntlich das Frühstück einzunehmen pflegt.

Die Englischkenntnisse des Herrn Singer entsprachen den meinen. Nach eingehendem Studium der Speisenkarte bestellten wir das, was wir auch in der fremden Sprache verstenen konnten: »Coffee, bread, butter.«

Nachdem ich meinen, in bestem Oxfordenglisch vorgetragenen Wunsch deponiert hatte, schaute mich der Kellner von oben bis unten an und platzte heraus: »Jössas, da Herr Hörbinga!«

»Woher kennen Sie mich?«

»Artistencafé, Wien.« Ein Emigrant. »Ich hole sofort den Geschäftsführer.«

Dieser kam. »Nein, diese Ehre, Herr Hörbiger...«

»Wieso kennen Sie mich?«

»Königinbar, Berlin.« Noch ein Emigrant.

Sagte ich zum Geschäftsführer: »Ich verstehe ja nicht viel von dem, was auf dieser Speiskarte steht, aber daß ein Kaffee einen Dollar und ein Butterbrot fünfzig Cent kostet, hab ich mitbekommen. Also in der Königinbar ward's ihr billiger.«

Der Angesprochene, jetzt in ganz vertraulichem Tonfall: »Herr Hörbiger, haben Sie es notwendig, sich von uns wurzen zu lassen? Ich gebe Ihnen die Adresse eines Hotels, das ist nett und billig, man wird Sie dort auch freundlich empfangen.«

Wir packten unsere Koffer, der Geschäftsführer ließ unsere Apartments räumen, und wir fuhren per Taxi in die Pension Montery in der 84. Straße, hoch im Norden.

Die nächste Katastrophe. Der Geschäftsführer des Montery will die Miete für vier Tage im voraus. Singer und ich ziehen uns daraufhin zu Konsultationen über die neue Sachlage in die Halle zurück. Dort begrüßen mich wieder viele Leute auf das freundlichste. Plötzlich kommt der Geschäftsführer, eine Abendzeitung in der Hand, mit meinem Bild und der Schlagzeile: »Viennese actor concerts at Idlewild.« Nun der Geschäftsführer in bestem Jiddisch: »Sennen Sie das?«

»Ja!« Gott sei Dank, wieder einer, der mich kennt.

»Warum haben Se das nicht gleich gesagt? Keine Vorauszahlung und zehn Perzent Nachlaß.«

Dann führte er uns in zwei aneinandergrenzende Apartments, die durch Bad und Kochnische verbunden waren. Der Geschäftsführer muß uns die finanzielle Lage an der Nase angesehen haben.

»Herrlich«, sprach ich als passionierter Hobbykoch zu Singer, »wir werden uns selber was zu essen machen.«

Gleich ums Eck war ein Supermarkt. Für uns *die* große Sensation, denn so etwas hat es damals in Europa noch nicht gegeben, in Wien kaufte man nach wie vor beim Greißler ein. Welches Menü wählen zwei Wiener, wenn sie nach New York kommen? Wiener Schnitzel natürlich! Ich kaufte also im Supermarkt: Fleisch, Brot, Butter. Damit bin ich zur Kassa gegangen, habe bezahlt und mir noch gedacht, daß hier alles äußerst preiswert ist.

Ich habe gekocht. Da es in New York keine Brösel gibt, diese aber für Wiener Schnitzel unabdingbar sind, hatte ich Crakkers gekauft und mit Hilfe einer Bierflasche zerstampft. Während wir die köstlichsten Wiener Schnitzel, die in New York je zubereitet wurden, verschlangen, schaute sich Singer die Rechnung des Supermarkts an. »Du, Paul, die haben vergessen, das Fleisch zu berechnen.«

»Da muß ich gleich noch einmal hingehen und die darauf aufmerksam machen.«

»Bist du bled, das ist doch a Riesenkonzern, die werden deine Schnitzeln schon verkraften.«

Gut. Für den nächsten Tag war Paprikahuhn angesetzt. Ich begab mich wieder in den Supermarkt, wählte dies und das und legte es beim Kassier ab, der gleichzeitig auch Filialleiter war. Der stellte die Rechnung zusammen, und es kam schon wieder ein verdächtig niedriger Betrag heraus. Ich prüfte und meinte dann: »Jetzt haben Sie das Huhn und gestern haben Sie das Fleisch vergessen.«

Darauf der Filialleiter: »Na, hat Ihnen geschadet?« Der nächste Emigrant. Wie er mir dann erzählte, ist seine Frau mit meiner Schwägerin Paula Wessely in Wien zur Schule gegangen, daher die überaus kulanten Konditionen. Und für den folgenden Abend hat er uns dann zu sich nach Hause eingeladen.

Neben seiner Tätigkeit im Supermarkt war er auch Rebbe. Singer und ich wurden wie alte Freunde der Familie empfangen, die Frau des Rabbiners kochte für uns, und seine Schwiegermutter hat uns etwas gesagt, das ich mein Leben nicht vergessen werde, weil es so typisch für die Situation und das Heimweh dieser Menschen ist: »Wissen Sie, Herr Hörbiger, hier ist alles wunderbar. Mein Schwiegersohn verwöhnt mich in jeder Weise, meine Tochter auch. Ich habe, was ich brauche, mir ist es noch nie so gut gegangen wie in New York. Nur begraben möchte ich sein in Wien. Am Zentralfriedhof, viertes Tor.« Und dabei hatte sie Tränen in den Augen.

Fast hätte ich vergessen, den eigentlichen Grund meiner Amerikareise zu erzählen: Ich sollte gemeinsam mit Grete Mosheim zwei Wochen lang auf einer kleinen Bühne des »Barbizon Plaza« in Franz Molnárs *Die Fee* auftreten. Sehnsüchtig sah ich der ersten Vorstellung entgegen, ich brauchte ja schon dringend ein paar Dollars.

Man kann sich mein verdutztes Gesicht vorstellen, als Gerstman kurz vor dem ersten geplanten Abend in die Pension Montery kam, um mir mitzuteilen: »Alles abgeblasen, die Grete ist krank geworden.« Wir könnten lediglich einige –

ebenfalls eingeplante – »Bunte Abende« in irgendeinem winzigen Theatersaal aufführen. Die Conférencetexte dazu hatten mir noch Hermann Leopoldi und Armin Berg in Wien geschrieben.

Also ich in Amerika, der englischen Sprache nicht mächtig, keinen Dollar in der Tasche, nur mit einer Ziehharmonika ausgerüstet, die bereits publizistisch verwertet worden war.

Die drei »Bunten Abende« waren dann zwar sehr gut besucht, aber auch das sollte meine Stimmung nicht sonderlich heben, weil ich ja wirklich nicht von mir behaupten konnte, Amerika erobert zu haben. Ich dachte bereits an die Rückreise, da sagte Felix Gerstman zu mir: »So schnell laß ich dich nicht weg, Paul, wenn ich dich schon da hab. Wir werden mit dir noch einen Heimatabend machen.«

»Wo denn?«

»In der Carnegie Hall.«

»Bist du verrückt?« Nun muß man wissen, daß die Carnegie Hall einer der größten Konzertsäle der Welt ist und an die dreitausend Menschen faßt.

»Du wirst sehen, wir kriegen sie voll.«

Ich war skeptisch, aber die Carnegie Hall war restlos ausverkauft. Kaum bin ich auf der riesenhaften Bühne gestanden, hat das Publikum auch schon laut zu pfeifen begonnen. Es war so furchtbar, daß ich sofort wieder verschwunden bin. Ich jammerte Gerstman an: »Warum tut man mir das an? Bitte führ mich weg von da, ich halt das nicht aus, wie mich die Leute auspfeifen.«

Gerstmans Reaktion: »Du Depp, die jubeln doch. In Amerika macht man das so!«

Ich bin also wieder hinausgegangen, das Publikum hat zwar noch immer gepfiffen, aber jetzt schaute ich mir die Gesichter genauer an und erkannte, daß sie mich mit Freude empfingen.

344

Da hob ich in meinem besten Englisch an: »Ladies und gentlemen...« Ein Riesengelächter. »Warum lachen Sie? Das ist doch englisch.« Da waren die Lacher noch lauter. »Also, ich versteh Sie nicht ganz, ladies und gentlemen. Ich habe diese Sprache beim besten Englischlehrer gelernt, der in Wien aufzutreiben war. Bei Armin Berg.«

Daraufhin ging das immer noch zivilisierte Lachen in haltloses Gebrüll über, denn es war allgemein bekannt, daß dieser Wiener Komiker trotz siebenjährigen Aufenthalts in New York kein einziges Wort der Landessprache erfaßt hatte, weil er ausschließlich in Emigrantenkreisen zu verkehren beliebte.

»Also, ladies und gentlemen, very, very... aber was, wär i nur z'Haus blieben.« Ich habe dann ein paar Lieder gesungen. Ich glaube, daß man mich in Deutschland oder Österreich mit feuchten Tüchern (um nicht zu sagen: nassen Fetzen) von der Bühne vertrieben hätte, so aufregend war ja mein Programm wirklich nicht. Aber das Heimweh der in New York lebenden Emigranten hat diesem Abend zum Erfolg verholfen.

Beim Abschied teilte ich den Besuchern der Carnegie Hall dann noch mit: »Ich bringe Grüße aus Berlin, München, Hamburg, Frankfurt... und Wien.« Bei der Nennung jeder Stadt gab es Zwischenapplaus. In der Hoffnung, den Wienern ein wenig von ihrem Heimweh nehmen zu können, rief ich ihnen zu: »Neulich bin ich am Kahlenberg gestanden und habe hinuntergeschaut auf die Lichter der Großstadt, und da hab ich gewußt, daß es nur eine Stadt gibt, in der man glücklich leben kann, und das ist...« – jetzt folgte eine längere Kunstpause – »... New York.« Ich fürchte, es hat nicht viel geholfen.

Ich habe es – abgesehen von zwei oder drei Ausnahmen – bewußt vermieden, in diesem Buch Zeitungskritiken zu veröffentlichen, obwohl das in Memoiren durchaus üblich ist: Man legt dem Verleger die guten vor, die schlechten läßt man zu Hause, wenn man sie nach erfolgtem Nervenzusammenbruch nicht sowieso schon längst weggeschmissen hat. Aber die kürzeste und zugleich erfreulichste Kritik, die mir je gewidmet wurde, möchte ich zitieren. Sie erschien in dem amerikanischen Magazin LIFE: »In der Carnegie Hall tritt ein weißhaariger Herr in einem schlechtsitzenden Smoking auf, er singt, obwohl er keine Stimme hat, und das ganze Publikum jubelt ihm zu. Who is that? Paul Hörbiger!«

Wieder dachte ich ans Nachhausefahren, aber man ließ mich noch immer nicht. Nach dem Erfolg in der Carnegie Hall veranstaltete der Manager Isidor Hirsch eine Tournee quer durch den Mittelwesten. Er zeigte mir einen Brief, den ihm sein Bruder Alfred – ein alter Freund von mir – während der Nazizeit geschrieben hatte. Darin stand: »Einer der wenigen, die sich noch anständig zu uns benehmen, ist Paul Hörbiger.«

Vier Monate habe ich mit meinen Partnern Hans Kolischer und Reinhold Schünzel die Staaten bereist. Auftritte im 8th Street Theatre von Chicago, im Witherspoon Auditorium Philadelphia, in der Madison Avenue Music Hall von Detroit, im Pabst Theatre Milwaukee, weitere in Cleveland/Ohio, Boston, Baltimore und in Cincinnati. Hirsch – wie ich Schlaraffe – hatte die Tournee so organisiert, daß sich die örtlichen Schlaraffenreiche zur Abnahme eines bestimmten Kontingents verpflichteten, so daß die Vorstellungen selbst in Städten mit kleineren deutschen Kolonien gut besucht waren und Hirsch kein Risiko eingehen mußte.

Zurück nach New York. Felix Gerstman erwies sich als mutiger Geschäftsmann. »Wir mieten die Carnegie Hall noch einmal«, trumpfte er auf. In den deutschsprachigen Zeitungen New Yorks erschienen Inserate, Plakate wurden gedruckt, und mit mir gemeinsam trat der große Oscar Karlweis auf. Noch einmal war der berühmteste Konzertsaal der Welt ausverkauft.

Bunter Abend mit Oscar Karlweis in der New Yorker Carnegie Hall

Endlich sollte Abschied von Amerika gefeiert werden. Ich saß mit Felix Gerstman und Hans Kolischer in einem New Yorker Restaurant, da kam der Kellner auf mich zu. »Mr. Horbiger?«

»Yes.«

»A telephone call for you«, und er stellte den Apparat auf meinen Tisch. Joe Pasternak, in dessen Film *Skandal in Budapest* ich 1933 mitgespielt hatte, meldete sich. »Servus, Paul, wann kommst du nach Hollywood?«

»Sei mir nicht bös, ich fahre morgen zurück nach Wien.«

»Völlig ausgeschlossen, du mußt nach Hollywood.«

»Red einmal mit dem Gerstman«, ich übergab den Hörer, die beiden vereinbarten dann alles, und am nächsten Tag waren drei Tickets New York/Hollywood und retour im Hotel. So bin ich gemeinsam mit Gerstman und Kolischer in die Traumfabrik des amerikanischen Films geflogen. Was ich in Hollywood tun sollte, davon hatte ich bei meinem Abflug keine Ahnung.

Zuerst wurde ich von einer Party zur anderen geschleppt. Kein Abend ohne Party! Da werden sechzig Menschen in einen winzigen Raum gestopft, so daß man sich zwar kaum bewegen, andererseits aber auch trotz gigantischen Alkoholkonsums nicht umfallen kann. Wichtig ist, daß man sich nach der Rückkehr in Europa einer sofortigen Entziehungskur unterzieht. Ja, so schlimm sind diese Partys. Und jeder redet, aber keiner hört zu.

Das Schöne an derartigen Veranstaltungen war für mich, daß ich viele der alten Freunde aus Berlin wiedergesehen habe. Erich Maria Remarque lud mich zu einer Party, auf der ich Marlene Dietrich traf, auf einem anderen Fest konnte ich mit Fritzi Massary plaudern, und Gottfried Reinhardt, der Sohn des großen Max, sagte zu mir: »Herr Hörbiger, ich möchte Ihnen für das, was Sie damals zu Goebbels über meinen Vater gesagt haben, herzlich danken.«

Auch die Amerikaner hatten ihre Agenten, wie sonst sollte Reinhardt von dem Gespräch in der Neuen Reichskanzlei erfahren haben.

Eine Party wurde von Walter Reisch, dem erfolgreichen Drehbuchautor etlicher Willi-Forst-Filme, gegeben. Er hatte sich mitten in Hollywood ein Haus in Tiroler Stil gebaut. Auch das ist Heimweh! Reisch war zusammen mit dem berühmten Billy Wilder, den ich auf diesem Empfang kennenlernte, und Joe Pasternak für eine Produktionsfirma tätig. Sie begannen ganz klein, mit der Herstellung billiger C-Filme, und haben sich schnell hinaufgearbeitet.

Wenn zufälligerweise gerade keine Party gestiegen ist, war ich in irgendein Studio eingeladen. Ich traf Otto Preminger, den ich noch als kleinen Regieassistenten in Prag gekannt hatte. Er galt dort als sehr talentiert, war aber weiter nicht aufgefallen. In Hollywood hatte auch er Weltkarriere gemacht. Ich schaute ein bißchen zu, wie er filmt:

Ein junger Mann kommt bei der Tür herein, geht zum Telephon, hebt den Hörer ab und flüstert: »Hellou?« Dann legt er wieder auf und wiederholt diese packende Szene mindestens zehnmal.

Ich frage Preminger: »Ist das ein Schauspieler?«

Sagt er: »Nein, ein Autobusschaffner. Aber Sie werden sehen, ich mach noch einen Star aus ihm.« Bis zum heutigen Tag dürfte das nicht recht gelungen sein, ich habe jedenfalls noch keinen Film mit dem Schaffner gesehen.

Und dann traf ich Gisela Werbezirk. Für sie war der Aufenthalt in Amerika besonders schwer zu ertragen. In Berlin und Wien war sie die gefeierte Diva gewesen, in Hollywood mußte sie sich mit besseren Statistenrollen zufriedengeben, sie konnte ja die Sprache nicht. »Was ist Hollywood?« fragte sie mich verächtlich, um dann selbst die Antwort zu geben: »Kritzendorf mit Palmen.« Und außerdem ächzte sie: »Was kann das schon für a Land sein, wo man meinen Namen ›Dschaisela‹ ausspricht.«

Es war klar, daß wir gemeinsam auftraten. »Und mit welchem Stück?« fragte ich sie.

Die Antwort kam wie aus der Pistole geschossen: »Natürlich mit *Frau Pick in Audienz*, wie damals in Berlin.«

»Ich weiß nicht, ob ich den Text noch so hundertprozentig kann«, warf ich ein. Da setzte sie sich hin und brachte den Sketch in einer Nacht aus dem Gedächtnis zu Papier. Für den Auftritt benötigte ich die Uniform Kaiser Franz Josephs. Aber woher nimmt man die in Amerika?

Da wurde ich zu einem der größten Kostümverleiher Hollywoods geschleppt. Er war Spanier und hatte nach dem Zusammenbruch der Österreichisch-Ungarischen Monarchie in weiser Voraussicht Tausende von k. u. k. Uniformen aufgekauft, so konnte er von jedem österreichischen Regiment mindestens ein Bataillon mit Originalkostümen ausstatten.

Als ich meinen Wunsch nach des Kaisers Waffenrock vorgebracht hatte, bat man mich, einen Moment zu warten, der zuständige Experte für österreichische Uniformen würde sofort kommen. Da saß ich also in Begleitung meiner alten Freunde Siegfried Arno, Ernst Verebes, Felix Gerstman und Gisela Werbezirk. Nach einigen Minuten ist die Tür aufgegangen, und ein kleiner weißhaariger Mann stand vor mir. »Na, Paulchen, du brauchst scho wieder a Kaiseruniform?« Das war Franz Bär, der Zuschneider der Firma Theaterkunst Kaufmann, Berlin. Er hatte mich schon 1930 für das *Weiße Rößl* kaiserlich gewandet.

Eine große Produktionsfirma bot mir einen Dreijahresvertrag an. Im ersten Jahr sollte ich die Sprache lernen, im zweiten Jahr kleinere und erst im dritten Jahr große Rollen spielen. Aber Josef von Sternberg, den ich auch auf einer der unzähligen Partys traf, riet mir ab: »Herr Hörbiger, lassen Sie sich nicht übertölpeln. Hollywood ist das Arschloch der Welt. Man nennt Amerika das Land der Verheißung. Im Englischen bedeutet aber verheißen und versprechen dasselbe. Man wird Ihnen hundert Dinge versprechen, aber nichts halten. Gehen Sie zurück, Sie haben doch in Deutschland genug zu tun.«

Da erhielt ich auch schon ein Telegramm. »Herrn Paul Hörbiger, Amerika.« Es stammte von dem deutschen Filmproduzenten Kurt Ulrich, der keine nähere Adresse hatte herausfinden können. Seine Nachricht hat mich trotzdem erreicht: »Sofort kommen nach Europa, wir machen einen Film.« Jetzt war's für mich wirklich Zeit, zurückzukehren.

Als man mich fragte, ob ich nicht doch ganz in Hollywood bleiben wolle, konnte ich nur antworten: »Nicht einmal als Denkmal.«

Und nach sechsmonatigem Amerikaaufenthalt betrat ich wieder europäischen Boden.

Der Hofrat Geiger, Hallo Dienstmann
Erfolgreiche Filme

Die deutschen und österreichischen Städte waren nach diesem Krieg in Schutt und Asche versunken. Aber die Menschen hatten neuen Mut, der Aufbau begann, und relativ rasch entwickelte sich auch wieder die Filmindustrie. Freilich wurde sie anfangs noch belächelt. Aus dieser Zeit stammt ein österreichischer Witz.

Vier Wiener sitzen im Café Prückel. Sagt einer: »Mach ma an Film! Ich hab an reichen Fleischhauer, der gibt eine Million!«

Der zweite: »Großartig. Ich weiß an reichen Gemüsehändler, der gibt auch a Million!«

Der dritte: »Und ich kenn an Schleichhändler, der gibt noch a Million! Drei Millionen, damit könnt ma an Film machen. Wunderbar!«

Und der vierte: »Schön und gut. Die Millionen sind ka Problem. Aber wer zahlt jetzt unseren Kaffee?«

Irgend jemand muß auch dieses Problem gelöst haben, denn sonst hätte ja nicht produziert werden können.

Und es wurde produziert. Einer der ersten österreichischen Nachkriegsfilme war *Der Hofrat Geiger*. Die Geschichte von der Entstehung dieser Komödie ist eine weitere Komödie:

Der Schauspieler Martin Costa wurde während der Kriegszeit von einem Tag auf den anderen aus der Reichskulturkammer ausgeschlossen. Er hat in den Augen der Nazis – ähnlich wie ich – eine etwas zu freche Gosch'n gehabt. Durch den Ausschluß durfte er keiner künstlerischen Tätigkeit mehr nachgehen. Nun war er aber damals an den Wiener Kammerspielen als Schauspieler engagiert. Gnadenhalber wurde Costa vom Theaterdirektor ein Stockwerk höher versetzt, ins Lohnbüro über der Bühne. Hier sollte er fortan die Gehälter seiner früheren Kollegen, der Schauspieler, berechnen. Wie man sich vorstellen kann, war ihm den ganzen Tag über stinkfad – so sagt man in Wien. Da ist er also in seinem verhaßten Büro gesessen und dachte sich: Ich schreib ein Theaterstück. Die Buchhaltung der Kammerspiele muß sich in diesen Wochen in katastrophalem Zustand befunden haben, aber *Der Hofrat Geiger* konnte entstehen.

Als das Lustspiel fertig war, überlegte Costa: Wer wird das jetzt aufführen? Es selbst bei einem Theaterdirektor einzureichen war sinnlos – denn wer nicht spielen durfte, dessen Theaterstücke durften natürlich auch nicht aufgeführt werden. Also angelte sich Martin Costa einen Pfarrer namens Franz Füssel, der vom Stückeschreiben ebensowenig Ahnung hatte wie ich vom Fußballspielen. (»Wer nimmt den Dienst?«) Hochwürden Füssel begab sich nun, immer noch während der Nazizeit, von einem Theaterdirektor zum anderen, um den *Hofrat Geiger* zu verkaufen.

Heinz Hilpert – er leitete damals Berlins Deutsches Theater gleichzeitig mit dem Wiener Theater in der Josefstadt – nahm das Stück sofort. Die Uraufführung des *Hofrat Geiger* wurde vorbereitet. Martin Costa – der diesbezüglich völlig unverdächtige Buchhalter der Kammerspiele – verkehrte im Café Josefstadt, vis-à-vis dem Theater, in dem schon bald seine Premiere stattfinden sollte. Neugierig fragte er die einstigen Schauspielerkollegen: »Sagt's, wie ist der *Hofrat Geiger*, den dieser Pfarrer geschrieben hat?«

Die während der Probenzeit abgegebenen Urteile waren

niederschmetternd. Eine der mildesten Aussagen lautete: »Ein Stück für Hausmeister, miserabel!« Und ohne es zu ahnen, sagte man dies dem Autor höchstpersönlich ins Gesicht.

Aber schon die Premiere im Jahre 1943 war ein Bombenerfolg. Costa saß mit Tränen in den Augen im Zuschauerraum, während sich Hochwürden Füssel auf der Bühne minutenlang im Applaus der Zuschauer sonnte und sich – wie der eigentliche Verfasser später erzählte – »weiß Gott wie oft verbeugte«.

Der Hofrat Geiger hat dermaßen eingeschlagen, daß das Stück bei einem KdF-Jubiläum von drei Viertel der deutschen Bühnen als Festvorstellung gespielt wurde. (Sollten die Herren Goebbels & Co. heute aus meinem Buch erfahren, daß just dieses Stück von einem zum Buchhalter »strafversetzten« Schauspieler stammt, würden sie sich scharenweise im Grab umdrehen. Macht nichts, ein allzu ruhiges Dasein da unten haben sie sich ja ohnehin nicht verdient.)

Die Geschichte jenes Herrn Geiger, der nach achtzehnjähriger Trennung seine geliebte Marianne samt mittlerweile eingetroffenem Hofratstöchterl Mariandl wiederfindet, wurde dann unmittelbar nach dem Krieg von Costa und Regisseur Hans Wolff den neuen Zeiten angepaßt und mit mir in der Titelrolle verfilmt. Maria Andergast war die Marianne, Waltraut Haas das Mariandl und Hans Moser ein griesgrämiges Faktotum.

Hier noch eine kleine Geschichte zu den Dreharbeiten. Ich war nie ein Freund allzugroßen Aufwands. Was notwendig war, sollte geschehen. Mehr nicht. Das Schminken liebe ich am allerwenigsten. Aber es muß sein. An einem *Hofrat Geiger*-Drehtag hatte ich eine ganz kurze Einstellung. Ich sollte schnell seitlich durchs Bild gehen.

Sage ich zu meinem Maskenbildner Schober: »Du, heut brauch ma nur die rechte Seite schminken.«

Der arme Schober ist verzweifelt, erfüllt aber meinen Wunsch. Er schminkt, färbt die Haare, klebt meinen Bart – nur rechts. Dann schaut er mein »halbes Gesicht« an und rennt mit den Worten »So eine Katastrophe!« zu Regisseur Wolff. Dieser kommt in meine Garderobe, blickt treuherzig in meine gepflegte Gesichtshälfte und verkündet: »Paul, das mit der halben Schminke ist eine großartige Idee, wirklich, das muß ich mir merken, gefällt mir ausgezeichnet. Ich muß dir nur leider eine traurige Mitteilung machen: Du hast die falsche Seite geschminkt.«

Schober hat gesiegt. Ich trat perfekt angemalt vor die Kamera. (Diese Geschichte hätte ich längst schon vergessen, Waltraut Haas hat mich kürzlich erst daran erinnert.) *Der Hofrat Geiger* wurde übrigens von Willi Forst produziert, und er hat mir

Der 1947 von Willi Forst produzierte Film »Der Hofrat Geiger« war ein internationaler Erfolg. Hier eine Anzeige der Premiere in Tel Aviv.

einmal erzählt, daß dieser Film der einzige gewesen sei, der sogar dann, wenn er nur im kleinen Österreich gelaufen wäre, Gewinn gebracht hätte.

Der Ufa hatte ich einmal angeboten: »Ich hätte einen Filmstoff für die Paula Wessely, den Attila und mich. Das wär doch was: die ganze Familie in einem Film!« Ich dachte an einen Zirkusstreifen – damals gab es den berühmten Drahtseilakt der Cordonas am fliegenden Trapez. Ich hatte mir vorgestellt, daß Attila und ich ein Brüderpaar darstellen würden, wir verliebten uns in Paula, die mit uns am Seil hängt, es gäbe Eifersuchtsszenen usw. Aber Ufa-Chef Ernst Hugo Corell hatte meine Idee mit den Worten abgelehnt: »Ein Film mit der Wessely ist ein Erfolg, ein Film mit dem Attila ist ein Erfolg, ein Film mit dem Paul ist ein Erfolg – wozu soll ich einen Film mit allen drei machen?«

Karl Hartl war da wohl anderer Meinung, denn 1948 entstand der erste und bislang einzige Film, in dem wir gemeinsam mitgewirkt haben: *Der Engel mit der Posaune* nach dem Roman von Ernst Lothar. Neben der Familie Hörbiger spielten noch Oskar Werner, Maria Schell, Curd Jürgens, Hans Holt, Fred Liewehr, Alma Seidler, Helene Thimig und Adrienne Gessner. Ein überaus erfolgreicher Film, der der Geschichte der Wiener Klavierdynastie Bösendorfer nachempfunden wurde.

Ein Jahr später haben wir den Film *Die seltsame Geschichte des Brandner Kaspar* gedreht. Einer der Mitwirkenden war Anton Pointner, ein beliebter Stummfilmschauspieler, der sich im Tonfilm nur schwer zurechtfinden konnte. Das kam daher, daß der gebürtige Salzburger Schwierigkeiten mit der Aussprache gewisser Vokale hatte. So spielte er einmal in einem Napoleon-Tonfilm einen Feldherrn, der dem Korsen zu sagen hat: »Majestät, ganz Europa liegt zu Ihren Füßen.«

Kamera läuft, Pointner betritt großmächtig die Szene, schwingt seinen Säbel durch die Luft, salutiert und schreit: »Majestät, ganz Eiropa liegt...«

Der Regisseur unterbricht ihn. »Herr Pointner, nicht *Ei*ropa – *Eu*ropa. Noch einmal, bitte.«

»Majestät, ganz Eiropa...«

»Nicht aufregen, Herr Pointner, ruhig bleiben, lassen Sie sich Zeit, Sie brauchen keine Angst zu haben. *Eu*ropa, *Eu*ropa.«

»Majestät, ganz Ei-... kann i net Asien sagen?«

Von uns wurde er nur Loko-Toni genannt, und das kam so: Pointner ist ein imponierender Typ von aristokratischem Äußeren gewesen und war als uneheliches Kind zur Welt gekommen. Er hat immer geglaubt, er wäre der Sohn eines Erzherzogs, da seine Mutter diesbezügliche Kontakte gepflegt haben soll. Oft und oft fragte er die Mama, wer denn nun wirklich der Herr Vater sei, aber erst als er den »Ariernachweis« erbringen mußte, hat sie es ihm verraten: »Er war Lokomotivführer.« Seither hatte er seinen Spitznamen.

Die Dreharbeiten zum *Brandner Kaspar* konnte der Loko-Toni nicht beenden. Das ganze Filmteam hat, als die Außenaufnahmen in den bayerischen Alpen entstanden, in Schutzhütten übernachtet. Nach Drehschluß las er dem Kollegen Rudolf Schündler aus seinen Erinnerungen vor, die er als Buch herausbringen wollte. Eines Abends legte Pointner das Manuskript beiseite, schlief ein und wachte nicht mehr auf. Knapp siebzig Jahre alt, erlag der Loko-Toni einer Herzattacke.

Zwei Filme habe ich mit Romy Schneider gedreht. *Mädchenjahre einer Königin* und *Die Deutschmeister*. Da der heutige Weltstar damals ganze siebzehn Lenze zählte, mußte stets eine Frau vom Jugendamt bei den Aufnahmen dabeisein. Im

erstgenannten Film spielte auch Rudolf Vogel mit. Er konnte nicht zur Premiere kommen und schickte stellvertretend seinen kleinen Sohn Peter, der später selbst Schauspieler wurde. Der Senior fragte den Junior: »No, wie ist der Film angekommen?«
»Sehr gut, besonders der Hörbiger.«
Daraufhin soll der Bub – so wird kolportiert – vom Herrn Papa eine Watschen bekommen haben.

Der Unterhaltungsfilm-Industrie gelang nach dem Krieg eine – auf wenige Jahre beschränkte – Renaissance. Politische Aufklärungsfilme über die Zeit des Dritten Reichs konnten sich allerdings nicht durchsetzen. In Berlin traf ich den Filmproduzenten »Atze« Brauner, der einen Antinazi-Film nach dem anderen gedreht hat. Dafür erhielt er Körbe voller Auszeichnungen, aber die Leute wollten sich seine gutgemeinten Werke nicht anschauen. In Anlehnung an eine alte Bühnenweisheit beklagte er sich bei mir: »Je preiser ein Film gekrönt, desto durcher er fällt.«
Nicht preisgekrönt, aber umso erfolgreicher war unser nächster Film *Hallo Dienstmann*, in dem die Partnerschaft zwischen Hans Moser und mir wahrscheinlich am besten genutzt wurde. Und so kam das Ganze zustande: Regisseur Franz Antel fragte mich: »Du, Paul, hast du net a Idee für an Film mit dir und dem Moser? Da rennen doch die Leute auf jeden Fall ins Kino.«
Ich hatte noch ein Projekt auf Lager, das im Dritten Reich abgelehnt worden war. »Naja, ich wüßt schon was«, sagte ich, »da ist ein echter Dienstmann, den würde der Moser spielen. Und der trifft auf einem Gesindeball einen Herrn, der, als Dienstmann verkleidet, dort ist. Und das bin ich. In Wirklichkeit ist der aber Gärtner, da könnt ich gleich mein Hobby

ein bißl hereinbringen, und es entstehen natürlich die schönsten Verwicklungen.«

»Aha, gibt's da auch eine Möglichkeit für Musik?«

»Ja, ich hab an den Hans Lang gedacht.«

»Hast du auch einen Titel?«

»Mir gefällt *Hallo Dienstmann*.«

Noch am selben Tag ist Antel zu einem Geldgeber nach München geflogen. Von dort telegraphierte er: »Gratulation, der Stoff ist angenommen.«

Das war das Erfreuliche damals, die Leute fragten nicht lange nach einer Handlung, ich hatte ja dem Antel nur äußerst Nebuloses erzählt. Es hat genügt, daß in dem Film der Moser und der Hörbiger mitspielen. Heute scheint manchmal wichtiger, wer der Redakteur, wer der »Scriptwriter« oder der Kameraassistent ist. Danach hat damals kein Mensch gefragt. Es gab beim *Dienstmann* nur noch eine Korrektur meiner ursprünglichen Idee, ich sollte in Wirklichkeit kein Gärtner, sondern ein Universitätsprofessor sein, der könne sich beim Kofferschleppen noch ungeschickter anstellen. Bald wurde mit den Dreharbeiten begonnen. Partnerinnen waren wieder Maria Andergast, Waltraut Haas und außerdem Susi Nicoletti sowie Annie Rosar als Mosers Schwester.

Da gibt es eine, heute schon klassische Szene, in der Moser und ich den verzweifelten Versuch unternehmen, einen scheinbar tonnenschweren Koffer die Stiegen hinaufzuschleppen. Ich sage laut Drehbuch: »Geh, sag, wo is denn a so a schwerer Koffer besser zum Tragen – vorn oder hinten?«

Darauf Fachmann Moser, in gewohnt grantigem Tonfall: »Na, hinten natürlich, da is er ja leichter.«

Und während die Kamera läuft, fällt mir das Extempore ein: »Na, weißt was, Kollege, dann nehm ma ihn doch beide hinten.« Der Hans hat daraufhin furchtbar lachen müssen, und wenn man den Film heute anschaut, sieht man noch genau, wie er an dieser Stelle das Lachen erfolglos zu unterdrücken versucht.

Das Extemporieren war überhaupt unsere Spezialität. Franz Antel hat darüber einmal gesagt: »Bei der ersten Probe hat eine Szene 86 Meter gedauert, bei der zweiten 90, und für die Aufnahme haben wir dann weit über 100 gebraucht. Den Rest haben Moser und Hörbiger dazuimprovisiert.«

Da fallen mir zwei weitere Extempore aus anderen Filmen ein. Im *Bademeister Spargel* sagte ich spontan zu einem Partner, den ich massiert habe: »Die gewöhnlichen Ärzte sind ja nix wert. Ich kenn' einen sogenannten Augendiagnostiker, der braucht einem nur in die Augen schau'n und schon weiß er, ob der Patient einen Kropf hat.«

Als während der Aufnahmen zu *Seine Tochter ist der Peter* Regisseur Heinz Helbig erkrankt war, habe ich ihn kurzfristig vertreten und der kleinen Traudl Stark den »Auftrag« gegeben: »Wenn du gefilmt wirst, mußt du zu Karl Ludwig Diehl sagen: ›Warum sind die Knödel rund?‹« Das hat sie ihn dann auch gefragt, und man kann sich vorstellen, wie schwer es für einen Schauspieler ist, vor laufender Kamera auf solche Blödeleien zu reagieren. Aber so etwas hat mir immer Spaß gemacht.

Und noch eine Anekdote aus *Hallo Dienstmann*. Moser hat am Bahnhof eine Szene mit einem Bernhardiner. Aus mir unerklärlichen Gründen mag der Hund den tierliebenden Moser nicht. Er bellt ununterbrochen, und Moser nuschelt beleidigt zurück. Unter diesen Umständen kann natürlich nicht gedreht werden. Sage ich: »Kauft's doch dem Bello a Knackwurscht.« Ein Assistent tut dies auf Produktionskosten, und jetzt lasse ich wieder Franz Antel sprechen: »Die Haut hat der Moser dem Hund gegeben, die Wurst hat er selbst gegessen.«

Filmprogramm 1952

Das Drehbuch für *Hallo Dienstmann* haben Rudolf Österreicher und Lilian Belmont geschrieben, auf jedem Programmheft steht aber »nach einer Idee von Paul Hörbiger«. Das ist übrigens einer der ganz wenigen Filme, für die ich auf Grund dieses Urheberrechts heute noch Tantiemen bekomme, wenn sie in einem Kino oder im Fernsehen gezeigt werden. Als Schauspieler verdient man sich nämlich im Normalfall keineswegs »krumm«, wenn die alten Filme immer wieder zu sehen sind. Man bekommt einmal seine Gage und gibt damit alle Rechte an den Produzenten ab. Wenn der Film dann tausendmal gezeigt wird, kann man sich nur über den Erfolg freuen – das Geld kassieren aber andere.

Nach *Hallo Dienstmann* wurden noch einige Moser-Hörbiger-Filme in der gleichen Machart gedreht, unter anderen

Ein besonders erfolgreicher Film war „Hallo Dienstmann", 1952
unter der Regie von Franz Antel nach einer Idee von mir gedreht.
Hans Moser war ein echter Freund und ein hinreißender Partner
(Foto: F. W. Scheidl, Wien).

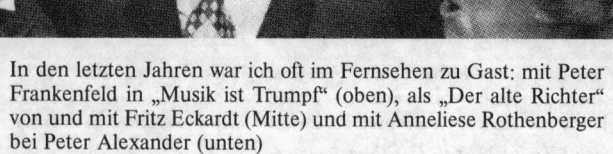

In den letzten Jahren war ich oft im Fernsehen zu Gast: mit Peter Frankenfeld in „Musik ist Trumpf" (oben), als „Der alte Richter" von und mit Fritz Eckardt (Mitte) und mit Anneliese Rothenberger bei Peter Alexander (unten)
(Fotos: oben Privat; Mitte Johann Klinger; unten K. I. P. P. A.).

Hallo Taxi und *Ober zahlen!* Alle waren erfolgreich, und wir hätten eine endlose Serie drehen können, aber Hans Moser ist im Jahre 1964 gestorben. Er war mir ein guter Freund. Sein Begräbnis auf dem Wiener Zentralfriedhof war das eines wirklichen Volkslieblings. Tausende von Menschen kamen, um ihm die letzte Ehre zu erweisen, ich folgte seinem Sarg mit Tränen in den Augen.

Ich habe mir früher meine Filme aus Zeitmangel selten angeschaut, den Großteil kenne ich noch immer nicht. Aber jetzt finde ich die Zeit, mir die »alten Schinken« anzusehen, wenn sie im Fernsehen gezeigt werden. Ich schau immer mit einem lachenden und einem weinenden Auge zu. Lachend, weil die Erinnerung schön ist und mir Episoden und Erlebnisse aus dieser Zeit einfallen. Und mit einem weinenden Auge, da fast alle Kollegen und Freunde nicht mehr am Leben sind. Der Moser, der Lingen, der Fritsch, der Albers, der Sima, der Imhoff, der Birgel, der Slezak. Die Rosar, Lucie Englisch, die Harvey, die Bleibtreu. Einige der ganz Alten sind noch da, aber ich fürchte, ich bin einer der letzten.

Merci Chérie
Mein Beitrag zur Karriere von Udo Jürgens

Kurz nach dem Krieg war ein Ehepaar mit einem Kleinkind in die Villa Mariana gekommen. Der Mann stellte sich vor. »Gestatten, Kohn de Konoja. Ich komme soeben aus Südamerika, wissen Sie, wer vor Ihnen steht?«

Das zu erraten war nicht schwer. »Ich nehme an, Sie sind der Besitzer dieser Villa.«

»Sagen wir lieber, ich war der Besitzer, denn soviel ich gehört habe, wurde Ihnen das Haus von Hitler geschenkt.«

»Wer hat Ihnen das gesagt?«

»Man hat es mir in der österreichischen Vertretung in Paraguay mitgeteilt.«

»Da kann ich Sie beruhigen. Hitler hat mir keine Villa, sondern drei Monate im Wiener Landesgericht geschenkt, und ich habe dieses Haus auch nicht gekauft, sondern gemietet.« Dann übergab ich ihm die Nummer des Kontos bei der »Creditanstalt«, auf das ich die Miete überwiesen hatte, und er konnte das Geld dort abheben.

Wir haben uns nicht allzu schweren Herzens von der Villa Mariana verabschiedet, ich habe immer gesagt: »Das Haus hat ein Depperter für an Bleden gebaut«, die Räume des aus den Zwanzigerjahren stammenden Gebäudes sind nämlich so groß gewesen, daß sie nicht zu beheizen waren.

Ich hatte wieder viel in Berlin zu tun. So nahm ich mit Albert Lieven und Grethe Weiser *Die Rose von Stambul* auf. Grethe verriet ich mein gesundheitsförderliches Rezept: »Jeden

Morgen eine Portion Radieschen und Geheimratskäse, fein geschnitten auf einen Teller, da bist du satt, bleibst schlank und fühlst dich wohl. Machst du nicht auch irgend so was?« Sagt die Weiser: »Nur weil es gesund ist? Knif!«

»Was heißt das?«

»Mensch, Paul, du warst so viele Jahre in Berlin und weißt nicht, was Knif heißt. Berliner Ausdruck für ›Kommt nicht in Frage‹. Na, und kennst du Künif?«

»Nein.«

»Kommt überhaupt nicht in Frage.«

»Grethe, ich muß dir etwas gestehen. Ich hab's ohnehin gewußt, aber ich höre es so gern von dir.« Niemand konnte einem das so schön erklären wie die »Berliner Schnauze mit Herz«.

Während der Dreharbeiten passierte ein Unfall. Laut Anweisung von Regisseur Karl Anton sollte ich als Mehemed Pascha einen großen Ballon mittels brennender Zigarette zum Platzen bringen. Bei der Berührung gab es eine fürchterliche Explosion, meine rechte Gesichtshälfte wurde durch Brandwunden entstellt, so daß ich einige Zeit nur von links gefilmt werden konnte. Zu dem Unglück war es gekommen, weil der Requisiteur irrtümlich Leuchtgas in den Ballon gefüllt hatte. Was für mich das schlimmste ist: Ich bin seit damals auf dem rechten Ohr fast taub.

Wie ja die Arbeit des Filmschauspielers überhaupt recht gefährlich sein kann. In *Das Einmaleins der Liebe,* Mitte der dreißiger Jahre nach Nestroys *Einen Jux will er sich machen* gedreht, habe ich den Weinberl gespielt, meine Partnerin war Luise Ullrich. Auf der Flucht vor der Polizei sollte ich in einem Heißluftballon davonfliegen. Die Aufnahmen wurden im Berliner Vorort Osdorf gemacht, und vom Luftfahrtministerium war eigens ein recht wichtigtuerischer Fachmann in

Uniform abgestellt worden, um den Aufstieg des Fesselballons zu überwachen. Der Ballon war vor meinem Eintreffen am Drehort aufgeheizt und dann am Korb befestigt worden. Sechs SA-Männer sollten das Gefährt festhalten, aber da nur ein Hanfseil da war, übernahm ein einziger diese Aufgabe. Die Antriebskraft der erhitzten Luft war so stark, daß der Mann allein zu schwach war, und so bin ich aufgestiegen. Von oben habe ich ausgerechnet das Denkmal des Luftpioniers Otto Lilienthal gesehen, es ist immer weiter aufwärts gegangen, und anfangs dachte ich noch, das wäre alles von der Regie so geplant worden. Nachdem ich oberhalb einer Kirchturmspitze, schätzungsweise in hundertfünfzig Meter Höhe, angekommen war, muß die Luft im Ballon an Temperatur verloren haben, denn plötzlich ging's im Sturzflug hinunter. Mein Leben verdanke ich einem Birnbaum, der das Luftschiff im freien Fall gebremst hat. Ich bin neben dem Glashaus einer Gärtnerei gelandet.

Der Gärtner kam angerannt. »Aber Herr Hörbiger, warum sind Se denn nich da drüben jelandet, da wäre doch alles frei.«

Ich mußte lachen. »Hören Sie, ich bin froh, daß ich lebe, da drinnen ist ja nicht einmal eine Steuerung.«

Die Geschichte erregte großes Aufsehen, zumal die Berliner Presse ausführlich berichtete. Ich bin leicht verletzt, mit einer verstauchten Hand, davongekommen. Am nächsten Tag wurde die Aufnahme wiederholt, diesmal hatten wir die Idee, das Hauptseil durch eine Spinne mit sechs Nebenseilen zu verbinden, wodurch sechs Mann meinen Fesselballon festhalten konnten.

In *Spione* war seinerzeit ein Zusammenstoß zweier Züge inszeniert worden, ich bin in einem Schlafwagen gesessen. Fritz Lang kündigte an: »Wir drehen die Szene am letzten Tag,

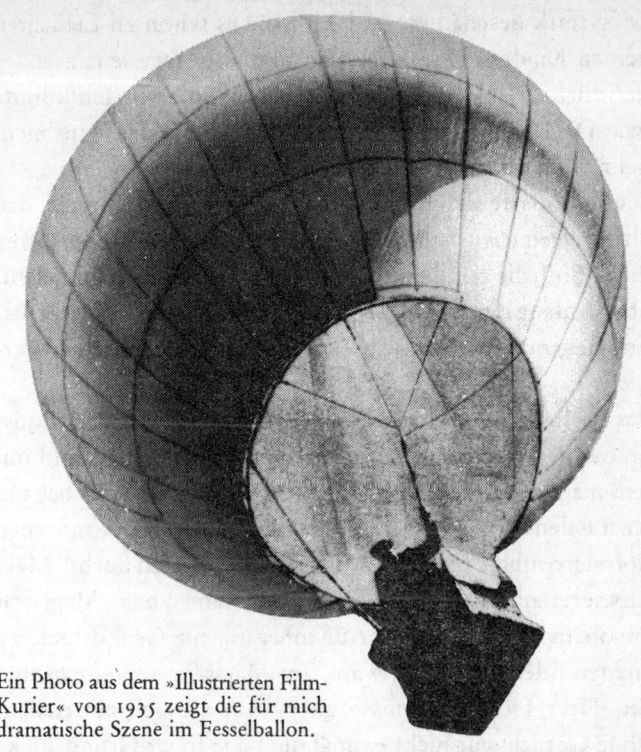

Ein Photo aus dem »Illustrierten Film-
Kurier« von 1935 zeigt die für mich
dramatische Szene im Fesselballon.

denn wenn was passiert, könnt ma net weiterarbeiten, weil
ma kane Schauspieler mehr hätten.«

Soviel zum Thema »gefährliche Filme«. Bei Dreharbeiten in
der Nachkriegszeit besuchte mich in einem Studio Berlins
Regierender Bürgermeister Ernst Reuter, der während des
»Tausendjährigen Reichs« nach Ankara emigriert war und an
der dortigen Universität unterrichtet hatte. »Herr Hörbiger«,
ermunterte er mich, »ganz Berlin würde sich freuen, wenn Sie
wieder zurückkämen. Bleiben Sie doch in Berlin.«

»Herr Professor, es freut mich sehr, wenn Sie das sagen. Da
ist nur eine Schwierigkeit, mein Haus in Zehlendorf wurde im

Krieg stark beschädigt, und ich habe es schon zu Lebzeiten meinen Kindern vermacht. Die sind aber Devisenausländer und dürfen daher nicht soviel Geld investieren. Ich könnte zwar Deviseninländer sein, aber mir gehört ja das Haus nicht mehr, daher darf ich auch nichts investieren.«

Reuter notierte sich das, und bald erhielt ich Nachricht, daß ich durch eine Ausnahmeregelung das Haus renovieren lassen dürfe. So habe ich dann wieder zehn Jahre in Berlin gelebt. Aber Anfang der sechziger Jahre, als alle Kinder versorgt waren, bekam ich Heimweh, ich wollte zurück nach Österreich.

Das Berliner Haus konnte ich in den ungeklärten Verhältnissen der geteilten Stadt nur sehr schlecht verkaufen, und mit dem mageren Erlös bin ich nach Wien gereist. Hier begann der Leidensweg eines Mannes, der in der bürokratischen Hofratsrepublik Österreich Grund und Boden sucht. Mein Schwiegersohn Bibi fragte in meinem Namen beim Magistrat an, ob in einem Wiener Außenbezirk ein Grundstück zu pachten oder zu kaufen wäre. Im Magistrat teilte man ihm mit, Herr Hörbiger müsse zuerst ein Gesuch einreichen. Ohne Gesuch war nicht einmal die Lage freier Grundstücke zu erforschen.

Das paßte mir nicht, und ich schaute mich anderwärts um. Ich hörte von einem schönen Grund im niederösterreichischen Pitten und befragte den dortigen Bürgermeister. Der war sehr nett und wollte nur eines wissen: »Bei welcher Partei sind Sie, Herr Hörbiger?«

»Bei gar keiner« – und damit war auch Pitten für mich gestorben. Da fiel mir ein, daß ich in den dreißiger Jahren, wenn ich bei Filmaufnahmen in Wien war, oft nach Wieselburg an der Erlauf zum Fischen gefahren bin. Ich reiste also nach Wieselburg – und siehe da, man fragte weder nach einem Gesuch noch nach einer Parteizugehörigkeit. Man teilte mir nur mit, daß es ein sehr schönes Grundstück gebe. In Mühling.

Und so habe ich mich hier angesiedelt, nach meinen Plänen sind Wohn- und Glashäuser entstanden. An meinem 85. Geburtstag hat mir der Bürgermeister die Ehre angetan, die Straße, in der ich wohne, Paul-Hörbiger-Gasse zu nennen. Jetzt schau ich beim Fenster hinaus und kann meinen Namen lesen. Wenn ich die Brille aufsetze.

Meine größte Sorge war von Anfang an, wo ich in meinem neuen Heimatorte fischen könnte. Da oben, beim Schloß – das wär was! Eines Tages kommt der Rupf-Gustl, der Fischereiaufseher von Wieselburg, in mein Haus. »Herr Herbinger, da droben is do des Schloß, net wahr, Sie wissen ja, des g'hört dera Herrschaft...«

»Ja, ich weiß, aber ich schwöre, ich war da oben noch nie fischen, ganz ehrlich.«

»Na, des waß i scho. Aber der Herr Verwalter von dera Herrschaft tät halt gern haben, daß sie da oben fischen tätatn.«

»Das wird aber sicher sehr teuer sein.«

»Na, kosten soll's nix. Da san solchene Trümmer von Foröna drin, und die miassn auße«, und er zeigte mit seinen Händen, daß es sich um wahrhaft riesenhafte Forellen handeln müsse.

Das einem begeisterten Angler sagen und umarmt werden, war eins. Ich hinauf, zum Schloß – es war wunderbar. Die Forellen sammelten sich an einer vier Meter hohen Wehr der Erlauf – ein Paradies für jeden Petrijünger. Ein paarmal habe ich so den Fischereihimmel auf Erden erlebt.

Aber das Glück sollte nicht allzulange anhalten. Mein Sohn Thommy hatte damals ein Tanzlokal in der Wiener Innenstadt, das er »Playboy« nannte. Ich war einige Male dort, man hat mir immer Whisky mit Soda verabreicht. Da ich auf scharfe Getränke nie scharf war, unterhielt ich mich bei Sodawasser. Aus ganz anderem Holz war da ein junger Mann geschnitzt, der schwärmte nämlich sehr für die scharfen Getränke. Er betrat eines Abends meines leiblichen Sohnes »Playboy«-Klub und schüttete einen Whisky nach dem anderen in sich hinein. Als er dann zu randalieren begann, verwies ihn Thommy mit Hilfe der herbeieilenden Polizeifunkstreife mehr oder weniger höflich des Lokals. Und jetzt kommt die Katastrophe. Der junge Randalierer war ausgerechnet der Sohn des herrschaftlichen Verwalters, meines geliebten herrschaftlichen Verwalters vom Schloß. Womit das Thema Fischen in Wieselburg für den Rest meines Lebens erledigt war. Thommy hat – ich bezweifle allerdings, ob dieses Vorfalls wegen – seinen »Playboy«-Klub bald darauf verkauft, er besitzt heute mehrere Lokale in München. Außerdem geht er einer anderen Tätigkeit nach. Er wurde ein honoriger Liedermacher. Unter anderem schreibt er auch für Udo Jürgens.

An einem der erfolgreichsten Udo-Songs war auch ich – ohne es zunächst gewußt zu haben – beteiligt. Mitte der sechziger Jahre lieferte Thommy bei Udo den Text für ein Lied ab, an dessen Entstehung auch Christl und Monica mitgewirkt hatten. Sie nannten es »Merci Chérie«. Udo war nicht sofort begeistert. »Ich weiß nicht«, zweifelte der Barde, »ich fürchte, das ist kein Text für einen Schlager.«

Daraufhin schaltete Thommy meine Person ein. »Also, der Papa hat gemeint, dieses ›Merci Chérie‹ wird um die ganze Welt gehen« – von dieser, meiner so weitsichtigen Behauptung hatte ich zu diesem Zeitpunkt keine blasse Ahnung. Udo soll sich nun – laut Überlieferung – am linken Ohr gekratzt haben. »Naja, wenn's dein Papa sagt, wird was dran sein, wo der doch selber schon soviel gesungen hat.«

Als Udo das Kratzen hinterm Ohr beendet hatte und somit beide Hände frei waren, setzte er sich ans Klavier, komponierte zu »Merci Chérie« die passende Musik, gewann damit den »Grand Prix Eurovision de la Chanson« und startete seine Weltkarriere. Soweit mein bescheidener Beitrag dazu. Thommy hat Udo Jürgens übrigens auch die Texte für zwei weitere seiner Erfolge geliefert: »17 Jahr, blondes Haar« und »Immer wieder geht die Sonne auf«.

1965 holte mich Ernst Haeusserman wieder ans Burgtheater. Ich spielte in Raimunds *Der Alpenkönig und der Menschenfeind* und *Der Bauer als Millionär* – diesmal schon das Hohe Alter, Attila war der Fortunatus Wurzel und Paula Die Zufriedenheit – in Ibsens *Peer Gynt*, in Hasenclevers *Napoleon greift ein*, in Shakespeares *Wie es euch gefällt* und *Komödie der Irrungen*, in Schillers *Die Verschwörung des Fiesko zu Genua*, in Brechts *Der kaukasische Kreidekreis*, in Grillparzers *Weh dem, der lügt*, in Edmond Rostands *Cyrano de Bergerac*, in Werner Schneyders Bearbeitung der Paul-Abraham-Operette *Viktoria und ihr Husar* als »Ein Abend für Schauspieler« unter dem Titel *Mich hätten Sie sehen sollen* und vieles andere mehr. Zwischendurch trat ich immer wieder als Gast an verschiedenen Bühnen auf, unter anderem an der Josefstadt in Joao Bethencourts *Der Tag, an dem der Papst gekidnappt wurde*.

Mit *Der Bauer als Millionär* gastierten wir auch in Moskau, im Rahmen der Welttournee des Burgtheaters bereiste ich die Vereinigten Staaten und Israel. Eigentlich hätte ich gar nicht mitfahren sollen, da aber der Schauspieler K. wegen seiner nationalsozialistischen Vergangenheit in Israel nicht auftreten durfte – offiziell meldete er sich krank –, übernahm ich kurzfristig seine Rollen und war daher nicht sofort textsicher. In Schnitzlers *Professor Bernhardi* spielte ich den Dr. Cyprian, in Lessings *Nathan der Weise* den Klosterbruder. Ernst Deutsch, der Nathan, sprach mich nach einem Dialog in Tel Aviv an. »Also die Pause, die du da heute gemacht hast, hat großartig gewirkt.«

»Was heißt gewirkt – ich bin hängengeblieben.«

In der ersten Reihe saß Max Brod. Nach der Vorstellung wurden wir von der Direktion des Nationaltheaters, der Habimah – dessen Dramaturg Brod war –, zu einem Empfang geladen. Wir hatten uns nie persönlich kennengelernt, jetzt sprach ich ihn an. »Mein Name ist Paul Hörbiger, vielleicht erinnern Sie sich – Prag? Ich möchte mich sehr herzlich für die freundlichen Worte, die Sie damals über mich geschrieben haben, bedanken.«

»Mein Gott, Sie sind das, die ganze Zeit habe ich mir schon den Kopf zerbrochen, woher ich diese Stimme kenne. Sie sind doch mein Protektionskind gewesen.« Mittlerweile waren immerhin mehr als vierzig Jahre vergangen.

Mit den beiden Stücken traten wir auch im New Yorker City Center auf. Ein Ausflug führte uns nach Washington. Im Weißen Haus wurde ein Empfang für uns gegeben, ein Fremdenführer zeigte uns die Museen, das Capitol und das Lincoln Memorial. Gerade beim Denkmal dieses großen amerikanischen Präsidenten hatte Kollegin Gusti Wolf nicht genau aufgepaßt, was der Dolmetscher erklärte. Fragte sie mich: »Was hat er g'sagt?«

»Das ist das Denkmal des Erfinders von Coca Cola. Im Sokkel ist das Geheimrezept einbetoniert, und es darf erst fünfzig Jahre nach seinem Tod herausgeholt und der Öffentlichkeit übergeben werden.«

»Ach so, wirklich?« überlegte sie, um sich im nächsten Moment darüber im klaren zu sein, wer ihr diese Auskunft gab. »Geh, du immer mit deine bled'n Witz.«

»Wie war das, als Sie tot waren?«
Herzinfarkte, Schrittmacher

Die Dreharbeiten zu der zwölfteiligen Fernsehserie *Der alte Richter* waren für mich sehr anstrengend. Als Hauptdarsteller muß man sich vor Drehbeginn größerer Produktionen immer einer Untersuchung unterziehen, das verlangen die Versicherungen wegen der Ausfallshaftung. Der Arzt, der mich vor dieser Fernseharbeit angeschaut hat, beruhigte mich: »Ihr Blutdruck ist an der unteren Grenze des Normalen, das ist sehr gut, da werden S' wenigstens nie einen Herzinfarkt kriegen.«

Wochen später, als *Der alte Richter* abgedreht war, bin ich zu einer Probe ins Burgtheater gegangen. Dort habe ich erfahren, daß Adalbert Himmelmayer gestorben ist. Himmelmayer war eigentlich Postbeamter, wurde aber als Tierstimmenimitator, vornehmlich für den *Bauer als Millionär*, vom Burgtheater angestellt. Als er einmal hinausposaunte: »Ich kann alle Tierstimmen nachmachen«, habe ich ihn gefragt: »Können S' auch einen Regenwurm?«

Er sei nach dem Mittagessen aufgestanden und tot umgefallen, wurde mir auf der Probe erzählt. Da habe ich noch gemeint: »So möcht ich auch einmal sterben.«

Daß das noch am selben Tag beinahe der Fall sein sollte, konnte ich freilich nicht ahnen. Es war ein hektischer Tag, nach der Probe eilte ich zum Westbahnhof, um den Mittagszug zu erreichen. Im Bahnhofsrestaurant nahm ich hastig Hamburger Speck, Kraut und Knödel zu mir, und dann bin ich nach Wieselburg gefahren. Kaum zu Hause angekommen, habe ich bei der Lektüre meiner Zeitung Herzschmerzen und Schwindelgefühle bekommen, der kalte Schweiß ist mir ausgebrochen. Ich wußte sofort, daß es ein Herzinfarkt war, denn ich hatte kurz vorher in einer Wochenzeitung den Artikel »Was man über den Herzinfarkt wissen muß« gelesen.

Glücklicherweise konnte ich noch zum Telephon wanken, um unseren Gemeindearzt Dr. Franz Sailer anzurufen. »Herr Doktor, ich habe einen Herzinfarkt«, stöhnte ich, dann sackte ich zusammen. Die Journalisten hatten etwas später eine – für sie – herrliche Schlagzeile: »Seine Hunde retteten Paul Hörbiger das Leben.« Die Meldung war tatsächlich richtig, denn als ich neben dem Telephon kauerte, dachten meine vier Hausgenossen Loni, Basti, Billi und Luki, ich wollte mit ihnen spielen. Sie haben an mir herumgezerrt und den salzigen Schweiß von meinem Gesicht geleckt. Das hat verhindert, daß ich in eine Ohnmacht gefallen bin, aus der ich vermutlich nicht mehr erwacht wäre.

Ehe der Gemeindearzt gekommen ist, konnte ich mich noch mit letzter Kraft in meinen Lehnstuhl schleppen, und während er mir eine Spritze gab, fragte ich: »Na, wie steht's, werde ich das überleben?«

Dr. Sailers Antwort war nicht gerade ermutigend. »Das kann man nicht wissen. Puls haben S' jedenfalls keinen mehr.«

Dann wurde ich mit dem Rettungswagen ins Krankenhaus von Scheibbs gebracht, wo ich bereits ohne Bewußtsein ankam. Der Arzt Dr. Rudolf Kainz behandelte mich sofort mit Elektroschocks.

Thommy, der von meinem Herzinfarkt verständigt wurde, ließ, ohne daß ich es wußte, den berühmten Wiener Herzspezialisten Professor Fritz Kaindl zu mir kommen. Auf der Tür meines Krankenzimmers stand infolge befürchteter Journalisteninvasion »Eintritt streng verboten«. So wunderte ich mich, daß plötzlich ein Herr eintrat und bekanntgab: »Guten Tag, wie geht's uns denn? 1 bin der Kaindl.« Da dachte ich: Was will denn der Eisentandler von mir? Kaindl ist nämlich auch der bekannte Name eines Wiener Unternehmers mit vielen Filialen in der Metallwarenbranche.

Dann hat mich der vermeintliche Eisenhändler untersucht, meinen Puls gefühlt und gesagt: »In vierzehn Tagen sind Sie da wieder heraußen, Sie sind ja in besten Händen«, und er verließ mich wieder. Draußen haben schon meine Kinder gewartet, und alle sind natürlich – wie sie mir später erzählten – sofort auf ihn zugestürzt: »Wie geht's ihm denn?«, worauf Professor Kaindl, der mich gerade noch beruhigt hatte, meinte: »Sie müssen sich auf das Schlimmste gefaßt machen. Schauen Sie, Ihr Vater hat doch ein erfülltes Leben gehabt, er hat alles erreicht, was man in seinem Beruf erreichen kann.«

Christl wollte es ganz genau wissen: »Wieviel Prozent geben Sie ihm, Herr Professor?«

Er dachte kurz nach. »Seine Überlebenschance beträgt vielleicht fünf Prozent, mehr nicht.«

Ich habe mich allerdings für die anderen fünfundneunzig Prozent entschieden. Primarius Dr. Otto Stöger brach, als er von meinem Infarkt erfahren hatte, seinen Urlaub ab und übernahm die Behandlung persönlich. Nach ein paar Wochen war ich wieder zu Hause, und da fragte mich Gemeindearzt Sailer, ein tiefgläubiger Mensch: »Sagen Sie, Herr Hörbiger, als Sie tot waren, haben Sie da irgend etwas gespürt oder gesehen?«

»Aber ich war doch nicht tot.«

»O ja, klinisch waren Sie tot.«

Am liebsten hätte er jetzt gehört, daß ich ihm erzählte, wie die

Engerln da oben singen. Mittlerweile kann er die Frage selbst beantworten, er ist vor ein paar Jahren gestorben.

Nachdem ich mich von der ersten Attacke erholt hatte, ist es mir einige Jahre sehr gut gegangen. Ich habe gefilmt und Theater gespielt. Mit einundachtzig kam dann der zweite Infarkt, allerdings ohne die typischen Anzeichen, ich spürte nur ein allgemeines Unwohlsein. Da es ein Sonntag war, habe ich den Arzt lange nicht angerufen, aber als Dr. Sailer dann kam, ließ er mich sofort wieder nach Scheibbs bringen, diesmal per Taxi.

Im Operationssaal versuchte Dr. Jerži Okulski, der polnische Oberarzt, einen grünen Schlauch vor mir zu verstecken, ehe er ihn in die rechte Ellbeuge einschob. Ich habe – für die Situation eigentlich recht unpassend – gelacht.

»Warum du lachen?« fragte mich Okulskis ägyptischer Assistent Dr. El Sayed El Ashry.

»Weil ich ganz genau weiß, was jetzt los ist«, antwortete ich. Ich hatte nämlich einmal in einem medizinischen TV-Beitrag gesehen, wie einem Patienten ein provisorischer Herzschrittmacher eingeführt wird. Und das war der gleiche grüne Schlauch. Er wird durch eine Vene zur rechten Herzzkammer geführt.

»Pscht«, sagte der Arzt und begann mit der Operation, die ich in allen Einzelheiten miterlebt habe, weil ich unter Lokalanästhesie stand. Zunächst wurde mir ein provisorischer, später von Professor Johann Navratil in Wien der »richtige« Herzschrittmacher eingepflanzt.

Im Wiener Allgemeinen Krankenhaus besuchte mich Attila. Es ist interessant, welche Rolle die Kindheit in Notzeiten spielt. Wir haben nämlich an meinem Krankenbett – wie schon seit über sechzig Jahren nicht mehr – miteinander ungarisch gesprochen, und zwar ganz ohne daß wir dies beabsichtigt hätten.

Ich muß sagen, daß ich mich, seit ich meinen Herzschrittmacher trage, prächtig fühle, besser als vorher. Er ist ein technisches Wunderding, schaltet sich nur dann ein, wenn er benötigt wird. Ich verdanke den gigantischen Leistungen der medizinischen Forschung, daß ich am Leben bin. Noch ein angenehmer Nebeneffekt stellte sich ein. Mein Leben lang habe ich unter Gelenkrheumatismus gelitten – seit ich mit diesem Präzisionsgerät lebe, sind die Schmerzen weg.

Eine Frau mit achtundachtzig Jahren hat mir geschrieben, daß sie bereits den vierten Schrittmacher hat, und mein Arzt beruhigte mich mit der Mitteilung, daß ich hundert Jahre alt werden könne. Da fragte ich: »Aber mit dem kranken Herzen?« Und er antwortete: »Mit dem Schrittmacher ist es gesund.«

Der erste Herzschrittmacher war für zwei Jahre programmiert, mein jetziger für fünf Jahre. Man fühlt sich vollkommen gesund, darf aber mit dem rechten Arm keine abrupten Bewegungen machen. Einmal habe ich daran nicht gedacht, und prompt rutschte der Schlauch aus der Herzkammer. Mein jetziger Hausarzt Dr. Schmatz bemerkte bei einem Routinebesuch, daß meine Füße stark geschwollen waren, der Puls war auf 46 gefallen, mein Zustand alarmierend. Dr. Schmatz ließ mich sofort ins Allgemeine Krankenhaus bringen, und hier erhielt ich eine neue Elektronik. Aus der alten Sonde habe ich mir dann einen Salzstreuer gebastelt.

Die wissenschaftliche Abteilung des Bayerischen Rundfunks hat mich vor ein paar Jahren zu einer Fernsehdiskussion über das Leben mit dem Herzschrittmacher eingeladen, ich mußte leider wegen einer Verpflichtung am Burgtheater absagen. Aber ich möchte hier allen, die vielleicht einmal in die gleiche Lage kommen, aber Angst davor haben, sagen: Das Leben mit diesem Gerät ist genauso angenehm wie das eines gesunden Menschen, man fühlt sich wieder sicher.

»*Ihr werdet's net so lang um mich weinen…*«
Korrespondenzen und Rendezvous

Ich bekomme jede Woche weit über hundert Briefe. Aber wenn in Deutschland, der Schweiz oder in Österreich gerade einer meiner alten Filme im Fernsehen gezeigt wird, sind es viel mehr. Und an Geburtstagen ist der Briefträger von Wieselburg restlos überfordert, da sind es Tausende, die mir gratulieren.

UNO-Generalsekretär Kurt Waldheim sandte zu meinem 85. ein Telegramm an unsere Wiener Adresse. Es kam mitten in der Nacht und weckte Christl, die sich nach einer Operation auskurieren sollte. Glückwünsche kommen auch von den deutschen und österreichischen Bundespräsidenten und Kanzlern. Bruno Kreisky schickte ein Telegramm zum »Achtziger«:

POST- UND TELEGRAPHENVERWALTUNG	Telegramm	Geltungsbezeichnung
Dienstliche Vermerke		STAATSVORRANG
Ankunft Durchgang		HERRN KAMMERSCHAUSPIELER
		PAUL HOERBIGER
		3250/WIESELBURGANDERERLAUF

AUFRICHTIGE GLUECKWUENSCHE ZUM GEBURTSTAG UND HERZLICHE GRUESSE
IN ERINNERUNG AN EINE BEGEGNUNG IN SCHWEDEN VOR EINEM
VIERTELJAHRHUNDERT

BRUNO KREISKY

Ich dachte nach, was er damit meint. Gleich nach dem Krieg war ich mit österreichischen Künstlern im Königlichen Schauspielhaus von Stockholm aufgetreten, die Stadt Wien wollte sich auf diese Weise für die schwedische Kinderhilfe bedanken, in einer Loge saß König Gustav Adolf. Nach der Vorstellung ging's in ein Weinlokal, ich hatte natürlich meine Ziehharmonika mit und sang gemeinsam mit einem Wiener Stadtrat Wienerlieder. Den anwesenden Schweden erklärte ich: »Bei uns in Österreich muß ein Politiker unbedingt singen können. Wenn einer Wiener Stadtrat ist, genügt ja das Fiakerlied, ein Tiroler Abgeordneter muß schon jodeln können, aber will einer Bundeskanzler werden, dann muß er eine Stimme haben wie der Caruso.«

In einer Ecke des Weinlokals saß, recht bescheiden, ein mir unbekannter Herr mit rotblondem Haar. Er war der Vertrauensmann der Schwedenhilfe zwischen Stockholm und Wien. Und mittlerweile ist er selber der »Caruso von Österreich« geworden. Meine Blödelei von damals hat Kreisky nicht vergessen.

Das ehrenvollste Geburtstagstelegramm schickte mir Österreichs Parlamentspräsident Anton Benya: »Die Intensität und Beständigkeit Ihrer Popularität ist das Traumziel jedes Politikers.«

Es ist mir leider unmöglich, alle Fan- (oder auch Schimpf-) Briefe zu lesen oder gar zu beantworten, wofür ich um Entschuldigung bitten möchte. Aber meine Tochter Christl studiert sämtliche Zuschriften, und wenn etwas besonders Kurioses dabei ist, steckt sie mir das Brieflein zu. Ich selbst habe mich ja nie als ausnehmend schönen Menschen empfunden, aber die Damenwelt muß da infolge geschmacklicher Unterschiede anderer Meinung sein. Denn nicht selten treffen ein- bis zweideutige Angebote ein – allerdings sind diese Liebesbriefe, die auch in Heiratsanträge ausarten, aus begreiflichen Gründen in den letzten Jahren merklich zurückgegangen.

Eine Dame hat mir vor etlichen Jahren, als ich noch in Berlin lebte, geschrieben. Sie war sich ihrer Sache offenbar noch nicht ganz sicher:

> Sehr geehrter Herr Hörbiger! Ich kenne alle Ihre Filme und könnte mir ein Leben an Ihrer Seite durchaus vorstellen. Da ich Sie bisher jedoch leider nur im Kino sehen konnte, möchte ich Sie zunächst einmal gerne persönlich kennenlernen. Oft sehen die Menschen im Privatleben ja vollkommen anders aus, und man ist dann zutiefst enttäuscht. Um dies zu verhindern, würde ich Sie ersuchen, am kommenden Donnerstag um 14 Uhr vor dem Café Kranzler am Kurfürstendamm einige Minuten auf- und abzugehen. Ich werde Sie dabei beobachten und, wenn Sie mir auch in natura gefallen, ansprechen, alles weitere könnten wir dann regeln. Unserem Treffen mit Freude entgegensehend, zeichne ich hochachtungsvoll Margot R.

Andere Damen brauchen mich gar nicht erst irgendwohin zu bestellen, da sie herausgefunden haben, wann ich das Burgtheater nach der Vorstellung durch das sogenannte Bühnentürl verlasse, um heimwärts zu ziehen. Auch solche erhofften Rendezvous sind wenig erfolgreich, da ich mich ja, selbst wenn das Mädel noch so hübsch wäre – und ganz abgesehen von meinem Alter –, immer nach dem Fahrplan der Österreichischen Bundesbahnen richten muß – der letzte Zug in Richtung Wieselburg verläßt den Westbahnhof eben um unwiderruflich 23 Uhr 25.

Äußerst hartnäckig war eine sehr junge Dame, die vor gut zwanzig Jahren, als ich im niederösterreichischen Weinort

Langenlois einen Film gedreht habe, behauptete, ich hätte mit ihr intimen Verkehr gepflogen. Die Sache war für mich insofern unangenehm, als mich das Mädchen, vermutlich in der Hoffnung eine Zeitungserwähnung zu finden, bei der Gendarmerie angezeigt hat. In die Zeitung zu kommen ist ihr – sogar in großer Aufmachung – gelungen, aber vom Gericht wurde ich freigesprochen, weil der Klägerin die Unrichtigkeit ihrer Aussage nachgewiesen werden konnte. Auch solche Verleumdungen sind der Lohn der Popularität.

Meine Damen! Herzlichen Dank für alle Offerten, mich selbst heute noch als alten Herrn ehelichen zu wollen. Darf ich Ihre ehrenvollen Angebote vielleicht an dieser Stelle höflich aber generell ablehnen, ich habe nämlich – ich sage es in aller Offenheit – nicht mehr vor, mich noch einmal in den heiligen Stand der Ehe zu begeben. Wie ich, meiner Meinung nach, für ein Leben zu zweit überhaupt nicht recht geeignet bin.

Was von Journalisten, denen ich das erzählte, wiederum falsch aufgefaßt wurde. Die haben dann geschrieben, der Hörbiger sei ein »verbitterter alter Mann, der völlig vereinsamt mit seinen Hunden« dahinvegetiert (worauf weitere Hochzeitsanträge einlangten). Ich bin weder verbittert noch vereinsamt, mein Haus ist ständig voll von Kindern und Enkerln (bei meiner letzten Zählung hatte ich fünf, ein sechstes – Thommy ist der stolze Vater – wird bald das Licht der Welt erblicken).

Und ich bin ein begeisterter Großvater. Mein Enkel Christian hat, als er noch klein war, stolz verkündet: »Der einzige, der wirklich zaubern kann, ist der Opapa.« Ich hatte nämlich im Münchner Botanischen Garten eine Blume Noli me tangere angesprochen: »Hokus pokus, die Blätter sollen zusammengehen« – was diese bei Berührung auch zu tun pflegen. In

Verlegenheit brachte mich Christian erst, als er mich vor seinen Freunden aufforderte: »So, Opapa, und jetzt mach's mit einem Gummibaum.«

Dieser Enkel Christian ist heute der einzige, der in Großvaters Fußstapfen treten will. Er besucht in München die Schauspielschule Ruth von Zerboni. Sein Bruder Niki wiederum studiert Geige beim berühmten Professor Franz Samohyl in Wien.

Enkelin Manzi hat vor Geistern seit frühester Jugend keine Angst. Das liegt daran, daß sie einmal mit mir beim Wieselburger Volksfest war, und in der Geisterbahn fiel dem Geist, statt seiner Aufgabe als Angstmacher nachzukommen, nichts Besseres ein als zu schreien: »Jössas, da Hörbinga!« Manzi studiert heute Theologie und Latein..

Ich bin nach wie vor ein vielbeschäftigter Mann, ich gehe einkaufen, koche für mich selbst, wasche mein Geschirr ab – beziehungsweise lasse es durch meinen elektrischen Geschirrspüler abwaschen, den mir Monica so lange eingeredet hat, bis ich ihn tatsächlich kaufen mußte –, pflege den Garten, treibe mich in den Glashäusern herum, kümmere mich um meine Hunde.

Da sitze ich eines Tages friedlich in meinem Lehnstuhl und drohe vor dem Fernsehapparat einzuschlafen – was weniger auf die Qualität des Nachmittagsprogramms als auf eine diesbezügliche Gewohnheit der gesamten Familie Hörbiger zurückzuführen ist. (Immer wenn sich meine Eltern früher im Kino einen Film mit mir angeschaut haben, gab Papa der Mama am Beginn der Vorstellung den Auftrag: »Weck mich, wenn der Pauli drankommt.«) Ausgerechnet während einer äußerst interessanten Sendung über Blumenpflege fährt ein kolossaler Autobus vor meinem Haus vor. Ich schaue beim Fenster hinaus und traue meinen Augen nicht. Auf dem Wagen klebt ein großes Schild mit der Aufschrift »Besuch bei Paul Hörbiger in Wieselburg«. Am liebsten hätte die Urlaubergruppe in voller Adjustierung mein Haus gestürmt. Wie mir der Reiseleiter dann erklärte, hatte man sich mit dieser Tour hohe Einnahmen versprochen, allerdings ohne daß ich dazu mein Einverständnis gegeben hätte.

Im Laufe der nächsten Wochen kamen mehrere solcher Autobusse, aber ich habe mich an solchen Invasionstagen im letzten Winkel meines Hauses verkrochen, weil ja mein Haushalt für derart große Gesellschaften gar nicht eingerichtet ist. Aber irgendwo freut man sich doch über die Sympathie, die einem das Publikum entgegenbringt.

Noch eine Episode zum Thema Popularität: Monica suchte vor etlichen Jahren bei der Botschaft um ein Visum für Argentinien an. Als der dunkelhäutige Beamte ihren Mädchennamen sah, fragte er sie, ob sie mit Paul Hörbiger verwandt sei.

»Ja, das ist mein Vater«, hat sie gesagt.

Und darauf er: »Schönen Gruß, alle haben ihn sehr gern in Südamerika. Besonders wir Indianer.« Die Synchronisation macht's möglich.

Monica lebt seit vielen Jahren in München und ist dort mit Rudolf Tramitz verheiratet. Er produziert Werbefilme fürs Fernsehen.

Abgesehen von meiner Tätigkeit im Haushalt bin ich nach wie vor aktives Mitglied des Wiener Burgtheaters. In der Spielzeit 1979/80 spiele ich in Elias Canettis *Komödie der Eitelkeit* den Dienstmann.

Da fragte mich neulich ein Reporter, wie ich es denn anstelle, in Wien Theater zu spielen und hundertzwanzig Kilometer entfernt, in Wieselburg, zu wohnen. Nun, so schwierig ist das gar nicht. Wenn ich Vorstellung habe, fährt mich ein

Nachbar mit dem Auto von Wieselburg zum Bahnhof Ybbs. Der Zug geht um 15 Uhr 38. Um 17 Uhr 10 komme ich am Wiener Westbahnhof an, steige in die Straßenbahn und fahre zum Theater. In der Garderobe habe ich dann ein wenig Zeit, mich hinzulegen – man ist ja schließlich nicht mehr der Jüngste. Na, und dann kommt schon der Auftritt.

Ich gehe also auf die Bühne – und habe immer ein Stück meines Textes eingesteckt. Nicht daß ich abergläubisch wäre, aber ich schwöre bei allen schwarzen Katzen und reitenden Hexen, wenn ich einmal vergesse, mein Stückl Text einzustecken, habe ich glatt einen »Hänger«. Aber nicht daß Sie glauben, ich bin abergläubisch.

Einmal fragte mich mein Garderobier vor der Vorstellung: »Herr Hörbiger, links oder rechts?«

»Was meinen Sie?«

»Na, ob ich Ihnen zuerst den linken oder den rechten Schuh anziehen soll.«

»Das ist mir Wurscht.«

»Das kann Ihnen doch net Wurscht sein. Wenn man zuerst den rechten Schuh anzieht, bleibt man im Text stecken.« Ich bin wirklich nicht abergläubisch, aber seit damals ziehe ich mir halt sicherheitshalber zuerst den linken Schuh an. Das hat sich durchaus bewährt. Aber ich verwahre mich entschieden dagegen, deshalb als abergläubischer Mensch hingestellt zu werden.

Der abergläubischste Schauspieler, den ich kennengelernt habe, war der berühmte Josef Jarno, der bei uns in Prag gastiert hat. Kurz vor jedem Auftritt des Herrn Jarno wurde einem Garderobier aufgetragen, mit großer Wucht ein Wasserglas auf den Boden zu schmeißen. Er hat nämlich sehr an das Sprichwort »Scherben bringen Glück« geglaubt.

Jetzt habe ich mich aber glatt verplaudert und bin schon wieder im alten Prag gelandet. Zurück nach Wien, zur Rückreise nach der Vorstellung. Also, wenn ich mit meinem Auftritt fertig bin, fahre ich wieder per Straßenbahn zum Westbahnhof. Von dort geht es im Zug bis Melk, und da erwartet mich wieder der Nachbar mit dem Auto. Da holte mich einmal die Frau Sonnleitner ab und meinte unterwegs: »Herr Hörbiger, Sie sind so oft in der Zeitung, ich tät auch so gern einmal drinnenstehen.«

»Nix leichter als das«, habe ich geantwortet, »fahren S' an den nächsten Baum!«

Kurz nach ein Uhr früh bin ich dann zu Hause. Ich glaube, diese »Weltreisen« halten mich jung.

So, jetzt habe ich Ihnen mein Leben offenbart – von der Geburt bis zur Bahnfahrt ins Burgtheater und wieder retour nach Wieselburg. Wenn ich es recht bedenke, kann ich mich nicht beklagen; das Glück war recht oft auf meiner Seite. Ich habe einen Mordanschlag, die Nazihaft und zwei Herzinfarkte überlebt. Ich hatte auch Glück in meinem Beruf, und das braucht man zweifellos – Talent allein ist zu wenig.

Ich hoffe, mein Leben hat auch Ihnen ein wenig Freude bereitet, damit auch ich einmal von mir sagen kann, was der große Komödiant und Nestroy-Zeitgenosse Wenzel Scholz auf dem Totenbett gesagt hat: »Ihr werdet's net so lang um mich weinen, wie's über mich g'lacht habt's.«

ANHANG

Die Krise des Theaters

Ein Interview mit mir durch mich
Von Paul Hörbiger

Frage: Also, lieber Herr Hörbiger, bitte sagen Sie mir etwas über Ihre Einstellung zum heutigen Theater. Was ist Ihre Meinung über die Theaterkrise, gibt es eine solche, wenn ja, durch wen verursacht?

Antwort: Es gibt eine – die gab es immer, die wird es immer geben, wenigstens wird immer von einer Krise gesprochen werden. Schuld daran sind außer den Radfahrern,

1. *diejenigen Theaterdirektoren*, die sich einbilden, wirkliche Direktoren zu sein, nur weil sie die von der Theaterpolizei vorgeschriebene Kaution hinterlegt haben und einen Billetthandel betreiben.

2. *Diejenigen Regisseure*, die sich einbilden, wirkliche Regisseure zu sein, nur weil sie Max Reinhardt für veraltet und überlebt halten und weil sie der Ansicht sind, daß man Schiller heutzutage nicht mehr »sooo« spielen kann – die alles andere vom Schauspieler verlangen, nur nicht Theater »spielen« – die den neuen Stil erfunden haben – diejenigen, die jedem Theaterstück von der psychoanalytischen Seite beikommen wollen – die Erfinder der Worte »geballt«, »gestuft« usw. – die dem Publikum weismachen wollen, daß ein Wald auf Treppen wächst – die den Hamlet im Frack und den Karl Moor im Stahlhelm erfunden haben – die das Wort »Kitsch« so gerne im Munde führen, ohne zu wissen, was es bedeutet.

3. *Diejenigen Schauspieler,* die sich einbilden, wirkliche Schauspieler zu sein, nur weil sie polizeilich als solche gemeldet sind – die sich schämen, richtige Komödianten zu sein – die sich genieren, das Publikum zum Lachen oder zum Weinen zu bringen, weil sie das als verkitscht ablehnen – die sich einbilden, daß ihre Auffassung einer Rolle richtiger sei als die der Masse Publikum – diejenigen, die nur die schlechten Kritiken ihrer Kollegen lesen – und die, denen die unter »2« genannten Regisseure imponieren.

4. *Diejenigen Bühnenbildner,* die sich einbilden, Bühnenbildner zu sein, nur weil sie einen Baum rot, eine Wolke fünfeckig sehen – die Häuser konstruieren, in denen man alles andere machen, nur nicht wohnen möchte.

5. *Diejenigen Dichter,* die sich einbilden, Dichter zu sein, nur weil sie für oder gegen eine politische Partei, für oder gegen die Abtreibung, für oder gegen Freud sind – die alles andere, nur nicht gute Rollen schreiben – die auf jedes Ausgepfiffenwerden stolz sind, weil sie sich dadurch unverstanden fühlen und den Beweis erbracht zu haben glauben, gescheiter zu sein als die Masse Publikum.

6. *Diejenigen Kritiker,* die sich einbilden, der Zweck des Theaterspielens bestehe darin, ihnen Gelegenheit zu geben, ihre Meinung in Druckerschwärze umzusetzen.

7. *Das Publikum,* das sich einbildet, ein Recht darauf zu haben, sich im Theater zu zerstreuen, lachen und weinen zu dürfen, von Politik verschont zu bleiben – das Publikum, das wirkliche Schauspieler wirklich spielen sehen will – das darauf verzichtet, erzogen zu werden, auf den ganzen Zimt von der Sachlichkeit, vom Expressionismus, vom sogenannten Zeittheater pfeift und deswegen mit Recht dem Theater fernbleibt.

8. *Das Publikum*, das sich einbildet, ein besonders kunstver-
ständiges Publikum zu sein, nur – weil es auf Freikarten ins
Theater geht.
Aber wie bereits erwähnt, sind auch die Radfahrer dran
schuld.

*Diesen Beitrag habe ich für das 1931 von Walter Firner her-
ausgegebene Buch* Wir und das Theater *geschrieben. Inzwischen ist fast ein halbes Jahrhundert vergangen, aber an
meinem Standpunkt hat sich nichts Wesentliches geändert.
Besonders, was die Radfahrer betrifft.*

Da ich mich mein Leben lang meinem Vater und seinem Werk verbunden fühlte – ich habe dieses Buch ja auch meinen Eltern gewidmet –, konnte ich es nicht hinnehmen, daß er in einem Druckwerk des »Scherz«-Verlages in Bern verleumdet wurde. Als Ergebnis eines von meiner Familie angestrengten Prozesses wegen Presse-Ehrenbeleidigung gemäß § 42 Pressegesetz mußte der »Scherz«-Verlag im Verfahren 2 U 1039/63 am 30. Januar 1967 vor Gericht die folgende Erklärung abgeben:

Es bestand nicht die Absicht, durch die zu obiger Geschäftszahl des Strafbezirksgerichtes Wien mittels Privatanklage inkriminierten Textstellen des Werkes »Aufbruch ins dritte Jahrtausend« der Ehre des am 29. November 1860 geborenen und am 12. Oktober 1931 (in Worten: Eintausendneunhundertdreißigeins) verstorbenen Ing. Hanns Hörbiger nahezutreten, insbesondere sollte nicht der Anschein irgendeiner Verbindung des Herrn Ing. Hanns Hörbiger mit nationalsozialistischem Gedankengut erweckt werden.

Das ist eine Doppelseite der von meiner Mutter in jahrzehnte-
langer, mühevoller Kleinarbeit angelegten Bücher und Alben,
in die sie Kritiken, Interviews, Zeitungskarikaturen und -be-
richte, Photos, Film- und Theaterprogramme geklebt hat.
Diese umfassende Sammlung war mir für das Schreiben meiner Lebenserinnerungen eine wertvolle Hilfe.

Ernennungen und Auszeichnungen

1915	Bronzene Tapferkeitsmedaille
1916	Kleine Silberne Tapferkeitsmedaille
	Leutnant der Reserve
1917	Signum Laudis mit Schwertern in Bronze
	Signum Laudis mit Schwertern in Silber
1918	Oberleutnant
1942	Staatsschauspieler
1945–1948	Präsident des Fußballclubs »Vienna«
1964	Goldenes Ehrenzeichen für Verdienste um die Republik Österreich
	Ehrenmedaille der Bundeshauptstadt Wien
1969	Kammerschauspieler
	Goldener Rathausmann (Wien)
	Deutscher Filmpreis
1972	Verleihung des Girardirings
1974	Das Österreichische Ehrenkreuz für Wissenschaft und Kunst I. Klasse
	Ehrenring der Stadt Wien
1977	Goldene Kamera der Zeitschrift »Hörzu«-Österreich

Paul-Hörbiger-Filmographie*
(soweit feststellbar)

Zusammengestellt von Herbert Holba

Erklärung der Abkürzungen: Ö = Österreich; TiÖ = Österreichischer Verleihtitel; U = Ungarn; GB = England; TiBRD = BRD-Verleihtitel; PH = Paul Hörbiger; der in Klammer gesetzte Name ist die Rollenbezeichnung.

A. Stummfilme

1928
SECHS MÄDCHEN SUCHEN NACHTQUARTIER
Regie: Hans Behrendt
PH (Hr. Beinagl), Jenny Jugo, Adele Sandrock, Georg Alexander

SPIONE
Regie: Fritz Lang
PH (Franz, Chauffeur), Gerda Maurus, Willy Fritsch, Rudolf Klein-Rogge

DYCKERPOTTS ERBEN (TiÖ: Die tieftrauernden Hinterbliebenen)
Regie: Hans Behrendt
PH (kleine Rolle), Lotte Loring, Paul Morgan, Georg Alexander

DIE GROSSE ABENTEUERIN
Regie: Robert Wiene
PH (kleine Rolle), Lily Damita, Georg Alexander

HEUT' SPIELT DER STRAUSS
Regie: Conrad Wiene
PH (Lamperlhirsch), Trude Hesterberg, Alfred Abel

DIE DAME MIT DER MASKE
Regie: Wilhelm Thiele
PH (Michael, ein russischer Bauernknecht), Dita Parlo, Heinrich George, Wladimir Gaidarow

DIE RÄUBERBANDE
Regie: Hans Behrendt

---

* Der in Großbuchstaben vermerkte Filmtitel ist der Originaltitel des Werkes. Falls in Klammer nicht anders angegeben, handelt es sich um eine deutsche Produktion.

PH (Lehrer Mager), Leonhard
Frank, Martin Herzberg,
Gustl Stark-Gstettenbauer

DER FESCHE HUSAR/A NOSZTY
FIU ESETE (TiÖ: Oberleutnant
Franzl) (Deutsch-ungarische
Co-Produktion)
Regie: Géza von Bolvary
PH (Baron von Korporetzky),
Evelyn Holt, Ivor Novello

SONG (TiÖ: Schmutziges
Geld)
Regie: Richard Eichberg
PH (Sam), Anna May-Wong,
Heinrich George

G'SCHICHTEN AUS DEM
WIENERWALD
Regie: Jaap Speyer
PH (Alois Guschlbauer, Fia-
ker), Yvette Darmys, Siegfried
Arno

DAS LETZTE SOUPER (TiÖ:
Der Schuß in der Großen
Oper)
Regie: Mario Bonnard
PH (Ballettmeister), Marcella
Albani, Heinrich George

UNGARISCHE RHAPSODIE/
MAGYAR RAPSZODIA
(Deutsch-ungarische
Co-Produktion)
Regie: Hanns Schwarz
PH (Der Ober), Dita Parlo,
Lil Dagover, Willy Fritsch

DIE TOLLE KOMTESS
Regie: Richard Löwenbein
PH (Friseur Kose), Dina Gral-
la, Ralph Arthur Roberts,
Werner Fuetterer

DIE WOCHENENDBRAUT
Regie: Georg Jacoby
PH (Der Wohnungsbeamte),
Elga Brink, Werner Fuetterer

1929
DIE FRAU, DIE JEDER LIEBT,
BIST DU!
Regie: Carl Froelich
PH (Hr. Dösterlein), Henny
Porten, Willi Forst, Otto
Wallburg

ASPHALT
Regie: Joe May
PH (kleine Rolle), Betty
Amann, Hans Albers, Albert
Steinrück

EIN KLEINER VORSCHUSS AUF
DIE SELIGKEIT
Regie: Jaap Speyer
PH (Theobald Nuddlich),
Dina Gralla, Henry Bender

MÖBLIERTE ZIMMER
Regie: Fred Sauer
PH (Hr. Kalinowski), Margot
Landa, Hans Albers, Fritz
Schulz

WER WIRD DENN WEINEN,
WENN MAN AUSEINANDERGEHT
Regie: Richard Eichberg

PH (Tortoni, ein Illusionist),
Dina Gralla, Paul Morgan,
Szöke Szakall
(Anmerkung: Der Film, ur-
sprünglich stumm gedreht,
wurde nachträglich nach dem
Lignose-Hörfilm-Verfahren –
Nadelton – synchronisiert und
auch als »Tonfilm« eingesetzt.)

DER STRÄFLING AUS STAMBUL
Regie: Gustav Ucicky
PH (Hr. Vlastes), Betty
Amann, Willi Forst, Heinrich
George

DAS GRÜNE MONOKEL
Regie: Rudolf Meinert
PH (Hr. Snyder), Suzy Ver-
non, Betty Bird, Gaston
Modot

FRAUEN AM ABGRUND
Regie: Georg Jacoby
PH (Siegfried Nürnberger),
Elga Brink, Gustav Dießl

DIE DREI UM EDITH (TiÖ:
Das Kreuz des Südens)
Regie: Erich Waschneck
PH (Nick), Camilla Horn,
Adele Sandrock, Gustav Dießl

B. Tonfilme

1930
ICH GLAUB' NIE MEHR AN EINE
FRAU

Regie: Max Reichmann
PH (Joachim), Maria Solveg,
Richard Tauber, Gustaf
Gründgens

DER UNSTERBLICHE LUMP
Regie: Gustav Ucicky
PH (Chauffeur), Liane Haid,
Gustav Fröhlich, Attila Hör-
biger

DELIKATESSEN
Regie: Géza von Bolvary
PH (Josef, Diener), Georgia
Lind, Harry Liedtke, Ernst
Verebes

ZWEI HERZEN IM 3/4 TAKT
Regie: Géza von Bolvary
PH (Ferdinand, Kutscher),
Gretl Theimer, Willi Forst,
Oscar Karlweis

DAS LOCKENDE ZIEL
Regie: Max Reichmann
(PH lieferte die Idee zum Film
und schrieb gemeinsam mit
Walter K. Forster auch das
Buch)
Lucie Englisch, Richard
Tauber

NUR DU
Regie: Willi Wolff
PH (Graf Belmont), Charlotte
Ander, Paul Morgan, Walter
Janssen

WIE WERDE ICH REICH UND
GLÜCKLICH?

Regie: Max Reichmann
PH (Geheimrat Regen), Georgia Lind, Hugo Schrader

DAS ALTE LIED (TiÖ: Zu jedem kommt einmal das Glück)
Regie: Erich Waschneck
PH (kleine Rolle), Lil Dagover, Igo Sym, Felix Bressart

DREI TAGE MITTELARREST (TiÖ: Drei Tage Kasernenarrest)
Regie: Carl Boese
PH (Zippert, Schreiber), Ida Wüst, Lucie Englisch, Max Adalbert

DER HERR AUF BESTELLUNG
Regie: Géza von Bolvary
PH (Prof. Emanuel Wielander), Else Elster, Elma Bulla, Willi Forst

1931
DIE FÖRSTERCHRISTL
Regie: Friedrich Zelnik
PH (Der alte Baron), Irene Eisinger, Paul Richter, Oscar Karlweis

GROCK
Regie: Carl Boese
PH (Ein ungeschickter Geldsucher), Liane Haid, Grock

IHRE HOHEIT BEFIEHLT
Regie: Hanns Schwarz
PH (Pipac, Hofdetektiv),

Käthe von Nagy, Attila Hörbiger, Reinhold Schünzel

DIE LUSTIGEN WEIBER VON WIEN
Regie: Géza von Bolvary
PH (K. K. Hofrat Anselm Leitner), Lee Parry, Willi Forst, Oskar Sima

WALZERPARADIES (TiÖ: Im Walzerparadies)
Regie: Friedrich Zelnik
PH (Dr. Postpischill), Charlotte Susa, Adele Sandrock, Ernst Verebes

DER STUMME VON PORTICI (Kurzfilm)
Regie: Kurt Gerron
PH (kleine Rolle), Ida Wüst, Siegfried Arno, Szöke Szakall

4. KABARETTPROGRAMM (Kurzfilm)
Regie: Kurt Gerron
PH (Wienerliedsänger)

DER ZINKER
Regie: Carl Lamac, Mac Fric
PH (Joshua Harras), Lissy Arna, Karl Ludwig Diehl, Fritz Rasp

DER UNGETREUE ECKEHART
Regie: Carl Boese
PH (Karl Moor), Lucie Englisch, Ralph Arthur Roberts

BERGE IN FLAMMEN
Regie: Karl Hartl, Luis Trenker

PH (Soldat am Telephon),
Luis Trenker, Lissy Arna,
Claus Clausen

SEIN SCHEIDUNGSGRUND
Regie: Alfred Zeisler
PH (Rasmussen, Hellseher),
Lien Deyers, Blandine Ebin-
ger, Heinz Salfner

KYRITZ – PYRITZ
Regie: Carl Heinz Wolff
PH (Otto Rux, Weinhändler),
Hansi Arnstaedt, Max Adal-
bert, Henry Bender

MEIN HERZ SEHNT SICH NACH
LIEBE
Regie: Eugen Thiele
PH (Assessor Gehring), Trude
Berliner, Johannes Riemann,
Max Adalbert

DER VERJÜNGTE ADOLAR
Regie: Georg Jacoby
PH (Prof. Haselhuhn), Adele
Sandrock, Hans Moser, Fritz
Schulz

DER KONGRESS TANZT
Regie: Eric Charell
PH (Heurigensänger), Lilian
Harvey, Conrad Veidt, Willy
Fritsch

RESERVE HAT RUH
Regie: Max Obal
PH (Dr. Egon Breitner), Lu-
cie Englisch, Fritz Kampers,
Hugo Fischer-Köppe

ARM WIE EINE KIRCHENMAUS
Regie: Richard Oswald
PH (Graf Thalheim), Grete
Mosheim, Hans Thimig, Fritz
Grünbaum

LÜGEN AUF RÜGEN
Regie: Viktor Janson
PH (Fritz Garreis), Maria Sol-
veg, Ralph Arthur Roberts,
Otto Wallburg

1932

EIN STEINREICHER MANN
Regie: Stefan (István) Székely
PH (Herr Linkerton), Dolly
Haas, Curt Bois, Adele Sand-
rock

PETER VOSS DER MILLIONEN-
DIEB
Regie: E. A. Dupont
PH (Bobby Dodd), Therese
Giehse, Erika Mann, O. E.
Hasse, Willi Forst

ES WAR EINMAL EIN WALZER
Regie: Viktor Janson
PH (Franz Pirzinger), Marta
Eggerth, Ida Wüst, Ernst
Verebes

EIN TOLLER EINFALL
Regie: Kurt Gerron
PH (kleine Rolle), Rosy Bar-
sony, Leo Slezak, Willy
Fritsch

QUICK
Regie: Robert Siodmak

PH (Herr Lademann), Lilian Harvey, Hans Albers

JOHANN STRAUSS, K.U.K. HOFBALLMUSIKDIREKTOR (TiÖ: Kaiserwalzer)
Regie: Conrad Wiene
PH (Musikverleger Haslinger), Gretl Theimer, Lee Parry, Michael Bohnen

ZWEI GLÜCKLICHE TAGE
Regie: Rudolf Walther-Fein
PH (Pepi Freisinger), Claire Rommer, Ida Wüst, Paul Morgan

DREI VON DER KAVALLERIE
Regie: Carl Boese
PH (Peter, Kavallerist), Hilde Hildebrand, Fritz Kampers, Julius Falkenstein

EIN BLONDER TRAUM
Regie: Paul Martin
PH (Vogelscheuche), Lilian Harvey, Willy Fritsch, Willi Forst

SCAMPOLO, EIN KIND DER STRASSE (TiÖ: Um einen Groschen Liebe)
Regie: Hans Steinhoff
PH (Gabriel, Zimmerkellner), Dolly Haas, Hedwig Bleibtreu, Karl Ludwig Diehl
(Anmerkung: Der Film, eine deutsche Produktion, wurde, da er in einem Wiener Atelier gedreht wurde, nach den Kontingentbestimmungen zensuriert und als österreichische Produktion ausgewiesen.)

ANNEMARIE, DIE BRAUT DER KOMPAGNIE (TiÖ: Die Braut für Alle)
Regie: Carl Boese
PH (Musketier Karl Lehmann), Lucie Englisch, Albert Lieven, Paul Heidemann

TRENCK
Regie: Heinz Paul, Ernst Neubach
PH (Löwenwalde, Präsident des Österreichischen Gerichtshofes), Dorothea Wieck, Olga Tschechowa, Hans Stüwe

FRIEDERIKE
Regie: Fritz Friedmann-Frederich
PH (Pfarrer Brion), Mady Christians, Hans Heinz Bollmann, Theo Lingen

PAPRIKA
Regie: Carl Boese
PH (Dr. Paul Schröder), Franziska Gaal, Paul Heidemann

DAS GEHEIMNIS UM JOHANN ORTH (TiÖ: Johann Orth)
Regie: Willi Wolff
PH (Lanik, Leibjäger Johann Salvators), Ellen Richter, Paul Wegener, Karl Ludwig Diehl

DIE UNSICHTBARE FRONT
Regie: Richard Eichberg
PH (Kriminalkommissar
Borgmann), Trude von Molo,
Veit Harlan, Karl Ludwig
Diehl

DER GROSSE BLUFF (TiÖ:
Alles ist Komödie)
Regie: Georg Jacoby
PH (Arthur Richmann), Lee
Parry, Harald Paulsen, Theo
Lingen

KAISERWALZER (TiÖ: Audienz
in Ischl)
Regie: Friedrich Zelnik
PH (Graf Eggersdorf), Marta
Eggerth, Hansi Niese, Willi
Eichberger

SO EIN MÄDEL VERGISST MAN
NICHT
Regie: Fritz Kortner
PH (Direktor Schrader), Dolly
Haas, Willi Forst, Oskar Sima

1933
KEINEN TAG OHNE DICH
Regie: Hans Behrendt
PH (Bonifazius, Maler), Lee
Parry, Oscar Karlweis, Carl
Wery

ZWEI GUTE KAMERADEN
Regie: Max Obal
PH (Fritz Lehmann), Jessie
Vihrog, Fritz Kampers

LIEBELEI
Regie: Max Ophüls
PH (Der alte Weiring), Magda
Schneider, Luise Ullrich,
Wolfgang Liebeneiner, Gustaf
Gründgens

EIN LIED FÜR DICH
Regie: Joe May
PH (Hr. Schindler), Jenny
Jugo, Jan Kiepura, Paul Kemp

GRUSS UND KUSS VERONIKA
Regie: Carl Boese
PH (Paul Rainer), Franziska
Gaal, Hilde Hildebrand, Otto
Wallburg

HEIMKEHR INS GLÜCK
Regie: Carl Boese
PH (Herr Gruber), Luise Ullrich, Heinz Rühmann, Wolfgang Staudte

WALZERKRIEG
Regie: Ludwig Berger
PH (Joseph Lanner), Renate
Müller, Adolf Wohlbrück,
Willy Fritsch

PARDON, TEVEDTEM! (U)
Regie: István Székely
PH (Pál), Franziska Gaal, Lili
Berky, Gyula Gozon

SKANDAL IN BUDAPEST (U)
Regie: Géza von Bolvary,
Stefan (István) Székely
PH (Paul Murray), Franziska
Gaal, Szöke Szakall

(Anmerkung: Der Film ist die deutsche Version des ungarischen Films *Pardon, tevedtem!*)

DES JUNGEN DESSAUERS GROSSE LIEBE
Regie: Artur Robison
PH (Kaiser Leopold), Trude Marlen, Willy Fritsch, Gustav Waldau

1934

FRÄULEIN FRAU
Regie: Carl Boese
PH (Peter Valentin), Jenny Jugo, Anton Pointner, Fritz Odemar

ABSCHIEDSSYMPHONIE
(Kurzfilm)
Regie: Carl Behr
PH (Josef Haydn), Else Reval, Theo Lingen

MEIN HERZ RUFT NACH DIR
Regie: Carmine Gallone
PH (Direktor Arvelle), Marta Eggerth, Jan Kiepura, Paul Kemp, Theo Lingen

... HEUTE ABEND BEI MIR
(TiÖ: Heute nacht bei mir)
Regie: Carl Boese
PH (Baron Donhoff), Jenny Jugo, Lissy Arna, Theo Lingen

DIE CSARDASFÜRSTIN
Regie: Georg Jacoby
PH (Feri von Kerekes), Marta Eggerth, Hans Söhnker, Paul Kemp

ROSEN AUS DEM SÜDEN
Regie: Walter Janssen
PH (Johann Strauß Vater), Gretl Theimer, Oskar Sima, Oscar Sabo

SPIEL MIT DEM FEUER
Regie: Ralph Arthur Roberts
PH (Dr. Alfred Kramer), Trude Marlen, Elga Brink, Willi Schaeffers

FRÜHJAHRSPARADE /
TAVASZI PARADE (Österreichisch-ungarisch-deutsche Co-Produktion)
Regie: Géza von Bolvary
PH (Kaiser Franz Joseph), Franziska Gaal, Hans Moser, Wolf Albach-Retty

ICH HEIRATE MEINE FRAU
Regie: Johannes Riemann
PH (Hubertus Behmer), Lil Dagover, Margarete Slezak, Theo Lingen

BESUCH AM ABEND
Regie: Georg Jacoby
PH (Karl Maria Fernebeck, Prokurist), Liane Haid, Harald Paulsen

PETERSBURGER NÄCHTE (TiÖ: Walzer aus Wien)
Regie: E. W. Emo

PH (Johann Strauß Sohn),
Eliza Illiard, Adele Sandrock,
Theo Lingen

DER HERR OHNE WOHNUNG
(Ö)
Regie: E. W. Emo
PH (Prof. Emil Mangold),
Hanna Waag, Leo Slezak,
Hermann Thimig

HERZ IST TRUMPF
Regie: Carl Boese
PH (Herr Paulsen), Jenny
Jugo, Käthe Haack, Friedrich
Benfer

1935
FRISCHER WIND AUS KANADA
Regie: Heinz-Dietrich Kenter,
Erich Holder
PH (Hr. Meinkel), Dorit
Kreysler, Leopoldine Kon-
stantin, Grethe Weiser

ENDSTATION
Regie: E. W. Emo
PH (Karl Vierthaler, Straßen-
bahnschaffner), Maria Andergast, Hans Moser, Oskar Sima

DAS EINMALEINS DER LIEBE
Regie: Carl Hoffmann
PH (Alois Weinberl), Luise
Ullrich, Lee Parry, Theo Lin-
gen

KÖNIGSWALZER
Regie: Herbert Maisch

PH (König Max II. von Bayern), Heli Finkenzeller, Willi
Forst

WENN DIE MUSIK NICHT WÄR'
(TiÖ: Liebesrhapsodie)
Regie: Carmine Gallone
PH (Florian Mayr), Sybille
Schmitz, Karin Hardt, Willi
Schaeffers

LIEBESLIED (TiÖ: Königin der
Liebe)
Regie: Fritz Peter Buch, Her-
bert B. Fredersdorf
PH (Pierre), Carola Höhn,
Fita Benkhoff, Alessandro
Ziliani

1936
DIE PUPPENFEE (Ö)
Regie: E. W. Emo
PH (Anton, Freiherr von
Kautzenbichl), Magda Schnei-
der, Hilde Krahl, Wolf
Albach-Retty

SCHABERNACK
(TiÖ: Wer ist wer?)
Regie: E. W. Emo
PH (Peter Burgstaller, Ober-
kellner), Trude Marlen, Hans
Moser, Heinz Salfner

DREI MÄDERL UM SCHUBERT
(TiÖ: Mölkerbastei Nr. 3)
Regie: E. W. Emo
PH (Franz Schubert), Maria
Andergast, Gretl Theimer,
Else Elster

SEINE TOCHTER IST DER PETER
(Ö)
Regie: Heinz Helbig
PH (Dr. Felix Sandhofer),
Maria Andergast, Traudl
Stark, Karl Ludwig Diehl

FIAKERLIED (TiÖ: Fahr'n ma
Euer Gnaden)
Regie: E. W. Emo
PH (Ferdinand Strödl, Fia-
ker), Gusti Huber, Hermann
Erhardt, Franz Schafheitlin

KINDERARZT DR. ENGEL
Regie: Johannes Riemann
PH (Dr. Engel), Viktoria von
Ballasko, Oskar Sima, Arthur
Fritz Eugen

LUMPAZIVAGABUNDUS (Ö)
Regie: Géza von Bolvary
PH (Lumpazivagabundus;
Knieriem, Schuster), Hans
Holt, Heinz Rühmann, Hilde
Krahl

1937
DER SCHEIDUNGSGRUND
(Deutsch-tschechische Co-
Produktion)
Regie: Carl Lamac
PH (Toni Bernhof), Anny
Ondra, Ruth Eweler, Jack
Trevor

PETER IM SCHNEE (Ö)
Regie: Carl Lamac
PH (Dr. Felix Sonthofer),

Liane Haid, Traudl Stark,
Eduard Köck

DIE LANDSTREICHER
Regie: Carl Lamac
PH (Alexander Haselhof),
Lucie Englisch, Rudolf Carl,
Werner Finck

EINMAL WERD' ICH DIR
GEFALLEN
Regie: Johannes Riemann
PH (Der Baron), Marieluise
Claudius, Rudi Godden, Fritz
Rasp

FLORENTINE (Ö)
Regie: Carl Lamac
PH (Peter Russel), Geraldine
Katt, Hans Holt, Rudolf
Prack

1938
IMMER, WENN ICH GLÜCKLICH
BIN (Ö)
Regie: Carl Lamac
PH (Josef Reinhold, Theater-
direktor), Marta Eggerth,
Hans Moser, Fritz van Don-
gen

ES LEUCHTEN DIE STERNE
Regie: Hans H. Zerlett
PH (Der Mann mit den
Schnapsflaschen), La Jana,
Hans Moser, Rudi Godden

HEIRATEN – ABER WEN?
(TiÖ: Die falsche Katze)
(Deutsch-österreichisch-tsche-

chische Co-Produktion)
PH (Dr. Kramer, Chirurg),
Karin Hardt, Rolf Wanka,
Rudolf Carl

HEIMAT
Regie: Carl Froelich
PH (Franz Heffterdingk,
Domorganist), Zarah Leander,
Heinrich George, Leo Slezak

PRINZESSIN SISSY
Regie: Fritz Thiery
PH (Herzog Max von Wit-
telsbach), Hansi Knotek,
Traudl Stark, Emil Stöhr

LIEBELEI UND LIEBE
Regie: Arthur Maria Rabenalt
PH (Alexander Settegast,
Koch), Gisela Uhlen, Carla
Rust, Carl Raddatz

DER BLAUFUCHS
Regie: Viktor Tourjansky
PH (Stephan Paulus), Zarah
Leander, Jane Tilden, Willy
Birgel

1939
DRUNTER UND DRÜBER
Regie: Hubert Marischka
PH (Dr. med. Leopold Brun-
ner), Fita Benkhoff, Theo
Lingen, Johannes Riemann

SALONWAGEN E 417
Regie: Paul Verhoeven
PH (Hr. Lautenschläger, Ei-

senbahner), Käthe von Nagy,
Hilde Körber, Curd Jürgens

MÄNNER MÜSSEN SO SEIN
Regie: Arthur Maria Rabenalt
PH (Dody, Clown), Hertha
Feiler, Hans Söhnker, Hans
Olden

UNSTERBLICHER WALZER
Regie: E. W. Emo
PH (Johann Strauß Vater),
Maria Andergast, Friedl
Czepa, Fred Liewehr

ICH BIN SEBASTIAN OTT
Regie: Willi Forst, Viktor
Becker
PH (Baumann, Kriminalrat
a.D.), Trude Marlen, Willi
Forst, Gustav Dießl

MARIA ILONA
Regie: Géza von Bolvary
PH (Ferdinand V., Kaiser von
Österreich), Paula Wessely,
Willy Birgel, Paul Hubschmid

KITTY UND DIE
WELTKONFERENZ
Regie: Helmut Käutner
PH (Huber, Hotelportier),
Hannelore Schroth, Fritz
Odemar

HOCHZEITSREISE ZU DRITT
Regie: Hubert Marischka
PH (Prof. Wiesinger), Maria
Andergast, Theo Lingen,
Grethe Weiser

MUTTERLIEBE
Regie: Gustav Ucicky
PH (Dr. Koblmüller), Käthe
Dorsch, Hans Holt, Wolf
Albach-Retty

OPERNBALL
Regie: Géza von Bolvary
PH (Georg Dannhauser),
Marte Harell, Hans Moser,
Theo Lingen

1940
WIENER GESCHICHTEN
Regie: Géza von Bolvary
PH (Ferdinand, Ober), Marte
Harell, Hans Moser, Siegfried
Breuer

FALSTAFF IN WIEN
Regie: Leopold Hainisch
PH (Josef Sturm, Hofschnei-
der), Gusti Wolf, Hans Niel-
sen, Wolfgang Kieling

DER LIEBE AUGUSTIN
Regie: E. W. Emo
PH (Augustin, Bänkelsänger),
Maria Andergast, Michael
Bohnen, Richard Roma-
nowsky

HERZENSFREUD – HERZENS-
LEID
Regie: Hubert Marischka
PH (Josef Radl, Weinbauer),
Magda Schneider, Rosita Ser-
rano, Paul Klinger

OPERETTE
Regie: Willi Forst
PH (Alexander Girardi), Ma-
ria Holst, Willi Forst, Curd
Jürgens, Trude Marlen

WUNSCHKONZERT
Regie: Eduard von Borsody
PH (er selbst), Ilse Werner,
Hedwig Bleibtreu, Carl Rad-
datz

1941
OH, DIESE MÄNNER
Regie: Hubert Marischka
PH (Eberhard Reitinger), Jane
Tilden, Grethe Weiser, Johan-
nes Riemann

WIR BITTEN ZUM TANZ
Regie: Hubert Marischka
PH (Georges Roublé, Tanz-
lehrer), Elfie Mayerhofer,
Hans Moser, Hans Holt

1942
BRÜDERLEIN FEIN
Regie: Hans Thimig
PH (Franz Grillparzer), Marte
Harell, Winnie Markus, Hans
Holt

SO EIN FRÜCHTCHEN
Regie: Alfred Stöger
PH (Hans Ruppert), Lucie
Englisch, Maria Andergast,
Rudolf Platte

DIE GROSSE LIEBE
Regie: Rolf Hansen
PH (Alexander Rudnitzky,
Komponist), Zarah Leander,
Viktor Staal, Grethe Weiser

DIE HEIMLICHE GRÄFIN
Regie: Géza von Bolvary
PH (Erzherzog Johann Sylve-
ster), Marte Harell, Elfriede
Datzig, Wolf Albach-Retty

WEN DIE GÖTTER LIEBEN
Regie: Karl Hartl
PH (Kammerdiener Strack),
Winnie Markus, Hans Holt,
René Deltgen

1943
LACHE BAJAZZO (Deutsch-ita-
lienische Co-Produktion)
Regie: Leopold Hainisch
PH (Canio), Monika Burg,
Dagny Servaes, Benjamino
Gigli

I PAGLIACCI (Deutsch-italieni-
sche Co-Produktion)
Regie: Leopold Hainisch,
Giuseppe Fatigati
PH (Canio), Alida Valli, Ben-
jamino Gigli
(Anmerkung: Der Film ist die
italienische Version von *Lache
Bajazzo*)

SCHWARZ AUF WEISS
Regie: E. W. Emo
PH (Professor Klaus), Elfriede

Datzig, Hans Moser, Hans
Holt

1944
ROMANTISCHE BRAUTFAHRT
Regie: Leopold Hainisch
PH (Baron Schatzberghe),
Marte Harell, Christl Mar-
dayn, Richard Romanowsky

SCHRAMMELN
Regie: Géza von Bolvary
PH (Johann Schrammel),
Marte Harell, Hans Moser,
Hans Holt

DIE ZAUBERGEIGE
Regie: Herbert Maisch
PH (Georg Hellmesberger,
Geiger), Gisela Uhlen, Eugen
Klöpfer, Will Quadflieg

1945
GLÜCK MUSS MAN HABEN
Regie: Theo Lingen
PH (Carl Millöcker), Hilde
Hildebrand, Hans Holt, Theo
Lingen
(Anmerkung: Der Film war zu
Kriegsende noch nicht gänz-
lich fertiggestellt und gelangte
erst 1950 unter dem Titel
OPERETTENKLÄNGE – TiÖ:
Wiener Zuckerln – zur Urauf-
führung.)

1947
DER HOFRAT GEIGER (Ö)

Regie: Hans Wolff
PH (Hofrat Franz Geiger),
Maria Andergast, Hans Mo-
ser, Waltraut Haas

1948
DER ENGEL MIT DER POSAUNE
(Ö)
Regie: Karl Hartl
PH (Otto Eberhardt Alt),
Paula Wessely, Maria Schell,
Attila Hörbiger, Oskar Wer-
ner

KLEINE MELODIE AUS WIEN
(Ö)
Regie: E. W. Emo
PH (Prof. Griebichler), Maria
Andergast, Annie Rosar, Fritz
Imhoff

1949
DER BAGNOSTRÄFLING
Regie: Gustav Fröhlich
PH (Dr. Bianchon), Käthe
Dorsch, Paul Dahlke, Adrian
Hoven

THE THIRD MAN (Der dritte
Mann) (GB)
Regie: Carol Reed
PH (Hausmeister), Joseph
Cotten, Alida Valli, Orson
Welles, Ernst Deutsch, Erich
Ponto, Siegfried Breuer

DAS TOR ZUM PARADIES
(auch: DIE SELTSAME GE-

SCHICHTE DES BRANDNER
KASPAR)
Regie: Josef von Baky
PH (Der Tod), Ursula Lingen,
Carl Wery, Viktor Staal, An-
ton Pointner

1950
DER SEELENBRÄU (Ö)
Regie: Gustav Ucicky
PH (Dechant von Köstendorf,
genannt »Seelenbräu«), Aglaja
Schmid, Heinrich Gretler,
Robert Lindner

EINE NACHT IM SÉPARÉE
Regie: Hans Deppe
PH (Ferdinand Graf Lilien-
stein), Olga Tschechowa,
Sonja Ziemann, Kurt Seiffert

SCHWARZWALDMÄDEL
Regie: Hans Deppe
PH (Blasius Römer, Domka-
pellmeister), Sonja Ziemann,
Gretl Schörg, Rudolf Prack
(Anmerkung: PHs erster
Farbfilm)

EPILOG
Regie: Helmut Käutner
PH (The great Teatch, Musi-
cal-Clown), Fritz Kortner,
O. E. Hasse, Horst Caspar

1951
DÄMONISCHE LIEBE (TiÖ: Der
Teufel führt Regie) (Ö-BRD
Co-Produktion)

Regie: Kurt Meisel
PH (Pierre Darcy), Margot
Hielscher, Leopold Rudolf,
Kurt Meisel

DER ALTE SÜNDER (Ö)
Regie: Franz Antel
PH (Ferdinand Bauer), Han-
nerl Matz, Maria Andergast,
Inge Konradi, Rosa Albach-
Retty, Ernst Waldbrunn

DIE FRAUEN DES HERRN S.
Regie: Paul Martin
PH (Sokrates), Sonja Zie-
mann, Loni Heuser, Oskar
Sima

VERKLUNGENES WIEN (Ö)
Regie: Ernst Marischka
PH (Franz Jungwirt, Seiden-
fabrikant), Marianne Schön-
auer, Annie Rosar, Ernst
Stankovski

VERONIKA, DIE MAGD (auch:
WAS DAS HERZ BEFIEHLT)
Regie: Leopold Hainisch
PH (Herr Jansen sen.), Ilse
Exl, Eduard Köck, Viktor
Staal

DER FIDELE BAUER (Ö)
Regie: Georg Marischka
PH (Matthias Scheichel-
roither), Alma Seidler, Erich
Auer, Heinrich Gretler

WENN DIE ABENDGLOCKEN
LÄUTEN

Regie: Alfred Braun
PH (Lehrer Storm), Maria
Holst, Willy Birgel, Hans
Holt

1952
HALLO DIENSTMANN (Ö)
Regie: Franz Antel
PH (Ferdinand Godas), Maria
Andergast, Waltraut Haas,
Hans Moser, Susi Nicoletti
(Anmerkung: PH steuerte
auch die Idee zu diesem Film
bei.)

FRÜHLINGSSTIMMEN (Ö)
Regie: Hans Thimig
PH (Lukas, Hausmeister),
Christl Mardayn, Susi
Nicoletti, Hans Jaray

ICH HEISSE NIKI
Regie: Rudolf Jugert
PH (Hieronymus Spitz),
Aglaja Schmid, Lina Carstens,
Hardy Krüger

MEIN HERZ DARFST DU NICHT
FRAGEN
Regie: Paul Martin
PH (Geheimrat Hollbach),
Maria Holst, Heidemarie
Hatheyer, Willy Birgel

DAS LAND DES LÄCHELNS
Regie: Hans Deppe
PH (Prof. Ferdinand Licht),
Marta Eggerth, Jan Kiepura,
Walter Müller

MIKOSCH RÜCKT EIN (TiÖ:
Liebesmanöver)
Regie: J. A. Hübler-Kahla
PH (Dr. Paliwec, Stabsarzt),
Heli Finkenzeller, Willy
Fritsch, Oskar Sima

ICH HAB' MEIN HERZ IN
HEIDELBERG VERLOREN
Regie: Ernst Neubach
PH (Josef Degener), Ruth
Stephan, Adrian Hoven,
Wolfgang Neuss

1. APRIL 2000 (Ö)
Regie: Wolfgang Liebeneiner
PH (Augustin, Bänkelsänger),
Hans Moser, Josef Meinrad,
Curd Jürgens

MAN LEBT NUR EINMAL
Regie: Ernst Neubach
PH (Karl Heinemann), Marina
Ried, Theo Lingen, Rudolf
Platte

HANNERL (TiBRD: Ich tanze
mit dir in den Himmel hinein)
(Ö)
Regie: Ernst Marischka
PH (Hermann Gerstinger),
Hannerl Matz, Richard Ro-
manowsky, Adrian Hoven

1953
DIE FIAKERMILLI (TiBRD:
Fiakermilli – Liebling von
Wien) (Ö)
Regie: Arthur Maria Rabenalt

PH (Honigberger, Pianist),
Gretl Schörg, Rolf Wanka,
Karl Schönböck

VON LIEBE REDEN WIR SPÄTER
Regie: Karl Anton
PH (Geschäftsführer in der
»Fledermaus«), Liselotte Pul-
ver, Maria Holst, Gustav
Fröhlich

DIE ROSE VON STAMBUL
Regie: Karl Anton
PH (Mehemed Pascha), Inge
Egger, Grethe Weiser, Albert
Lieven

GLÜCK MUSS MAN HABEN
(TiBRD: Drei, von denen man
spricht) (Ö)
Regie: Axel von Ambesser
PH (Der Präsident), Bruni
Löbel, Axel von Ambesser,
Wolfgang Lukschy

JUNGES HERZ VOLL LIEBE
(auch: DER HAFLINGER-SEPP)
Regie: Paul May
PH (Landesstallmeister),
Heinrich Gretler, Bernhard
Wicki, Hansl Brenner

DER FELDHERRNHÜGEL (Ö)
Regie: Ernst Marischka
PH (Oberst von Leuckfeld),
Annemarie Düringer, Gretl
Schörg, Hans Holt

DAS TANZENDE HERZ
Regie: Wolfgang Liebeneiner

PH (Der Fürst), Gertrud Kückelmann, Hertha Staal, Gunnar Möller

MIT 17 BEGINNT DAS LEBEN
Regie: Paul Martin
PH (Jacques Peronne), Sonja Ziemann, Anne-Marie Blanc, Paul Hubschmid

DIE PRIVATSEKRETÄRIN
Regie: Paul Martin
PH (Julius, Portier), Sonja Ziemann, Rudolf Prack, Werner Fuetterer

1954
DIE PERLE VON TOKAY (Ö)
Regie: Hubert Marischka
PH (Ferencz Körös von Köröshazy, General a. D.), Hannerl Matz, Karl Schönböck, Rudolf Carl

DER RAUB DER SABINERINNEN
Regie: Kurt Hoffmann
PH (Professor Gollwitz), Fita Benkhoff, Gustav Knuth, Bully Buhlan

DER TREUE HUSAR
Regie: Rudolf Schündler
PH (Eberhard Wacker), Loni Heuser, Harry Meyen, Harald Paulsen

MEINE SCHWESTER UND ICH
Regie: Paul Martin
PH (von Esch-Königsborn),

Sonja Ziemann, Adrian Hoven, Willy Trenk-Trebitsch

DER ZIGEUNERBARON
Regie: Arthur Maria Rabenalt
PH (Der alte Barinkay), Margit Saad, Gerhard Riedmann, Oskar Sima

DIE SCHÖNE MÜLLERIN
Regie: Wolfgang Liebeneiner
PH (Albert Krügler), Waltraut Haas, Hertha Feiler, Gerhard Riedmann

BRUDER MARTIN (TiBRD: Und der Himmel lacht dazu) (Ö)
Regie: Axel von Ambesser
PH (Bruder Martin), Marianne Koch, Carl Wery, Fritz Eckhardt

SCHÜTZENLIESEL
Regie: Rudolf Schündler
PH (Kaspar), Hertha Staal, Susi Nicoletti, Gunther Philipp

BEGEGNUNG IN ROM/
UNA PARIGINA A ROMA
(BRD-italienische Co-Produktion)
Regie: Erich Kobler
PH (Professor Roth), Barbara Laage, Alberto Sordi, Erwin Strahl

MÄDCHENJAHRE EINER KÖNIGIN (Ö)

Regie: Ernst Marischka
PH (Professor Landmann),
Romy Schneider, Magda
Schneider, Adrian Hoven

1955

DIE STADT IST VOLLER
GEHEIMNISSE
Regie: Fritz Kortner
PH (Herbert Klein, Kassie-
rer), Lucie Mannheim, Anne-
marie Düringer, Karl Ludwig
Diehl

AN DER SCHÖNEN BLAUEN
DONAU (Ö)
Regie: Hans Schweikart
PH (Kriminalkommissar
Schröder), Nicole Besnard,
Hardy Krüger, Rudolf Carl

EHESANATORIUM (TiBRD: Ja,
so ist das mit der Liebe) (Ö)
Regie: Franz Antel
PH (Professor Eschenburg),
Maria Emo, Hans Moser,
Ernst Waldbrunn

EINE FRAU GENÜGT NICHT?
Regie: Ulrich Erfurth
PH (Spielwarenhändler
Schratt), Hilde Krahl, Hans
Söhnker, Rudolf Forster

DIE DEUTSCHMEISTER (Ö)
Regie: Ernst Marischka
PH (Kaiser Franz Joseph),
Romy Schneider, Hans Moser,
Heinz Conrads

(Anmerkung: Der Film ist
eine Wiederverfilmung von
Frühjahrsparade, 1934. PH
verkörperte darin ebenfalls
Kaiser Franz Joseph.)

BANDITEN DER AUTOBAHN
Regie: Géza von Cziffra
PH (Vater Heinze), Eva-Inge-
borg Scholz, Charles Regnier,
Hans Christian Blech

SARAJEVO (TiBRD: Um Thron
und Liebe) (Ö)
Regie: Fritz Kortner
PH (Durchlaucht), Luise Ull-
rich, Ewald Balser, Klaus
Kinski

DER FRÖHLICHE WANDERER
Regie: Hans Quest
PH (Dr. Peters), Waltraut
Haas, Rudolf Schock, Willy
Fritsch

MEIN LEOPOLD (auch: EIN
HERZ BLEIBT ALLEIN)
Regie: Géza von Bolvary
PH (Gottlieb Weigelt), Inge-
borg Körner, Grethe Weiser,
Peer Schmidt

DU MEIN STILLES TAL (TiÖ:
Schweigepflicht)
Regie: Leonard Steckel
PH (Kramer), Winnie Markus,
Bernhard Wicki, Curd Jürgens

DIE FÖRSTERBUBEN
Regie: R. A. Stemmle

PH (Michel Schwarzaug, Gastwirt), Erich Auer, Hermann Erhardt, Thomas Hörbiger

1956

CHARLEYS TANTE
Regie: Hans Quest
PH (August Sallmann), Heinz Rühmann, Hertha Feiler, Walter Giller

BADEMEISTER SPARGEL (Ö)
Regie: Alfred Lehner
PH (Bademeister Spargel), Angelika Hauff, Franziska Kinz, Josef Egger

EIN HERZ UND EINE SEELE (TiBRD: ... und wer küßt mich?) (Ö)
Regie: Max Nosseck
PH (Bauer, Zeitungsverleger), Hans Moser, Theo Lingen, Johannes Heesters

HILFE – SIE LIEBT MICH
Regie: Franz Cap
PH (Herr Brösel), Jane Tilden, Christiane Jansen, Günther Lüders

LÜGEN HABEN HÜBSCHE BEINE (Ö)
Regie: Eric Ode
PH (er selbst), Doris Kirchner, Adrian Hoven, Thomas Hörbiger

LUMPAZIVAGABUNDUS
Regie: Franz Antel
PH (August Knieriem, Schuster), Waltraut Haas, Hans Moser, Gunther Philipp
(Anmerkung: Der Film ist eine Wiederverfilmung des 1936 entstandenen *Lumpazivagabundus*. PH verkörperte darin ebenfalls den Knieriem.)

HUSARENMANÖVER (TiÖ: Ihr Korporal) (BRD-österreichische Co-Produktion)
Regie: E. W. Emo
PH (Gottfried Lampl), Lotte Ledl, Peter Weck, Thomas Hörbiger

WAS DIE SCHWALBE SANG (TiÖ: Unsterbliche Liebe)
Regie: Géza von Bolvary
PH (Philipp Meyen), Maj Britt Nilsson, Margit Saad, Claus Biederstaedt

DAS DONKOSAKENLIED (TiÖ: Verlorene Heimat)
Regie: Géza von Bolvary
PH (Professor Hartmann), Sabine Bethmann, Willy Fritsch, Claus Biederstaedt

MANÖVERBALL
Regie: K. G. Külb
PH (Erzherzog Roderich), Ruth Stephan, Günther Lüders, Michael Cramer

DIE CHRISTEL VON DER POST
Regie: Karl Anton

PH (Ferdinand Brenneis, Ho-
telier), Gardy Granass, Carl
Wery, Hardy Krüger

1957
Der schräge Otto
Regie: Géza von Cziffra
PH (Vater Müller), Germaine
Damar, Walter Giller, Willy
Fritsch

... und die Liebe lacht
dazu (TiÖ: Schwarzbrot und
Kipferl)
Regie: R. A. Stemmle
PH (Graf Ferdinand von Aus-
berg), Gusti Wolf, Lotte
Lang, Gustav Knuth

Ober, zahlen! (Ö)
Regie: E. W. Emo
PH (Gustav, Oberkellner),
Mady Rahl, Hans Moser,
Fritz Muliar

Lemke's sel. Witwe (TiÖ:
Witwenregiment)
Regie: Helmut Weiss
PH (Fürst Ludwig), Grethe
Weiser, Michael Heltau, Paul
Westermeier

Hoch droben auf dem Berg
Regie: Géza von Bolvary
PH (Ferdinand Broneder),
Margot Hielscher, Gerhard
Riedmann, Thomas Hörbiger

Der schönste Tag meines
Lebens (Ö)
Regie: Max Neufeld
PH (Direktor im Heim der
Wiener Sängerknaben), Ellinor
Jensen, Michael Ande, Tho-
mas Hörbiger

Heimweh... dort, wo die
Blumen blüh'n (Ö)
Regie: Franz Antel
PH (Der Abt), Sabine Beth-
mann, Rudolf Prack, Thomas
Hörbiger

Die Winzerin von Langen-
lois (TiBRD: ... und so was
will erwachsen sein) (Ö)
Regie: Hans H. König
PH (Verwalter Grammelshu-
ber), Hertha Staal, Gunnar
Möller, Thomas Hörbiger

Wien, du stadt meiner
Träume (Ö)
Regie: Willi Forst
PH (Franz Lehnert), Erika
Remberg, Adrian Hoven,
Hans Holt

1958
Heiratskandidaten
(BRD-österreichische
Co-Produktion)
Regie: Hermann Kugelstadt
PH (Ferdinand Haslinger),
Gerlinde Locker, Beppo
Brem, Fritz Muliar

Hallo Taxi (Ö)
Regie: Hermann Kugelstadt

PH (Franz Schwarzl), Gerlinde Locker, Hans Moser, Thomas Hörbiger

HOCH KLINGT DER RADETZKY-MARSCH (Ö)
Regie: Géza von Bolvary
PH (Feldmarschall Radetzky), Johanna Matz, Walther Reyer, Boy Gobert

SEBASTIAN KNEIPP (auch: DER WASSERDOKTOR) (Ö)
Regie: Wolfgang Liebeneiner
PH (Erzherzog Joseph), Gerlinde Locker, Carl Wery, Ernst Deutsch

1959
HEIMAT – DEINE LIEDER
Regie: Paul May
PH (Heimleiter), Sabine Bethmann, Rudolf Lenz, Peter Vogel

1960
SABINE UND DIE 100 MÄNNER
Regie: Wilhelm Thiele
PH (Schulz, Portier), Sabine Sinjen, Dieter Borsche, Yehudi Menuhin

1961
KAUF DIR EINEN BUNTEN LUFTBALLON
(BRD-österreichische Co-Produktion)
Regie: Géza von Cziffra

PH (Professor Engelbert), Ina Bauer, Toni Sailer, Oskar Sima

... UND DU, MEIN SCHATZ, BLEIBST HIER (Ö)
Regie: Franz Antel
PH (Herr Berger), Vivi Bach, Hans Moser, Udo Jürgens

DER ORGELBAUER VON ST. MAREIN (Ö)
Regie: August Rieger
PH (Franz Burgmann, Orgelbauer, und Josef Burgmann, Kammerdiener), Gerlinde Locker, Wolf Albach-Retty, Dieter Eppler

1962
DREI LIEBESBRIEFE AUS TIROL (Ö)
Regie: Werner Jacobs
PH (Dr. Franz Kajetan), Ann Smyrner, Hans Moser, Udo Jürgens

TANZE MIT MIR IN DEN MORGEN... (Ö)
Regie: Peter Dörre
PH (Johann Ebeseder, Theaterdirektor), Guggi Löwinger, Rex Gildo, Udo Jürgens

... UND EWIG KNALLEN DIE RÄUBER (Österreichisch-Liechtenstein'sche Co-Produktion)
Regie: Franz Antel
PH (Der nasse Elias), Bebe

Loncar, Helmut Lohner, Peter
Weck

1963
DIE LUSTIGEN VAGABUNDEN
(TiBRD: Das haben die Mäd-
chen gern) (Ö)
Regie: Kurt Nachmann
PH (Herr Walzl), Lil Babs,
Otto Schenk, Peter Kraus

UNSERE TOLLEN NICHTEN (Ö)
Regie: Rolf Olsen
PH (Eierlein, Hotelportier),
Vivi Bach, Gunther Philipp,
Udo Jürgens

SING, ABER SPIEL NICHT MIT
MIR (Ö)
Regie: Kurt Nachmann
PH (Raimund Valenthin),
Wera Frydtberg, Peter Vogel,
Lou van Burg

IM SINGENDEN RÖSSEL AM
KÖNIGSSEE (Ö)
Regie: Franz Antel
PH (Zwicker, Amtsgerichtsrat
i.R.), Waltraut Haas, Peter
Weck, Paul Löwinger

FERIEN VOM ICH
Regie: Hans Grimm
PH (Blümchen, Hausmeister),
Grethe Weiser, Elisabeth Flik-
kenschildt, Walther Reyer

1964
DIE GANZE WELT IST

HIMMELBLAU (TiBRD: Rote
Lippen soll man küssen) (Ö)
Regie: Franz Antel
PH (Hr. Muckenhuber),
Johanna Matz, Peter Weck,
Gustav Knuth

DAS HAB' ICH VON PAPA
GELERNT (BRD-österreichische
Co-Produktion)
Regie: Axel von Ambesser
PH (Julius Knackert,
Souffleur), Gertraud Jesserer,
Willy Fritsch, Thomas Fritsch

DIE GROSSE KÜR (BRD-öster-
reichische Co-Produktion)
Regie: Franz Antel
PH (Franz Haslinger), Marika
Kilius, Hans-Jürgen Bäumler,
Peter Kraus

HAPPY-END AM WÖRTHERSEE
(TiÖ: HAPPY-END AM ATTER-
SEE) (BRD-österreichische
Co-Produktion)
Regie: Hans Hollmann
PH (Severin Petermann), Wal-
traut Haas, Rudolf Prack,
Peter Kraus

1965
DER ALPENKÖNIG UND DER
MENSCHENFEIND (Ö)
Regie: Günther Anders
PH (Astragalus), Alma Seid-
ler, Attila Hörbiger, Hugo
Gottschlich

(Anmerkung: Verfilmung der Bühneninszenierung des Burgtheaters. Theaterregie: Rudolf Steinboeck)

RUF DER WÄLDER (Ö)
Regie: Franz Antel
PH (Gustl Wegrainer), Johanna Matz, Hans-Jürgen Bäumler, Terence Hill

DAS IST MEIN WIEN (Ö)
Regie: Hans Hollmann
PH (Augustin, Bänkelsänger u. a.), Cissy Kraner, Waltraut Haas, Erich Kunz
(Anmerkung: Querschnittsfilm mit Rahmenhandlung)

1972
SIE NANNTEN IHN KRAMBAMBULI (BRD-Österreichische Co-Produktion)
Regie: Franz Antel
PH (Xaver), Sylvia Lukan, Michael Schanze, Fritz Wepper

Namenverzeichnis